珞珈国学丛书研究系列

"学为世界人"的迷思：
中国近现代留学生的表象史研究

余婉卉　著

商务印书馆
The Commercial Press
2019年·北京

图书在版编目（CIP）数据

"学为世界人"的迷思：中国近现代留学生的表象史研究 / 余婉卉著. — 北京：商务印书馆，2019
（珞珈国学丛书）
ISBN 978-7-100-17685-9

Ⅰ.①学… Ⅱ.①余… Ⅲ.①留学教育－教育史－研究－中国－近现代 Ⅳ.①G649.29

中国版本图书馆CIP数据核字（2019）第155671号

珞珈国学丛书

"学为世界人"的迷思：
中国近现代留学生的表象史研究
余婉卉 著

商 务 印 书 馆 出 版
（北京王府井大街36号 邮政编码 100710）
商 务 印 书 馆 发 行
三河市尚艺印装有限公司印刷
ISBN 978-7-100-17685-9

2019年11月第1版 开本 640×960 1/16
2019年11月第1次印刷 印张 25 3/4

定价：85.00 元

总　序

我们武汉大学有国学教学与研究的传统，近代以来有黄侃等国学大师及章黄学派的统系，有熊十力、闻一多、吴宓、李剑农、杨树达、高亨、范寿康、朱光潜、刘赜、刘永济、黄焯、谭戒甫、唐长孺、吴于廑、程千帆等大师，一直高度重视小学（古文字学）、经典新诠与中西学术互动，有深厚的基础。

2001 年，我们综合文、史、哲的师资，在国内首先创办了国学本科试验班。此前全国高校尚没有办这样的国学班。我们坚持下来了，每年一届，至今已连续十二年招生。我们的宗旨是培养一批对我国传统小学、经学、史学、子学、文学与宗教的基本知识、基础典籍和治学门径有一定理解，能熟练阅读中国古典文献，至少掌握两门外文，且熟悉当今世界人文学科走向，又会熟练地使用计算机、互联网等现代化手段的复合型人才。国学班采用"小班授课、经典导读"的方式，克服了六十多年来我国大陆文科教育分科太细，又只有通论、通专史课程而不读经典的毛病。我们强调从认字开始，除文字学、音韵学、训诂学、目录学、文献学外，相继开设《说文解字注》、《广雅疏证》、《四书》、《诗经》、《尚书》、《周易》、《礼记》、《左传》、《史记》、《汉书》、《后汉书》、《三国志》、《老子》、《墨子》、《庄子》、《荀子》、《楚辞》、《文选》、《文心雕龙》与出土简帛文献等的导读或研读课程，还开了国学通论、国学研究方法论、海外中国学、印度佛学等课程。我们还请人用英语开了《理想国》、《圣经》等西方经典课程。武汉大学国学班的创建与实践的经验在全国范围内产生了一定的反响。2010 年

12 月，"国学"专业作为武汉大学唯一的人文学实验班纳入武汉大学"基础学科拔尖学生培养实验计划（珠峰计划）"，成立了"弘毅学堂"国学班。

为了进一步推动国学研究和教学，同时为有志于国学研究的学子提供继续深造的专业平台，我们于 2005 年至 2007 年挂靠汉语言文字学专业，招收国学硕士生。2007 年年底，我校在哲学一级学科之下自行增列了国学专业的硕士点与博士点，于 2008 年上报国务院学位委员会备案，2009 年正式招生。这也是国内首创。我校国学硕士、博士点设有：（1）经学研究方向；（2）子学研究方向；（3）史部典籍研究方向；（4）集部研究方向；（5）佛教与道教研究方向。目前已经有两届硕士毕业生，一届博士毕业生。

在十年学科建设的基础上，2010 年 3 月，武汉大学国学院正式挂牌成立。我们在教学实践中强调打好坚实的基础，又强调开放性，我们常请海内外知名专家给国学班同学上课或做学术演讲。同时，把读万卷书与行万里路结合起来，强调实地踏访古文化遗迹。

武汉大学国学院是目前国内唯一具有国学本科、硕士、博士完整培养体系的教学研究单位。十多年来，我们在国家主管部门尚未正式设立国学学科的情况下，本着邓小平同志"不争论"与"摸着石头过河"的精神，努力实践，开拓创新。我们不为别的，只是想为将来留下一点能读古书的人，把文化传承下去，并与各文明对话。我们的教育不仅是知识性的，更重要的是培养学生具有崇高的社会理想与价值理想、较高的人生境界与认真做事的精神，故学生们一部分成为关心国事民瘼的读书种子，另一部分毕业后从事其他各项事业。他们都感到国学训练使他们受益无穷。我们鼓励学子们做推广国学、弘扬传统文化的志愿者。他们中有不少人到海内外名校继续深造。

国学班、国学硕博士点、国学院的设立，所为何事？

首先，是对世纪之交以来"国学热"的回应。自 20 世纪 90 年代起，中国大陆先后兴起了"中国传统文化热"和"国学热"。但我们认为，"国学"作为中国固有的学术传统，具有严肃的学术意义和艰深的学术内容，不应当徘徊在文化消费的"潮流"和"时尚"层面上。国学班的教育，是对社会上"国学热"浪潮的严肃的教育回应。

其次，是对大学文科教育模式的反思和超越。中国大陆现有的大学人文学科的培养模式主要是原苏联"概论加通史"的模式和西方现代学科体系文、史、哲的分割，存在一定的弊病。因此，我们尤其强调中西经典的教育与文、史、哲的融通，作为对现有人文学科分科的补充，希望探索出一套新的模式，更加有利于人的全面发展，特别是学生原创性的培育。

再次，是对复合型人才社会需求的认识。随着中国逐渐振兴富强，中国文化也在复兴。中国不仅越来越多地参与到国际事务中，中国文化作为人类文明最古老最悠久的传统之一，在国际上也应该参与到与异质文明，尤其是强势的西方文明的平等对话之中。面对转型与文化复兴，社会将逐渐出现对有深厚国学素养和传统文化底蕴的复合型人才的需求。

我们国学院正式成立之后，即谋划出版一套"珞珈国学丛书"，分为两个系列，一个是教材系列，另一个是研究系列。这套丛书的作者均是在我们国学院任教或做过研究的严谨的老中青学者。教材系列是经我们本科与研究生教学试用过的优秀教材，可供全国各高校文科教学选用。研究系列既有学术专著，也有专题学术论文集，书稿都经过学术委员会审查，力图为学术界奉献学术精品。当然，各书文责由各位作者自负。

承蒙商务印书馆领导与同仁的厚爱与支持，经协商，这套丛书在该社出版。衷心感谢商务印书馆的各级领导与各书的责任编辑同志。这套丛书卷帙浩繁，难免出现问题与瑕疵，敬请方家、读者不吝指教。

是为序。

郭齐勇

壬辰岁末于珞珈山

目　录

绪　论

留学，绝非单纯地"学"，它更意味着从故土移居异域，为求索新知，必得拓展新的自我，适应陌生空间，熏染别样风习。本书即聚焦于晚清至 1949 年之间的中国留学生形象。此处，"留学生"特指由中国去往异国获取学位、考察、访学、游学的中国人，他们所处的叙事空间可为中国，亦可在境外。

19 世纪末 20 世纪初，西风东渐，留学生是中国与世界对话的重要载体；彼时人士对留学生的认知，涉及自我认同、民族国家建构、文化冲突等重大命题，其中有会通，亦有撕裂。因而，从表象社会史的层面而言，"时人眼中的留学生"这一话题相当值得探讨，以此为圆心，其半径可以覆盖至一系列思想概念的形成、变异和传播。

表象史，是新文化史（new cultural history）的一大研究领域。形成于 20 世纪七八十年代的新文化史注重考察历史中的文化因素和文化层面，提出用文化的观念来解释历史，在方法上借用文化人类学、语言学、文化研究等学科的理论和方法，通过对文学、语言、符号、仪式等文化象征的分析，解释其中的文化内涵与意义。[①] 而表象史，则被英国学者、新文化史研究名家彼得·伯克（Peter Burke）界定为对自我、民族及他人等的形象、想象及感知的历史或如法国人所称的

---

① 周兵：《新文化史：历史学的"文化转向"》，复旦大学出版社 2012 年版，第 2 页。

"表象社会史"（l'histoire de l'imaginaire social）。表象史既注重视觉和文学的形象，亦关注头脑中的意象。无论在美国还是法国，对集体表象的研究都是新文化史的中心。[①]

从时长来算，晚清、民国距今并不遥远，但仍需借助于形形色色的文本方能重勘其境。一方面，政府文件、新闻舆论、研究著作、游记、日记、书信等各类材料构成了有关留学生形象的"实录"与风评，可称为"非虚构"（non-fictional）文本。一方面，小说、戏剧等现代文体观念中的"虚构"（fictional）体裁也常注目于留学生，借助经验及想象，勾画出一幅幅留学生肖像甚至群像。文体使然，这一类文本往往拥有更大的自由度，通过创作来透露人心所向，而不必拘牵于实况，更接近符合表象史所关注的"想象性"。通过对读非虚构文本与虚构文本，可以充实留学生在晚清、民国历史图景中的轨迹，进而使人理解发生于文化转型时期的种种曲折隐微。

成规模的留学并非晚清、民国时期的中国所独有。季羡林先生曾谓："什么时代，什么国家学术文化兴，则外来学者众。"[②]此论断可谓共识，那些学术、宗教、艺术的中心往往能成为时人问学的心之所向。在多利买朝的埃及，希腊罗马有许多人赴亚历山大里亚求学。两晋南北朝时期，中国人为求取"真经"赴印度习佛者不在少数，乃至"取经"一词今日常用以喻指问学、留学行为。日本自630年后的二百多年间，向唐朝派送遣唐使逾18次，人次过千。与此相关，797年成书的《续日本纪》中，日语词"留学"首次出现，进而派生出"留学生""还学生"等概念。[③]1732年，罗马教廷传信

---

① 彼得·伯克：《西方新社会文化史》，刘华译，《历史教学问题》2000年第4期，第25页。
② 季羡林：《序》，载江曾培主编：《中国留学生文学大系》（近现代小说卷），上海文艺出版社2000年版，第1页。
③ 李喜所：《近代留学生与中外文化》，天津教育出版社2006年版，第1页。

部马国贤（Matteo Ripa）在意大利那不勒斯创建中华书院，长期招收中国教友就读，直至 1868 年。19 世纪下半叶，美国大量人文学者在本国获学士、硕士学位后，赴德国攻读博士学位，求取"文献批判"（philology）之法。日本明治维新时期，日本诸多青年游学欧洲。……当下，留学更是与"全球化"大潮互为因果。

而晚清、民国的留学现象之壮观，堪称一场"运动"，体现了"文化的政治化"①。尽管"传统"与"现代"的定位越来越需辨析，尽管"冲击—反应"等中国近代史书写模式已遭质疑，但晚清以降中西文化交流碰撞之猛烈，西学对近代中国文化转型的影响之深度与广度，却有目共睹。因此，作为一种实质性的中外交流活动，这场留学运动可谓与中国近现代的诸方面转型息息相关。

留学现象总能引起社会关注，而晚清、民国的这场留学运动在其发生的"现场"便已即时地触发了学人论述。1912 年，时年 21 岁的胡适在《甲寅》上发表了言辞犀利的《非留学篇》。至 1926 年，综合性刊物如《东方杂志》等，专业性刊物如《教育杂志》等，政治性报刊如《民报》《新民丛报》《浙江潮》《江苏》等，已刊载议论留学的文章六十多篇。而 1927 年，舒新城出版了《近代中国留学史》一书，堪称中国近代第一部研究留学问题的专著。该书指出了留学的重要意义，"现代中国，留学问题几乎是一切教育问题或政治问题的根本，以近来言论发表的意见，固然足以表示此问题之重要，从国内政治教育实业诸事业无不直接间接为留学生所主持，从所影响的事实看来，更足见留学问题关系之重要"，断定"无留学生，中国的新教育与新文化断不至有今日"。② 20 世纪初，外文报刊亦可见有关中国人

---

① 王汎森：《权力的毛细管作用：清代的思想、学术与心态》，北京大学出版社 2015 年版，第 16 页。

② 舒新城：《近代中国留学史》，上海文化出版社 1989 年版，第 2 页。

留学的记载和评价，如英文月刊《天下》（*Tien Hisa Monthly*）等。20
世纪 30 年代，与多位留美幼童保持友谊的美国牧师罗宾逊（Arthur
G. Robinson），于 1932 年在天津发表《最先留美学生记事录》（*The
Senior Returned Students, a Brief Account of the Chinese Educational
Commission: 1872—1881*, Under Dr. Yung Wing）。珍珠港事变前夕，
美国学者勒法吉（Thomas La Fargue）获"美国科学研究学会"及
"美国研究团体学会"资助，数度赴中国天津、北京、上海等地亲访
早年留美幼童之健在者，遍览中英资料，返美撰著《最早的一百人》
（*China's First Hundred*）一书，1942 年由华盛顿州立学院出版，此为
有关中国幼童留美之第一部英文著作。20 世纪 50 年代，梅贻琦、程
其保调查了 1850 年至 1953 年间深造于美国高等教育及研究机构的中
国留学生，发表《百年来中国留美学生调查录（1854—1953）》，其
数据被视作迄今较准确完整的留美人数。

　　然而，近现代留学问题在 1949 年以后一度成为禁区，仅有的零
星研究集中在退款兴学上，其中美国的庚子赔款又是重点。[①] 其次则
是对留学运动中重要历史人物的留学经历的回忆和评价，如容闳、孙
中山、鲁迅、李大钊、周恩来等。但此时中国大陆之外的学者并未停
止讨论中国留学问题，诸如日本实藤惠秀撰著的《中国人留学日本
史》（1960）[②]，被费正清（John King Fairbank）赞许为"资料及例证极
为丰富之作"，是"广泛而先驱性的拓荒工作"。[③] 有些研究者以思想
的演变为脉络，触及中国近现代留学运动的行为和影响，如周策纵的

① 姚厦瑗：《20 世纪以来的留学史研究》，载李喜所主编：《留学生与中外文化》，南开大
　学出版社 2005 年版，第 790 页。
② 此外，1975 年台湾学者黄福庆出版专著《清末留日学生》，此书成为该领域中一部重要
　的中文著作。1976 年林子勋在台湾出版《中国留学教育史》。
③ 费正清：《译序》，载实藤惠秀：《中国人留学日本史》，谭汝谦、林启彦译，生活·读
　书·新知三联书店 1983 年版，第 2 页。

《五四运动：现代中国的思想革命》（1960），此书第二部分的标题即为"海外留学生的改革热情"，逐步从思想、文学、军事、革命等层面进行剖析，指出归国留学生各自提倡的不同，乃至互相矛盾的解决中国问题的办法，折射了美国、日本、法国等国的文化差异，在中国留下了异国文化模式、政治和社会信仰的印记。有学者从留学史的角度发掘中国近现代史被忽略的诸多层面，如汪一驹《中国知识分子与西方：留学生与近代中国》（1966）就讨论了国外教育如何引导了政治革命、社会改革、国家财政等诸多重要方面。费正清主编的《剑桥中国晚清史》（1978—1980）、《剑桥中华民国史》（1983）也包括了相关论题。

　　1979 年以后，受现实风潮的影响，留学话题在中国学界复苏。[①] 1979—1989 年，涌现留学史相关论文近两百篇，主要探讨留学群体的基本风貌，或评述派出留学生的历史背景、动因，或分析留学生传播西方科技及政治思想学说之功，或讨论留学生与中国近代以来各阶段政治运动的互动。

　　20 世纪 90 年代以来，中国近现代留学研究呈现井喷之势，既不乏史料的搜集和编订[②]，更包括大量学术论文和专著；既有贯通式的教育史编写[③]，亦有分时段、分国别的讨论[④]；既有对留学生群体极具

①　1980 年，上海教育出版社出版了颖之编著的《中国近代留学简史》。

②　如陈学恂、田正平主编：《留学教育：中国近代教育史资料汇编》，上海教育出版社 1991 年版。

③　如王奇生：《中国留学生的历史轨迹：1872—1949》，湖北教育出版社 1992 年版；丁晓禾主编：《中国百年留学全记录》，珠海出版社 1998 年版；周棉：《中国留学生大辞典》，南京大学出版社 1999 年版；李喜所主编：《中国留学通史》（晚清卷、民国卷、新中国卷），广东教育出版社 2010 年版。

④　聚焦中国近现代留美学人的专著有：石霓：《观念与悲剧——晚清留美幼童命运剖析》，华东师范大学出版社 2000 年版；Stacy Bieler, *A History of American-Educated Chinese Students*（《中国留美学生史》）, Armonk, NY: M. E. Sharpe, 2004；叶维丽：《为中国寻找现代之路：中国留学生在美国（1900—1927）》，周子平译，北京大学出版社 2012

现场感的群体心态描摹①，也借由留学生个案所凸显的心路历程来反映一个民族走向世界的悲喜艰辛②。研究者相当关注近代中国留学生与文化转型之间千丝万缕的关联③，其聚焦涵盖多个侧面，关涉政治学④、思想史⑤、知识社会史⑥、阅读史⑦等跨越学科藩篱的研讨成为题中应有之义。在这些撰述中，以笔者管见，叶维丽所著《为中国寻找现代之路：中国留学生在美国（1900—1927）》在资料、视角和立论上都颇具新意，堪称佳作。该书考察了 20 世纪最初三十年中国赴美学生的留学经历和志业选择，以"为中国寻找现代之路"为题旨，折射几代留美学人的思想图景和实践轨迹，笔涉留学生社团与宪政运动、知识阶层与国家的关系、留学生面临的种族歧视、留学生的婚姻与爱情、留学生富于"现代"意味的休闲娱乐、女留学生群体的经历及思想。该书 2017 年再版时附增一篇长文《四位留学前辈的故事》，细

（接上页）年版。专论留日中国学生的有：Douglas R. Reynolds, *China, 1895-1912 State-Sponsored Reforms and China's Late-Qing Revolution*, Routledge, 1995；沈殿成主编：《中国人留学日本百年史》，辽宁教育出版社 1997 年版；尚小明：《留日学生与清末新政》，江西教育出版社 2002 年版；严安生：《灵台无计逃神矢：近代中国人留日精神史》，生活·读书·新知三联书店 2018 年版。关注留法中国学生的有：森时彦：《留法勤工俭学小史》，史会来等译，河南人民出版社 1985 年版；Nora Wang, *Emigration et politique: les étudiants-ouvriers chinois en France 1919-1925*, Paris: Les Indes savants, 2002. 讨论留德中国学生的主要有：叶隽：《现代学术视野中的留德学人》，同济大学出版社 2004 年版；叶隽：《另一种西学：中国现代留德学人及其对德国文化的接受》，北京大学出版社 2005 年版。

① 如张倩仪：《大留学潮：记动荡时代的逐梦青春》，香港商务印书馆 2015 年版；李书纬：《少年行：1840—1911 晚清留学生历史现场》，广东人民出版社 2016 年版。

② 如桑兵：《陈季同述论》，《近代史研究》1999 年第 4 期，第 113—141 页。

③ 如李喜所：《留学生与中外文化》，南开大学出版社 2005 年版；李喜所：《近代留学生与中外文化》，天津教育出版社 2006 年版；桑兵：《文化分层与西学东渐的开端进程——以新式教育为中心》，《中山大学学报》（社会科学版）1991 年第 1 期，第 50—60 页。

④ 如任剑涛：《建国之惑：留学精英与现代政治的误解》，中国政法大学出版社 2012 年版。

⑤ 如章清：《学术与社会》，上海人民出版社 2012 年版。

⑥ 如许纪霖：《近代中国知识分子的公共交往》，上海人民出版社 2008 年版。

⑦ 如罗志田：《留学生读什么书：20 世纪 20 年代的一次讨论》，《开放时代》2009 年第 9 期，第 69—75 页。

腻地探究了孟治、章元善、邹秉文、潘光旦四人的人生际遇和心路历程。全书运用了大量第一手资料，作者对亲历者的访谈亦穿插其间，人物心迹与大历史交融无间。

可见，中国近现代留学问题激起了思想者或研究者持续的深思，其中一个重要原因即在于留学的跨文化意义。留学经验往往伴随着异域文化与母国文化在生活方式、价值观念、意识形态等方面的交流、碰撞、冲突或融合，甚至触发猛烈的社会变迁。借由异域生活经验和异质文化认知，留学生往往成为双面体，他们在留学国是异乡客，是异质文化知识和科学技术的受体，回归母国后则是异国文化的引介者。这种"影响—接受"必不会是透明、匀质而平静的，留学行为会引致知识、理论和观念的旅行与迁移——异质文化从初始环境出发后，必经由留学生原有认识框架的重组，其中错位、扭曲和变异不可避免。时代使然，中国近现代留学生的经历尤能体现文化的越界，他们本身是西学东渐的重要环节，承载着母国"睁眼看世界"的殷切希望，留学后又带着异国的目光回望母国，他们往往既被异国人视为母国文化的代言人，又被国人视为异国文化的传声筒。

这段持续近百年的留学史从宏观而言攸关民族存亡兴衰，其间留学个体的遭遇及心路亦不应被宏大叙事和冰冷数据所掩盖。相比留学史著作，文学叙事更多地保存了中国近现代留学潮中的种种隐微，体现着文学与社会、历史的互动。对"留学生形象"的反映、整合甚至重构，小说尤为突出。作为现代性的表现，小说由边缘踏入中心，一跃成为晚清以来最重要的文类，20 世纪初年，作为新兴人物的留学生日渐被以小说为代表的文学作品所关注。光绪二十八年（1902），梁启超的小说《新中国未来记》即著录了近现代意义的中国留学生形象。

如果说钱锺书《围城》所塑造的留学生早已获得经典之地位，

那么随着学术研究的繁荣，自20世纪90年代开始，文学叙事对留学的关涉逐渐引起人们的广泛注目，乃至出现"留学生文学"之概念。2000年，上海文艺出版社推出汪曾培主编的六卷本《中国留学生文学大系》，选取晚清以来留学生（含游访学者）所写的关于留学题材的作品，分小说卷和散文纪实文学卷，其中近现代部分按发表的时间顺序编次，为读者提供了便利。

　　文学批评方面，王德威的著作《小说中国 —— 晚清到当代的中文小说》收录的《出国·归国·去国 —— "五四"与三四十年代的留学生小说》一文，以历史为线索，考察了小说中留学生的角色转换和心态演变，指出留学小说在现代中国文学史上的重要传承意义。王德威总结道："五四时期以来的三十年，留学生小说所代表的意义，约略有以下数点：第一，留学生小说以国外为背景，为中国文学引入了异乡情调，相对地也烘托出乡愁的牵引，及怀乡的写作姿态。第二，'五四'以来的留学生小说借着孤悬海外的负笈生涯，凸现了彼时知识分子在政治及心理上的种种纠结，进而形成一极主体化的思辨言情风格，颇有可观。第三，留学生出国、归国与去国的行止，不只显现留学生个人的价值抉择，也暗指了整个社会、政治环境的变迁。归与不归的问题，在以后的数十年仍将是海外学生挥之不去的心结，作家将其付诸文字，也成为中国小说'感时忧国'症候群的特例。"①

　　如此丰富的意蕴，难怪此一时期学界对"留学生与文学"等话题的探讨堪称活跃。学者们或从20世纪中国留学生文学的创作中，勘探出西方话语对中国历史实践的作用，揭示了留学生文学发展的

---

① 王德威：《小说中国 —— 晚清到当代的中文小说》，台北麦田出版股份有限公司1996年版，第45页。

自然轨迹，以之展现中国一百年来曲折复杂的现代化历史进程^①；或从留学生身上看到外国文学作品、理论、思潮的移植^②。在诸多研究者的笔下，近现代留学生的文学创作，以及文学叙事中的留学生，都与"现代"密不可分。2001 年，周晓明的《多源与多元 —— 从中国留学族到新月派》^③一书即将"鸦片战争以来的中国历史上、在中国走向现代化的进程中"出现的、一个"人数众多、规模庞大"的、具有"时代性和类群性"、"在纵向发展的阶段性和横向发展的区域性上"都体现"族群集"性质的现代中国留学族，命名为"现代中国留学族群"。

　　文学叙事中，"留学生与民族屈辱"这一主题尤获关注，论文与论著均为数不少。如李东芳所著《从东方到西方：20 世纪中国大陆留学生小说研究》^④，勾勒出 20 世纪中国大陆留学生小说流变的主要线索。在谈及晚清、民国的留学生时，作者认为，他们主要被塑造为"卡里斯玛"化的英雄人物，被期待着肩负起救国强民的神圣职责，但近百年来中国文化的式微，造成国人崇洋媚外的奴性意识和自卑心理，它们寄生在一些留学生身上，恶性膨胀，遭到时人的讽刺。2007年，四川大学朱美禄的博士论文《域外之镜中的留学生形象》以现代留日作家的创作为中心，来透视其塑造的中国学子在异邦所遭遇到的现代性的压迫、文化风习的差异以及无处不在的种族歧视。2010 年，

---

① 如汤一原：《二十世纪中国留学生文学中价值观念和叙述方法变迁例析》，《天津师大学报》1997 年第 4 期，第 49 页。李兆忠：《过客·边缘人·国际人 ——20 世纪留学生文学的三个层面》，《中华读书报》2000 年 9 月 13 日。

② 如钟俊昆：《留学生与 20 世纪中国前期文学思潮》，《徐州师范大学学报》（哲学社会科学版）2000 年第 2 期，第 113 页。程悦：《在西方语境下言说 —— 试论二十世纪中国留学生文学价值观念衍变》，《鄂州大学学报》2001 年第 1 期，第 50 页。

③ 周晓明：《多源与多元 —— 从中国留学族到新月派》，华中师范大学出版社 2001 年版。

④ 李东芳：《从东方到西方：20 世纪中国大陆留学生小说研究》，中国文联出版社 2006 年版。

李兆忠出版《喧闹的骡子：留学与中国现代文化》①，逐一剖析了鲁迅、丁文江、胡适、郭沫若等十余位中国现代文学／文化史上具有留学经历的重要作家，笔涉中国现代文学中的留学生形象，观照留学生写作中的"弱国子民"心态。

可见，"留学生文学"和"文学中的留学生"等话题而今已非"生鲜"。但如前所述，本书力图以表象史为关怀，在文学叙事与历史叙事的比照中挖掘中国近现代留学生的象征意义，以此折射时人如何理解和营造他们的文化语境。

本书的正论部分由四章构成。

第一章建立在对大量文本的梳理之上，试图对晚清、民国文学中的留学生进行一次概览。从梁启超的小说《新中国未来记》开始，继而注目到李伯元《文明小史》等一系列晚清小说，再相继观照郁达夫、郭沫若、冰心、鲁迅、叶圣陶、许地山、老舍、沈从文、曹禺、张资平等人的多部虚构文学作品，考察他们对留学生的书写。然而，从这番考察中得出的结论是放散性的，"留学生"形象呈现出裂变、多元的样态，对他们的分门别类也是如此困难和牵强。并且，这种形象的复杂性，在纪实文本中也能找到对应。在文本内外，留学生都扮演着多重角色，形象的内涵分布于多种层面，其中既盛产名动天下的西化精英，亦有西方生活方式和文化观念的平凡实践者，也包括特立独行的传统捍卫者，还有不中不西、亦中亦西的"矛盾"人物。

这种形象多样性的特殊症结在于，留学在晚清、民国已经成为一种文化现象，注重教育的传统和科举的终止，使中国人大多热衷留学。这种文化现象的庞杂性使得新兴的留学生群体难以被

① 李兆忠：《喧闹的骡子：留学与中国现代文化》，人民文学出版社 2010 年版。

某种单一的形象所规约，舆论对留学生的评价褒贬不一、犬牙交错，受地区差异、阶层、国别关系等诸多因素的影响，它们在价值判断等方面影响了文学形象的塑造，而文学又参与到了众声喧哗的历史叙事之中。

不过，在对留学生形象的概览中，仍有一种现象引人关注，即晚清、民国对留学生的负面书写蔚为大观。其中，一个较早而又颇为突出的案例便是《文明小史》，这部有志充当世态实录的长篇小说刻画了彼时社会各阶层的留学生，他们大体明白自己应该担待的义务，却各怀心机，或游荡无依，或得势后犯恶后辈留学者，作者极尽戏谑之能，"揭露"了他们或无稽或不堪的言行和道德，以漫画笔法视留学生为笑料。几乎同一时期，以相似笔调刻画留学生的晚清小说还有《九尾龟》《新石头记》《新封神传》《新孽镜》《海上尘天录》等。近十年后，《留东外史》更是"影射"了一群道德崩溃、价值观暧昧的"留日中国人"，批判留学生的不学无术、行为败坏、怪行怪状。令人玩味的是，尽管对《留东外史》不屑一顾的新文学作家大有人在（鲁迅、老舍堪为代表），但这些反对者与《留东外史》之拥趸（滕固、崔万秋、春随等人是典型）相似的是，他们在书写留学生时也或隐或显地占据着道德的制高点，往往流露出恨铁不成钢之意。

与这种道德谴责相应的，是五四前后逐渐盛行的留学生之自我刻画。在卢梭的影响之下，郁达夫、郭沫若等一批新文学作家热衷于以"自传体""独语"来展开自我身份的想象，创造出以"零余人"面目示人的留学生，他们尽显维特气质，感伤自卑，眼高手低，"公开揭露自身的弱点、情欲、丑闻或丢脸的往事"。

由此，一个疑问呼之欲出：当晚清、民国的留学生在思想史、教育史、学术史中被奉为"一国之原动力"的精英人物时，文学作品为何如此热衷于从负面书写留学生？[①] 一方面，这可以归结为，对于中国近现代留学史中的精英而言，文本中的留学生人物是一种**他性**（*otherness*）的存在，两者互为补充，并行不悖。因为，在"复线的历史"（bifurcated history）[②] 中，多样性替代了单一体的演化，过去并非仅仅沿着一条直线向前延伸，而是扩散于时间与空间之中，为了"试图重新唤起已经散失的意义"，对历史的描述和阐释还需要更复杂的话语。但另一方面，文学叙事与历史叙事之间的缝隙与错位也是不争的现象。正是为了探究其间的缝隙与错位，本书紧接着将从民族心态、西方话语权力、中国传统意识这三大层面展开剖析。

第二章指出，在对留学生的负面书写中，"谁的道德""如何关

---

① 甚至，凭借负面人物谱系的蔚为大观，留学生形象具有了形象学意义上的符号功能。某些研究者认为，一切形象都不是多义的，且趋向单义，在一个特定历史时期，在一种特定文化中，我们对他者是不能任意说、任意写的，而在那些塑造了典型形象的文本中，形象甚至可说是已被部分程序化了，因此只要通过研究，全部或部分地了解那些塑造了形象的文化公众，我们即可破译这些文本。参见陈惇等编：《比较文学》，北京师范大学出版社 2001 年版，第 169 页。笔者认为，这一说法具有借鉴意义，但失于武断，它损失了文化和文学的多样性及柔韧度，而"破译"之说也过于简单。

② 此处借用了杜赞奇的观点，他在其《从民族国家拯救历史：民族主义话语与中国现代史研究》中指出：探究历史的话语来源于过去，就必然受过去的影响，而现在对这些话语的使用却也使得这些话语具有了现代的意涵，而这些现代意涵则使得对过去的解读带上了现在的色彩，这种互相的交易就构成了复线的历史，而非进化的、线性的简单历史。传统观点将民族国家理解为一种有意义的实体，是包含着人民、领土和主权等要素的正式形式。近代中国以及其他殖民地或半殖民地的民族国家以及民族意识的产生与兴起，都受到了西方殖民入侵的影响。西方民族主义思想的传播以及殖民者与被殖民者的对立促成了这些地方民族意识的产生和民族国家的形塑。这种观点也与社会达尔文主义有着千丝万缕的联系，它将民族产生和发展的历史看作是一种线性进化的历史，而近现代就是民族启蒙的历史，在这一阶段，民族得以最终确立。但是，这种历史叙述话语却与实际发生的历史上所存在的事实并不完全一致。而"复线历史"否认历史是因果性、线性发展的，否认只有在因果的链条中才会前因产生后果。复线的历史视历史为交易的（transactional），"现在通过利用、压制及重构过去已经散失的意义而重新创造过去。与此同时，在考察此种利用的过程中，复线的历史不仅试图重新唤起已经散失的意义，而且还试图揭示过去是如何提供原因、条件或联系从而使改造成为可能的方式"。参见杜赞奇：《从民族国家拯救历史：民族主义话语与中国现代史研究》，王宪明等译，江苏人民出版社 2009 年版，第 226 页。

怀"是历史性和政治性的命题，它们来源于民族主义的焦虑心态。由政治关怀而生的道德反省思潮导致叙述者格外关注留学生的"异端"言行，诸多作家和学人对留学生的批判、指摘、讥讽，多源于他们从民族图强话语出发，胸怀这场留学运动的宏旨 —— 应对西潮冲击，走出国门，借鉴外洋文明，重振国威。另一方面，在面对异国强势文明时，民族主义又极易转化为留学生的个人诉求，伴随着个人的身份危机，这便是留学生被频频叙述为"零余人"的一大肇因。

　　这种民族主义恰是西学东渐中的舶来之物，而更为吊诡的是：近现代留学运动勃兴于中日甲午战后 —— 受到巨大挫败之后的中国人为了探究日本的富强之道，勇于向他们的敌手学习，掀起了异常壮观的留日热潮。不过，中国向日本学习仍属于"取西法以自强"的间接之途 —— 从明治维新开始，日本全面向西方学习，渴望实现以西方为标准的现代化，逐步植入较完备的西方学科体系，走上了"脱亚入欧"的道路；在对西方文明的甄选、过滤和创造性转化中，为国情所围，日本思想的演化由"英美学"而"法国学"，由"法国学"而"德国学"（德意志学），同时又有国粹学的倡导和兴盛，堪称"半个现代国家"。而中国留日生一旦在日本接触到现代西方尤其是德国式的民族主义，受辱之感便日渐浓烈，厌日情绪由此高涨。引入民族主义的中国也由此开始民族国家的建构，在从"天下"向"国家"的转型中，白鲁恂（Lucian Pye，1921—2008）等汉学家的论见可以说是一种合理的表达：中华是一种文明，却要冒充是一个民族国家。①

———————

① 白鲁恂写于1968年的《中国政治的精髓：一个政治发展进程中的权威危机和心理文化研究》指出，中国政治的主要问题，在于政权总是无法调和中国文明已载于史册的辉煌成就与当下社会要求急剧进步的心态。中国的地理环境和频繁的自然灾害，迫切要求一个强大政权来维持这一博大地域内的社会稳定，从而奠定了威权统治的合法性。统一与分裂是中国历史最重大的主题。每当中央政权积弱，无力对抗外族的入侵、农民起义和地方叛乱时，就会出现全国的战乱和分裂，直到下一任更强有力的统治者以

在民族主义的阐释图景中，所有个人的遭遇只要涉及异族外邦就不再是孤立的、意外的和偶然的，而是与文化、政治、军事与经济的结构性压迫紧密相连。接着，本章细化分析有关留学生的"雪耻型民族主义"[①]：《自由结婚》《狮子吼》中留学生的排满情绪，作为革命者的留学生将西方近现代民族主义话语替换为华夷之辨，以汉族本位建立民族认同，这种激进化的思想过程，容易使文学对人物的刻画简单片面，放眼历史，它还造成了实用主义倾向，留学生因而展开"经世致用与学术独立"的辨析。

第三章则尤为关注晚清民国学生所处的西学东渐之大背景。首先，留学生形象的负面色彩之所以如此突出，在很大程度上要归咎于尊西崇新之风对晚清传统士人的冲击，由此导致的既羡且厌的复杂心态，格外敏感于留学生有崇洋媚外之嫌的种种言行。

为了勘察留学生的"唯洋是举"现象，本章继而分析西方话语

（接上页）更高压的方式达成统一。经过历代政权的血腥暴力更迭，集体意识中对分裂与离乱的恐惧逐渐压倒了对高压威权的抵触。另外，由于家庭纽带的强大与切身，使国家成为遥远的存在。在威权政治中严格的等级制度中，政治意味着"政权之管理"，大众是被隔离在政治之外的。中国政治系统中存在一个明确的"士"与"民"的分野。参政议政是"士"阶层的特权。而提出异见、请愿也仅仅存在于中国知识分子的学术与政治生活当中。普通百姓（民）的本分是对上服从、忠和孝，以及解决自己日常生活中的各种问题。由此，白鲁恂认为，阻碍中国现代化进程的最根本因素是缺乏文化—心理资源。参见 Lucian Pye, *The Spirits of Chinese Politics: A Psychocultural Study Study of the Authority Crisis in Political Development*, Harvard University Press, 1992。但是，白鲁恂简单化地、本质主义地将中国政治的焦虑理解为中国社会内在文化—心理资源的匮乏，即中国文化的又一内在缺陷，而忽略了东方的焦虑在多大程度上是由西方世界强大的军事、政治、经济、文化力量威慑和实质侵犯造成的。

① 此处借用刘擎的表述：从"反清复明"的先驱义士到孙中山的革命同盟，一直坚持着激昂的"排满"诉求，这种民族主义的斗争叙事持续了几百年，并直接促成了中国作为现代民族国家的诞生。民族主义话语不只是一种集体宣言，借助于民族主义的解释逻辑，个体的不幸遭遇将得以与民族的苦难命运有机地合为一体，由此超越了个人的卑微感，上升为一种悲壮体验。而日常经验与抽象理念互为增援，不断地加固了民族主义宏大叙事的建构。参见刘擎：《创伤记忆与雪耻型民族主义》，《书城》2004 年第 12 期，第 46—48 页。

在留学生形象中的诸种表现，其一是留学生形象外表的西化、话语的西化、情绪的西化、价值判断的西化。其二是相关作品在叙事上深受外国文学影响，譬如《新中国未来记》的叙事时间，《文明小史》的文体结构。从意蕴而言，《留西外史》受福楼拜、巴尔扎克的影响，《棘心》有西方浪漫主义质素，《围城》具西方现代主义精神，等等。这种认知框架正表明，近现代留学运动怀着引进西方文化的使命感，留学的原初目的即是引进西方文化，具有启蒙意义，留学行为是深层文化观念的范导，全面留学的现象，正是建立在全盘西化的预设之上。（往往在个体身上转化为文化和生活方式仰羡格局下的外在模仿，这不能不影响到"自我书写"和"被书写"，例如美丑俱现的"洋派话语"。）

在这一过程中，令人深思的是，中西之间的交往交流在哪些层面、哪种程度、以何种方式影响了留学生的身份认同，留学生自身是否存在着主体性选择或调适？如果有，这些主体性因素又是通过什么得以体现？文学文本告诉我们，留学生对西方话语的引进总与误读相伴相成。他们能够近距离接触西方文明，对异域文化的了解更为身临其境，但这种感知又无法实现零距离的清晰无碍。留学生往往忽视了西方思想的多面向，不免截取发挥其中某一思潮，以之为求取社会进步的万应丹。同时，他们易于沉浸在西方文化的抽象理念中，以此说理论世，比较中西，而忽略了异国丰富多样的社会实情，不免偏执空疏。这也就招致了文学叙述者的鄙薄。本章尝试举例，许多留学生津津乐道的"自由""平等"在诸多文本中被顺理成章地恶搞为道德沦丧的障眼法。

在这种情境中，留学生群体的洋文凭堪称一种文化资本，一种新的文化权力，西方话语的多寡便成为"权力"的关键，这深刻地影响到留学生自我身份的建构。由此，根据文学作品透露的信息，结合历史数据、学人自叙，笔者整理出留学国别的分殊以及留学生归国后较为显眼的文化差异、派系差异，认识到：在晚清、民国的留学生中，留日、留法、留美者格外突出地形塑了近代中国（尤其五四运动），而留日者的知识输出可谓是对西方话语的"转译"，其复杂性十分引人关注。

在晚清、民国留学生的形象塑造中，非西方话语独大，其间还饱含着中国传统文化和文学因素。"传统"可被视为解答第一章之疑问的另一个切入点：当留学生来到异国，挣脱了昔日族群和母国传统的束缚，开始了新的自我认知，其言行则往往会多几分率性或放纵，甚至有"道德败坏"的嫌疑。因此，本书第四章则注目于文学作品中留学生归国后与母国及传统的对视。

传统元素在有关留学生形象的文学叙事中时有表现，这些中与西的中介者时常被塑造为"不中不西"的矛盾体：某些人物游学归国后竟"沾染"或奉行时人眼中的中国之"陈规陋习"，衣着、谈吐、识见都有悖于"新思想的载体和新思想的实践者"。五四前后一批留学生所鼓吹的新文学虽笼罩着启蒙的理想，却也撇不清"文以载道"的"传统"观念，固有的家庭观、性别观等权力关系仍然对留学生们产生着深刻的影响。在文学叙事手法上，传统因素也并未死去，甚至主宰着大众的阅读品味，如《新石头记》《断鸿零雁记》《玉梨魂》等小说书写时代新声和异质文化时，留学生的西方话语与浓重的传统叙事模式和题材相互纠缠，凸显暧昧和复杂，衍生出文化错位的光怪陆离感。

"中学"与"西学"这对空间上的并置关系转化到时间上，便是"传统"与"现代"。在对留学生形象的书写中，中与西、传统与现代的关系并存交织——这种二元区分虽有简单贴标签之嫌，可实际上，在彼时虚构和纪实文本的叙述中，留学人士大多正是在中西、传统与现代之间摇摆，为双重的价值尺度而困惑烦恼。

不少文本所构致的"出洋—归国船上"便是这样一个蕴藉着彷徨的特殊空间。留学生的"求新—寻根"之旅成为一对不断增长的"疏离"（defamiliarization）的过程，他们在故乡水土不服、举步维艰、郁郁不得志，在思想上致力谋求中外文化的接榫点，却往往洗不净"食而不化"之嫌。如此留学何以能够实现"植才异国""输入文明"的宏旨？将文本放在思想史的背景来观，"中体西用"之所以没有取得预期效果，之所以被诟病为"牛体安能为马所用"（严复语），恰在于不少留学生和学人将西方当作铁板一块，在文化的接受和传播中损失了灵活性。并且，日常生计的需要使西学新知世俗化、实用化，后者在民族主义心态的挤压之下，与传统文化系统形成并立而互补的关系。

当然，在有关留学生的文学叙事中，传统元素自有其功能意义，有其"被建构"的需要，引用罗志田的话来说，即晚清、民国从负面解读传统的取向具有相当程度的"虚悬想象"（imaginary）①。笔者尝试以文学中的留学生和时人看待"缠足"和"剪辫子"的矛盾态度为例，说明传统如何被陌生化，又如何遭到反向虚构。

最后，本书的余论将以上四章的分析提炼为文学与历史的复杂关联。晚清、民国"留学生"形象的例子告诉我们，文学话语与历史话语之间的竞争摩擦从未消停过，前者对后者的阐发未必总以正态分布。相较于以必然性、客观规律性或普遍性为意旨的历史大叙事，文学涵盖了诸多个体的、偶然的、不确定的因素，塑造了一个风格化的现实世界，虚构变成了历史的一部分。现代文学评论所津津乐道的认

---

① 罗志田：《裂变中的传承 ——20 世纪前期的中国文化与学术》，中华书局 2003 年版，第 8 页。

识、教育、审美等功用，能在孔子"诗可以兴，可以观，可以群，可以怨"的话中找到自己的位置，而"留学生"一例正展现了文学"可以观""可以怨"的巨大的社会功能，文学以虚构的世界为现实的历史和社会带来了清醒。换言之，non-fiction 与 fiction 仍有差异，海登·怀特那几乎将历史叙述和文学叙述看成一回事的历史哲学需要被修正补充，历史不能等同于文学，文学之美恰在于它与历史共同构成的对跖图景。

第一章 "鱼龙混杂，贤愚不分"的留学生

> 文化拥有模式，时代拥有精神；但是把人类的行动说成是它们的"不可避免的"后果或表达，则成了误用词语的牺牲品。没有一种公式既可以保证我们成功避免以想象力与支配占有世界，又可以保证我们成功地避免把一切还原为可以识别的男男女女在特定的时空里可以实证的行为。
>
> ——以赛亚·伯林（Isaiah Berlin）[1]

> 姑老爷江泰是个专攻化学的老留学生，到了北平，就纵情欢乐，尽量享受北平舒适的生活，几乎和北平土生的公子哥儿的神气毫无二致。他有三十七岁，神色带着几分潦倒模样。
>
> ——曹禺《北京人》

在教育史、思想史、学术史、革命史等史学领域的叙事中，留学生之于中国现代化的功绩不可磨灭，他们被描绘为民族精英和时代骄子。然而，企图从晚清、民国文学作品中浓缩出留学生形象的规律和共性，却是困难重重的，他们绝不尽是"高大全"，而是在"被书写"和自我书写中呈现出丰富多元的面貌。留学生形象的这种不可化

---

[1] 以赛亚·伯林：《自由论》，胡传胜译，译林出版社 2003 年版，第 117 页。

约性，折射出时人对留学热潮和西学新知的微妙心态，其中充满了历史之潜流和支流的偶然因素。

不过，在对留学生形象的概览之中，仍有一种现象格外突出：作为想象性的叙事，许多文学文本从道德的维度出发，讥讽、谴责留学生的放纵不羁、怪形怪状甚至丑恶行径；在留学生的自我刻画中，常常流露出沉重的失落感，他们所描绘的学业之艰难与情感之苦闷皆与成功者的心态相去甚远。

于是，产生了一个引人深思的疑问：文学作品对留学生的负面书写为何会如此显眼？

第一节　多元而裂变的留学生形象

在 1917 年 3 月 8 日的日记中，结束在美学业，假道意大利返回中国的胡适，意气风发地引用《伊利亚特》第十八章的话写道："现在我们已然回来。一切都大有不同了"（You shall know the different now that we are back again）[1]。洋溢于其间的自信和自豪正契合于中国近现代留学生的初始使命 ——"尽取泰西之学，一一施于我国"[2]，借由留学生带回的西学新知，中国要与先进的西方接轨，实现自强。

从学术史的角度而言，留学生是完成中国近现代学科建制的主力军。从晚清到民国，一批又一批留学生将西洋和东洋的知识、理念逐步输入、移植、引进到中国来，并使之在中国土地上生根，打破了传统学科体制，改变了中国人的知识结构。及至 20 世纪三四十年代，

---

[1]　胡适：《胡适留学日记》（下），安徽教育出版社 1999 年版，第 477 页。
[2]　中国近代现代出版史编纂组：《中国近代现代出版史学术讨论会文集》，中国书籍出版社 1990 年版，第 101 页。

以留学生为代表的中国学人已取得了惊人的学术成就，在中国形塑了以西学知识分科为基础的现代学科体系。近现代留学生在自然科学上的卓越成就自然不在话下，仅仅爬梳他们在社会人文学科领域中的突出贡献，即是一项浩繁的工程。2009 年，南开大学出版社策划了"中国学科现代转型丛书"，包括《留学生与中国新闻学》《留学生与中国社会学》《留学生与中国教育学》《留学生与中国考古学》《留学生与中国法学》《留学生与中国心理学》，单单从这一系列标题中，亦可窥出留学生为中国现代学科群的构建所做的贡献大有话可说，他们塑造了中国现代社会人文学科的许多重要面向。

晚清、民国的留学生还是一股重要的政治力量。舒新城即在《近代中国留学史》中指明，戊戌变法之后，中国政治更是无时不与留学生发生关系，"尤以军事、外交、教育为甚。现在执军权之军人，十之七八可从日本士官学校丙午同学录与振武学校一览中求得其姓名，高等教育界之人亦十分之九以上为留学生，全国重要事业无不有留学生在其中"①。

在很大程度上，这种政治意义主要体现于留学生在中国近现代史上的话语实践和革命行为。在近现代中国的数次改良及革命运动中，从不同国家归来的留学生以不同的方式，加速了衰朽政府的落幕，换句话说，这个国家派出去学新求强的先锋队反而脱缰成了它的掘墓人。

在话语层面上，留学生对外语词汇的译介是现代汉语词汇中外来词的主要来源之一。通过以留学生为主的新学人士的音译、意译、音意兼译、"照抄不译"，西来词汇的影响，似有铺天盖地之势，涉及科学技术、军事、数学、物理、化学、政治、历史、文

---

① 舒新城：《近代中国留学史》，中华书局 1926 年版，第 212 页。

学、音乐、哲学、经济、医学等众多领域，如"咖啡""沙发""派对""马克思主义""逻辑""图腾""幽默""浪漫"等。不可忽视的是，由留学生从日语转译而来的现代汉语词汇有八百多个，如"自由""民主""人格""人权""政府""政策""选举""一元论""二重奏""反革命""共产主义"等。如今，这些舶来语已成为难以觉察的"混血儿"。

这些外来语不仅影响了中国的文章体裁，还改造了近现代中国人的思想语法，牵引着文学的革命乃至思想的风暴。在社会交往层面上，留学生因求学而聚合，由聚合而呼应，形成了一种社会群体，衍生出多股大大小小的宗派团体。异国的新知识新思想让他们重新打量母国的制度和文化，于是批判、改造、颠覆喷薄而出。与传统士人相比，留学生的思想武器和革命行动都令官方难以控驭，他们加速了清朝的崩盘，在专制与民主的交替中走上了历史的前台，其中有许多人的名字深深嵌入了中国近现代史①。

可以设想，如果中国不曾有过这场留学运动，那么晚清以降的历史就会发生多米诺骨牌一般的连锁反应，与今日中国所呈现的面貌完全两样。一百多年来，每一代留学生都同中国和世界形势相应，引起不同方面的巨大变革，规模越大，所伴随的变革深度和广度就越大。怪不得有人说，留学运动的热与冷就是中国现代化进程的晴雨表。直到新近，我们还能从新闻上看到中国政府对"留学人员回国创业"的奖励措施。概而言之，从历史的大叙事来看，留学的正面意义不容忽视。

那么，在晚清、民国的文学作品中，这群留学生得到了怎样的

---

① 仅就国共两党的成员来说，1921 年，中国共产党成立，出席代表 12 人中仅有 4 人没留过学；国民党及民国政府中的许多党政要人、军事将领如蒋介石、胡汉民、戴季陶、阎锡山、何应钦、白崇禧等都曾有留学经历。

表述和再现呢？

一、晚清：被书写的留学生

晚清文学的发展，以 1898 年百日维新到 1911 年辛亥革命为高潮，在此过程中，小说由边缘向中心移动，成为晚清最重要的文类，作为一种新的文化工业产品和大众文化消费品，它本身是一种现代性的体现。20 世纪初年，作为新兴人物的留学生日渐被以小说为代表的文学作品所关注。光绪二十八年（1902），梁启超的小说《新中国未来记》即意味着近现代意义的中国留学生形象开始登上文学舞台。

小说构想出 1962 年的中国盛况，时值"大中华民主国"的国民庆祝维新五十周年，南京举行万国太平会议，上海开展大博览会，诸友邦皆特派兵舰来庆贺。大祝典上，据称是孔子后代、曾经留学日本的 76 岁老博士曲阜先生"孔弘道"，作为全国教育会长以"中国近六十年史"为题演讲，侃侃而谈中国民主立宪的历程，数千各国学者和数万学生前来听讲，举座为之动容。

1962 年恰距 1902 年整整一个甲子，小说回顾起来，大中华民主国的构想和建立离不开两位留学生：一位是留学英德的"黄克强"，名为"黄种人克西方列强而胜出之意也"，代表了作者首肯的温和的改良主张（巧的是，与梁启超政见相左的革命党人黄兴即字"克强"）；一位是留学英法的"李去病"，代表了作者怀有疑虑的革命救国主张。而政见上的激烈分歧愈显得他们公私分明、交情笃厚，以作者梁启超的话说，"英国人最有这种风度"。他笔下的这两位留学生都心怀"古今万国革新的事业"，要"替一国人"在"民间"做"预备功夫"，选择留学一则是为了"广集寰宇的智识"，二则"实察世界的形势，将来报效国民"。他俩激烈争论的话题聚焦于：中国需要革命还是需要改良？革命的条件是什么？改良的局限是什么？如何认识和评价法国大革命？朝廷当政者能否真正实行变法？概而言之，他俩胸怀大志、卓尔不群，既有新知的储备，又不乏实践的勇气和能力。

在小说第五回里，"郑伯才"遗给黄李二人的一份长笺亦荟萃了诸多留学精英，如"程子黻，福建人，在日本士官学校卒业，现在湖北恺字营当营官，坚忍刻苦，的是军人资格。刘念淇，江苏人，在日本炮兵工学校卒业，现在上海制造局。……胡翼汉，直隶人。以上七人，皆留日本士官学校。另女士三人，王端云，广东人，胆气、血性、学识皆过人，现往欧洲，拟留学瑞士。……叶文僩，广东人，在美国大学卒业才归，一大教育家"①。这样一群完美形象似乎为留学生在中国晚清、民国文学作品中的登场揭开了一道辉煌的序幕。

不过，这道序幕揭开以后，却是长久的笑场和深思。即便《新中国未来记》中的留学生也未必总以正面形象示人。举止可笑、言行可鄙的留日生"宗明"就出现在小说第五回里，遇见此人的黄克强不禁发出了一句体察世情的感慨："树大有枯枝，这也是不能免的，但看见一两个败类，便将一齐骂倒，却也不对。"②这也就意味着，宗明只是留学生群体中的少数"败类"，在黄克强的心目中，大多数留学生仍然符合国人对智识精英的期许。

按记载，距《新中国未来记》的刊行不过一年时间，1903年，李伯元的长篇小说《文明小史》便开始崭露头角，至1905年9月宣告六十回终篇，它以1900年庚子事变后的中国社会为背景，描写了时人对西方文明的接纳、抵制和扭曲，展现了新政新学如何闹得沸反盈天。在《文明小史》这部人物众多、背景庞杂的小说中，留学生占据

① 梁启超：《新中国未来记》，《新小说》1903年（第七号）。
② 梁启超：《新中国未来记》，《新小说》1903年（第七号）。

了一席之地，他们中间，有归国得志后勾结洋人、欺压百姓的清廷官员；有以贩卖、勾兑西学新知为生的投机译者；有在父母师长眼中学无长进、剪辫洋装、满口新名词的青年；有在国内四处碰壁、百无一用、视同胞如草芥的失意者……各色留学人物构成了多组群像，在新旧冲突的浪潮中浮浮沉沉，在"腐朽神气随变化"中体现一个时代的骚乱、躁动与蜕变。

光绪二十九年（1903）章回小说《女举人》[①]主叙妇女解放问题，为妇女争权益、树碑传，主人公"如如女史"亦与"留学"有着关联。聪慧过人的她在十六岁时曾经游学日本，此次异域体验令她的思想大为开通，只可惜无法施展抱负。一日，她女扮男装赴京参加举人会试，路遇有识之士，便大谈学务和维新的道理。在考场上，如如女史的博学多才倾倒了满城考生和考官。最后，她梦中得圣贤指点，在黄河岸边大开演讲场，以新学之主张启发同胞，称："科举不废，学务办不起来，学务办不起来，人才哪里来。"虽然短暂，但在日本的游学初步完成了女主人公的思想启蒙，是一次成长之旅，开启了个人与国族之间的政治关系，意味着一种新的身份认同。

在"岭南羽衣女士"[②]1903年发表于《新小说》第二号的《东欧女豪杰》中，中国女子"华明卿"游学瑞士，结识了诸多流亡瑞士的俄国虚无党人，从而知悉俄罗斯女豪杰苏菲亚的生平。从小说开篇来看，华明卿应该是该小说的主人公，但小说未完，所以华明卿的故事

[①] 《女举人》共16回，作者生平不详，题为"如如女史著"，由上海同人社出版石印本。

[②] 关于"岭南羽衣女士"的真实身份，阿英在《小说之谈》中说"竹君女士，籍来广东，自号岭南羽衣女士"。而冯自由的《革命逸史》（第二集）中有"罗普，字孝高，顺德人，康门麦孟华之妹婿也。戊戌东渡留学。吾国学生入早稻田专门学校者，罗为第一人。易西服后，仍留余发不去，故自号'披发生'。新民丛报社出版之《新小说》月刊中，有假名羽衣女士著长篇小说，曰《东欧女豪杰》……即出自罗氏。民二，梁启超任财政部长，罗普一度任广东省府某厅长"。

没有展开，而是集中于她对苏菲亚英雄事迹的所闻所想。当华明卿从莪弥那里得知民党（民意党）的革命宗旨后，感慨地说："可恨我国二百兆同胞姊妹，无一人有此学识，有此心事，有此魄力。又不但女子为然，那号称男子的，也是文弱不振，甘做外人的奴隶，忍受异族的凭凌，视国耻如鸿毛，弃人权若敝屣，屈首民贼，摇尾势家，重受压抑而不辞，不知自由为何物。倘使若辈得闻俄国女子任侠之风，能不愧死么？"① 借由华明卿这位与俄国革命者朝夕相处的中国女留学生，小说试图向读者介绍来自西方的"天赋人权"之说，展现世界历史的宏伟图景，并期待中国女性与男性担负起同样的国民之责。

在张肇桐②的章回小说《自由结婚》（1903）中，男主角"黄祸"的父亲"黄人杰"曾游学外国。在黄祸出生前三个月，黄人杰抗拒朝廷命令，不肯残灭仇教，而被清廷处死，被小说议为"将人真人杰，一死为同胞"。黄人杰的就义，促成了少年主人公渴望"以儿女之天性，观察社会之腐败"，"以学生之资格，振刷学界之精神"，"以英雄之本领，建立国家之大业"，"一定要结个大大的团体，把革命军兴起来"。③

光绪三十年（1904），王妙如的章回小说《女狱花》④刊行。与《女举人》相似，这部作品也主叙当时女子为争取妇女解放所走的不同道路，对妇女所受的压迫作棒喝之声。其中，"许平权女士"主张

---

① 张全之：《从虚无党小说的译介与创作看无政府主义对晚清小说的影响》，《明清小说研究》2005 年第 3 期，第 136—147 页。

② 《自由结婚》由自由社出版，小说共 20 回，分为两编，故事未完。原版著作者标为"犹太遗民万古恨著"，"震旦女士自由花译"。冯自由《革命逸史》《开国前海内外革命书报一览》《兴中会时期之革命同志》等记载，作者为张肇桐。张肇桐当时为日本早稻田大学政治科学生、东京青年会发起者之一，《江苏》杂志的"记者"。

③ 张肇桐：《自由结婚》，载董文成等编：《中国近代珍稀本小说》（第 6 册），春风文艺出版社 1997 年版，第 99 页。

④ 《女狱花》共 12 回，又名《红闺泪》《闺阁豪杰谈》。

和平革命，她留学日本归国后，与丈夫一起启民智、办女学，事业轰轰烈烈。同样，留学经历带来了性别意识的觉醒，并给予女主角以斗争的能力。作为女性作家，王妙如通过日本这样一个异国空间来抗拒中国社会的性别压抑，促成了女主角的重新定位——不再如传统女性那般隐忍，而是采用教育、政治结社等方式，沉浸于女性话语与现代知识的正义性之中。

章回小说《女娲石》[①]亦从一个侧面反映了晚清时期的妇女解放运动，其中有爱国女子"金瑶瑟"为争取女权而斗争的故事。这部作品杂糅了革命与豪侠、科幻与狭邪等各种流派及风格，呼应了其嘈杂诡谲的创作背景："止见中国腐败危弱，好不担忧。旁边有些强国，今日唱着瓜分，明日唱着压服。虽有一般爱国志士，却毫没点实力。日日讲救国，时时倡革命，都是虚虚幌幌，造点风潮。"金瑶瑟自号"花溅女史"，曾留学美洲，起初担任海城女子改造会领袖，为了救国，她扮妓女普度那些不醒悟之人，后又假冒日本女使欲刺太后。然而，种种计划均未得成功，金瑶瑟不禁苦思究竟用何良方才能奏效。后来，她目睹花血党首领"剑仙女史"在其开的妓院里设电车、机器等先进设备，以暗杀赃官；又考察了洗脑院和专杀男类的捣命母夜叉等党派的活动，终于在梦中悟出本元，即"男不如女，国家重担应由女子承担"。在此，遥远的"美洲"不仅是一个地理的空间，更是一个投射了政治想象和个人欲望的符号空间，呼应了女留学生归国后所建构的乌托邦式的女儿国。

在陈天华未完成的章回体"政治小说"《狮子吼》中，"念祖""肖祖"等留学生为求救国之道，赴国外学习政治、军事，"要想拒洋人，

---

① 《女娲石》共16回，题为"海天独啸子著，卧虎浪士批"，分为甲乙两卷，甲卷印于光绪三十年（1904），乙卷印于光绪三十一年（1905），由东亚编辑局出版铅印本。

只有讲革命独立"，颇承接了"以夷制夷"的思想余脉，以欧美国家为师进行反清斗争。回国后，他们与会党联为一气，立学堂，开工厂，办报馆，痛骂"野蛮满洲之政府"，声势日大一日，呼吁同胞当如睡狮醒吼，穷追虎狼，表现出深重的忧患意识。

在张春帆（？—1935）的章回小说《九尾龟》（1906—1910）中，留学生则在上海、苏州等地的妓馆里大展身手，与妓女相互欺诈，参与了青楼黑幕，与当时的政府官员们一同构造了这部"嫖界的指南，花丛的历史"，以扭曲的面目在人生的舞台上逢场作戏，上演了一幕幕悲喜剧。

而在长达六十回的章回小说《海上尘天影》[①]里，时空背景坐落于晚清上海租界，留学生们再次出现在嫖客的队伍中，他们大多只懂得西学的皮毛，不懂得西学的精粹。而"西学知识"和异国游历构成了小说结构上的枝蔓，主人公"韩秋鹤"独自一人游历美国、法国、日本，察看不同国家的形势风土，辑成《洋务志略》一书，回国之后受到"乔经略"的赏识而得以大展长才，只可惜经略没多久即病死，秋鹤顿失有识之士的重视，于是怀着失落郁闷之心继续出国游历，成为一位博学多闻、走遍世界的通儒。

马仰禹的章回小说《新孽镜》（1906）主叙一班假维新人士的丑闻，作嘲讽之戏笔，虽有溢恶损真之嫌，但从一个侧面记录了新旧交替时代的沉渣泛起。廪生"吴志仁"一心想做时务中人，遂著一本《励学新编》赴上海以求石印，不想为声色所迷，搞得衣食难周。他的学生"沈偏滋"盲目崇洋，罢学剪辫，赴日本游学，因写攻击新党的文章而拿了稿费携妓出游。其他留学生谓沈偏滋有辱国体，在报上载文揭发他。日本革命总会有个"贾文明"，用钱捐得官做，

---

① 《海上尘天影》又名《断肠碑》，题为"梁溪香旧尉编"，作者实为《新兴报》作家邹弢。

得去东京采办书籍仪器的美差，他托商校学生买了些乱七八糟的书，花银无数。并和狐朋狗党胡弄了个计划回国交差，竟受到抚军的夸奖和接见。

光绪三十三年至三十四年（1907—1908），《小说林》第六期至第九期连载了包天笑未完成的章回小说《碧血幕》。在这部仅有 4 回面世的作品中，主人公"秋瑜"无疑取材于革命党人秋瑾，她是浙江一位爱国妇女，冲破家庭罗网，前往他乡异国参加革命活动。为了行动方便，她改作男装来到上海，时值美国限制华工之事传来，人人切齿。商界泰斗在张家花园演说，名妓女也号召姐妹抵制"美货"，令秋瑜十分振奋。可在赴日船上，她见到官派留学生们行为猥琐，议论卑下，不禁嗟叹。

在晚清时期对留学生的想象性叙事中，上述案例显然只是沧海一粟。可是，仅就这些文本来看，留学生形象已足以令人眼花缭乱。凭借《新中国未来记》《狮子吼》等文本而称留学生为援引西学新知以救国的智识精英，则有《文明小史》《新孽镜》等文本出来唱反调，反之亦然；借由《东欧女豪杰》《女娲石》《狮子吼》而认为留学生是反对专制政体的先声，则有《女狱花》《九尾龟》为之呈现反例……在不同文本的留学生人物中，既有现代国家制度的思考者，也有对西方文化充满了浪漫想象的探险者，亦有充分暴露七情六欲的"痞子"。甚至，在同一部文本中，留学生人物的面目也是驳杂多样的。他们的生成并未呈现出环环相扣的关系，要从中归纳出一条明晰的思想史主线分外艰难。

二、民国：留学生角色的个性化

文学作品在时间上的先来后到，往往并不能说明它们在逻辑上具有承前启后的线性关系，所谓的线索往往是模糊的。文学的寓言精神具有极度的断续性，充满了分裂和异质，带有多种解释，而不是对符号的单一的表述。在被书写和自我书写的混杂中，清晰而统一的留学生形象几乎是不存在的。

如果一定要从文学作品中总结出留学生形象之规律的话，那么可以从历时的角度来观：从晚清到民国，文学对留学生的书写逐渐从模糊的想象走向清晰的描摹，从漫画式、脸谱化转为写实、个性化。这条规律的背后，是西学东渐的日益深入，中国人对西洋和东洋的认识日益丰满。此外，随着留学运动的高涨，留学人数的暴增，越来越多的留学生开始了自我刻画，有意识地建构自身，成为留学生形象书写的主体，留学生的面目益加复杂多样。

在《文明小史》问世近十年之后，以东京为舞台，以中国留日生为主要人物的小说《留东外史》轰动一时。其作者向恺然 1907 年自费赴日本留学，民国三年 12 月 15 日，即 1914 年岁末，他在日本东京旅馆的"阴霾一室"起草了《留东外史》。1915 年，向恺然回国，于次年 5 月以"不肖生"的笔名由民权出版公司出版发行了《留东外史》的第一部。全书共一百多万字，分为一百六十章，附批语，前后历时十年方出版完毕。在《留东外史》中，不肖生对留学生的塑造在很大程度上基于自身留学生涯的体验，自己的身影常隐藏其间，即便讽骂夸张，也绝非是一个旁观者。包天笑在为他作的传中这样写道："据说向君为留学而到日本，但并未进学校，却日事浪游，因此于日本伎寮下宿颇为娴熟，而日语亦工。留学之所得，仅写成这洋洋数十万言的《留东外史》而已。"[1] 即是说，《留东外史》对民国初年留日生群体的"立此存照"中有作者自己的肖像！

---

[1] 范伯群：《民国武侠小说奠基人 —— 平江不肖生》，载向恺然：《武侠鼻祖向恺然代表作》，江苏文艺出版社 1996 年版，第 2 页。

而一旦这种自我刻画达到极致，作品中的主人公与作者本人的距离趋于无限小，虚构与真实只有形式上的区分，那么作品将更近似于留学生的生活实录和精神样本。五四前后，郁达夫的《沉沦》《银灰色的死》，郭沫若的《漂泊三部曲》《残春》《落叶》等一系列小说就是留学生深度自我刻画的典型代表，其中的留学生人物精神极其敏感，心理活动格外细腻（这种特征将在本章的第二节中得到进一步分析）。

1927 年赴法留学，并担任《小说月报》驻欧通讯员的徐霞村（1907—1986）在短篇小说《L 君的话》（1927）中塑造了谈吐不俗的留法生"L 君"。这位 L 君在法国巴黎学习无线电，在同为留法生的叙述者"我"之眼中，他不大喜欢与人争辩，但见识之广博足以使任何与之对谈者都惊异。他很爱讲笑话，"给人的最初的印象只是一个天真的孩子"，但是"如果你仔细观察他的种种举动，你就会发现他有一种可怕的世故，甚至一种可怕的冷静。他有一副特殊的推理的脑筋，对于一切事情都有透澈的观察"[1]。但"轻浮的我"却几乎每天至少要向他挑战一次。这种形象已经卸下了留学生身份的桎梏，被还原成一个有个性有思想的人，跳出了褒贬的拘囿和非此即彼的判断模式，不再浮于对差异性的强调，而是在复杂性和多面性中表现出丰满的精神状态。

1927 年，陈寅恪的幼弟、曾经留学法国巴黎的陈登恪（1897—1974）仿效不肖生的《留东外史》，以"春随"为笔名发表了中篇小说《留西外史》，其中的留法生有令人"可怜"者，有令人"可鄙"者，有令人"赞叹"者，有"刺目"以至于"格外引人注意"者，

---

[1]　徐霞村：《L 君的话》，载徐霞村：《古国的人们》，水沫书店 1929 年版，第 46 页。

"没有条理，没有贯串，乱杂无章"①。

有过留法经历的苏雪林（1897—1999）在其长篇小说《棘心》（1929）中刻画了留法女性"杜醒秋"，这部篇名取自《诗经·邶风·凯风》的作品有着明显的自叙传色彩，女主人公在亲情、爱情、学业、信仰上的曲折经历和伤感情绪与其创作者几乎如出一辙②。小说中，杜醒秋并不能代表所有的留法生，她自己也道出了所识留学者的多种姿态：在那个飞短流长的小圈子中，有些中国女生已经完全欧化，而有的女子还是固守"旧派"，不问世事且学问有成，亦有人新旧两不依附，号称"孤独党"。

早年留日，卒业于广岛文理科大学的崔万秋（1903—1982）在其小说《海滨邂逅》（1933）中，对留日生活的描绘也具有"实录"色彩，呈现了一群言行、心性各异的留日生。女留学生"金秀兰"隐

---

① 春随：《留西外史》，载江曾培主编：《中国留学生文学大系》（近现代小说卷），上海文艺出版社 2000 年版，第 298 页。

② 与《棘心》情节极其相似的是：1921 年秋，苏雪林抱着去大千世界闯一闯的梦想，前往法国留学，为了顺利成行，她瞒着家庭，直到临行当晚，才告知母亲。她考入吴稚晖、李石曾在法国里昂创办的海外中法学院，先学西方文学，后学绘画艺术。赴法三年，由于水土不服，经常生病。加之不断收到家中来信，父亲病故，母亲生病，婚姻问题也困扰、煎熬着她，只好辍学，于 1925 年提前回国。苏雪林在法期间患了一次很严重的病，躺在医院里，医院里一些天主教修女细心照顾，使她的病逐渐好转并恢复健康，苏雪林深受感动。在一位外国好友的劝说下，她皈依了天主教。回国后，遵照母命，与从未谋面的五金商人的儿子张宝龄完婚。张宝龄原籍江西南昌，肄业于上海圣约翰大学，后赴美留学，在麻省理工学院学习理工课程。婚后不久，母亲病故，她便随丈夫去苏州安家。其夫在苏州东吴大学执教，苏雪林则应苏州基督会所创办的景海女师之聘出任中文系主任，并由陈钟凡先生介绍在东吴大学兼授古典诗词课。苏雪林是一位新女性，但在婚姻问题上受传统思想约束，不能自主。在法国期间，她曾和未婚夫通过几次信，已发觉性情不合，便写信给父亲要求解除婚约，但父亲在回信中对她大加申斥，母亲在病榻上也托人写信劝说，甚至哀求女儿，为了父母双亲，她只好"认"了这门亲。在法国读书期间，不乏多情男子的追求，其中有一位曾大胆向她求婚，苏雪林也为之动情，甚至倾倒，但为了父母亲的面子，只好拒绝一切爱与不爱的求婚者。她的身上依然保留着古老的中国封建传统女性的道德。1927 年苏雪林随丈夫返回上海，翌年，经人介绍在沪江大学教书，后又和丈夫一起重返东吴大学。苏雪林婚后不过几年，两人便分手，婚姻以悲剧结束。

忍地承受着"异样的寂寞"，她的留学女同窗"林婉华"在感情受挫后突变为"交际花"，而那些来自中国权贵之家的留日男青年则以玩乐、追逐女性为生活的重心。

在沈从文（1902—1988）的小说《新摘星录》中，某位留学生在生活上的缺憾被一笔带过——女主人公回忆自己青年时代的择偶经历，谈及一位留美生，在当地著名大学教书，为人诚实而忠厚，显然是个好丈夫，可是"美国式生活训练害了他，热情富余而用不得体"[1]，由是此人落选。尽管未曾有过留学经历，但自从走出湘西之后，从北平到上海，从中国公学、武汉大学到青岛大学，沈从文的社交圈子从来不乏留学者，胡适、郁达夫、徐志摩、林徽因等人甚至改变了他的人生轨迹。故而，对留学生的潜在认识竟在其《新摘星录》中化作了一个似小实大的叙事动力。

在施蛰存（1905—2003）的小说《蝴蝶夫人》中，留美归来的男主人公"李约翰"埋头研究，事业有成，无意中冷落了妻子，而同是留美归来，同为大学教授的"陈君哲"却是个热衷交际、喜欢玩乐的"体育家"[2]，几乎是顺理成章地与"李太太"展开了婚外情。两位留学生的不同声音构成了对话性的关系。

在张爱玲[3]的小说中，留学男性的异国气质为作者对男权的批判提供了一个直接而辛辣的切入口。《红玫瑰与白玫瑰》（1944）里，在爱丁堡大学纺织工程半工半读的"佟振保"带着绝对的自信回到中

---

[1]　沈从文：《萧萧集》，江苏教育出版社 2005 年版，第 138 页。

[2]　参见施蛰存：《蝴蝶夫人》，京华出版社 2005 年版，第 238 页。

[3]　张爱玲本人没有过正式的出国留学经历，但留洋却堪称其创作的一个潜在心理背景。她的母亲黄逸梵（黄素琼）为了从不如意的婚姻生活中找到出口，1924 年便借口小姑出国留学需要监护而偕同出洋，从此长年旅居在外，足迹遍及欧洲及东南亚。在母亲的熏陶、敦促和栽培下，张爱玲也一直有着出国留学的强烈渴望，并曾获得伦敦大学入学考试远东地区第一名，可惜时值二战爆发，未能成行，只得转入香港大学。

国，这个"最合理想的中国现代人物"有着"外国式的俗气"，尽管"苦学生在外国是看不到什么的"，但这并不妨碍他去巴黎游玩寻欢，他"喜欢的是热情的女人，放浪一点的，娶不得的女人"，出国所赋予他的异域情调是与玩世不恭、放浪不羁联系在一起的，在与国内女子的婚恋关系中，价值追求的错位使他们彼此隔膜，相互排拒，最终在失望中以妥协相安。

在上述留学生人物中，我们难以概括出什么共性，而在中国近现代留学生的形象研究中，一个绕不开的文本非钱锺书的《围城》（1946）莫属，这部小说对留学生的刻画更是保留了他们的多种面向。其中，尤具阐释价值，难以被归类的角色正是主人公"方鸿渐"。他是一个反讽式的人物，虽然以假造的洋文凭欺世，却也并非不学无术之辈，他留学时讨厌钻死书，而是广闻博录，故能看穿"苏文纨"的得意诗作其实取自德国十五六世纪的民歌。他反感"董斜川"这个英年洋派人身上的遗少气息，也戳破"曹元朗"赋下的诗《拼盘姘伴》是挂着牛津的幌子仗势欺人。他似那个指出了皇帝新衣的小男孩，说时人趋于留学是为了"解脱自卑"，并非为了深究学问，其意图与前清科举并无二致。他不愿和圈中人拉帮结派，他有忧患意识，固执又懦弱，不讨人厌，"可是全无用处"，竟日以"自贱哲学"处世。简言之，这样一位"反英雄"人物足以为研究者提供无尽话题，其经典性使得笔者的挖掘都成了一种多余的复述。而真正的留法博士苏文纨，显然也不单纯是遭人讥讽的女才子，在某种叙述笔调中，她热衷炫学卖弄，自命不凡，出言刻薄，而一旦换一种氛围，她便是孤芳自赏、精明能干又颇具城府的。在这部糅合传统忧患意识与现代忧患意识的"学院派小说"中，几位留学生角色的复杂性串联起了现代西方的商业文化、中国传统的官派性文化，以及海派的半殖民地文化，"高雅与低俗一样有虚荣"，他们比一般人更容易洞察出"落伍的时髦，乡气的都市化，活像那第一套中国裁缝仿制的西装，把做样子的外国人旧衣服上两方补丁，也照式在衣袖和裤子上做了"。在他们的体验中，异己文化的隔膜性不单体现于异域求学，更发作于归国后的不适，"适者生存"由此获得反讽意味。异国文化的耳濡目染让留学生们具有了"世界的视野"，而从异域归来，故乡那由体面士绅和迂腐型知识分子组成的"小城话语系统"更令人窒息，不禁"感觉出国这四年光阴，对家乡好像荷叶上泻过的水，留不下一点痕迹"。他们处于社会的敏感部位，易于靠近政治圈，与官场、社会上层藕断丝连，这同时也意味着他们地位的"夹心"状态，比普通百姓更易沉浮于各种思潮的相互消长，人心世道的升降变迁，道德文化的踔厉沉没，世事时局的嬗变递更。

第二节　犬牙交错的社会表情

文学作品中留学生形象的丰富多元，在相当程度上，要归因于晚清、民国时期犬牙交错的社会表情、近现代留学运动中的众声嘈杂，这恰恰表明了留学之于中国近现代的历史意义，构成了一种文化现象。作为社会总体想象物的留学生形象，是全社会对一个集体、一个社会文化整体所做的阐释，是认同性（identité）与相异性（altérité）的双极性阐释，作品或作者与集体想象物间的关系是多种多样的，洞见又往往伴随着不见。文化的实相，不只是文化的最终产品本身，而是文化的生产与表现的全过程。文学中的留学生形象是彼时社会表情的一种表征，他们从一个空间抵达另外一个空间，在社会关系中穿行，承受着不同的政治关系、经济关系、文化关系等的压力。

一、作为历史事件和文化现象的留学潮

作为意义深远的历史事件和文化现象，中国人求学于外洋并非从一开始就呈现出趋之若鹜的势态，而是由现代化及全球化的炉火点燃，不断加热，持续升温。

当留学在晚清尚属于小众行为时，引起社会争议是再自然不过的。除了对西艺西学有所认识的开明士绅，在清朝最先接触和接纳西方文化的，是外国商人教士足迹所至的沿海口岸地区的凡夫俗子。在清政府出台留学政策之前，东南沿海已出现传教士的新式学堂，主要接收穷苦儿童，学生为数不多。而开明士绅以及与洋务运动一起成长起来的工商买办阶层，对西学教育的需求则最为旺盛。随着中外交往的扩大，各种洋务企事业单位和外资工商实体不断涌现，西学教育本身也逐渐改变着中国人对西学、西人和西方社会的观念，推动了中国西学教育需求的增长。洋务学堂在六七十年代要靠优厚的津贴吸引生员，到八九十年代则出现了求入其门而不遂的局面。容闳归国时还四处碰壁而被迫辅助曾国藩。19世纪70年代初，当第一批留美幼童招生时，容闳还为不能足数而东奔西走，到第二批留美幼童赴美，即有自费跟随的学生。

一方面，留学趋于热门要归结于中国绵亘数千年的重教传统，而另一方面，从实际的功利角度言，其催化剂在于中国社会在全面危机之中只得选择转型，西学人才前景的不断看好。据统计，早期的120名留美幼童中，在晚清政府各职能部门中任职的有近50人，某些留美生还在政府机构中担任重要职务，甚至成为督抚大吏。广为人知的即有唐绍仪（1862—1938），他先后在清政府中任外务部右侍郎，沪宁、京汉铁路督办，邮传部左侍郎，奉天巡抚，邮传部尚书等职；梁敦彦（1857—1924）曾任外务部尚书，奕劻内阁及袁世凯内阁外务部副大臣；梁如浩（1861—1941）任袁世凯内阁邮传部副大

臣，等等。① 从这些事实来看，归国留学生大有成为社会新贵阶层之势，好比可居的奇货，不免激起国人对留学的热情。

19 世纪末 20 世纪初，位居高层的中国人将亲属、友人送到异国尤其是日本学习，已是屡见不鲜。1898 年，清朝外交官钱恂（1853—1927，据《中国历史大辞典·清史卷》下）到日本任湖北留学生监督，见到日本向西方学习的成效，即陆续将自己的弟弟、儿子、儿媳、女婿带到日本留学。教育家、后任京师大学堂辅佐总教习的吴汝纶（1840—1903），其子于 1901 年赴日本学习。鼓吹改革的黄遵宪（1848—1905），1904 年便把儿子、孙子、表弟及侄儿送到日本，并许诺他们日后在新的师范学堂任职，那是黄计划为故乡湖南而开设的。

值郭嵩焘奉命出洋之时，出使外洋还为人所不屑，不过数十年后，学习外来文明成为时尚，出洋回来者便炙手可热，晋升官梯，故留学可谓"美差"，这成为当时风行的一大社会观念。听闻黄遵宪将出任大使，就读于上海格致书院的叶澜急忙托汪康年（1860—1911）引荐，以翻译学生身份随使留洋。甲午战后的留日热潮更是不在话下，青柳笃恒（1877—1951）如此描述留学生蜂拥来日的盛况："学堂虽得开设，代替昔时科举，惟门户狭隘，路径险阻，攀登甚难，学子往往不得其门而入，伫立风雨之中；惟舍此途而外，何能跃龙门，一身荣誉何处而求，又如何能讲挽回国运之策？于是，学子互相约集，一声'向右转'，齐步辞别国内学堂，买舟东去，不远千里，北自天津，南自上海，如潮涌来。每遇赴日便船，必制先机抢搭，船船满座。"② 根据《剑桥中国晚清史》，1903 年留日中国学生从最初的 13 人增至 1300 人，而 1904 年至 1906 年之间的涨幅最大，1906 年以

---

① 高宗鲁：《中国留美幼童书信集》，台北《传记文学》1979 年第 2 期（第 34 卷），第 60—61 页。
② 王晓秋：《中日文化交流史话》，商务印书馆 1996 年版，第 206 页。

12000 人达到高峰，被费正清喻为"到此为止的世界史最大规模的学生出洋运动"[①]。

纵观 1890 年至 1911 年期间，中国公私费留学生遍及欧洲主要国家和美国、日本，总数当以万计，较此前留学人数超出百倍以上，以后成为知名人物的不胜枚举，如黄兴（1874—1916）、宋教仁（1882—1913）、秋瑾（1875—1907）、吴永珊（吴玉章，1878—1966）、林伯渠（1886—1960）、陈独秀（1879—1942）、鲁迅、蒋志清（蒋介石，1887—1975）以及蔡元培、宋庆龄（1893—1981）、马寅初（1882—1982）、竺可桢（1890—1974）、胡适、赵元任（1892—1982）等[②]。出国留学渐渐成为中国人认可的一条获取知识、成就事业的重要通道。

五四前后的留学潮持续时间颇长，发展颇平稳，以美国、法国、苏联为中心，同时留英、留德、留日等也有较大的发展。总体看来，此时的北洋政府对出国留学的态度颇为放任，从而给企图留洋者以一定的自由度；辛亥革命后军阀混战的局面，又迫使许多有头脑的学人重新思考中国的前途和命运，出国留学被认为是解决这一问题的重要途径之一；经过第一次世界大战，中国知识人的世界观和竞争意识发生了翻天覆地的变化，科学、民主的大旗高扬，革命浪潮突起，吸收世界新文化成为众多青年的追求。这些因素的交织回应，使留学潮一波未平一波又起，促使留美、留法、留苏不断升温。

其中，庚款留美生堪称留学生的中坚力量。自从 1908 年决定退回部分庚款以资助中国派留学生后，美国 1911 年即在北京设立了作

[①] 费正清：《剑桥中国晚清史》（下），中国社会科学院历史研究所编译室译，中国社会科学出版社 1985 年版，第 393 页。

[②] 刘志强、王瑞华：《中国留学生与辛亥革命后的社会进步》，《人民日报》（海外版）2001 年 10 月 15 日。

为留美学生预备学校的清华学堂。于是，以庚款留学生为主，加上众多的自费留美生和各个部、企业、学校等派出的留美青年，美国各大学"布满了中国留学生"。据记载，1925年，美国的外来留学生约7500人，中国留学生则多达2500人，占三分之一。他们不仅学有所专，还成立有各种社团，举办多样活动，现存的《留美学生年报》《留美生月报》及《科学》等杂志即由他们而始。

根据史料和目前可见的事实，留美生的追逐目标乃以科学文化为主，不像同时的留法勤工俭学生那么侧重于政治方面。经过晚清以来的国家想象，许多中国人已将法兰西认作是自由民主的发祥地，梦想去亲身体验一下这个自由的国度，并且，由于蔡元培、李石曾、陈独秀等有影响人物的全力鼓动，工读主义思潮盛行一时，不少中国青年试图寻求一种"劳工神圣"式的具有共产主义色彩的社会蓝图，而勤工俭学正是实现这一理想的最好尝试。至1921年，在法国勤工俭学的中国留学生已达1600人。

政治革命的进一步发展催生了"留苏热"。1921年中国共产党成立后便派革命青年赴俄学习，以求效法苏俄。1924年国共两党合作成功，孙中山提出"以俄为师"的口号，也将派青年去苏联学习视为培养革命人才的主要途径。为此，苏联政府在莫斯科专门创立了一所孙逸仙中国劳动大学，大批接收中国留学生，旨在为中国培养革命栋才。1926年前后，在苏联学习的中国留学生有1600多名，他们主要学习革命理论和军事知识，其中出类拔萃者对中国革命产生了深远的影响。

在1912年到1930年这一阶段中，日后成为社会知名人物或中坚力量的留学生大有人在，比如留美的侯德榜（1890—1974）、茅以升（1896—1989）、吴有训（1897—1977）、梁思成（1901—1972）、周培源（1902—1993）等；留日的李大钊（1889—1927）、郭沫若、成仿吾（1897—1984）、郁达夫、彭湃（1896—1929）等；留欧的（包括法、比、英、德和苏俄）的蔡和森（1895—1931）、向警予（1895—1928）、赵世炎（1901—1927）、周恩来、朱德（1886—1976）、王若飞（1896—1946）、陈毅（1901—1972）、李富春（1900—1975）、蔡畅（1900—1990）、邓小平（1904—1997）、聂荣臻（1899—1992）、李四光（1889—1971）、许德珩（1890—1990）、徐悲鸿（1895—1953）、严济慈（1901—1996）、刘少奇（1898—1969）、任弼时（1904—1950）、萧劲光（1903—1989）、董必武（1886—1975）、何叔衡（1876—1935）、叶剑英（1897—1986）、叶挺（1896—1946）、刘伯承（1892—1986）、王稼祥（1906—1974）、张闻天（1900—1976）、王明（陈绍禹，1904—1974）、博古（秦邦宪，1907—1946）、杨尚昆（1907—1998）、屈武（1898—1992）等。显然，其中相当一些名字为国人耳熟能详，或为成就卓著的科学家、文化学者，或为国共两党的领导人和骨干，中华人民共和国的诸多重要领导人物即从此中出。

而在 1931 年至 1949 年这近二十年间，由于抗日战争和解放战争的相继暴发，国民政府对出国留学进行了整顿和限制，采取了紧缩和精简的政策。在救亡和战乱的应接不暇中，出国人数锐减，留学生只有此前 20 年的一半，人数在一万左右，但留学的国家数却较前大为增加，除美、英、法、德、比、日、苏联外，还有到奥、意、荷、瑞士、瑞典、丹麦、加拿大、印度、埃及、澳大利亚、菲律宾等国去学习的，其中自费生人数大大超过公费生。当代著名的科学家如王淦昌（1907—1998）、钱学森（1911—2009）、钱三强（1913—1992）、钱伟长（1912—2010）、华罗庚（1910—1985）、邓稼先（1924—1986）以及杨振宁、李政道等基本上都是在此阶段出国留学的。他们或决定归国，或选择定居海外，但都对我国科学发展尤其是新中国成立后的国防科技、经济建设、中外文化交流和培养下一代的科技人才等做出了不可磨灭的贡献。

二、晚清、民国留学生的差异性

晚清、民国这股留学潮的声势浩大和旷日持久，使得其中的留学生在代际、留学环境、留学目标、学制类别上存在着纷繁的差异，从而引起了其评价者的众口纷纭，其中的声音或重叠或断裂或背离，折射出历史和文化本身的多样性及复杂性，与文学作品构成了相互关联的"复合"文本，产生了某种"复调"效果。

在整个近现代留学史的框架之内，不同时段的留学生之间虽未必有着泾渭分明的代际差异，却也显然有着实在的殊异。如借用许纪霖的知识分子代际划分，严复、章太炎、蔡元培等一批留学生出生于1865—1880年之间，彼时国内的西风势头尚未鼎盛，他们的国学修养还堪称丰厚，不少人负有举人、进士等传统功名，有些人甚至贵为翰林，及至民初则往往凭借着反清元老的政治资本相互援引呼应，对上层实施政治变革兴趣浓厚，可以说是最早的一批国家主义者，惯常以较为宏大的政治思维风格判断事务。客观的时代因素使然，他们与活跃在五四新文化运动中的鲁迅、胡适、陈独秀、李大钊等留学生显然不是一批人，在世界观、政治观、文化观等各方面的差异是不言而喻的。[1] 而傅斯年、顾颉刚、罗隆基、闻一多等一批留学生，大多曾是五四运动当中的学生，但这些"后五四"知识分子和五四知识分子不大一样，他们中的大部分人都拥有非常完整的欧美留学经历。所以，胡适、鲁迅这代五四知识分子主要是靠自己的社会影响"暴得大名"，而"后五四"这一代留学生通常被定位为某一个"家"

---

[1] 许纪霖：《许纪霖自选集》，广西师范大学出版社1999年版，第1页。

（profession），都有一个具体的专业领域，更娴熟于一种科学化的训练，他们是在专业领域里面建立了权威地位后，才在社会上产生影响，如哲学家冯友兰、金岳霖，历史学家傅斯年、顾颉刚，社会学家费孝通、潘光旦，文学家朱自清、闻一多等。与蔡元培、李大钊、陈独秀、吴稚晖等人相比，他们对政治变革的关注方式大有不同，对政体如何变化的政论表述程式既不敏感也不擅长，更多展示出的是学院派的行事风格，惯常把研究对象区分成较为专门化的片段逐一加以审视，依靠"理性"、"专业"（professional）精神、事实基础而行动。

　　留学国别也是留学生形象塑造的一大关键因素（本书将在第三章中着重讨论这种洋派话语内部的区别）。留日生与留欧留美生之间的对比便是人们津津乐道的话题。总体而言，欧美国家较为富裕，留学欧美者的学习、生活环境较为安宁，对西方"民主""自由"之风有着切身体察，因而思想平稳，"我坚持我是对的，但我也支持你有反对我的自由"；而彼时仍处于转型期的日本则还经历着社会动荡，加之留日门槛不高，中国留日生的思想难免驳杂，易趋激进，"我是对的，所以你一定是错的"。这也在某个方面回答了，除了胡适之外，五四风云人物为何多为留日生。于此，夏志清在其《中国现代小说史》中的对比则略微感性，他认为留美生胡适讲求理性，心平气和，而陈独秀、李大钊、鲁迅等留日人士却对当时的中国社会异常决绝，抱有自虐式的自卑，即便考虑到夏氏立场的特殊性，我们也无法否认这一结论的合理性①。又如，在留美生中占据主流的庚款学子多来自中国南方的富庶家庭，半数以上的人在出国前求学于教会学校，拥有扎实的外语基础，经历过竞争激烈的留学资格考试，出国后大多

① 夏志清：《中国现代小说史》，刘绍铭等译，复旦大学出版社 2005 年版，第 17 页。

学习知识门槛较高的理工科目，因此给人以精英之感。留学国的选择甚至还大体对应着国民党人与共产党人的身份差异，前者中的留学生大多出生在苏、浙、粤等富裕省份，主要求学于美国、英国和德国，且致力于获得正规学位；而后者以湘、川、鄂籍人居多，早期多倾向于留日，稍后则倾向于留学法国和苏联，且以勤工俭学、接受革命训练为主要形式。于是，官方姿态与草根气息的分界线在这一点上也留下了痕迹。

此外，大陆留学生与归国华侨留学生（如辜鸿铭）、教会学生与非教会学生、官费生与私费生的差异也是实在的，而学制类别、留学目标的不同也明显影响着留学生的形象建构。仍以庚款留美生为例，由于他们留学的重点是钻研西方科学技术和理论，因此给世人的印象往往是工程师、学者，而非政治家。据"1909—1922年清华归国学生从事职业表"统计，在从政的留美生中，"庚款生"的人数确实要少于一般官费留美生和自费生，在516位享受"庚款"的清华留美归国生中，担任官吏的有8人，各部委员32人，外交官4人，从政人数只占总数的8.53%。[①] 而从1928年开始，尤其是抗战后期，至1949年，中国政府提出以"培植高级技术专精人才及业务管理人才为主要方针"，官方对留学资格的要求有所提高，并严加管理自费留学生，无怪乎这一时段的留学生在相当比例上获取了异国的硕士乃至博士学位。"唯洋文凭论"之风在这一拨留学生身上也就刮得格外猛烈。

同样不容忽视的是留学者的具体差异，即便他们所属的范畴已经极其重叠，却也以各自的选择抗拒着铁板一块的结论。譬如，留日生在历史的洪流中往往表现为激进的民族主义者，但与《留东外史》

---

① 周棉：《中国留学生大辞典》，南京大学出版社1999年版，第602页。

中晚清留日生之负面形象遥相呼应的是，在实藤惠秀的调查中，抗战期间，很多中国留日生成为了"汉奸"。在留美生内部，也有着形形色色的分类，即便同一时期也是如此。一则轶闻即是留美女学生们曾将留美青年分为五派，一是只知闭门读书的"文士派"，二是无固定爱好、朝三暮四的"流学派"，三是关心现实政治的"求学派"，四是崇拜西洋文明的"尚外派"，五是只求混个洋文凭以镀金的"名誉派"。实际上，任何分门别类都很难避免以偏概全的危险，但它恰也能如此以偶然性的差异质疑着任何一种决定论。

三、莫衷一是的议论

由于上述差异，在如何评判留学生的问题上，社会各界产生了相互冲突、彼此矛盾的论见。同一种人，同一类事，相似的感情，由于叙述视角的选择性，往往会得出褒贬不一的结论，特定的叙述者必然在强调某些东西的同时遮蔽某些东西，而构成了是非善恶莫衷一是的"罗生门"，留学生们的真面目成为一个虽可不断趋近，却难以抵达的目标。

譬如，一直以来，人们倾向于从身边或道听途说的个案中判断整个归国留学生群体是紧俏还是遇冷，而惯于忽略因人而异的诸多具体因素，连抽样调查都谈不上。又如，对于儿女出国，长辈们的态度也未必单一，鼓动支持者（如何炳棣家族）有，阻拦反对者有（如白薇之父），无所谓者亦有。作为话题人物，有关留学生的话题是社会思潮的漩涡中心，或满足了人们内心天然的崇拜欲，或释放了自我身份的焦虑感，或寄存了潜意识中的嫉妒心，各界人士的诠释往往囿于视角，论见的盲区难以避免，纷纷扰扰莫衷一是。

关于早期留美幼童的归国境遇，既有前文依数据和实例所述——他们的不少人踏入政府职能部门，甚至担任重要职务。但同样有史料表明，他们回国抵达上海之际，并未受到官方和百姓的热烈欢迎①，他们的去向均由官员决定。当时，除了郑观应对这些孩子发出称赞之声外，一般官吏都持批评态度。直到光绪十年，即留美幼童返国后的第四年（1884），人们仍在喋喋不休地对他们恶言恶语。如光绪十年闰五月初二日候选知府徐承祖奏道："前曾文正公挑取幼童出洋肄业，法至善而意亦深。惟前此所挑之幼童，多系贫贱小户子弟，于读书、伦纪、政治、纲常，举不通晓。一到外洋，见其屋宇之华丽，饮食之丰美，多有此间乐不思蜀之意。且洋书中多有毁谤我国之言，伊等日见日习，不禁心志皆移，其鄙薄中国较洋人为尤甚。后经李傅相奏请裁撤，此举遂废，徒糜国帑，未得人才，此诚后来办理者之过也。"② 而在费正清看来，清廷遣童留美之举，"耗资巨大，加之当时加利福尼亚又兴起反华浪潮，这场留学运动便中途夭折了"③。

又如前文所述，19 世纪末期，留学行为渐为国人所热捧。但鲁迅《关于翻译的通信》却也指出，严复那时，社会对留学生并不看重，"那时的留学生没有现在这么阔气。社会上大抵以为西洋人只会做机器——尤其是自鸣钟——留学生只会讲鬼子话，所以算不了'士人'的。"④

关于清末留日学生，孙中山称之为对辛亥革命贡献最著者之一（之二是华侨），却也饱受各界质疑和批判。丹尼尔·贝斯（Daniel Bays）就指出，这一批留学生是"新思想的载体和新思想的实践者"，但是"大多数都与清政府和地方保守改革派联合"，可谓"无

① 李喜所：《近代留学生与中外文化》，天津教育出版社 2006 年版，第 40 页。
② 徐承祖：《光绪十年闰五月初二日候选知府徐承祖呈》，载"中国近代史丛书"编写组编：《洋务运动》（一），上海人民出版社 2000 年版，第 232—233 页。
③ 费正清：《中国：传统与变迁》，张沛译，世界知识出版社 2002 年版，第 254 页。
④ 鲁迅：《二心集》，人民文学出版社 1973 年版，第 90 页。

能的革命力量"。[①]而在晚清留日学生中，因写下《国民必读》《敬告湖南人》《警世钟》《猛回头》等振聋发聩之声而卓有影响的官派留学生陈天华，"苦攻各国大实学家大哲理家之著论，晓然各国国体之构造"，但由于受梁启超影响，对清政府的斥责不是那么决绝，便为黄兴、宋教仁等革命人士所反感。

孙中山对留欧留美者颇多微词，曾批判他们不关心政治。而梁启超在比较留日与留美生之后，却总结说：留日的"读书不忘爱国"，留美的"爱国不忘读书"。而在辜鸿铭眼里，归国留学生"曾从英美的人民学习，不是循规蹈矩，而是行为不端"。

关于留学法国的滋味，既有颇多留学者本人的艰苦压抑之说，也有某些言说者的得意欣喜之感，既有民族主义的呐喊，也有世界主义的张扬。论述 20 世纪初中国留法学生时，当代法国学者巴斯蒂就称，他们中的大多数人"心理条件较松弛"，"显然表现出一种四海为家的倾向"。他进而指出，这些留法学生在宣扬"不妥协的民族主义的同时，又以世界主义为标榜。看来，许多中国留学生在法国公立学校中与法国同学和其他外国同学建立的团结和平等的联系，使他们产生了相当强烈的无边界博爱思想。无论如何，许多人喜欢他们的留学生活，欣然把学习期限延长到8—10 年"[②]。此处，言说者巴斯蒂身为法国人这一事实，对其评价的真实性起着不可忽视的限定作用。

而留学生问题所涉及的西学东渐，有着惊人的庞杂性，这更加剧了社会心态的复杂性，使得共时性的喧哗众声远不止"非议"这么单调。

一个很容易被想见的事实是，在中国内部，位于不同地理区域

---

① 任达：《新政革命与日本》，李仲贤译，江苏人民出版社 1998 年版，第 78 页。
② 巴斯蒂：《出国留学与中国近代世界观的形成 —— 略探清末留法学生》，载李喜所主编：《留学生与中外文化》，南开大学出版社 2005 年版，第 534 页。

的人们对留学行为的接受度是存有差异的。自甲午以后直至20世纪40年代，苏、浙、粤地区的留学人数位居全国前列，这些省份的民众对留学现象颇为认可，广东与江浙比较，前者比例较大，但广东籍学生中有若干为在外华侨的子弟，并非国内出生，实际上应以江浙为首。江浙既得风气之先，人民又较为富有，支持子弟出国攻读是比较普遍的现象。可以说，由于经济、政治、文化发展的长期不平衡，这种留学观的地理差异有着深刻的历史渊源，南方人与北方人对待"西化""维新""革命"的态度本就有着显著的区别。身为留美生兼浙江人的蒋梦麟对此就有所体会："南方的人对外国人的看法稍有不同，他们欢迎外国货，他们不觉得外国货是盗匪的起因，他们认为毛病在于清室的苛捐杂税以及官吏的腐败无能，他们要革命。北方的老百姓和朝廷，认为外国人杜绝了他们的生路，那是对的。但是他们想藉破坏血肉构成的'机器'来解决问题却错了。南方的人认为朝廷本身的腐败是苦难唯一的原因，想不到更大的原因是洋货进口。"[1] 不仅如此，人们对留学国、留学类别的选择和评议也因地理空间、行政区划而各具特点。据统计，留学欧美和日本的学生，大多出自江苏、浙江、广东诸省。留美学生以广东籍者最多，1909年至1945年间，广东留美学生占全数的24%—52%。江苏次之，占13%—28%。浙江第三，占6%—12%。如以江浙合计，所占比例为19%—40%。[2] 赴欧洲攻读的学生，在德国者仍以江苏、浙江居首位，广东、福建次之，学生的家庭背景与留美者大同小异。留法学生的情况与留美留德者则大不相同，四川、湖南、广东、江西各省所占比例甚高，他们大多得到勤工俭学组织的帮助，其留学资

---

[1] 蒋梦麟：《西潮与新潮 —— 蒋梦麟回忆录》，东方出版社2006年版，第127页。

[2] 参见李思涵、张朋园：《近代中国：知识分子与自强运动》，台北食货出版社1972年版，第249页。

本不能以经济因素来解释。

　　不同社会阶层之人对留学生的评议也是各执己见。有关留学生的想象，精英层可以引导通俗、民间层，也可能与之截然分离。若换一个角度来看，普遍位于精英层的留学生可以被大众所认同追捧，也可能被大众所不屑、鄙夷。与城市中人不同，农村中人对留学生的想象较少受到近代大众传媒的影响。在1949年以前，哪怕在江南的乡镇，大众媒介在农村的踪迹仍是十分难觅的[①]，因而留学生形象的塑造、接受与传播更多是通过村落共同体内部的人际网络[②]，由地方精英向民众传达国家话语，呈现出一种自发的扩展秩序，逐步实现道德观念的转型。

　　更复杂隐蔽的是意识形态的屏障，是历史叙事中的政治动机。例如，在1927年5月发表的《中国革命的根本问题》一文中，彭述之（1895—1983）在题为"中国革命中各社会阶级的作用及其倾向"的章节中专门论述了"小资产阶级与智识阶级"。他指出，智识阶级也大都是小资产阶级，中国的智识阶级绝大多数带有一点"革命的浪漫性"，因为"许多东西的洋留学生及国内的大中学毕业生，都找不到谋生之路"，都变成了失业的"高等流氓"。这些"高等流氓"由于受到相当教育，容易受客观环境的刺激，容易接受世界革命的经验和革命理论，在中国历次革命运动中，差不多都站在革命的前线、先锋领导的地位，而且"大抵'智识'越高，如外国留学的甚么博士、硕士、大学教授、高等技师等，他们的思想就越是代表资产阶级的，就越反动，富于投机性"。在此，留学生被划为反动的"高级流氓"，这一界定无疑植根于意识形态的逻辑，表达了显而

---

① 周晓虹：《传统与变迁——江浙农民的社会心理及其近代以来的嬗变》，生活·读书·新知三联书店1998年版，第78、112页。

② 竹内郁郎编：《大众传播社会学》，张国良译，复旦大学出版社1989年版，第29页。

易见的特定政治视角。

在历史的潜流中，对他人的叙述和评价更是基于各自视点的选择，每一个案的背后都可能有着千山万水的话语旅程。以胡适为例，他以担当"国人导师"为志向，对政治、文化的关怀胜过对学术的关怀。在教授杜威看来，他交际太多，影响学业，而这类情形在史华兹笔下，则被诠释为"在被送出国去学习某些专业知识的留学生中，那些最富天才的，很少能够始终保持毫不旁骛地研读既定专业的心态。与富强的东道国相比，中国那极其不能令人满意的整个现状不可避免地把他们的注意力引向专业之外的普遍问题。他们对中国整个灾难现状的忧虑，常随个人前程的渺茫而进一步加强"。可见，胡适未有沉潜于学问，在杜威眼中是一种缺憾，在史华兹看来，却是为时势所逼而深怀政治热情的优长。

此外，在胡适的自我表述中，他在康奈尔大学的四年里"所识大学女生无算"，从未去过一次 saga college（女子宿舍），除了与韦莲司保持学理上的友谊之外，甚至整段留美生活都很少与同龄女子交往。不过，由于其日记有意识的公开性，作为有社会影响力的公众人物，胡适的这种自我表述即便固然不会凭空捏造，但很可能隐去了事实的全貌，他曾经在国内"打茶围""喝花酒"的事自然不在这种叙述的范围之内。

林纾的小说《荆生》对留学生的描绘亦由偶然的文化"事件"牵扯而出。从 1919 年 2 月 4 日始，上海《新申报》为林纾开设了专门发表短篇小说的专栏"蠡叟丛谈"，遂于当月 17、18 两日连载了林纾的短篇小说《荆生》。它显然是一篇影射之作，文中的"伟丈夫荆生"实指段祺瑞的参谋长徐树铮，新归自美洲的"狄莫"则暗指胡适，他大骂"孔丘"时，被"荆生"打得落花流水，"皖人田其美"影射的是陈独秀，"浙人金心异"指的是钱玄同，他们都主张"去孔子灭伦常"，"废文字以白话行之"，在叙述者嘴里，绝对是"恶诋前贤，力捣孔子"。乍一看，这篇完全从反面塑造留学生角色的小说反映出彼时帝制复辟的气息空前浓厚，作者毫不掩饰自己对陈独秀、胡适等留学生的汹汹骂詈与仇恨，再联系到林纾练过武功，写过《技击余闻》，《每周评论》第 12 期就发文评论说："有人想借用武人政治权威来禁压这种鼓吹，前几天上海《新申报》上祭出一篇古文家林纾的梦想小说，就是代表这种武力压制的政策。"胡适则点出，"这篇小说很可以把当时的卫道先生们的心理和盘托出。"然而，如果勘清前因，便可知《荆生》是一场笔墨游戏、文人争斗的后果，而并非简单的"旧式"文人的固执之见。实际上，此前，新文化运动的旗手们已刻意选择了林纾当靶子，自 1918 年 3 月 15 日始，钱玄同化名"王敬轩"，以旧派文人口味褒扬林纾，刘半农与之一唱一和，在响应中反驳。如此一年多来，林纾一再遭到《新青年》攻击，而《荆生》就酝酿在这种不平则鸣中，是"落伍的文化先驱"与留学生阵营的互相叫板。

涉及留学生群体的内部争辩，《语丝》派与《现代评论》派在 1925 年至 1926 年间的论战[①]也更多出于智识阶层的派系攻讦，而非什么思想理念的撞击，抑或先进者与落后者的博弈。前者以留日的周氏兄弟为首，后者以留学欧美的徐志摩、陈西滢等人为首，这一论辩的性质基于文人相轻，甚至可谓是基于个人恩怨的口舌之争。

---

① 《语丝》派与《现代评论》派的论战，最先是围绕"女师大"学潮开展的。学生们反对杨荫榆的"专断"、章士钊的"复古"，《语丝》同人大都表示支持，于是《现代评论》派指责《语丝》派煽动学生闹事。1925 年五六月间，鲁迅作《忽然想到〈七〉》和《碰壁之后》，周作人作《女师大的学潮》，引起陈源以"闲话"为题攻击《语丝》派。鲁迅应战，林语堂跟着出击，陈源写了《粉刷茅厕》，鲁迅指出《并非闲话》，林语堂斥之《谬论的谬论》。

四、大众传媒的介入

时人对留学生的认知还受到大众传媒的影响，大众传媒在近现代中国城市的兴起直接关联着留学生形象的社会化。

在现代语境下，所谓的社会公众，并不是一个客观的、固定的存在，他们是被现代传媒和公共舆论建构起来的，是一群流动的、临时的、想象性的人群，比如阅读公众、戏剧公众、文学公众等。[1] 借用查尔斯·泰勒（Charles Taylor）的话来说，公共领域的参与者是一群有着共同主题的陌生人群（而哈贝马斯认为公共领域的参与者必须是资产阶级），他们形成了想象的共同体，是现代社会想象的一部分。他言下的这种公共领域有两种形态：主题性的公共空间和跨区域的公共空间。前者是指区域性的集会，公众以共同关心的主题聚集在一起，那是一个有形的空间，比如沙龙、酒吧、广场、街道、学校、社团等。而跨区域的公共空间，则是包括报纸、杂志、书籍和电子传媒在内的公共传媒，它们是一个无形的、想象性的舆论共同体，以共同的话题将分散在各地乃至全世界的陌生人结合为现代的公众。[2] 这一论见从内在肌理上回答了留学生形象的裂变多元性，在留学生形象的制作、传播过程中，尤其是在城市这一空间之内，具有现代意味的大众传媒是不可或缺的一环。

在报刊传媒业尚未壮大之前，谣言是晚清中国民众认识和攻击外洋事情的重要工具。早在第二次鸦片战争时，东南沿海歪曲外洋事情，"喜造谣言，而绅士轻信各谣，即不时传说。第已往之谣，即屡起屡息；而未来之谣，难保不愈出愈奇，远近传播，或致上达宸

---

[1] 卡尔·曼海姆：《重建时代的人与社会：现代社会结构的研究》，张旅平译，生活·读书·新知三联书店 2002 年版，第 80—81 页。

[2] Charles Taylor, *Modern Social Imaginary*, Durham and London: Duke University Press, 2004.

聪"①。19 世纪 70 年代以后，西语新学成为流行时尚，但直至甲午以前，西学书籍还十分滞销，而 1891 年极具仇洋色彩的谣言书《鬼叫该死》却畅销 80 万册，流播极广②。此时，坊间对留学生的印象多凭口耳相传，以讹传讹者为数不少，留学生时常因人们对西方的敌视心态而被谑为"假洋鬼子"。

直至报业整体兴起之后，民间谣言的力量才遭遇到与之抗衡的声音。有学者分析，在中国思想文化由传统过渡到现代的关键时期，在 1895 年至 1920 年前后大约 25 年间，新的社群媒体——智识阶层的出现，报刊、新式学校及学会等制度性传播媒介大量涌现③，其中，作为平面媒体的报刊占据着举足轻重的地位，堪称当时中国人直接获取国内外信息的最主要渠道。晚清、民国文学作品的发行，亦多经由四种媒介：报纸、游戏小报、小说杂志与成书。据估算，晚清的最后十年，至少曾有一百七十余家出版社此起彼落；照顾的阅读人口，在两百万到四百万之间。④ 正是这一群媒体人完成了晚清现代性的初步想象，他们从大量的文化资源中移花接木，模仿西方，迅速营造出一系列意象，播散了一批新名词与流行语，推动了"西语热"，并通过充当事实真相和公共舆论的生产者，传播现代知识，建构人们的精神空间，以一种隐秘而强大的暗示力量来定义现实社会。

对于留学问题，以《申报》为代表的报刊亦早有关注，它们有意识地发出"不俗之见"，从看似客观的角度引导读者展开理性思考。那么，在近现代留学生形象的社会化过程中，大众传媒能够产生俯瞰式的辐射作用，在精英话语与大众话语之间起着转换作用。那

① 徐继畬：《徐继畬集》，山西高校联合出版社 1995 年版，第 202 页。
② 苏萍：《谣言与近代教案》，远东出版社 2001 年版，第 19 页。
③ 张灏：《中国近代思想史的转型时代》，《二十一世纪》1999 年 4 月号，第 29 页。
④ 王德威：《被压抑的现代性——晚清小说新论》，宋伟杰译，北京大学出版社 2005 年版，第 2 页。

么，它所报道的有关留学生的"事实真相"，它所运作的公共舆论遵循怎样的话语机制呢？

首先，因报刊受众由以官吏为主转向以社会公众为主，传媒业的"大众"成分日渐增强，刊物所载的信息内容与来源呈现民间化势态。不少报刊往往随意刊载各种道听途说的消息，有闻必录，追求新奇诡谲，甚至不惜编造消息，耸人听闻，营造了通俗文化的浮升。被封为晚清四大杂志的《绣像小说》《月月小说》《新小说》《小说林》是呈现晚清小说的主要舞台，如前面章节所论述，它们所选取的文学作品一方面要表现对时政的关切和强烈的爱国情绪，一方面尤其张扬传统的伦理道德观念，在有关留学生形象的塑造和传播中，加强了社会从众心理。

而随着留学运动的高涨，留学人数的急剧上升，出国成为热门而普遍的话题，报刊渐渐更乐于邀请留学生为之撰稿，刊登他们的出国体验，以其切身体会将异国情调直观具体地展现给读者。譬如，1935年，良友图书印刷公司的《人间特写》刊载了《日本留学生》一文，作者"党莽"即曾东渡日本留学。这篇文章着意"实录"彼时留日生的生活、求学样态：

> 听说清末就有日本留学生了，他们差不多都是清朝派来的，私费生很少。并且几乎都是些甚么秀才举人一流人物。那些书生儒子赴日留学时还是带着小辫，并且闹出不少笑话，有的现在传为话柄了。他们求功名心很热，只希望能在此读上几年书，无论工科农科士官也好，一旦回国能够谋一好事便满意了。那时他们大多分党分派，以省做单位，如河北省，山东省……并善于联络，同学间感情颇佳。每个人都有充足的官费，如能力求节俭大概准能有积蓄，用不了寄回家的事是常有的。因为种

种利益，所以每年留日者逐见增加。

……渡日者程度参差不齐，有的是在国内研究院毕业生，而也有初中尚未毕业者；不过大家都有个愿望：希望能够考进一个好学校或是研究点真实的学问。

……比较起来女留学生还好，他们却能保持中国国粹，而穿着长旗袍；惟男留学生恰恰相反，除非几个愿意出风头者外，大概谁都不肯穿长袍，非自己不愿意，实环境之所迫也。若不一定会惹人注目，或是在暗地里让人说声"支那人"！

……在日本人的眼中看来，中国商人和留学生是没有甚么分别的，半斤八两都是消费者。于是博得了许多日本人的欢喜，多方面的在表示着好感，有些铺子和机关还特意的挂出欢迎中国学生的招牌。

……日本学生限制颇严，凡穿制服者皆不准入像"咖啡店"和"跳舞场"这种地方，而中国学生特别优待，出入随便。不知有多少留学生，涉足到这些地方，纵情在这浪漫的漩涡里。自然好留学生也不是没有的。

……留学生似乎都好联络，多半三五成群，或谈话或逛大街，独自一人者极少。[①]

此文的引人注目之处在于，它以纪实的名义叙述了留日学生的出国动机、个人形态、学习状态、业余消遣、群体活动，"真切地"描述了他们在日本的学习及生活环境，呈现了洋化与传统因素如何在他们身上并存，指明了留日学生形象的多样性。

---

① 党荽：《日本留学生》，载"人间世社"编：《人间特写》，良友图书印刷公司 1935 年版，第 203 页。

简言之，在对留学和留学生问题的传播中，大众传媒兼具着颠覆者、发动者、引导者的多元角色，在很大程度上造就了大众对留学生的多重想象，其纷杂的表现将在后面的有关章节中详述。

第三节 蔚为大观的负面书写

尽管晚清、民国文学对留学生的书写庞杂多样，难以达成简化和分类，但仍有一种现象夺人眼球：在大量的文学文本中，留学生或屡有无聊而卑下的举动，折射出社会的黑暗面，在某种变形的镜像中遭受着道德的谴责和鄙夷；或伤感于自身的不幸境遇，有才不售，满怀苦闷。

一、留学生之怪状

在传统的文学研究中，《文明小史》被界定为晚清谴责小说，但近年来，学界不断质疑着"谴责小说"这一概念，在这种研究语境中，仍将《文明小史》划为谴责小说就颇显可疑。不过，就留学生人物的塑造而言，《文明小史》的确大行谴责之职，揭露无遗，屡放恶声，以嬉笑怒骂之笔，绘影绘声，是晚清小说从负面书写留学生角色的典型之作。

在小说第四十二回"阻新学警察闹书坊，惩异服书生下牢狱"中，有段话前呼后应，以不屑一顾的闲谈语气尖锐地概述出当时留学风潮的种种弊端：

> 且说这几年，各省都派了学生到东洋留学，分别什么政治、法律、普通、专门，也有三年卒业的，也有六年卒业的，都说

是学成功了，将来回来，国家一定重用的。于是各省都派了学生出去，由官派的，叫做官费生；还有些自备赀斧出去的，叫做自费生；官费生出去的时候，都派了监督督率着，凡事自有照应；自费生全靠自己同志几个人，组织一个团体，然后有起事来，彼此互相照应。前两年风气已开，到东洋游学的已经着实不少。但是人数多了，自难免鱼龙混杂，贤愚不分。尽有中文一窍不通，借着游学到海外玩耍的；亦有借着游学为名，哄骗父母，指望把家里钱财运了出来，以供他挥霍的。这两等人所在难免，因此很有些少年子弟，血气未定，见样学样，不做革命军的义勇队，便做将来中国的主人公，忽高忽低，忽升忽降，自己的品格，连他自己还拿不定，反说什么这才是自由，这才是平等，真正可笑之极了。[①]

似于晚清同类小说，《文明小史》字里行间跳脱出的那个"我"与作者本人之间几乎没有距离，凡借"我"之口发出的论述等于作者在直抒胸臆。作者的视点在官方、文人、百姓之间来回波动，流露出"媒体"文字的特征，既识得大体，又明晓家长里短，时有高调，但禁不住要落在实处考究。小说的叙述者隐然是一个旁观者，深怀道德优越感，对那些留学生左右看不惯，指手画脚，大叹品行不端。

《文明小史》中，许多留学生并未站在整个社会的高度之上，放眼天下，心怀政治焦虑，他们的出国动机全在于个人目的，"报效中华"这类冠冕堂皇的留学口号偶尔也响应那么几回，但很快就会被尘世的喧嚣所掩压，为了谋生求利而留学倒显得更符合常情，更理直气壮。

---

① 李伯元：《文明小史》，韩秋白点校，中华书局 2002 年版，第 271 页。

然而，小说里有些人物的留学动机竟然比稻粱之谋更令人咋舌，那不过是百无聊赖的选择。在第三十五回"谒抚院书生受气，遇贵人会党行凶"中，在上海翻译东文书的"彭仲翔"和"施效全"嫌"生意不好，也不够使用"，"混得腻烦了"，于是撺掇结交的弟兄"聂慕政"——一个家道殷富，行事海阔天空的十八九岁青年，出资一同去东洋游学。[①] 在作者看来，这种"血气未定"的留学生凭着一时意气竟毫无愧疚地挥霍父母资财，今人读来亦分外心痛，他们的所作所为与"责任心""使命感"压根没有半点关系。

可即便是在海外学有所成，其人生境遇也未必不会落入以上三人的窠臼。作者安排了"刘学深"这个人物，他的名字正是"留学生"的谐音。刘学深留学归来，高不成低不就，"可惜我的事情没有组织成功，倘若弄成，我自己便是总教"。他不愿为翰林编教科书，"魏榜贤"直斥他"你不要得福不知福"，"总比你现在东飘飘西荡荡的好"，这正是世人大众的声音。更不争气的是，刘学深后来为了四角钱几乎与魏榜贤翻脸，狭隘贪财的形象跃然纸上。

与刘学深一样被划为失败者的还有"刘齐礼"。他天资平庸，出洋后语言不通，英语和日语都不尽如人意，连几句面子上的东洋话都没学全，两年之中却耗费家里不少钱财。终于，刘父开始肉痛留学的花费，刘齐礼自己也起了腻烦之心，于是打道回国。

小说里，眼高手低、一事无成的留学生形象几乎成为定势，令作者写到手软。出现在第四十五回"柔声怡色待游历客，卑礼厚币聘顾问官"的"劳航芥"，占据了近六回的篇幅。他十二岁求学于陆师学堂，觉得不对自己胃口，便自费留日，先进小学校，又进早稻田大学研究法律，两年后，劳航芥嫌日本学堂的程度浅了，特地赴美国纽

---

① 李伯元：《文明小史》，韩秋白点校，中华书局 2002 年版，第 223 页。

约，进了"卜利技大学"。由于一直受日本和美国的法律训练，他卒业后到香港挂牌当律师，算是中国人里"破天荒的"。可是人家请外国律师的多，请中国人律师的少，加之劳航芥办事不济，以金钱为重，口碑惨淡，渐渐支持不住，于是接受安徽总督的邀请，担任传译，协助官府处理洋务。回到中国之后，劳航芥渴望以假洋人自重，衣食住行都不忘自抬身价，把中国旧同胞当作土芥，倨傲自负，对洋人却绽放谄媚的嘴脸。

整部小说充斥着数不胜数的留学生负面形象，聂慕政、刘学深、劳航芥等人承受的还仅算是伦理责任的质疑。相较而言，小说中其他有过留学经历的人物，其言其行理应背负起更为犀利的、非此即彼的道德谴责。

在第十七回"老副贡论世发雄谈，洋学生著书夸秘本"中，从日本归来的"辛名池"（"新名词"的谐音）据说改翻译的本事是"第一等明公"，他将外国书上的字眼分门别类抄起来，等到用着的时候拿出来对付着用，"他尝说，翻译翻出来的东西，譬如一块未曾煮熟的生肉一般，等到经他手删改之后，赛如生肉已经煮熟了。然而不下油盐酱醋各式作料，仍旧是淡而无味。他说他那本书，就是做书的作料，其中油盐酱醋，色色俱有"。但辛名池却从来不肯轻易将这本《无师自通新语录》刻印或示人，他坦言，"费了好几年的心血才集了这么一本书，倘若刻了出来，人人都学了他的乖去，他的本事就不值钱了"[1]。也是在第十七回，姚老夫子的儿子向父亲解释晚归之由："有个弄堂口站着多少女人，那个东洋回来的先生（一位无名留学生）要我同进去玩玩，我不敢去，他才送我回来的，如今他想是一

---

[1] 李伯元：《文明小史》，韩秋白点校，中华书局 2002 年版，第 108 页。

个人去了。"①

第三十四回"下乡场腐儒矜秘本，开学堂志士表同心"中的主人公"毓生"与留日归来的"李湟"（又名悔生）合办学堂，悔生拐骗他三百两后便一去不复返。第四十六回"谒志士如入黑狱，送行人齐展白巾"引出劳航芥在美国认识的"颜轶回"，他抄袭拼凑出一本《新颜子》，四处送人，笑话百出。尽管劳航芥平日佩服他中学淹深，他也佩服劳航芥西文渊博，二人因此互有些仰仗之处，所以见了面甚为投契，其实背后，劳航芥说颜轶回的歹话，颜轶回也说劳航芥的歹话。

上述留学生权势有限，其不良言行的影响力便也有限，更令人发指的是那些因拥有留学资历而一朝得志、为非作歹的官员，留学与官方权力的结合竟是恶果。第二十九回"修法律钦使回京，裁书吏县官升座"里，某国教士在从宁波走到嵊县境内的途中被所谓的"海盗""劫财伤命"，便勒令官府缉获凶手，但"海盗"出没不定，官府缉不着，教士也不肯干休。适逢出使英国的钦差大臣"陆朝菜"瓜代回国，到京复命，此人是绍兴大乡绅，本是英国学堂里的卒业学生，回国后历经大员奏保简派驻英钦使。陆钦差以洋文与洋教士进行一番交谈后，教士满面欢喜，因为"话已说妥，只消赔他十万银子，替他铸个铜像，也可将就了结了"②。比陆朝菜更直露的是第二回"识大体刺史讲外交，惑流言童生肇事端"中的"金委员"，他是湖北制台派来的候补知州，一向在武昌洋务局里当差，出过洋，会说英、法两国语言。当"乱民"反对洋人开矿时，金委员嫌柳知府过于"忠厚"，主张严苛镇压，重刑治罪。非但如此，他还在洋人和国内同僚

---

① 李伯元：《文明小史》，韩秋白点校，中华书局2002年版，第110页。
② 李伯元：《文明小史》，韩秋白点校，中华书局2002年版，第184页。

之间挑拨生事，趁机敲诈勒索了一笔。

如果用标签对以上留学生的言行进行概括，那么将是一系列并不美好的词语，自私、贪婪、阴险、淫乱……由此，他们可被称为"道德缺失"型留学生。一路列举下来，不难发现，《文明小史》搬着道德的放大镜在观察并书写留学生德行的点点滴滴。作为一部面向世俗的小说，《文明小史》直接暴露出彼时的世态人心如何看待留学生及西学新知。世易时移之际，时人向貌似新兴势力的留学生投以高度的关注度，敏感于他们的道德，严密地考察他们的成败。自此，摹写留学生的德行，对之抱有道德关怀衍生为一种引人注目的文学现象。

在晚清小说讥讽的大氛围中，《文明小史》意味着塑造留学生的一种基调，即在瞠异猎奇中引入一种道德的拷问。本章第一节所列的《九尾龟》《新孽镜》《碧血幕》等小说便是例证。实际上，这种道德谴责并不仅仅植根于中国传统伦理体系，在清末民初，文人寻花问柳乃家常便饭，说不上堕落或淫荡，甚至还不无一点风流倜傥的味道。正是由于西学新知的引入，在晚清新学人士那里，急需一种与现代国家相匹配的"新民"，在新的价值秩序中创造"自我"，超越"旧道德"，以"群治"为理想，故给道德之名打上意识形态的烙印。

这种道德谴责的基调还往往以纪实的形式描绘留学生的"怪现状"。在 1906 年出版的警世小说《伤人心语》中，第七章以"东京中国留学生现象记"为名记叙了归国留日学生的谈话，其中包括如下笑柄：

> 留日学生两手捧持橘子，一边走路一边把橘子掷进口里去，日本人称这举动为兽吃。
>
> 怪模怪样的服装：中日混合。
>
> 东京的中国饭店：中国饭店在神田、本乡开了三十多间，

留学生爱在这里闹事。

香水与粉饰：留日学生爱打扮。

科举考试与留学生的关系：留学日本不是为了祖国的前途，而是为了自己的功名利禄。

吉原妓寨的财源。

车夫与学生的问答：日本人力车夫嘲笑留日学生洋泾浜的口语。

温习室的墨画：中国人因有画壁画的习惯，招来日本人的讨厌。

教室里的竞争：争先恐后地推翻座位，其状可怖。

有些留日学生以为王阳明是日本人。

速成留学之弊与退学之弊。①

显然，以上所罗列的内容并不是什么令人称道的现象，嘲讽和鄙夷不言而喻。而这种表述其实算不上独一无二，数年之后，《留东外史》就以想象性的叙事"再现"了留日生的"丑行怪状"，为读者瞩目。

小说甫一开篇即将在日中国人分为四类：

原来我国的人，现在日本的，虽有一万多，然除了公使馆各职员及各省经理员外，大约可分为四种：第一种是公费或自费在这里实心求学的；第二种是将着资本在这里经商的；第三种是使着国家公费，在这里也不经商，也不求学，专一讲嫖经，

---

① 《读卖新闻》1905 年 12 月 15 日，转引自实藤惠秀：《中国人留学日本史》，谭汝谦、林启彦译，生活·读书·新知三联书店 1983 年版，第 380 页。

谈食谱的；第四种是二次革命失败，亡命来的。第一种与第二种，每日有一定的功课职业，不能自由行动。第三种既安心虚费着国家公款，饱食终日，无所用心，就不因不由的有种种风流趣话演了出来。第四种亡命客，就更有趣了。诸君须知，此次的亡命客与前清的亡命客，大有分别。前清的亡命客，多是穷苦万状，仗着热心毅力，拼的颈血头颅，以纠合同志，唤起国民。今日的亡命客，则反其事了。凡来在这里的，多半有卷来的款项，人数较前清时又多了几倍。人数既多，就贤愚杂出，每日里丰衣足食。而初次来日本的，不解日语，又强欲出头领略各种新鲜滋味，或分赃起诉，或吃醋挥拳。丑事层见报端，恶声时来耳里。[1]

而小说的叙述者则"自顾于四种之中，都安插不下"，于是有了置身局外的高度，开始强调性质较为恶劣的那两类留日者，摆出道德说教的姿态，却"绌善而崇恶"，以玩味、赞赏甚至艳羡的口吻写尽了留日学生的道德危机。

在《留东外史》中，求新鲜、混功名、百无聊赖、寻找异国享受的留学生比比皆是，公然浪费"中华民国的钱"；明知"日本私立大学的文凭本是一钱不值"却还要挥霍光阴；有人装病骗取官费医疗；特别是陆军班的学员们常常闹得满馆子天翻地覆。其中，"黄文汉"是游手好闲混文凭的典型，作为小说叙事主线的"周撰"更是堕落留日生的集中体。他本是鸡鸣狗盗之徒，因为丢了差使，在走投无路的情况下托人情做了个官费留学生，又到日本去为非作歹。他精明干练，为人机警，用作者的话来说，属于典型的"心灵手敏、能说能

① 不肖生：《留东外史》，岳麓书社 1988 年版，第 1 页。

行"的人，然而却因沾染了太多"无赖的痞子气"而最终在堕落的深渊里不能自拔。他先是骗娶日本女子"松子"，后又使尽各种逢迎巴结之手段与美貌出众的留学女生"陈蒿"结婚，终于招致众人嫉恨，被同乡会开会决议驱逐回国。

关于留学生的书写，《留东外史》一直比《文明小史》更广为人知，甚至被称为近代"留学生"文学的开山之作，尽管《留东外史》的结构模式、道德取向和心理倾向都能在《文明小史》中找到源头。《留东外史》的影响力之所以更巨，很大程度上在于它与时势的相契——它的出现正值日本向中国提出"二十一条"，它对日本和留日生的丑化投合了一般中国民众对日本的想象，既迎合了市场机制，又宣泄了大众的欲望，将留日生的鱼龙混杂和留学弊端融入民族心理的宏大叙事结构之中。

因此，虽然《留东外史》遭到了新文学界的严厉批评，却畅销于世俗社会。无怪乎被沈从文称赞为五四前最有号召力的小说，而这样的号召力正是建立在留学界的尴尬之上。与《文明小史》一样，《留东外史》中的留学生形象绝难说是凭空臆想，却终是在勾画世态，但后者有作者不肖生本人的留日经验打底，因而更具真切感。它开宗明义的自叙更引得人们探寻小说情节与真人真事的对应，而当时几位俨然知根知底的作家、学者亦认为要考证它的纪实性并不难，比如郑逸梅指出小说中的描写"十有九实"，包天笑也认为这部小说："所写都是吾国留日学生的异闻艳迹。其中所述，有影射某人某事的，凡是日本老留学生，都能指陈其事。"① 这种真假莫辨的漫画式写实，易于产生针砭时弊之效，由此强化了对留学

---

① 范伯群：《民国武侠小说奠基人——平江不肖生》，载向恺然：《武侠鼻祖向恺然代表作》，江苏文艺出版社 1996 年版，第 2 页。

生群体的道德诘问。

《留东外史》虽诞生于民国，风格基调却难与晚清小说截然区分开来，它对留学生的道德拷问从属于"谴责"这一范畴，其意图接近于鲁迅为"谴责小说"贴上的标签"揭发伏藏，显其弊恶，而于时政，严加纠弹，或更扩充，并及风俗"①。这表明在文学史的建构中，对时序的分割、作品的归类是如何的困难。

《文明小史》《留东外史》从道德着眼书写留学生，开创了塑造留学生负面形象的先河。此后，文学作品对留学生的揭露、讥讽、嗟叹蔚为大观，衬得《新中国未来记》中那种出类拔萃的留学生形象势单力薄。

例如，佩服不肖生"写实"手腕的张资平在《创造季刊》第 2 期上发表了一篇叙说留日生活的短篇小说《木马》。张资平同样有着留学日本的切身体验：他青年时期赴日，曾与郭沫若、郁达夫是同学，后因参加罢课，被遣送回国，一年后再度获准去日本继续学习，1918年在熊本高等学校学习，后来进入帝国大学攻读地质学。《木马》一开头就亮出了中国留日学生的经济窘态和生活陋习，"欧洲大战没有发生之前，在日本的留学生大都比日本学生钱多，很能满足下宿旅馆主人的欲望，所以中国学生想找地方住也比较容易。现在的现象和从前相反了，住馆子的留学生十个有九个欠馆账，都比日本学生还要吝啬了。……并且留学生也有许多不能叫外国人喜欢的恶习惯，更把收容中国人的容积缩小了。中国人随地吐痰吐口水的恶习惯差不多全世界的人都晓得了"。②作者在议论自己也曾跻身其中的留学生群体时竟怀着抹不去的羞耻感，敏感于外国人的非议。

---

① 鲁迅：《中国小说史略》，上海古籍书店 1998 年版，第 205 页。
② 张资平：《木马》，《创造季刊》1922 年第 1 卷第 2 期，第 80 页。

而在小说《绿霉火腿》里，张资平塑造了到东京游学的"伯强"。他是个性格迂阔的书呆子，受风气影响，竟变得不规矩起来，开始对下女动手动脚。而伯强这样做，是因为"看见许多同住的都在大庭广众之下不客气地这样做。就连来访他的同乡看见下女到房里来时，也同样地摸着她的颊和她说笑。所以伯强也照样做了一回，看见下女并不发恼，也不抗拒，只是笑；于是他大胆起来，常常摸下女的手和颊"。①

相似地，在崔万秋的《海滨邂逅》中，那一群"有钱又有闲"的留日青年们也是在一种变形的广角镜头中亮相：

这四位青年，是东京留学生中的四大金刚，一位是有名的周星庵，北方大军阀的儿子；一位是王占魁，是北京政府时代，作过盐务督办的儿子；一位是秦冷，他的老子在江浙曾经作过事实上的王者；还有一位顾容，是一个在台上的省主席的小舅子。这四个人，有的是钱，有的是闲暇，所以一天到晚打麻将，逛跳舞场，上咖啡店，玩女人；到青年会吃吃中国菜，看看中国报，谈谈中国话，唱唱中国皮簧，也是日课之一。四个人几乎形影相随，所以外人送了一个总绰号，四大金刚。其实中国留东的阔少，决不止这四个人。②

不消说，貌似客观的描述隐含了不屑，在对种种事实的罗列中，作者的倾向性一望即知，叹息声分明在耳，明显承接了《留东外史》的脉络。

---

① 李兆忠：《人情世界的异态返照》，《书屋》2006年第7期，第21页。
② 崔万秋：《海滨邂逅》，载江曾培主编：《中国留学生文学大系》（近现代小说卷），上海文艺出版社2000年版，第776页。

除了崔万秋之外，滕固、刘呐欧、叶灵凤等人在各自作品中对留学生的刻画都与《留东外史》一脉相承，即便那些直言厌恶《留东外史》的作家也以种种相反的方式承认了它的影响，避之不及，却难以逃避。

曾戏称《留东外史》为"嫖界指南"的鲁迅，在其小说《阿 Q 正传》（1921—1922）中刻画了留学东洋归来、绰号"假洋鬼子"的钱太爷之子。他也不受作者和读者待见，披头散发，提着文明棍，高谈阔论，时不时蹦出几个英文词儿，常常会用手中那根"哭丧棒"虐待贫苦如阿 Q 者，分明是一个恶少形象。①

老舍在写《二马》（1929）时总要提醒自己挣脱《留东外史》的影响，在《我怎样写〈二马〉》一文里，他说："最危险的地方是那些恋爱的穿插，它们极容易成为《留东外史》一类的东西。可是我在一动笔时就留着神，设法使这些地方都成为揭露人物性格与民族成见的机会，不准恋爱情节自由地展动。"②"极容易"一语恰恰说明了《留东外史》给后来者设下的窠臼。

而春随的《留西外史》更是直接效仿《留东外史》。此文凭借空

---

① 有人指出，这是对《阿 Q 正传》的一种误读。事实上，当我们不假思索地随意运用"假洋鬼子"这个词去称呼那位钱大公子的时候，我们就已经背离了鲁迅的原意。在小说中，阿 Q 之所以对钱大公子深恶痛绝，鄙视地称他"假洋鬼子"，无非是因为这位钱大公子上过洋学堂，而且去东洋留了半年学，回来后"腿也直了，辫子也不见了"，于是有了"里通外国"的嫌疑。当然阿 Q 更为痛恨的是他那一条假辫子，以为"辫子而至于假，就是没有了做人的资格"。可见，去东洋留过学和剪掉了辫子是阿 Q 将钱大公子斥为"假洋鬼子"的主要原因。其实在这篇小说中，"假洋鬼子"一词也包含了鲁迅的一种充满辛酸和悲凉的自况，同时也表达了他对早年曾经辱骂过自己的阿 Q 们的一种复仇的讽刺。"假洋鬼子"形象所涉的深意是文本后面几章力图阐述的问题，本节旨在梳理文学形象，故暂不进行深入探讨。

② 在此，"恋爱情节"含蓄地指称着情欲描写，不过，以今人的理论来观，性与政治的瓜葛已经意味着高贵与卑下的区隔被颠覆，《留东外史》中的色情片段反倒成为深究留学生心态、民族情绪、权力意志的突破口，于此，笔者将在后面的章节中展开较为详尽的分析。

间的移动，牵出了多位留法学生，娓娓道来，有巴黎打扮、到处酬酢的"周美灵女士"，有沉迷女色而几乎倾家荡产的"小王"，堪称一组小规模的留学众生相。其中着墨较多的要算"胡乐园"和"马大吉"。

在中华大学读过书的胡乐园，衣冠齐整，举止矜持，但百无聊赖，因为"现在日子长了，没有事做，无聊得很，电影也没有好片子"，"说着摸出表来看了一眼道：已经过两点了，与其在这里枯坐着，倒不如到同学会去吃他们一点东西去"，在中国现代革命史中成就斐然的留法同学会由此落得个消磨时间的去处。胡乐园还看不惯同学虞小龙热心书本，他"指着书包问道：你一定又是从书店里买了什么书来了，难道我说巴黎到处都是书店，原来天生你们这些傻子，有钱不晓得用。一面说一面将手拍着小龙衣袋道，还剩多少，不如留着请我吃万花楼，别再寿头寿脑的往书店送"[①]。

更为旁人所不齿的要属马大吉。他夸夸其谈，"欧战初停的时候，我做了一篇文章，各报都抢着登，差不多全中国的报，没有一家不登载的，并不约而同都是第一张特号字。梁任公做的一篇，倒登在我的那篇的后面，我做那篇文章，只费了小半只洋蜡烛"[②]。自称曾被许多官僚政客拜访，还和"梁任公"一起坐船来欧洲。甚至，绝对称得上是犯罪行为的是，马大吉在租来的房子里意图强奸法国房东的女仆，一个乡下姑娘。遭受谴责时，他还怪同住的广东朋友袖手旁观、不识抬举，他辩称，"这也算是给中国人留了脸面吗"，但事后还是怕圈内人知晓。

---

① 春随：《留西外史》，载江曾培主编：《中国留学生文学大系》（近现代小说卷），上海文艺出版社 2000 年版，第 297 页。

② 春随：《留西外史》，载江曾培主编：《中国留学生文学大系》（近现代小说卷），上海文艺出版社 2000 年版，第 293 页。

似于前述描写留学生的小说，《留西外史》在漫话闲谈中灌注了惊人的写实性，春随在序中明言，"书中所写的虽不能一定说是事出无因，若要说是指某人指某事，那就未免有些附会。若说是信口开河凭空虚构，然而却是在社会里，随时随地不稀奇的事"。他自信，凡是"出过洋"的，或有至亲好友在外国的，读到他这篇小说，大半要起"疑心"，嘴脸恐怕不会自然，而他的用意，当然不会止于让读者仅仅"姑妄看之"。①

在上述文学作品中，留学生作为主角，自是艺术处理和道德观察的焦点，一言一行均非小事。而当他们在作品中扮演次要角色时，虽未必直接关系到主题的张扬，却更能投射出社会心态和时代风潮的潜移默化。

在丁玲（1904—1986）的第一部小说《梦珂》（1927）中，留法归来的"晓淞"是女主人公"梦珂"的表哥，他25岁，是位"在翻译杂志上发表外国小说的文艺家"②。晓淞的西洋派头魅力十足，他带梦珂去卡尔登电影院看《茶花女》，为她讲述巴黎的博物馆、戏院和餐馆。可这种做派在小说中也散发出可疑的、不可信赖甚至腐化堕落的气息，梦珂后来竟发现，晓淞在旅馆与一个"娼妓似"的女人鬼混，原来，在欧化外衣的遮掩下，只不过是空虚浅薄的空气。

在叶灵凤（1904—1975）的小说《时代姑娘》（1933）里，留美归国，任职中美银行的"萧洁"在追求女孩丽丽的过程中低声下气，全然不顾自己身为有妇之夫。而在离婚前，萧洁精心研究《中华民国法规大全》，找律师想法巧妙补救，企图保证最大利益。

老舍则更是一向喜欢嘲弄中国留学生。他本人不曾拥有严格意

---

① 春随：《留西外史》，载江曾培主编：《中国留学生文学大系》（近现代小说卷），上海文艺出版社2000年版，第262页。

② 丁玲：《梦珂》，《小说月报》1927年第18卷第12期，第30页。

义上的留学经历，但他幼时所上的"改良私塾"乃是按东洋小学的标准开办的，活跃于五四期间的一批归国留学生对其思想和人生道路的选择更是产生了重要的影响，把他从"兢兢业业办小学，恭恭顺顺地侍奉老母，规规矩矩地结婚生子"的人生信条中惊醒；文学革命的勃兴，又使他"醉心新文艺"，由此开始生命和事业的新起点。1924年，经燕京大学英国籍教授易文思（Robert Kenneth Evans）的举荐，老舍又前往英国伦敦大学东方学院担任中文讲师。他在小说《二马》中尖锐地刻画了教养低下的学生领袖"茅某"。当在饭馆里看到"马威"和西洋女子"凯萨琳"吃饭，茅大起反感，觉得这似乎是对他个人的侮辱。他大声用英文对同伴说："外国的妓女是专为陪人们睡觉的，有钱的找她们去睡觉，茶馆酒肆里不是会妓女的地方！我告诉你，我不反对嫖，我嫖的次数多了，我最不喜欢看年轻轻的小孩子带着妓女满世界串！请妓女吃中国饭！哼！"结果被马威左右开弓痛扇耳光。岂止小节之失，在《四世同堂》里，那位留过洋的教授置"宁死不当亡国奴"的民族气节于不顾，居然当了汉奸，和"家国罪人"的恶名牵扯在一起。

在徐訏（1908—1980）的小说《旧神》（1946）里，既有留日学新闻、不固执己见、从善如流的"盛先生"，亦有"一个典型的一九××年前后在日本留学的青年""程先生"，后者一批评中国的事就附带夸赞日本，一谈到中国杂志就举出"改造"做比喻。作者列举出程先生见异思迁、趋炎附势的一系列行径，同盛先生一比，他更显得年轻与幼稚，不讨人喜欢。

无论主角还是配角，英雄还是宵小，至少都还有个说头。在《中国现代小说史》中，谈到茅盾（1896—1981）的《子夜》（1933），也曾长期拥有留学生身份的夏志清一言以蔽之，这部小说里以留学生"杜新箨"为代表的一群人在整个故事里穿梭着，毫无个性，连丑角都不如。①

　　大是大非的矛盾冲突当然不是所有文学作品的主线，在一些以描写日常生活、捕捉微妙心绪、抒发个人情感为主的小说中，提及留学生，哪怕只言片语之间，也往往遮掩不住他们处世为人的欠缺，举手投足都不免与环境格格不入。换一个角度说，或许正是这种格格不入感，导致了周遭人群对留学生既羡又厌，导致了作者们的讥讽或自嘲，由此以道德的名义，对他们予以是非善恶的拷问。

　　凌叔华（1900—1990）的小说《资本家之圣诞》的主人公即是一位留美生，通篇皆为他的内心追忆。当年在美国留学时，他为留学生会演说，把中国人骂得"一钱不值"，因此赢得女子爱慕。归国之初，他经常撰写文稿斥骂政府，痛诋社会。后来，他白手起家赚来良田美宅，这时，留学时代的愤世嫉俗一扫而光，代之而起的，是富足中年对上帝的感恩。②凌叔华的另一篇小说《开瑟琳》则简练地刻画了"留过洋"的"伍夫人"。她是"出名的贤内助"，说话中英文夹杂，言多而尖刻，不吐露对周围人的鄙视便不快，处处硬要证明自己高人一等，"左左右右住了多少家外国人，把孩子穿得拖拖拉拉的，同人家站在一起，不怕活甩中国人的脸吗！我就不能像张四太太那样想得开，先把自己装得像小舞女似的，小孩子可邋遢得怕人。难为张四先生一声都不哼，还是留外洋的呢"③。

二、留学生的感伤与沉沦

　　格格不入的另一头拴着郁郁不得志，当作家的悲悯心压倒批判感时，他们塑造的留学生若是失败者，也多要归咎于社会氛围的残酷

---

① 夏志清：《中国现代小说史》，刘绍铭等译，复旦大学出版社 2005 年版，第 111 页。
② 凌叔华：《凌叔华经典作品选》，当代世界出版社 2004 年版，第 114 页。
③ 凌叔华：《酒后》，京华出版社 2005 年版，第 150 页。

无情，而非自身道德的缺失，无辜又无奈。如果说留学生角色因"怪现状"而被化约为"道德缺失型"，那么，这类留学生可被称为"消沉沦落型"，他们在文学作品中往往呈现出不合时宜的气质，其先声已流露于诸篇晚清小说中。

光绪二十九年（1903），《浙江潮》第六至八期连载了章回小说《爱之花》[①]，在这篇仅三回就戛然而止的作品中，楔子部分为白话，正文部分为主人公"屈敖"的文言自述，他本是留学归来的有志青年，欲改造国家，"唤醒亚细亚"。然而时光蹉跎，他的理想竟无下手之处，昔日的英气逐渐被消磨。

在姬文的章回小说《市声》（1905）[②]中，工程师"刘浩三"满怀报国之愿，留学回国，投入工商业界，但其自造的机器不为清政府所认可，还被诬为"无业游民"，于是中国民族工商业在外国资本的压迫下失败。

及至五四前后，此时的文学作品本来就充满着感伤、忧郁、懦弱、颓废甚至变态的人物形象，而包括留学生在内的知识分子形象更是遭受着"生的压迫"，压抑、痛苦的精神状态往往萦绕阅读的过程之中，令人难以找到真正的英雄形象。

冰心在塑造留学生形象时即以感性之笔流露出刻骨的无奈。在其短篇小说《去国》（1919）中，主人公"英士"八年前赴美预备学习土木工程，没有一丝犹豫留恋，毕业时全班第一，他留美归来之初意气风发，做着"祖国庄严"的梦，可很快发现自己的雄心得不到政府款项的扶持，曾经的几个朋友见面也只是大谈饭碗主义，于是感叹"怪不得人说留学生一回了国，便无志了"，最后只得和妹妹芳士再

① 题"侬更有情著"，作者生平不详。
② 姬文：《市声》，共36回，《绣像小说》第四十三号至七十二号刊出25回，1908年由商务印书馆出版单行本。

度去国赴美，把希望留在将来。相比英士，《两个家庭》（1919）中的
"陈华民"更令人叹息，他留英归来，供职于政府的闲差，受着一月
二百块钱无功的俸禄，渐渐认为英雄无用武之地，自暴自弃，游手好
闲，心灰意冷，终于因肺病去世。心痛之余，作者借那个与陈华民一
同毕业归国，职位、薪俸均不如他，却家庭和睦的"三哥"之口说，
"英雄，当以赤手挽时势，不可为时势所挽"[1]。难怪这样的作品被划
入"问题小说"的范畴。

　　叶绍钧（1894—1988）的短篇小说《感同身受》写出了留学生
回国求职的艰辛，毕业即是失业，一个留法生"在南京一个机关里誊
写法文稿件的蜡纸，月薪是三十五块钱"[2]。1936年，叶绍钧又以小说
《英文教授》详尽刻写了留美学者"董无垢"的悲剧人生。从哈佛学
成归国后，董无垢任职于上海某大学，成为一个尽心尽责的心理学教
授。他是孝顺之人，后来被五卅运动惊醒，开始为革命奋斗，然而，
1927年目睹共产党人遭屠杀事件之后，董无垢精神崩溃，转向佛教
寻求慰藉。母亲和妻子先后去世之后，朋友替他在大学谋差事，可他
不再对西方心理学感兴趣，只愿教大一英文。他每早烧香礼佛，丝毫
不受好奇学生的干扰。当学生问他中国应否武装起来抵抗日本的侵
略时，他鲜明地表现出反战的态度。小说痛心地描写道，"他蜷伏在
大学的一个角落里像地底下的老鼠，人只见地板，不知道底下躲着老
鼠"。对此，夏志清在其《中国现代小说史》中评价道，这是叶绍钧
的自我批评，展现了讽刺与悲剧之间悬而未决的张力。[3]

　　在顾明道的小说《奈何天》中，主人公"大我"想通过考取清
华而获出洋留学机会，但"徐守信"告诉他，留洋归国之人多高不成

①　冰心：《冰心文集》（第一卷），上海文艺出版社1982年版，第7页。
②　叶圣陶：《叶圣陶集》，花城出版社2006年版，第130页。
③　夏志清：《中国现代小说史》，刘绍铭等译，复旦大学出版社2005年版，第26页。

低不就，不能从异国的象牙塔步入中国社会，难以如愿地就业，因此建议他"不如自立"。

1923年至1926年留学哥伦比亚大学及牛津大学的许地山（1893—1941）在其小说《铁鱼底鳃》（1940）中塑造了一位毕生坎坷的"雷先生"。雷先生是一个"最早被派到外国学制大炮底官学生"。归国以后，国内没有铸炮的兵工厂，他无法学以致用，当过英语教员，管理过工厂，在海军船坞当过小职工。雷先生的兴趣是兵器学，可是要进造船厂，"非得同当权底有点直接或间接地血统或裙带关系"。他性格板直，"爱国思想膨胀"，但空有抱负，无人赏识，因为"许多自号为发明家底，今日招待报馆记者，明日到学校演讲，说得自己不晓得多么本领，爱迪生和爱因斯坦都不如他，把人听腻了。主持研究院底多本是年轻的八分学者，对于事物不肯虚心，很轻易地给下断语，而且他们好像还有'帮'底组织，像青红帮似地"。心灰意懒之下，雷先生想卖掉自己的造船工程书籍，却无人问津。最后，他与自己呕心沥血发明出的"铁鱼底鳃"一起沉入了水底。①

不难理解，"道德缺失"型留学生与"消沉沦落"型留学生之间并没有明显的界限，这两种类型的区分在很大程度上都取决于作者的生活态度、观察视角和叙事基调。而只要我们体贴世情冷暖，就会省悟，这两者总是彼此沟通，互相恶化，最终演绎出可怜又可恨的人物。曹禺的剧作《北京人》（1941）就是一个突出的例子。

《北京人》中的"江泰"在众人眼里是个贪图玩乐、好吃懒做的废物。从国外回到北平之后，他很想"大大发展一下"，竟抛弃本行，沾沾自喜当了官，却几次都不十分得意，还在最后一任里拉下很大的亏空，落得侵吞公款的嫌疑，非常不名誉地下了任，也没剩

---

① 许地山：《铁鱼底鳃》，《大风》1941年2月。

多少钱，与太太寄居在丈人家里。他在家百事不做，竟日牢骚满腹，吼骂下人，喝了两杯酒就使气如同"疯狗"，人越穷，气越盛，摔碟子摔碗是家常便饭。他说话不招人喜欢，用"这都是一种习惯！一种看法"来鄙弃曾老爷对棺材的看重。他貌似精明，走入社会却就是比不过与他同样聪明的朋友们，于是他时时刻刻想占些小便宜，而总不断在大处吃了人的亏。所以，家人对江泰的评价是，"没本事，就知道欺负老婆。还留学生呢，狗屁！"恰因为他是留学生，在世人的期待中应是"新道德"的载体，所以"欺负老婆"足以引来众人的口诛笔伐。

因是剧本，《北京人》便能借江泰的出场，总括出大段带有高度倾向性的人物介绍：

> 但他也不是没有可爱的地方，他很直率，肯说老实话，有时也很公平，固然他常欺负他的病妻，在太太偶尔高兴，开始发两句和他不同的议论的时候，他总是轻蔑地对她说："你懂得什么？"他还有一件长处，北平的饭馆戏园各种游乐的场所他几乎处处知道门路。而且他最讲究吃，他是个有名的饕餮，精于品味食物的美恶，举凡一切烹调秘方，他都讲得头头是道，说得有声有色，简直像一篇袁子才的小品散文。他也好吹嘘，总爱夸显过去他如何的阔绰豪放，怎样得到朋友们的崇拜和称赞，有时说得使人难以置信。

> 通常他是无时无刻不在谈着发财的门径的。但多半是纸上谈兵的谈话，只图口头上惬意，决不想到实行。只有一次，他说要办实业，想开一个一本万利的肥皂厂，就在曾家的破花窖里砌炉举火，克日动工，熬开一大锅黄澄澄的浓汤，但制成时，一块块胰子软叽叽的像牛油，原来他的化学教科书不好，那节

肥皂的制造方法，没有写明白，于是那些锅儿灶儿就一直扔在破花窖里，再没有人提。

经过这一次失败后，有一阵他绝口不谈发财。但不久躲在房里又忍不住和他的妻轻轻叹息说："总有一天我能发明一种像万金油似的药，那我就——"于是连续地他又有许多发财的梦，但始终都是梦。看相批命也不甚灵，命中该交财运的年头，事实都不如此。最近他才忽然想起一个巨大的计划，他要经商，他劝丈人拿钱到上海做出口生意，并且如果一时手下不便，可以先卖了房子，作为营利的资本。但他的岳父照例地以为不可。却又怕他的"姑老爷"的脾气发作，就对他唯唯诺诺，弄得他十分不快。[①]

这几段形象提示在留学生的文学群像中尤显丰满，同时也预留了充足的阐发空间。对江泰这样的留学生来说，责备已是多余。对于自己的境况，他分明心中有数，"我做什么就失败什么。做官亏款，做生意赔钱，读书对我毫无用处"，他知道自己精神上的无出路感，忧愁难过，看不到希望。他想为国为人谋幸福，"不会在人家外国开一个顶大的李鸿章杂碎，赚外国人的钱"，但终归是懒于行动。"赚外国人的钱"之说，意味着江泰坚持着母国身份，保有着"民族气节"。但是，这一个又一个梦想，对他来说，也就只是梦而已，他"成天在天上计划，而成天在地下妥协"，是个"只会叹气"的"活死人"。

倦怠时，江泰研读《麻衣神相》；发酒疯时，他要杀人放火。他意识到"这样活着有什么意义"，他"也反抗"，他"也打倒"，可是

口袋里只剩有一块钱。在《北京人》的末尾，江泰挺身而出，号称解救家族危难，带上曾家收藏品找人借钱，结果，他拿着这笔钱大醉一场，因顺手牵羊被逮入了派出所，这位留学生的面容也就定格在了"小丑似的，似笑非笑，似哭非哭，不知是得意还是懊丧"[①]。

被人一提再提但笔者却又不得不提的仍是《围城》，这部写于20世纪40年代的小说可谓是中国现代留学生之负面形象的百科全书。作者以讥讽而叹惋的笔调描写了"方鸿渐""苏文纨""赵辛楣""曹元朗""褚慎明""董斜川"等一群留学归国的知识分子。到了这里，"真人实事的一鳞半爪，经过拼凑点化"[②]，创出了一副一戳即破、欲说还休的西洋镜，在虚构之中似又真有其人，实有其事，这些留学生们出洋相样的细节虽令人捧腹，但全书的气氛正如小说的结尾所言："包涵对人生的讽刺和感伤，深于一切语言、一切啼笑。"[③]

三、留学生的深度自我刻画："零余人"

五四之后，在留学生的深度自我刻画中，他们频频以"零余人"的面目示人。从人物气质而言，文学作品中的这种留学生角色也可归入"消沉沦落型"，从文学创作而言，则有着独特的意义。

文学作品和自传素材公开结合，自传，或以自传体、书信与日记形式出现的小说，在中国20世纪20年代的文学中占有较大的数量。如果说在晚清一代，"自我""个性"这样的名词尚是襁褓中的新生儿，知识分子多着眼于同是新生事物的"民族国家"之政治层面，对于自我身份的想象还处于一种模糊不清的状态。那么五四时期的知

---

① 曹禺：《北京人》，人民文学出版社1994年版，第160页。

② 杨绛：《钱锺书与〈围城〉》，载钱锺书：《围城》，生活·读书·新知三联书店2002年版，第387页。

③ 钱锺书：《围城》，生活·读书·新知三联书店2002年版，第376页。

识分子则大不相同，确切地说，后者对于自我身份的想象通常是与建构结合在一起的，它们主要是从文化的层面与现代个人的意义上展开，创造者与被创造者辩证地联为一体，相互依存，与民族国家的塑造一同明朗起来，大大促进了中国小说创作中人物的塑造和题材选择范围的扩大。留学生作者的深度自我刻画即涌现在五四以降的文学作品中，以郁达夫、郭沫若、庐隐等人的小说为代表。

这些留学生的自我刻画多为全知叙事，大都是独语，即便是在书信体裁中。按照叙事学，叙事者与故事之间的关系大致有三，一为全知叙事，二为限制叙事，三为纯客观叙事。陈平原曾指出，五四作家采用第一人称叙事更得心应手，而第一人称容易变为单调的伤感或狂热，转为第三人称限制叙事，"客观化"呼声越来越高，可他们在小说中使用第三人称时老捉襟见肘，禁不住会"越位"。这种"自传"体裁曾对于欧洲小说的叙述产生过重要作用，它是"小说人物塑造法与较早期一切叙述文的人物塑造法间的主要不同点之一"，在所有这种体裁的作品中，作者都有着"公开揭露自身的弱点、情欲、丑闻或丢脸的往事的大胆行为"，当作家把自己融入他们塑造的人物中时，他们反而会在自己身上发现一个汲取戏剧性冲突的丰富源泉，其中包含着"渴望追求，被压抑的愿望，伪装和揭露，崇高和堕落的品质"[①]。

这种自传体裁始于某种孤独感，也在很大程度上源于基督教的原罪感。在原罪意识的支配下，留学生们将情欲的煎熬视为一种罪恶，背负着民族心史的厚重碑石，在异乡惶惑于不堪启齿的性幻想，由个人的原罪上升到社会的原罪，希求在"忏悔"中寻得救赎和超越，只不过，这种救赎不是以受难而是以沦落，不是以虔诚而是以亵

---

① 陈平原：《中国小说叙事模式的转变》，北京大学出版社 2003 年版，第 91 页。

渎来实现的。然而，中国有史传文学的"影射"传统，但历来并不存在基督教宗教文学作品的"告解"传统，那么，留学生们的"自白""忏悔"应是其来有自。其中首推卢梭，他以《民约论》（今译《社会契约论》）深刻影响了中国近代思想界，也以浪漫主义的先声熏染出了包括留学生叙事在内的感伤格调。

这绕不开欧洲各国文艺思潮间的"回旋效应"。作为前浪漫主义的感伤主义早先诞生于英国，卢梭的《新爱洛绮斯》（1761）无疑脱胎于理查逊等人的小说。在《新爱洛绮斯》的影响下，十三年后，歌德出版《少年维特之烦恼》，用勃兰兑斯的话来说，"它激动了千千万万人的心，在整整一代人中引起了强烈的感情和对死亡那种病态的向往，引起了歇斯底里的伤感、懒散、绝望和自杀"[①]。

在中国，首先触碰到卢梭之自白和维特之自怜，并将此译介给国人的，不外是留学生中的文学爱好者。郭沫若早有心愿要翻译《少年维特之烦恼》，并为此作序引。郁达夫则写出《卢梭的思想和他的创作》一文，赞赏卢梭"以雄伟的文字，和特创的作风，像这样赤裸裸的将自己的恶德丑行，暴露出来"[②]。1921年6月，在日本东京帝国大学第二改盛馆郁达夫的寓所，"创造社"成立，《创造》季刊创建。这个文学团体受日本左倾"福本主义"影响，都喜欢歌德、海涅、拜伦、济慈、惠特曼、王尔德等人的作品，翻译了大量德国浪漫主义文学，向中国读者介绍了象征主义、表现主义、未来派。他们的艺术宗旨偏重主观，主张文学是自我的表现，创作实践具有明显的自叙体特征。在《创造》季刊第一卷第二期《编辑余谈》中，郭沫若便说

---

① 勃兰兑斯：《十九世纪文学主流》（第二分册），张道真等译，人民文学出版社1997年，第22页。

② 原载《北新》第2卷第7号，1928年2月1日出版，转引自贾植芳、陈思和主编：《中外文学关系史资料汇编（1898—1937）》（上册），广西师范大学出版社2004年，第253页。

过，"本着我们内心的要求，从事于文艺的活动"。郁达夫也说："所有的文学作品都是它的作者的自传……因为艺术即生活，生活即艺术，我们何必要把这两者绝然分开呢？"由此，紧随着 20 年代由郁达夫《沉沦》（1921）等创造的"零余人"留学生，30 年代又涌现出了"游手好闲者"（flâneurs）的留学生，他们在中国现代主体的塑造过程中占据着一席之地。

郁达夫在其一系列小说里多采用第三人称叙述视点，消解了叙述者与人物之间的障碍，将叙述的方便性与故事的真实性结合起来。《银灰色的死》中，留学日本的主人公是一个无名者，从头到尾只用一个"他"来指代。"他"来到日本之后酗酒成性，"自从十月底到如今，两个月的中间，他总每时昼夜颠倒的要到各处酒馆里去喝酒"。最可悲的是，"他"面目模糊，其形象甚至要在小说的末尾由一页认尸启事来昭告："貌瘦，色枯黄，颧骨颇高，发长数寸，乱披额上，此外更无特征。……病为脑溢血。……因不知死者姓名地址，故为代付火葬"[1]，岂一个"惨"字了得。

在小说《沉沦》里，主人公同样是无名的"他"。小说之始，即告诉读者，"他的早熟的性情，竟把他挤到与世人绝不相容的境地去，世人与他的中间介在的那一道屏障，愈筑愈高了。""他"像卢梭笔下的人物一样，主动地使自己成为孤独者。这位留日的男子"竟有时连接四五天不上学校去听讲的时候"，他自觉患有夸大妄想症和忧郁症：

> 他的忧郁症愈来闹愈甚了。他觉得学校里的教科书，真同嚼蜡一般，毫无半点生趣。天气清朗的时候，他每捧了一本爱

---

[1] 郁达夫：《银灰色的死》，《时事新报·学灯》1921 年 7 月。

读的文学书，跑到人迹罕至的山腰水畔，去贪那孤寂的深味去。在万籁俱寂的瞬间，在水天相映的地方，他看看草木虫鱼，看看白云碧落，便觉得自家是一个孤高傲世的贤人，一个超然独立的隐者。[①]

因是深入内心的絮语，旁人眼里的不思进取、贪玩厌学在此被淡化了道德的色彩，被解释为寄情山水的抑郁。"他"常有内心独白——"到日本来倒也罢了，我何苦又要进这该死的高等学校。他们留了五个月学回去的人，岂不在那里享荣华安乐么？这五六年的岁月，教我怎么能捱得过去。受尽了千辛万苦，积了十数年的学识，我回国去，难道定能比他们来胡闹的留学生更强么？"——留学生的失败和失落获得了人性化的缘由，轻而易举的道德指责也就让位给了性格即命运的沉重。"他"不是领袖和英雄，但"他"的人格缺陷也不过是普通人的懦弱无能。"他"将他者视为性的客体对象，投以热烈的凝视，将自己当作自虐的客体对象，转而投向自我的凝视。最终，这个"他"带着性的苦闷和民族主义的伤怀，深深困扰于"对世界的忧虑"（Weltschmerz）和"对自我的忧虑"（Ichschmerz），愤懑投海。受浪漫主义（尤其是德国浪漫主义）影响的郁达夫，在塑造留学生时，填满他心灵地图的作家除卢梭之外，还有华兹华斯、爱默生和梭罗[②]。

在西方话语的形塑之下，这样的留学生以自渎、自虐来排解，因为他无法掌握住"中国"这虚幻不定的理想，这些议题将留待本书第二章和第三章来详加探讨。

---

① 郁达夫：《沉沦》，上海泰东图书局 1921 年版，第 3 页。
② 李欧梵：《引来的浪漫主义：重读郁达夫〈沉沦〉中的三篇小说》，《江苏大学学报》（社会科学版）2006 年第 1 期。

　　1913年即走出夔门，跨出国门，留学日本的郭沫若，从学医进行人体解剖转向从文解剖人物的灵魂，他诉说青年时代羁旅漂泊生涯的《未央》《圣者》《漂流三部曲》《行路难》等一系列小说也透着留学生的苦涩心境。这些小说的主人公几乎是同一个人——"爱牟"——一位患有神经衰弱、喜怒无常的留日学生，而这个名字曾被郭沫若用作笔名，小说的自传性显而易见。

　　在《残春》（1922）里，在异国尚未完成学业的"贺君"因为死了父亲，要回去奔丧，"他素来就有些神经病，最近听得他父亲死耗，他更好像疯了的一般，见到人就磕头，就痛哭流涕"，最终以投海了结生命。而旁观者"爱牟"亦感同身受，相似的心路历程令他在精神上也自尽了无数回，"可怜的是贺君了！我不知道他为甚么要跳海，跳海的时候，为甚么又要脱帽三呼万岁。那好像在这现实之外有甚么不能见的'存在'在诱引他，他好像Odysseus听着Siren的歌声一样。——万一他是死了的时候，那他真是可怜！远远来到海外，最终只是求得一死！……——但是死又有甚么要紧呢？死在国内，死在国外，死在爱人的怀里，死在荒天旷野里，同是闭着眼睛，走到一个未知的世界里去，那又有什么可怜不可怜呢？我将来是想死的时候，我想跳到火山口里去，怕是最痛快的一个死法。——他那悲壮的态度，他那凯旋将军的态度！不知道他愿不愿意火葬？我觉得火葬法是最单纯，最简便，最干净的了。"①

　　在《漂流三部曲》（1924）里，房主人嫌爱牟夫妇的孩子多，又因他们是中国人，因此一定要他们找店保，先付房金，再押一百五十块钱的押租，"每月三十五圆，无论住满一天，或者住满一个月，都

---

① 郭沫若：《残春》，载江曾培主编：《中国留学生文学大系》（近现代小说卷），上海文艺出版社2000年版，第371页。

是一样"。要接受这样苛刻的条件，爱牟的妻子始终不赞成，但爱牟就好像暴发户一样，"终敌不过自己的一点孩子气的虚荣"，把房子租下了。因为"他受金钱的蹂躏是太受够了，他如今有了几百块钱，他要报金钱的仇，他要把金钱来蹂躏了"①。在此，小说淋漓尽致地展现了这位留学生敏感而自卑的畸形心态。

在庐隐的小说《或人的悲哀》中，单向地美化留学群体和留学生活带来的悲剧性的结局。主人公"亚侠"本来就备受失眠症和心脏病的困扰，幻想在异国获得新生。来到日本之后，留学的所见所闻与她心目中的游学愿景大相径庭，留学同窗未必友善，"东洋妇女和平会"充斥着满面脂粉气的贵族式夫人小姐，东京的纷纷扰扰如同北京一样令她厌烦。最终，绝望的亚侠选择了跳湖自杀。

留学生的这种深度自我刻画涉及自我认知的问题，表现出现代人的最典型的道德困境，即意义感的丧失（meaningnessless），他们丧失了支撑其生命活动的价值资源和意义归宿，产生了身心分离的碎片感、疲惫感、宿命感和孤独无助感。曾经走出国门求学的作家，在面对复杂多样的现代生活时，通过笔下的留学生，以现代意识来追问"我是谁"，这一疑问句是在承认、追寻或认同于某种更高的东西，在自我内部、自我与世界的秩序中寻找自己的位置，这种更高的、自我认同并找寻的，并对自我具有某种权力的东西，也称之为道德的根源②。但这样的"再现"是否具有确凿的权威（authentic）？他们的"自我"不是原初的或单一的建构，而是在许多变化的、常常相互冲突的表述网络中建构的，这种自我是叠加性的，结果就形成了自我

① 郭沫若：《漂泊小说》，上海文艺出版社1995年版，第56页。
② 查尔斯·泰勒指出，认同问题经常被人们用"我是谁"这样的句子表达，从这个简单的问题中，可以感受到"道德空间中的自我"，而知道"我是谁"，就是知道"我立于何处"。参见查尔斯·泰勒：《自我的根源：现代认同的形成》，韩震译，译林出版社2008年版。

的内在深度的永远的挖掘，形成日益复杂、愈加冲突的自我的形象，"再现者"能否脱离自己的立场，摆脱社会话语的权力，不干扰这种自我诠释？答案不言而喻，但又一言难尽。

四、媒体对留学生的负面评价

不独想象性的文学叙事，晚清、民国时期的大众传媒对留学生的负面评价亦不鲜见，在很大程度上代表并影响了时人对留学生的观感。

譬如，光绪辛巳闰七月二十九日（1881年9月29日），《申报》登载了一篇有感于日本留学成效卓著的论说，谈及中国出洋留学之事，则谓：

> 窃思中国之所以遣学徒至美国者，原欲令其学成西法，可以回来转传华人，俾华人之精西学者日益加多而加快。中国朝廷亦深喜出洋之有人足以备国家将来之用，故不惜经费之浩繁，深愿诸学徒日异月新，又教以兼习华文使之不忘故国之旧。其用意甚美，其立法甚良。而孰料诸徒出洋之后，其情形竟至于此。此故由于诸学徒之不知自好，亦由于择人之不善故也。中国第一次出洋并无故家世族、巨商大贾之子弟，其应募而来者类多椎鲁之子，流品殊杂，此等人何足以与言西学，何足以与言水师兵法等事，性情则多乖戾，赋秉则多鲁钝。闻此辈在美有与谈及国家大事及一切艰巨之任，皆昏昏思睡，顾而言他，则其将来造就又何足观……然则中国费如许钱粮用若干心力，而学徒之所为如此，不亦大可惜哉。夫欲令学徒出洋习学西法，必先以择人为要，第一须选质地聪明、性情纯粹方可准其出洋。庶几他日习之已成，怀材归国不难展其生平之蕴，以为国家捍患敌。……所谓旁观者清，不啻洞若观火也。夫以中国幼年子

弟送往外洋，遂自变且初服，是直为外国增丁口之数而于中国无补又焉用之？且学徒自幼出洋在外国成四五年成七八年成十出年，少年惰性最易变易，即使安分学习别无劣迹，而回华之后，言笑动作皆与外国人无异，甚至并其家世而忘之，殷有父女俱无，无人管束，则更无所顾忌。问以中国之所谓孝悌忠信礼义廉耻，皆惘惘然，一无所知，反成自恃精于西学，曾经沧海，视天下人皆蔑如睥睨，一切旁若无人，此者往往而有，然则中朝不惜经费送之出洋，以望其成材者，反因此而无所取材，其有不贻旁观之窃笑者乎！？

于是，该文作者建议取消留学活动，在国内广开学塾，以代替出洋留学。他认为，"椎鲁之子出洋亦无所用，其在大家世族之子弟又未必肯令出洋，则不如在中国广开学塾，孰请西人为之教习或有华人之精于西学而品学兼优者，同为训导，一切规模章程系仍中国之旧，且察其性情，第其甲乙，可留者留之，不可留者去之，则学可望成习，亦不变如是，而后可以无憾，否则出洋虽多，又何裨于国家之用之哉？"此时，官方认可的留学运动刚刚起步，即有报刊载起反对之声，将留学政策的失效归诸留学者的卑微身世，评论者的这种"谨慎从事"的"唯出身论"流露并加重了民间对彼时留学生的不信任感。

1881 年 10 月 14 日，《申报》再次载文讨论合宜的留学举措，有人主张派遣"四十以内"的成人出洋学习为上策，云："舍本逐末之务，识时者所不为。……此弊已为总司洋务者所悟，故出洋一节业已停止。此等回华学徒大抵于各海口通商交涉处分派翻译之职，无异于用西人也。虽然幼者不必出洋，若能考选学校中诸生，年在四十以内、家道稍裕、其学能谙达时务、博贯古今，不拘于时文试贴者，优给其资，使之出洋学习，则其所成就者，岂可限量也哉！"这种建议发自于一种政治焦虑，是舆论对留学政策的怀疑，是民众对留学短期效应的失望，评论者对留学者年龄问题的强调，更使读者印象中的留学生与"无知""浮躁"这类形容词联系在一起。

到了民国时期，倾向以出国见闻针砭留学"不正之风"的报刊文章更不在少数。陈学昭在《新女性》上发表的《旅法通信》就是一个突出的例子。虽然描写了季志仁、蔡伯龄、陈行叔等正直勤勉的优秀留学生，但此文却着重记录了留法生的耽于享乐和懒惰面貌，"某些留学生拿到稿费，一到法国就吃喝嫖赌，麻将牌也带了去"；渲染了他们的堕落，"男子变成流氓，终日在咖啡店里荡，女子呢，沿街沿路地与人调笑，学那些女工及咖啡店里的女侍"。他们不顾一切地崇拜法国，"觉得（法国）没有一样不是香的，好的"；他们品行不端，屡见不鲜的是"同行嫉忌"，"一切恶劣的本领都暴露出来了"；所以，《旅法通信》总结说，"对于留学生根本不能存希望，不必问有无好处，但问没有坏处就很难得了"，陈学昭甚至放言："现在我敢说，就是拿手枪放在我面前，我也不改这句话：'留学生是最没有希望、最下流的东西。'"对留法生的这种评价触怒了某些读者，甚至惹得一帮人散发联名传单，扬言要殴打陈学昭，阻挠她进法语补习学校学习，并到处写信称她是有政治色彩的人。[①]陈学昭对留法生的这一"揭露"既佐证了她本人的"革命者"立场，也一时间影响了读者对留法生的判断。

在此，报刊对留学生的负面报道，与文学叙事中那些"道德缺

[①]　陈学昭多年后表示："我在《新女性》上发表的这篇通讯也有缺点，象国民党军阀新官僚的子女整天不学习、跳舞、打麻将，毕竟是少数……大多数留学生还是在好好学习，不管他们的动机是什么。"此反思或许同样要归结为政治因素。参见陈学昭：《天涯归客》，浙江人民出版社1980年版，第50页。

失""消沉沦落"的留学生角色相互呼应，为留学生形象的塑造提供了一个重要的话语资源。

由此，留学生形象与留学史的宏观叙事之间裂开了缝隙。

1903 年，因《革命军》宣传反满思想，清政府查封了《苏报》馆，逮捕了 1902 年始就读于东京同文书院、自称"中国之卢梭"的邹容。彼时，日后成为国民党元老的留日学生张继在《读〈严拿留学生密谕〉有愤》一文中如是写道："吾怪留学生何也？留学生为一国之原动力，为文明进化之母。以举国无人之今日，尤不得不服从于学生诸君，而东京留学生尤为举国学生之表率。是东京留学生之责任，尤不可以道里计……"在这一具有代表性的表述中，留学生承担着如此重要的政治作用，负载着如此沉重的历史使命感。然而，他们为何会在作家的描绘和时人的想象中屡屡表现为"道德缺失""消沉沦落"之人？

如果这个问题是可解的，那么答案也一定是多项的。诚然，反面文章容易做得出色是一个重要原因，与正面评价相比，非议更容易走入人们的视野。从消费市场的角度而言，这种隐善扬恶的写法能借助爆料黑幕和色情描写迎合大众心态。在鲜活的大众阅读面前，精英话语对一个时代之审美趣味的操纵并不是那么得心应手。反倒是《文明小史》《九尾龟》《留东外史》这种注目政治、追随流俗、附和世道人心的文学作品更能迫切地呈现国族当下的危机，显出世变与维新、历史与想象、国族意识与主体情操、文学生产与日常生活实践之间的紧张。

我们还可以解释说，从文化渊源上来看，中国传统小说深受宗教文学影响，具有说教传统。在中国传统中，史家每逢下笔于基础道德不被坚守的时代，总会哀叹礼崩乐坏；唯其如此，西方国家也有新教伦理与资本主义精神的探讨。在中国近现代，地理视野大开放的时代感召，引起传统道德伦理陷入困境。而任何社会都离不开基础性的道德，历史现实和道德要求之间正是一种最微妙和难以确定的关系，政治上的困境常常导致美学的困境和表达的危机。

在学理上，就形象学而言，无论在哪一个层面上，被制作出来的"他者"形象都无可避免地表现出对"他者"的某种否定，对"我"及其空间的某种补充和延长。就像我们今天要在公众人物中寻找偶像一样，将任何一个群体设想为道德楷模，把他们的生活模式和期望固定化，都会承担失望之虞，而留学生身份的时新热门、众望所归，无疑使这份失望来得更强烈沮丧一些。

另值得注意的是，《文明小史》《留东外史》《留西外史》这几个想象性叙事的文本均在标题中带有一个"史"字，这是中国传统小说尤其是晚清小说惯用的标题套语之一，表明了中国小说与史传文学的渊源，似在历史现实与文学虚构之间游走。即便没有篇名的暗示，许多虚构文本对留学生的塑造也有着深重的"经验"痕迹。譬如，在《新中国未来记》中，黄克强在上海拜会过谭嗣同，而黄父是康有为的老友，其虚虚实实难以交割。《留东外史》对留日生的讥讽也不能全赖作者的偏颇。东京启智书社 1906 年出版的《留学生鉴》就在第 23 章 "东瀛之游学" 中敬告留日中国学生小心误入歧途："东京为日本全国之首都，百般设施，无一不备，真学问之渊薮、学校之中心也。故苟拟备一科一艺者，则不远千里，无不年年岁岁，负笈而来，独是东京固是绝好之修学地，而又为可恐之魔窟。种种诱惑拥于前后左右，为学生者，志操不坚，气象不肃，鲜有不误入迷途而堕落腐败者。故游学者，要能一意贯彻其目的，不为外界所引，不见晒于乡里，是所甚愿者也。"[1] 又据留学日本八年的湖南人黄尊三在 1908 年 8

---

[1] 实藤惠秀：《中国人留学日本史》，谭汝谦、林启彦译，生活・读书・新知三联书店 1983 年版，第 78 页。

月 10 日的留学日记中记载，其宿舍的中国人既弄乐器，又唱歌，又调戏日本女人，实在太嘈吵，于是黄只得搬到都留馆暂住。[①] 于是，若以保罗·利科（Paul Ricoeur）的想象理论来看，晚清、民国的留学生形象更多地属于休谟的再现式想象，是"在场"感知的痕迹，他们与形象制作者之间存在着明显的互动关系，具有一种集体记忆联结站的功能，借此，留学生群体再现了自我存在，并据此强化了自我身份；他们又部分地羼杂了萨特的创造式想象[②]，其形象制作者的意识与"现实"拉开了距离，想象成为针对"现实"的批判工具，并就此在其自身经验中创造出相异性来，隐含着颠覆功能。

由此，历史与文学的歧义又一次显现了迷人之处，引人深入密林，探险并沉思。

---

① 参见实藤惠秀：《中国人留学日本史》，谭汝谦、林启彦译，生活·读书·新知三联书店 1983 年版，第 162 页。

② 保罗·利科在《从文本到行动》一书中，对传统哲学意义上的"想象"一词做了总结，认为各种想象理论的变化均可在他总结的两条轴 —— 客体轴和主体轴上找到相应的位置。所谓客体轴，利科称之为"在场的缺席轴"。在这条轴的两端，利科定位上了两种极端理论：休谟的和萨特的。按照休谟的理论，形象"归于感知，从在场弱化的意义上说，它只是感知的痕迹"，这就将异国形象看成一个作者所感知的那个异国的复制品；而根据萨特的理论，形象"基本上根据缺席，根据在场的他者构思"，这里，参考系（现实中的异国）被降为次要地位，而把对异国的文学描写视为一种创造或再创造。利科把休谟的理论称为再现式想象，而称萨特的为创造性想象。参见 Paul Ricoeur, *From Text to Action: Essays in Hermeneutics*, II, translated by John B. Thompson, Evanston: Northwestern University Press, 2007, pp. 215-216。

第二章　留学潮中的民族主义叙事

我国维新以后，各种学术进步甚速，欧美各国皆纷纷派学生来游学，据旧年统计表，全国学校共有外国学生三万余名，卒业归去者已经一千二百余名，这些人自然都懂得中国话了，因闻得我国第一硕儒演说，如何不来敬听？

——梁启超《新中国未来记》[①]

虽然，《新中国未来记》"在上海地方开设大博览会"的构想竟在百多年后应验为 2010 年上海世博会，但上述文化大国的图景，不客气地说，即使放在当今——来华留学生人数屡创新高——也依然还是一个辛酸的梦想，可望而尚不可及。"教育大国"与"学术小国"的落差依然触目惊心，遑论一百多年前综合实力在世界强国之林中走下坡路的中国。故这篇小说更像是一则"寓言"，把希望放在未来，幻想空间的不平衡将随着时间而倒挂，这里的"新中国"更多地喻指一个新的想象性空间，一个面向未来的目标，一个有待于创造和叙述的"现代民族国家"。而其中，关键因素就是留学生，他们被寄予厚望，因为"于中国前途，大有裨助"。

《新中国未来记》描绘的有关留学生的政治乌托邦具有普遍意

---

① 梁启超：《新中国未来记》，《新小说》1902 年（第一号）。

义。篇中以黄克强、李去病为代表的留学生精英与晚清、民国其他文学作品里诸多"道德缺失型"及"消沉沦落型"留学生其实不乏共同的历史根源和思想渊薮：他们是民族寓言中的活跃因子，他们的生成语境决定了他们的符号性，他们的个人命运、个人需求及个人欲望有意识地、公开地与国家的命运交织在一起。

这也就部分地回答了第一章的疑问：尽管道德契约设立了一个底线，这个契约是不道德与犯罪之间的界限，但道德问题往往是一个人类学的问题，在不同时代和地区，人们对何为道德未必有统一的标准，社会道德的上行或下滑大多取决于观察者的视点和诉求，由于政治焦虑、文化危机、民族主义的多重压力，晚清、民国文学在书写留学生形象时便施加了强烈的道德关怀。

第一节　民族寓言中的留学生

当留学成为一场汹涌澎湃的运动时，它就不再仅仅是个人的选择，不是沟通中外的精神通道，而受制于强烈的政治初衷或文化动因。如此，留学史既是文化史，也是政治史。同理，书写留学生的文学作品也就很少单单是"为文学而文学""为艺术而艺术"，留学生形象往往牵连着作者对政治的关切，对民族前途的忧虑，对社会现状的不吐不快，对异国强势文化的敏感。综观中国近现代文学史的编纂，无法回避的那条主线不正是夏志清所谓的"感时忧国"[①]？在此，弗雷德里克·詹姆逊（Fredric Jameson）的论见并不夸张——第三世界的文本，甚至那些看起来好像是关于个人和力比多的文本，

---

① 夏志清：《中国现代小说史》，刘绍铭等译，复旦大学出版社 2005 年版，第 3 页。

总以民族寓言的形式来投射一种政治，关于个人命运的故事，包含着第三世界大众文化受到冲击的寓言，第三世界的知识分子永远是政治知识分子。[1]

一、晚清政治乌托邦中的留学生

无论是自上而下的君主立宪，还是自下而上的革命共和，晚清政治转型和民国建立的思想资源大都来自西方。既然有异国思想的植入和播散，那么在这场大变局的先行者队伍里，便不乏留学生的身影，他们中有相当一部分人不满足于纸上谈兵，还要身体力行，以知识精英的身份投入国家政治。又由于背负着国人沉重的"强国"期待，留学生稍有懈怠，便成了"亡国"的征兆，在文学的"载道"诉求之下，他们更难免成为政治的图解。

从一开始，《新中国未来记》及其留学生主人公就昭示着梁启超的政治"焦虑"。梁之故交孙宝瑄（1874—1924）曾在《忘山庐日记》中评价说："梁任公，新党之领袖也，其人为顽固否乎？曰：任公非顽固者，但处众顽固之中，又欲藉笔舌以自存，不肯直作不顽固之语，然其心曷尝不知变法之程度太早也，革命之无成也，破坏之无益也。顾直言之，则使人心会意消，且不免众顽固之讥诽，是以毅然作《新中国未来记》。"[2] 在孙宝瑄看来，新党之变法因过于超前而失败，梁启超特撰小说力排众议，激励同志。这一说法并不恰切，此时的梁启超非但未追悔变法"太早"，却是思忖改革力度太轻，根据黄宗智和张灏的研究，1903年是梁启超在政见上从改良趋向革命的转

---

① 参见弗雷德里克·詹姆逊：《后现代主义与文化理论》，唐小兵译，陕西师范大学出版社1987年版，第92页。

② 孙宝瑄：《忘山庐日记》（上册），上海古籍出版社1989年版，第709页。

折点①，而此时，《新中国未来记》正在连载中。

在《新中国未来记》第四回"旅顺鸣琴名士合并，榆关题壁美人远游"里，黄克强、李去病于留学归乡途中特意考察暂归俄国管辖的旅顺口、大连湾，忽听有人用英语歌唱"摆伦"（拜伦）的诗篇《渣阿亚》（*Giaour*，今译《海盗》）和《端志安》（*Don Juan*，今译《唐璜》）。此情此景之下，黄克强大叹："他这诗歌，正是用来激励希腊人而作。但我们今日听来，倒像有几分是为中国说法哩。"李去病倾耳再听，不由说："这诗虽属亡国之音，却是雄壮愤激，叫人读来，精神百倍。他底下遂说了许多甚么'祖宗神圣之琴，到我们手里头，怎便堕落'？甚么'替希腊人汗流浃背，替希腊国泪流满面'。甚么'前代之王，虽属专制君主，还是我国人，不像今日变做多尔哥蛮族的奴隶'。甚么'好好的同胞闺秀，他的乳汁，怎便养育出些奴隶来'？到末末一节，还说甚么'奴隶的土地，不是我们应该住的土地；奴隶的酒，不是我们应该饮的酒'！句句都像是对着现在中国人说一般。"在此，作者梁启超频频加括号眉批，大赞拜伦诗笔之妙，嗟叹自己不能全心以中国曲本体翻译外国文豪诗集，毫不掩饰这两位留学生就是自己思想情绪的代言人。但黄李二人的这番举动并非皆为梁启超虚拟，清末民初以来，许多有了"民族自觉、国民自觉、个人自觉"意识的留学生都从拜伦"热血勃郁"的诗歌中寻找革命话语的资源②，留学日本的苏曼殊就曾说："拜伦以诗人去国之忧，寄之吟咏，谋人家国，功成不居，虽于日月争光可也！"③

怀着民族危机的块垒，黄李二人在考察中愈加发现中国的痼疾在于政治制度，认为如此国家只是皇权朝廷一人一家之国，必然造成

---

① 张灏：《梁启超与中国思想的过渡》，江苏人民出版社 1995 年版，第 110 页。
② 徐祖正：《英国浪漫派三诗人拜轮，雪莱，箕茨》，《创造季刊》1923 年 2 月。
③ 王统照：《拜伦的思想及其诗歌的评论》，《小说月报》1924 年第 4 号（第 15 卷）。

国民意识的薄弱，进而是国家与民众的分离，很明显，这种论见已接近孙中山所阐发的"民族主义"，即民有主义，天下者为天下人之天下，非一人独占，非"普天之下，莫非王土"的封建家天下。

黄李二人考察所见的这幅情景远非梁启超理想中的现代中国。在论著《新史学》里，梁启超将西方史的三个时期复制到中国语境里：古代、中世纪与现代。按照他的划分，中国古代史从传说中的圣帝一直到前221年秦统一中国，"是为中国之中国，即中国民族自发达、自竞争、自团结之时代也。其最主要者在战胜土著之蛮族"①。中世纪是亚洲之中国时期，一直延伸至1796年乾隆朝告终，中国在这段时间里与亚洲其他民族交往，并完善其中央集权体系。汉人虽然常被中亚诸族武力征服，但从精神上说，汉人则征服了这些征服者，至中世纪末期，亚洲诸种族（其意思当指汉人及其中亚邻居）已凝聚为一大种族，一致对外；而到了现代，中国已融入世界，中国人将团结亚洲各民族，抛弃自身的专制制度，与西方民族竞争。可是，如何完成历史重任，摆脱专制，从贫弱走向现代中国？解决这一难题，小说无疑比历史要轻巧得多，采用倒叙手法的《新中国未来记》在开篇就向读者展示出，黄李二人将留洋所学成功地运用于中国政治实践，终于在有生之年建成"大中华民主国"。

本书第一章曾谓，梁启超一直惜乎代表西方文明和"先进"文化的留学生未曾充分参加戊戌变法，他希望留学生"组织严格完备坚固之团体以为国民倡也"。《新中国未来记》再次勾勒并发扬了这番理想，小说设置了维新前的宪政党"立宪期成同盟党"，意即"期望立宪成功的同盟党"。维新之后，该党一分为三：主张中央政府势力的"国权党"、主张地方自治权利的"爱国自治党"和主张民间个人

---

① 梁启超：《梁启超文集》（第三卷），北京燕山出版社2009年版，第10—11页。

幸福的"自由党"。"大中华民主国"成立后，第二任总统即是宪政党领袖、青年时期留学海外的黄克强。以此观之，梁启超左顾右盼，似要寻求改良与革命、强权国家与自由个人的均衡。又为了阐发对"绅权"的重视，梁启超让《新中国未来记》里的留学生多半拥有良好的家庭环境和教育背景，小说中的孔老先生、黄克强、李去病均出身绅士阶层，具备家学渊源，受到中国儒家文化传统的严格训练，接受西方文化但未曾迷失自我。如此优秀的阵容，正呼应了梁启超的民族主义和国家主义主张 —— 1898 年戊戌政变之后，在流亡日本的数年之中，梁氏的思想观念发生转变，希望建立一个强大的政府以便巩固和拯救中国，"今日欲提倡民族主义，使我四万万同胞强立于此优胜劣汰之世界乎？"[①]

但是，《新中国未来记》写到第五回时，留下了"欲知后事如何，且听下回分解"之后，便永无回音，小说最终成为残章。孙宝瑄认为这个结果从一开始就已注定。孙说："然于黄、李二人辩驳之中有微意焉，其论今日之时势，正如燃犀照怪，无微不见，且说得虚空粉碎，而中国之必亡，黄种之必灭，虽有拿破仑、俾斯麦、格郎忿、华盛顿复生于中国，亦不能救其万一，何况今日之政府与现今之志士耶？故《新中国未来记》者，乌托邦之别名也，不能不作此想，而断无此事也。其书所出，不过五六回，方在黄、李自西伯利亚回国之时，吾不知此后若何下笔也。吾恐其从此阁笔矣。何也？凡撰书，如演剧然，比密合于情理，然后读之有味。演中国之未来，不能不以今日为过渡时代。盖今日时势为未来时势之母也。然是母断不能生是子，梁任公知之矣，而何能强其生乎？其生则出乎情理之外矣，是书何必作乎？何也？子可伪也，母不可伪也。梁任公，天资踔绝者也，

---

① 梁启超：《饮冰室合集》（九），中华书局 1936 年版，第 6 页。

岂肯为无情无理之著作乎？故吾料是书之必不成也。或曰：然则任公何必强下笔乎？曰：任公，新党中最狡狯者也。彼岂不知是书之难成乎？然不得不以是媚诸新顽固者，而又恐被有识者之讪笑，故其书处处自为矛盾，且笔墨闪烁，使人不测。观所撰《李鸿章》一书可知矣。"① 孙宝瑄料定，《新中国未来记》编织不出合理的路径从"现在"过渡到"未来"，任是留学生也无法挽救积重难返的国势，他们构造的"大中华民主国"不过是个乌托邦。从这个角度说，《新中国未来记》是预言，也是寓言。

当《新中国未来记》为如何演绎留学生实施君主立宪而左支右绌时，光绪二十九年（1903）问世的数部晚清小说，却已出现了扛起造反大旗、以民族危机鼓动革命的留学生。

例如，陈天华的《狮子吼》亦以倒叙的手法展开，先叙述汉族政权光复后五十年的繁华富强景象，然后再回叙故事始末，描写光复前"狄必攘""念祖""肖祖"等人在民权村开展革命活动的过程。他们成立自治会、演说会，宣传卢梭的《民约论》，这一系列的实践活动显然出自作者的精心设计，寄托着推翻君主专制、建立民主共和国的理想。而小说开头所展现的国富民强的动人图画，则是在想象卢梭政治学说在中华大地"开花结果"的景象。

又如，《浙江潮》第四期刊载了题为"蕊卿"撰的《血痕花》，在小说的楔子里，值7月14日法国大革命纪念日，一位留学法国的中国女子不禁念及被列强瓜分的祖国，痛心不已，竟梦遇卢梭，与他畅谈打破专制之志，梦醒后得一书《血痕花》，遂将其中革命史实编译出来。该小说的要目曾预告有续篇承前，然终未刊载，故书不完，仅有楔子与第一回示人。就在《血痕花》发表前不久，1902年

---

① 孙宝瑄：《忘山庐日记》（上册），上海古籍出版社1989年版，第709页。

9月的《新民丛报》上已刊载过梁启超的《卢梭学案》，阐释了《民约论》，指出"凡法律之目的，在于为公众谋最大利益"，"主权者，惟国民独掌也"，为小说中的卢梭言论提供了基础①。与《新中国未来记》相似的是，《血痕花》中的留学生是西方革命思想的代言人，也是在乌托邦一般的境遇中舒展革命抱负。

当现存世界变得面目全非时，作为与现实界迥然不同的想象界，乌托邦构成了对现存社会的挑战，以一个他者的时空以及他性的维度，在想象性的规划之中构筑了另一个社会、另一个世界乃至另一种现实，于是可能性的领域得以打开，怀疑与叛逆的姿态也如影随形地产生。在乌托邦氛围中游走的留学生，大多是带着侠气的文人，含着悲愤的狂士，印证了晚清小说的笔法恰似古训"为人先须谨厚，文章且须放荡"。他们怀着深重的民族危机感，张扬着改天换地的大志向，可惜，这种志向多是仅有书生意气的"志"，而无合乎制度逻辑的"向"，政治口号先行，空有愿景，找不到合情合理的实践路径，

---

① 卢梭在中国的影响本身就是一个重大的命题，此处无法详述，只能稍提其传播脉络。在政治学说方面，戊戌变法失败后，梁启超在流亡日本期间受到"东洋卢梭"中江兆民思想的影响，因而对卢梭学说极为崇仰，在《清议报》和《新民丛报》上发表《卢梭学案》《民约论巨子卢梭之学说》等文章为之宣传。在《留别梁任南汉挪路卢》四首之四中，梁启超视卢梭为"先河"，立志要以卢梭为榜样："孕育今世纪，论功谁萧何？华（华盛顿）拿（拿破仑）总余子，卢（卢梭）孟（孟德斯鸠）实先河。赤手铸新脑，雷音殄古魔，吾侪不努力，负此国民多。"他在《自由书》中同样表达了对卢梭的极度崇敬和赞美之情："欧洲近世医国之手不下数十家，吾视其方最适于今日之中国者，具惟卢梭先生之民约论乎。"康有为的另一位弟子韩文举也在杂文《卢梭论》中对卢梭大加褒赞："盖今日文明诸国制度，谓其不出《民约论》之精神也可乎？呜呼！卢梭者，可谓圣人矣。""诗界革命"中成就突出，被梁启超誉为"近世诗界三杰"之一的蒋智由也曾留学日本，受到卢梭思想的影响，他最著名的诗作就是那首《卢骚》："世人皆欲杀，法国一卢骚。《民约》倡新义，君威扫旧骄。力填平等路，血灌自由苗。文字收功日，全球革命潮。"蒋智由《卢骚》的最后两句被邹容引入其《革命军·自序》中，在书中，邹容热情宣扬卢梭的"天赋人权"、自由平等学说，并表达以卢梭为革命旗帜的决心："夫卢骚诸大哲之微西大义，为起死回生之灵药，返魂还魄之宝方……则吾请执卢梭诸大哲之宝幡，以招展于我神州土。"

故事因而也就难以收尾。

二、道德批判与进化论

清末民初流行的社会达尔文主义更是加重了留学生所背负的政治焦虑。早在 19 世纪后半期，关于文明种族及其进化的等级观念在西方已然十分发达。19 世纪晚期，作为资本主义世界新兴学科最重要的组织话语，勃兴的进化论为整个殖民事业提供了重要的思想依据 —— 野蛮人不仅道德败坏、精神恍惚，而且从种上说就是无能的，因此需要被更高级的人种所征服并改造。这种社会达尔文主义迅速成为一种全球性的话语工具，广为西方以及日本的帝国主义、民族主义宣传家所掌握。19 至 20 世纪之交，这一话语系统传入中国，并迅速扎根，成为此后 20 年间中国知识分子最重要的思想武器，直到反帝国主义的修辞和伦理价值取而代之①。

在中国，达尔文主义也像在其他地方一样，通过强调种群之间的生存竞争，不仅增加了紧迫感，而且更增加了一种意愿，迫切希望站到这民族和国家之等级关系的上层。当"落后就要挨打"上升为一种意识形态话语时，全社会对国族品格的关注就变得异乎寻常。

在倡导竞争的时代风潮中，梁启超就提出了他的"新民说"，指出中国自古"有部民而无国民"，中国人"所最缺者"乃是"公德""权利思想""自由之义"和"进步精神"等。鉴于"今日列国并立、弱肉强食、优胜劣败之时代"，"不欲强吾国则已，欲强吾国，则不可不博考各国民族所以自立之道，汇择其长者而取之，以补我之所未及"。总之，唯有通过"民族反省"而"新民"（即"采补所本

---

① 参见杜赞奇：《从民族国家拯救历史：民族主义话语与中国现代史研究》，王宪明等译，江苏人民出版社 2008 年版，第 65 页。

无以新我民之道"）才是救国自强的第一要义，因为"苟有新民，何患无新制度，无新政府，无新国家"。[①]

由思想界到市井百姓，对"新"道德的倡导，对民族品格的反省，在很大程度上促成了思想、政治的"故意激进"[②]。作为西方思想的接应者，留学生往往更关注"新民"的新道德，是"激进话语"的重要建构者。

1912年，留学美国哈佛大学的杨铨（杨杏佛）回国之后，对中国人的"安贫乐道""知足常乐"进行了批判，认为竞争的缺乏造成了中国工业的衰退。梁启超的"新民"说还影响到了胡适、周作人、陈独秀等五四旗手的论见。在《新思潮的意义》中，胡适对尼采给予了肯定，他写道："新思潮的根本意义是一种新态度。这种新态度可叫做'批判的态度'。尼采说现今时代是一个'重新估定一切价值'（transvaluation of all values）的时代。"在陈独秀看来，胡适的态度竟是过于平和，在《敬告青年》中，陈为青年们立下了六条行为准则：一、自主的而非奴隶的；二、进步的而非保守的；三、进取的而非退隐的；四、世界的而非锁国的；五、实利的而非虚文的；六、科学的而非想象的。更为著名的还有鲁迅对改造"国民精神"的倡导。而同样有着留学经历的傅斯年也认为中国无"社会"因而需要"造社会"。在给钱玄同的信中，林语堂也认为有"精神复兴之必要"，"无论国事或教育，所感进步最大的魔障，乃吾人一种颓丧之习气；在此颓丧之习气内，一切改良都可扮出一些笑剧来"。[③]

然而，身为时代风潮的引领者，留学生却又是"新道德"的靶

---

① 梁启超的《新民说》发表于1902年，此后他还发表了《中国积弱溯源论》《过渡时代论》和《中国人之缺点》等文。

② 余英时：《现代危机与思想人物》，生活·读书·新知三联书店2005年版，第96页。

③ 林语堂：《给玄同的信》，《语丝》1924年4月20日，第20页。

子，是激进思潮的重点解析对象，他们的个人品质遭到了多于常人的关注。

在持"大江的国家主义"的闻一多看来，中国留美生的思想"浅陋得可笑"，他认为芝加哥中国学生的团体生活恶于清华，"派别既多，各不相容，四分八裂，不可收拾"，使人处处看见一个"分裂的中国"，"处处都呈一种悲观的现象"，他们"真颓唐极了，大概多数人是嘻嘻笑笑，带着女伴逛逛而已，其余捉不到女伴，就谈论品评聊以解嘲而已。高一点的若谈到正当的 serious 的事，也都愁眉叹气，一筹莫展。总而言之他们没有一点振作的精神"。[①] 显然，对"振作的精神"这类抽象之物的评判，关联着"为中华之崛起而读书"的政治诉求。

1933—1935 年的《生活》杂志上连载了邹韬奋（1895—1944）的欧游随笔《萍踪寄语》，作者在文中指斥许多中国留学生在国外不学无术、不思进取，一味放纵，混迹烟花柳巷，淫逸惰怠，愤慨之意难以平息。接着，我们发现作者对社会风气是如此关怀，因为记者身份，他着力要引导中国读者在西方道德风尚的对照下自惭形秽。在瑞士，邹韬奋看到两位老太太独自出游，便经此申发为西方个体独立自由，并与中国的家族观念对比；在法国，他看到法国人婚姻自由，性观念开放，便反思中国人的人性压抑与道德虚伪；西方市民良好的公共道德令他刮目相看，他赞赏地描写了西方人如何排队守秩序，如何使用礼貌语，连乞丐都具有鲜明的独立人格，他们以出售小货物、演奏或表演为手段，讲究乞之有道；西方教育的普及、学术的严谨、科技的进步、农村生活的现代化都使他为之惊叹。[②] 在此，西方道德如

① 闻一多：《闻一多全集》（第 12 册），湖北人民出版社 1993 年版，第 52 页。
② 邹韬奋：《萍踪寄语》，生活书店 1936 年版，第 67 页。

何在近现代中国被树立为普世伦理（universal ethic），如何被视为人类良知发展的全貌，与中国留学生为何屡遭道德谴责有着相通的脉络，都意味着人类多元道德文化的历史性向度被忽略。

可见，一个"泛道德化"的时代呼之欲出，在道德的显微镜下，在"道德绑架"的思维方式中，在政治义务和道德义务相互混淆的情形下，人生要保持中间状态是如此艰难，这是中国留学生遭遇道德危机和道德污名的一个深层次原因。我们可以发现，《文明小史》《九尾龟》《海上尘天影》《留东外史》《留西外史》等一大批小说中留学生的某些不端言行，经过语境的转换，可以变得理直气壮或者合乎人性、顺乎环境。

例如，从胡适的留学日记中，我们可以发现，"打牌"是他们圈中人最为频繁的消遣活动，甚至，胡适在 1911 年 7 月 5 日至 8 日的日记里毫不讳言自己接连四天都打过牌 [1]。但这一行为并未招致轻蔑和责骂。这例证了，文本对人物及事件的道德判断在很大程度上取决于语境。

又如，"吃花酒"对晚清、民国的士大夫和知识分子来说，其实是很风雅的行为。苏曼殊从 1907 年起就开始吃花酒，特别是在辛亥革命前夕，"苏和尚吃花酒"堪称当时人们的"美谈"。与此相对应的是，在西方人的想象中，在包括中国在内的"东方"土地上，声色犬马的欲望与任何罪恶（sin）无关。从马可·波罗的中国之行到福楼拜的埃及之旅，从理查德·弗朗西斯·伯顿翻译的《一千零一夜》到激发普契尼创作《蝴蝶夫人》的欧洲男人与日本女人之恋，情欲被"东方人"视为人类自然天性的一部分，不受任何来自基督教世界的规则束缚。

---

[1]　胡适:《胡适留学日记》（上），安徽教育出版社 1999 年版，第 51 页。

也正是在这个意义上，不少文学文本在留学生形象的塑造中，从多个层面，以各种文学情境，以反例消解了政治诉求和道德话语的崇高感。

层面之一，留学者的出国动机。

在国族话语中，留学乃是为了救国济世，而某些文学作品在叙述留学生的出国动机时，引入了更多个人化的因子。《文明小史》《留东外史》中的例子暂不赘述，在《留西外史》里，有些留法生的出国缘由并不高尚，但也说不上卑劣，乃是寻常人的平凡心事。女生"何瑛"选择赴法留学，就多半是因为哥嫂逼婚，"若不如此，我还有什么法子抵抗？那就除非只有一死罢了。老蹲在上海也非长久之计，并且现在中国几于没有我容身之地。后来听见留法俭学的人很多，不如乘此机会到欧洲去读几年书。"[1] 尝试新的生活，看新的世界，摆脱旧日的烦恼，是她出国的内在动机。

而《棘心》中的杜醒秋之所以留法，则并不像何瑛这般消极被动，而是全出于个人内心的需要。她的出国更多是为了"虚荣"，小说明确地剖析道："她奋斗的目标是单纯的，是盲动式的，只为'要求上进'的一念所驱策罢了。"[2] 于是，为了逃离某种空虚和彷徨，杜醒秋踏上了异国的土地。

这些想象性的叙事对留学生出国目标的"凡俗化"在纪实性的访谈和回忆录中得到了部分印证。1920年12月19日至22日，长沙《大公报》刊登了记者对当时留法勤工俭学生的系列访谈，其中就有一位勤工俭学生坦率地指出："我们的目的不要太大了，只要学得专门的学问，回国拿得出来，也不负此一行。"另一位则说得更明白：

---

[1]　春随：《留西外史》，载江曾培主编：《中国留学生文学大系》（近现代小说卷），上海文艺出版社2000年版，第273页。

[2]　苏雪林：《棘心》，群众出版社1999年版，第4页。

"我也不希望人人将来回国作工程师，人人作厂长，只要人人能将专心一志，以勤工俭学学得一门好手艺，回国能够有当技师和工人的资格，那就是算是我们勤工俭学的好结果。"抱着上述动机出洋的，在整个留法勤工俭学生中，显然是多数，在徐特立的自述中，除少数以"社会改造"为己任的学生外，大多数勤工俭学生留学法国就是为了学习技艺以便回国谋生，留学与个人的职业规划联系在一起。故此，徐特立认为到法国学技艺远比学法语来得重要，他说："我要学农业，暂且进工厂作工，有得闲的日子，并要求法国的家事学，好回去谋生活。单学法文，回国当法文教员，还同从前一样靠口舌赚钱，何必几万里到法国呢？"① 1920 年 9 月，身在法国的曾琦在致田汉的信中，分析了当时留法学界的情况。他认为勤工俭学生可分为三派，其一是信仰主义的，其二是解决生活的，其三是"无目的宗旨的"，其中，信仰主义的一类人，"要算勤工俭学界的精华，……只可惜为数太少"，倒是"第二类的人，要占勤工俭学界的大多数"。② 不仅留法勤工俭学者的出国动机如此实际，在《留德十年》中，季羡林也坦称，自己当年出国留学是为了镀金，彼时"一股浓烈留学热弥漫全国"，故自己求取博士学位乃是为了稻粱谋，通过留学镀金，"要努力抢一只饭碗"③，而非什么心灵的召唤。

层面之二，留学生在异域求学时的学科选择。

出国动机一经解构，留学生在异国的学习状态便褪去了理想化的色彩。在留学生中，弃理从文、弃医从文、弃医从政者大有人在，知名人士即有蒋梦麟、胡适、鲁迅、郭沫若，甚至几乎所有留日作家所学专业均非文学。在极具崇高感的话语体系内，这种情形往往被陈

---

① 徐特立：《留法老学生之自述》，《民国日报》副刊《觉悟》1920 年 10 月 1 日。

② 曾琦：《致寿昌》，《少年中国》1920 年第 2 卷第 7 期。

③ 季羡林：《留德十年》，中国人民大学出版社 2004 年版，第 1 页。

述为"抱着救国的热情，用手中的笔来唤醒沉睡的中国民众的灵魂"之类。要厘清其中具体个案的种种动因几乎是一道不可能的难题，以反对神化圣化之名，行矮化丑化之实，自然不妥，而文学作品却以虚构的形式给出了更为生活化的答案。

在《围城》里，方鸿渐在留学过程中屡次转换专业，在小说的语境中，如果说这种选择是出于科学技术只能改善国人的物质条件，而不能从根本上疗救国人的心灵，于是他才毅然放弃了就业前景更为乐观的理工医学科目，那么显然是空洞虚伪的。真正的原因不过是他"学不了土木工程，在大学里从社会学系转哲学系，最后转入中国文学系毕业"。原来学科的难易程度才是决定性的因素。

方鸿渐的无奈选择在郁达夫身上产生了一种隔空的共鸣。在《五六年来创作生活的回顾》中，郁达夫的自白比《围城》中的那一句概述要详细得多，他在 17 岁赴日之前已经看过许多旧小说剧曲，据他自己估计，在日本补习学校最初的四年，读了差不多 1000 种欧洲和日本的小说，尤其喜欢俄国的小说家。后来在东京帝国大学念经济时，他还在继续读小说，"每天于读小说之暇，大半就在咖啡馆里找女孩子喝酒，谁也不愿意用功，谁也不想到将来会以小说吃饭"[①]。

层面之三，留学生的生活交往。既然在历史的潜流中，留学生为何前往异国、如何求学于异国是以单数第一人称做出选择的，那么有关他们异域生活的表述就不应只有道德说教。

1921 年 5 月与刘少奇、任弼时等前往莫斯科劳动大学留学的蒋光慈（1901—1931）于 1924 年回国之后，写下了短篇小说《鸭绿江上》（1926）。这篇作品中的"我"与"C 君"是两位留学苏联莫斯科

---

① 郁达夫：《五六年来创作生活的回顾》，载上海文艺出版社编：《中国新文学大系》（第 6 册），上海文艺出版社 1984 年版，第 165—166 页。

的中国人。他们的寄宿宿舍被学校派到一个尼姑庵里，遇到几个"年纪轻些，好看一点的"尼姑，"我们同学中欲吊她们膀子的，大约也不乏其人"。当"我"撞见一个同学与一个二十几岁的尼姑在大树下谈笑时，"我""当时很懊悔自己不应扰乱他人的兴趣"，"况且尼姑她们是何等的不自由，枯寂，悲哀"。当留学生们围坐起来闲谈时，"我们也就如其他少年人一样，只要几个人坐在一块，没有不谈起女人的"。① 在这里，留学生诉说起他们的情欲来是如此坦荡，作为人这一生命有机体，借用马斯洛的"需求层次"理论而言，生理需要与"自我实现的需要"在他们身上并存不悖。

在徐霞村的小说《L君的话》，在与"我"的对话中，留法生 L 君追述了自己在巴黎一段生涩荒唐并最终失败的召妓体验，话头从这里开始：

> "你在巴黎打过野鸡没有？"
>
> 我知道他是要转变谈锋，但是我仍旧装作不觉地回答说：
>
> "没有。你呢？"
>
> 他又微笑了。
>
> "只有过一次。"
>
> "在巴黎住过三年，只有过一次？你真是圣人了。"
>
> "而且连这'一次'都失败了。"
>
> "打野鸡又有是什么胜利和失败呢？"
>
> 但他仿佛没有听见我的话似地，仍旧用手杖画着潮沙；这样一直过了半天，才慢慢地开口说：
>
> "我们这些过惯了书斋生活的人们不但不能变为真正的无产

---

① 蒋光慈：《鸭绿江上》，亚东图书馆 1927 年版，第 5 页。

阶级，就是连普通的小资产阶级的生活有时都过不惯，因为我们整天都是在理想中过着，几乎对于现实失去了应付力。譬如找女人这件事，如果叫我们到北京那种头等窑子里去，先打几次茶围，然后再同妓女发生关系，我们或者还办得到，否则如果叫我们到上海或巴黎这种地方来打野鸡，一见面就性交，我们就有点应付不来。其实事情明明还是一件事情，但我们却愿意先和对方 —— 即使不生热情 —— 熟习一点。这就是我们在理想中生活的结果。"

....

"……那时我的性欲的要求非常强烈，有时简直不能安下心去工作。想去打野鸡，又怕染上梅毒。橡皮套的使用我是晓得的，但据说用了它就失去许多快感，而且用多了还要得神经衰弱症。……"

....

"我狼狈地跑了出来。……"

....

"……我明明知道是去解决性欲的，不是去讲爱情的，但我仍旧要感到厌恶，仍旧要跑出来，这就是意识不能改变习惯。"①

这篇写于巴黎的小说沾染着异国的风情，将留学生的猎艳之旅写成一场跌宕的冒险，理发，更衣，在红灯区挑来挑去、讨价还价等细节将新的叙述空间敞开，通过对怜悯、好奇、恶心、犹豫、羞耻等心态的描写将留学生还原为普通的饮食男女，尽管道德蒙上了阴影，但对情欲的反思足以让他从越轨行为上脱罪。他遵守公德，体现了自

_____

① 徐霞村：《古国的人们》，水沫书店 1929 年版，第 48—61 页。

律和人格尊严，在不妨碍公共秩序的前提下，他的选择和癖好，任何人无权干涉，这种观念恰是以现代人格的自我意识为内涵的。

在冰心的短篇小说《我的房东》（1945）中，主人公"我"从日内瓦来到巴黎，租住在没落贵族"R 小姐"的家中。"我"与 R 小姐十分投机，两人"常常一块儿参观博物院，逛古迹，听歌剧，看跳舞，买书画"，"她是巴黎一带的名闺，我和她朝夕相处，没看过 R 小姐的，便传布着一种谣言，说是 XXX 在巴黎，整天陪着一位极漂亮的法国小姐，听戏，跳舞。这风声甚至传到国内我父亲的耳朵里，他还从北平写信来问。"① 其实，这位 R 小姐已经年过六旬，总令"我"想起自己的母亲，冰心以温情而浪漫的笔调赞赏着这对跨国忘年知音。可以想象，换成道德家或流言散播者的视角，他俩的故事很可能会演绎成新版的"卢梭与华伦夫人"。

层面之四，留学生的政治抱负。

在近现代留学史、革命史等叙事中，留学生群体往往展现出高度的政治积极性，具有强烈的政治关怀，忧国忧民，许多人还满怀革命热忱。而在晚清、民国的不少文学作品中，弥漫于留学生角色之中的，是琐碎生活细节和浮躁的个人动机，飘荡在政治性话语之上的，是意义的虚无感，《文明小史》和《留西外史》就是其中的代表。

《文明小史》里，家境优越的饶鸿生自告奋勇贴钱去外国考察机器新法，他声称去日本是因为"东洋的工艺，全是效法英、美"，所以他"打算先到东洋，到了东洋，渡太平洋到美国，到了美国，再到英国一转，然后回国。一来可以扩扩眼界，长长见识。二来也可以把这工艺一项，探本穷源"。② 话虽如此，从行动来看，饶鸿生的这一

---

① 冰心：《关于女人》，开明书店 1945 年版，第 34 页。
② 李伯元：《文明小史》，韩秋白点校，中华书局 2002 年版，第 327 页。

趟出洋绝对是形式大于内容，他被大量的家眷杂役前呼后拥，一行人浩浩荡荡出洋，在日本顿顿大餐，游山玩水，厌倦之后便又赴美。

《留西外史》开篇，留法多年的周美灵女士隆重登场，她如此描述自己近来的归国之旅："我这一次回国的时候，自从到上海上岸起，一直闹到动身上船为止，没有一天空闲的，不是开什么会，便是请演讲。弄得人家七颠八倒，把头都弄痛了，连正经事也没工夫去做。"①至少，从这一番不甚耐烦的话中，我们只读出了她对参与国内社会活动的不屑一顾，而不是什么热切的使命感。

《留西外史》叙述完留学生们奔赴法国的行船生活之后，小说转而聚焦于张延寿、齐小敏、虞小龙等普通留法生，不厌其烦地描写了他们的吃穿住行，关注他们如何买菜租房，如何省钱。其中，虞小龙是这种日常生活状态的观察者，小说以他的视角来品评留学同窗们的种种事迹，他的道德品质无可诟病，学习勤勉而为人冲淡，但也谈不上奋发上进，就是一个平凡人。

在历史教科书中用以体现留学生之团结协作性的各种学生团体，在《留西外史》中的人物看来，简直可称为鸡肋。"老马"三番五次邀请虞小龙参加留法同学会，那种"死死的求"令人苦于"总没法摆脱"，虽然会场还"预备了点心"，可虞小龙仍是"皱着眉头"说："在巴黎的同学算得出来的没有几个人，至多一月开一次同学会也就彀了，何必每星期一次，我觉得实在无味。"②在虞小龙眼里，这种按时举办的同学会也不过是走形式罢了。老马四处拉人，"胡乐园"也感同身受，要不是"被老马逼着没法"，"谁高兴去"，"只得去敷衍

---

① 春随：《留西外史》，载江曾培主编：《中国留学生文学大系》（近现代小说卷），上海文艺出版社 2000 年版，第 267 页。

② 春随：《留西外史》，载江曾培主编：《中国留学生文学大系》（近现代小说卷），上海文艺出版社 2000 年版，第 297 页。

一下子，只见一些杂七杂八的人，有一大半并不是我们长大的同学。那天王祭在那里讲演什么'安音斯坦……什么空闲与时间……'一点也听不懂，莫名其妙，坐牢似的足足的硬坐了三四个钟头，发誓从今以后，打死我也不去了"。

《留西外史》里，留法生组织的示威请愿并不是出于激昂的政治诉求，而是为了维护基本的生活权益，尽管这也是一种政治性的活动，但分明比有关留法勤工俭学运动的历史叙事多了几分无奈。小说指出，法国经济萧条，本国工人失业率居高不下，导致"好多勤工同学都找不到位置"，本来从前还有各省及华法教育会略为津贴，"等到有了工作，再慢慢的归还教育会"，可"无如现在省津贴又不到，教育会也穷了，没法可想，只得去要公使馆设法，暂为维持。这本是暂时的办法，几次交涉都没有结果。唉！许多人简直每日一顿白水和干面包。这不希奇，我们也曾经过过这种日子的。还有些连这种生活，差不多都不能支持的"，于是乎"大家约齐今天到使馆请愿"。[①]实际上，作者春随在这里表露出了明显的写实倾向——在留法勤工俭学生高歌猛进寻求革命真理的另一面，作为一战参战国的法国需要大量劳动力，于是中国人蜂拥而至，欧战结束后，这些勤工俭学者的生活来源成了问题，日益窘困，而来自中国的留法者却络绎不绝，人数猛增，导致留法生的境况进一步恶化。

第二节　留日生：民族主义的引进

与社会达尔文主义紧密相关的是现代民族主义。留学生被委以

---

① 春随：《留西外史》，载江曾培主编：《中国留学生文学大系》（近现代小说卷），上海文艺出版社 2000 年版，第 312 页。

振兴大业也好，遭受道德谴责也好，背后都浮动着民族主义在中国的生根和勃兴。19 世纪中叶以后的六十多年里，中西交冲催发出民族意识，民族意识演化为民族主义，国家的现代化进程与近现代民族主义的变迁紧密相连，两者互为不可或缺的背景，用余英时的话来说，即"百年来中国一个最大的动力就是民族主义"①。

从帝国（empire）到族国（nation-state），由民族而"主义"，既非本然而普适的存在物，也非中国土生培植而得。因此，一旦论及民族主义在中国的发生学命题，近现代留学生是无法回避的关键因素。理性与非理性民族主义的对抗和合作，他们或是救国方略的图解，或是民族焦虑的化身，或是张扬民族主义的扩音器。

留学生，尤其是留日生形象的民族主义色彩有着复杂的历史渊源，史实的又一次吊诡在于，清朝在中日甲午海战中的溃败，竟催生了规模庞大的留日潮。留日生在日本触碰到西方现代民族主义观念之后，向中国全面地引入了近代世界的民族国家框架，也萌生出对日本民族的排斥感。

一、甲午战争：从一个文明走向一个国家

中国近现代留学生与现代意义的民族主义本就是相生相成之关系。这里有一组看似奇怪的历史现象：1894—1895 年中日甲午战争之后，溃败的中国决心向日本学习，粗略估计，从 1898—1911 年间，至少有 2.5 万名中国学生跨越东海到日本寻求现代教育，马里乌斯·詹森（Marius Jansen）1975 年认为，中国学生到日本的运动是世界历史第一次以现代化为定向的真正大规模的知识分子的移民潮；但 1915 年的"二十一条"提出之后，在民族自尊心的驱动下，许多留

---

① 余英时：《现代危机与思想人物》，生活·读书·新知三联书店 2005 年版，第 128 页。

日生无比愤慨，弃学回国；至于 1937 年日本全面侵华以后，中国留日人数更是急剧减少。

同样是面对日本的侵害，同样是自身利益受到巨创，中国人留学日本的态度为何产生前后如此巨大的反差？现象的背后，是留学生对现代民族主义的接受史。

如何界定民族主义（nationalism）是东西方学者长期以来争辩不休的话题。大致说来，人们一般认为它是近代以来的产物，是近现代西方文明不可分割的一部分，一般被看作一个社会中压倒其他一切认同，诸如宗教的、种族的、语言的、阶级的、性别的，甚至历史之类的认同，并把这些差异融会到一个更大的认同之中，它是民族和民族国家的灵魂和意志，是一个民族成员的民族认同和民族情感，是与民族国家的建立和建设相联系的理念和实践。霍布斯鲍姆（Eric Hobsbawn）认为，现代意义的民族主义最早出现在 18 世纪后期的欧洲，其基本形态是政治民族主义和文化民族主义 [1]，前者源于法国大革命，强调按人民主权原则建设现代国家，后者则起源于德国对法国文化入侵的逆反。本·安德森则认为，民族主义起源于美洲殖民地的独立运动，其后才传到欧洲 [2]。实际上，与其为民族主义追溯出一个确凿的源头，不如承认它是多种文化多个思潮之合力的产物，它本身就体现了观念史的流动性，即便把中世纪晚期欧洲民族语言的发生作为民族主义的苗头看，也未尝不可，而这样的民族主义在美洲殖民地独立运动之前很久就存在了。而从领土主权这两个民族主义的基本诉求目标看，欧洲民族国家的聚合裂变一直在进行，并非美洲民族独立运动之后才出现的现象。根据欧洲民族主义的情状，盖

---

[1] 霍布斯鲍姆：《民族与民族主义》，李金梅译，上海人民出版社 2006 年版，第 1 页。

[2] 本·安德森：《想象的共同体 —— 民族主义的起源与散布》，吴叡人译，上海人民出版社 2005 年版，第 3 页。

尔纳（E. Gellner，1925—1995）在《民族与民族主义》（*Nations and Nationalism*，1983）一书中将民族主义分为自由民族主义和族群民族主义两种类型，后者把民族视为自然形成的族群共同体，倾向于强调集体权利并崇尚国家权力。①

现代民族主义支持建立一个强大的、能够保卫和划定疆界的国家。它意味着，宗教的分裂及随之而产生的世界观的多元化，使人失去了往日的归属感，也使生命的连续性和确定性遭到破坏，人们开始自觉进行信仰的"领土化"和"相对化"的想象及操作。本·安德森和霍布斯鲍姆就认为，并不是民族创造了国家和民族主义，而是国家和民族主义创造了民族②。从传统王朝转变为近代民族国家可谓政治近代化的关键，正是理性主义对王朝国家和专制主义的批判催生了近代民族国家观念。就此，美国汉学家浦嘉珉（James Reeve Pusey）曾在其著《中国与达尔文》中提出一个疑问："中国是国家、民族抑或种族呢？答案从来都没有弄清楚。"③ 这个疑问由来已久，另一位汉学家白鲁恂则直接给出了答案 —— 中华是个文明，而冒充是个国家。

中国"国家"之词源最好的诠释是《孟子·离娄下》："人有恒言，皆曰天下国家。天下之本在国，国之本在家，家之本在身（宗子）。"中国历史上的"国"与"家"紧密相连，大大不同于近代西方的国家观念。梁漱溟曾指出："中国人传统观念中极度缺乏国家观念，而总爱说'天下'，更见出其缺乏国际对抗性，见出其完全不像国家。"④ 天下是一种普世化的文化秩序，没有族群、疆域和主权的明确界限，许纪霖将此申说为，这种并非以民族国家或政治共同体，

① 参见盖尔纳：《民族与民族主义》，韩红译，中央编译出版社2002年版，第2页。
② 参见霍布斯鲍姆：《民族与民族主义》，李金梅译，上海人民出版社2006年版，第20页。
③ 浦嘉珉：《中国与达尔文》，钱永强译，江苏人民出版社2008年版，第5页。
④ 梁漱溟：《梁漱溟全集》（第一卷），山东人民出版社2005年版，第92页。

而只是以"王朝／国家"或"文化／天下"作为界定群体的观念，只是一种"王朝中国"或"文化中国"，而且王朝的合法性在于代表文化的正朔，"它原是基于文化的统一而政治的统一随之，以天下兼国家的"。[①]

而"中国"这一名词的含义是：中国是世界中心，文化本源，故中国称为"上国"，其朝廷称为"天朝"，日本直到江户时期（1603—1867），也还是这样尊称中国的。古代中国几乎很少接触过与自己文化发展水平相当的其他异质民族，因而也很难产生基于文化与种族差异而形成的，作为一个民族的自我意识，传统的中华民族的边界十分模糊，只要在文化或政治上臣服于自己，便可承认它为华夏大家族的一员。古代中国人这种"诸夏与夷狄"的观念，并不同于近代意义上的民族观念，它是以汉族文明为中心的"天下"观念，而非在民族之林中自立的"国家"观念。华夏与夷狄的区分，不是基于人种、种族血统，而是基于是否接受礼治与教化。因此，从严格的意义上说，古代中国从来不曾出现过民族主义的观念，仅有的只是对一家一姓之王朝或华夏文化的认同。钱穆说："中国人常把民族观念消融在人类观念里，也常把国家观念消融在天下或世界的观念里，他们只把民族和国家当作一个文化机体，并不存有狭义的民族观与狭义的国家观，民族与国家都只是为文化而存在。"[②] 因此，古代中国与其说是民族主义的，毋宁说是以文化为中心的普世主义的，这是一种自然而然的对于文化自身优越性的信仰，是一种"文化主义"，它无须在文化之外寻求合法性或辩护词。

约瑟夫·列文森（Joseph Levenson）是文化主义观念最系统的阐

---

① 许纪霖：《近代中国知识分子的公共交往（1895—1949）》，上海人民出版社 2008 年版，第 56 页。

② 钱穆：《国史新论》，生活·读书·新知三联书店 2001 年版，第 59 页。

释者。他认为，在现代民族国家诞生之前，中国存在着若干种类型的政治群体，其中之一便是与现代民族主义相对立的"文化主义"①。士大夫阶层的文化、意识形态、身份认同主要是文化主义的形式，是对于一种普遍文明的道德目标和价值观念的认同。就文化主义而言，中国人的价值观念是优越的，但并不排他，通过教育和模仿，夷狄可以成为群体中的一部分，拥有共同的价值观念，并与其他缺少这些观念的夷狄区分开来。

列文森看到，明清时期，一系列地理—旅行写作对有关地球以及中国在其中的位置的大众想象产生了相当大的影响，"将作为整个世界的中国缩退为世界中的一个国家"②。明末清初的天主教耶稣会士在中国推动的西学传播曾使中国的士大夫开始反省以中国为天下之中心的世界图景，接近了带有现代感的科学认识，杨廷筠（1557—1627）、李之藻（1565—1630）、瞿式耜（1590—1650）在各自为意大利传教士艾略儒（Giulio Aleni，1582—1649）《职方外纪》（1623）一书所作的序言中，对于书中所言地为球形、世界有五大洲、中国仅为世界之一方的观点均表示心悦诚服。但当中华帝国文化的天下诉求常常与其他世界观发生冲突而不得不做出调整适应，它总能用天下的话语来加以掩饰，中国主动地将西方表述为一种普遍性（所谓的"公理"），由此建构起一套普遍主义话语，同时通过将"中国"放置于这一普遍主义话语中，来创造出新的认同。刘禾在《帝国的话语政治》一书中便指出：在19世纪英国官员到达中国，把他们的帝国野心和普世主义意识形态带到中国的时候，他们碰到的不是政治真空，

---

① 参见列文森：《儒教中国及其现代命运》，郑大华等译，中国社会科学出版社2000年版，第3页。

② 列文森：《儒教中国及其现代命运》，郑大华等译，中国社会科学出版社2000年版，第15页。

而是清帝国自己的普世主义意识形态①。晚清的思想家并没有明确地建立起一套中西二元对立的认知框架，他们把现代世界理解为一个由并立的"万国"或"列国"构成的秩序，这个"万国"秩序有其自身的普遍性的原则和逻辑，即梁启超等所说的"公理""公例"，这仍然是传统天下观的残留。

直到19世纪下半叶，西方列强企图将中国拉入现代世界的大体系中，在国与国之间的交往和对抗之中，面对着"他者"的挑战，文化价值不得不寻求合法性时，中国人才对由种族、地理、文化和历史纽带联结在一起的民族共同体逐渐有了自我确认，被迫以陌生的国家观念取代了传统的天下观念，"文化主义"才逐渐衰弱，并迅速向民族主义发展。正是在这个意义上，列文森说："近代中国思想史的大部分时期，是一个使'天下'成为'国家'的过程。"②

相应地，中国留学生的民族情绪起初并不强烈，中国留学生的民族意识也处于朦胧状态。日本学者容应萸在论文《19世纪美国的中国和日本留学生》中研究对比了中日两国的留美幼童：日本派遣幼童赴美国学习比中国早十年，他们求知欲极强，耻于与中国学生为伍，其中有些人未能适应西方文化，乃至出现自杀现象；相比之下，赴美的中国留学生语言能力更强，有运动才能，很少染上不良习气，他们适应能力强，愿意改装，肯去发辫，甚至"倡中华帝国基督化"，几乎美国化了。③

完全改变留学生乃至国人心态的历史事件是中日甲午战争。

---

① 刘禾：《帝国的话语政治：从近代中西冲突看现代世界秩序的形成》，杨立华译，上海三联书店2009年版，第121页。
② 列文森：《儒教中国及其现代命运》，郑大华等译，中国社会科学出版社2000年版，第5页。
③ 参见容应萸：《19世纪美国的中国和日本留学生》，载李喜所主编：《留学生与中外文化》，南开大学出版社2005年版，第233页。

甲午战争前的中日关系，既呈现出复杂的样态，也存在着多种可能性。千百年来，中国人一直以优越感看待着日本这个一海相隔的邻邦。19世纪70年代以来，中国朝野上下对日本有了一些直接的了解和感受，洋务论者已朦胧感到中日两国在借法自强的决心和实效上开始发生差距，加上了羡日、仿日思想，也有征日、联日论者，但这些或多或少都普遍属于轻日思想。譬如，即便是比一般国人更早"睁眼看世界"的王韬，在1879年游学日本时也不过是以观景、酒宴、赋诗风流以及文人墨客在日本花天酒地等内容来撰写他的《扶桑游记》。王韬了解到，"日本与米部（美国）通商仅七八年耳，而于枪炮舟车机器诸事皆能构制，精心揣合不下西人"，但他的口吻依然是轻蔑的，"巍巍上国，堂堂天朝，岂不如东瀛一岛国焉哉？"[1] 尽管19世纪末，黄遵宪的《日本国志》（1890）明确提出了中国政治当效法日本，以明治维新为榜样，但这本巨著并未即时获得社会反响。直到甲午战争前夕，中国人对日本明治维新至多只有一鳞半爪的了解，大多数人对日本持轻蔑心态，不少中国士大夫仍视之为"蕞尔三岛"的"东夷小国"。1894年，甲午海战爆发在即，在日军侵犯辽东之前，清朝北洋水师的实力排名世界第三，一般中国人均以为日本"国小民器"，不是中国对手，当时报刊舆论对甲午战争均具必胜信心，以为中国战、守、和局可操纵自如，以实藤惠秀的话来说，"甲午以前，中国沉醉在天朝上国的睡梦中看日本"[2]。

日本在甲午战前的心态则大大不同于中国。早在中英鸦片战争前后，西方列强的炮声就已在日本激起了剧烈的反响，幕府官员，各地诸侯大名、儒者、武士，纷纷提出要以中国为前车之鉴，从而开

① 王韬：《漫游随录图记》，山东画报出版社2004年版，第19页。
② 龚书铎：《甲午战争期间的社会舆论》，《北京师范大学学报》（社会科学版）1994年第5期。

展了影响深远的明治维新。在"对西方理性主义文化的效仿式回应"中，极具危机感的日本产生了建立"举国一致体制"和权力一元化的要求。为了求取西方新知，日本迅速引入了中国人在鸦片战争之后介绍欧美科技文化的书籍，例如魏源的《海国图志》就对日本的学术和政治产生过不小的影响，洋务运动时期，中国人从舶来语中创造的一些词汇也曾为日本所接受。在甲午战争爆发之前，一般日本国民心中尚怀有对中国的敬畏感，对战胜中国无多少把握。

然而，甲午战争的结果沉重地打击了中国人。清政府苦心经营十几年，耗费巨资建成的北洋舰队全军覆灭，几十万湘军、淮军在日军进攻下，节节溃退。中日两国的力量对比从此颠覆，清政府被迫求和。甲午战争也就为了日本近代民族国家确立的重要标志，日本国民由此产生了一种"大国民""大民族"意识，他们对中国的看法，普遍地由敬重转变为轻视。而对中国人来说，"败于倭寇，奇耻大辱"，败给东洋比败给西洋更令国人羞耻，朝野上下开始普遍关注日本为何会强大。

在《戊戌政变记》中，梁启超如此形容甲午战后国人的反省精神："唤起吾国四千年之大梦，实自甲午一役始也。吾国之大患，由国家视其民为奴隶，积之既久，民之自视亦如奴隶焉……故非受巨创负深痛，固不足以震动之。昔日本当安政间，受浦贺米舰一言之挫辱，而国民蜂起，遂成维新，吾国则一经庚申圆明园之变，再经甲申马江之变，而十八行省之民，犹不知痛痒，未尝稍改其顽固嚣张之习，直待台湾既割，二百兆之偿款既输，而鼾睡之声，乃渐惊起。"[①] 有学者研究发现，与鸦片战争有关的小说，是在鸦片战争结束 53 年后才第一次出现。而甲午战败的当年，突然就有人写作、出版此类小

---

① 梁启超：《戊戌政变记》，中华书局 1954 年版，第 133 页。

说。这或许可以解释为，过去的历史被甲午战争激活，被视为后者的原因和序曲，或者干脆就是当下事变的一个组成部分。[1] 已经发生过的战争成了一个戏剧般的场景，作家们的集体经验被触动，他们试图以历史见证人的身份对往昔岁月进行清理，以重新阐释作为思想资源的历史记忆。

此时，中国人的民族意识还不足以妨碍他们向强者学习，相反，"向日本学习"成为一时风尚。如果说，留学欧美是一种对"文明"的取法，那么留学日本，便具有向"成功人士"学习的意味。

也正是在甲午战败的驱策下，留美幼童的艰难境遇从 1895 年开始逐渐有所改善。学者汪向荣经过研究指出，在甲午战争前，哪怕派遣一个学生到日本都是不可想象的。[2] 19 世纪 90 年代初、中期，康有为和梁启超一度著文提倡向日本学习，但接受者寥寥。而甲午战后一两年间，从"向日本学习"的风潮变为"去日本学习"，1896 年，中国总理衙门派出唐宝锷等 13 名年龄 18—32 岁的学生到日本学习。按中国驻日公使裕庚的事前安排，日本伊藤内阁文相西园寺公望（1849—1940）把教育中国第一批官派留日生的责任，交付给国立东京高等师范学校校长嘉纳治五郎（1860—1938）。不幸的是，在第一个月内，4 名学生由于无法适应日本的食物，以及不能忍受日本孩子以至成年人的辱骂 —— 骂他们"猪尾巴""猪尾和尚"或"和尚头"，收拾行装回国。不管怎样，留下来的 9 人中 7 人完成了 2—3 年的基本课程，其中一人还于 1905 年获得日本大学给中国学生颁发的第一个学位。

1898 年，张之洞奏呈《劝学篇》，御史杨深秀（1849—1898，

---

① 参见单正平：《晚清民族主义与文学转型》，人民出版社 2006 年版，第 63 页。
② 参见汪向荣：《日本教习》，生活·读书·新知三联书店 1988 年版，第 51 页。

"戊戌六君子"之一）上奏《游学日本章程》，堪称清朝留日政策的里程碑。奏折建议总理衙门挑选符合资格的学生，经由日本驻华公使谷野文雄协助到日本留学，指出"中华欲留学易成，必自日本始。政俗、文字同，则学之易；舟车、饮食贱，则费无多"，并提出了广泛的学习科目。[①] 于是，1898 年以后，中日关系出现了戏剧性的一幕，大量中国学生涌向日本。从历史上说，它是 607 年模式的颠倒 —— 在过去的 1300 多年来，通过包括留学在内的各种途径，教育、文化、技术乃至日常的生活习俗都是从中国流向日本的[②]，中国一直是日本前去留学的国家。由 7 世纪开始，日本留学生便冒着生命危险从海路负笈中国，即使在镰仓时代（1185—1333），留学生亦络绎不绝。

日本政府颇为乐意接受这些中国留学生。日本青木外相在 1899 年 2 月 17 日致日本驻英公使加藤高明（1860—1926）的信中，阐明了日本的态度："我相信，在当前形势之下，迅速改善清国军备而巩固其振作基础，及其有利于维持东洋时局。根据矢野公使《前就日清间有关留学生事宜》协商的旨趣，日本帝国政府立即接受、训练清国派遣的武官学生。请将此意旨通知南北两通商大臣及湖广总督，立即向清国提出派遣留学生。"[③] 根据中国留学史专家李喜所的研究，在所有问题中最难处理的是如何接纳这些突然而来的，彼此截然不同的大量中国人，最大的困难是留日生的分班教育问题。因为赴日的中国留学生成分格外复杂，有的是京师大学堂、北洋大学堂的毕业生，有的是刚脱离私塾大门的旧书生，有的是各类专业学堂的高才生，还有的

---

① 杨深秀：《游学日本章程》，载故宫博物院文献馆编印：《清光绪朝中日交涉史料》，故宫博物院文献馆 1932 年版，第 34 页。

② 参见任达：《新政革命与日本：中国，1898—1912》，李仲贤译，江苏人民出版社 2006 年版，第 47 页。

③ 矢野文雄：《清国留学生招聘策》，中国社会科学院近代史研究所近代史资料编辑部《近代史资料》（总第七十四号），中国社会科学出版社 1989 年版，第 95 页。

是官绅子弟、新军士兵。有的可以讲流利的日语并能用日文写漂亮的文章，有的则连一个日文假名都不会发音。为此，日本政府在原有学校设置新的课程，并专门开办了十几所培养中国留学生的学堂，一时间，留学生学校如雨后春笋般涌现。1902 年，日本成立清国留学生会馆。到 1906 年，在日本，中国学生超过 50 人的学校已有 50 多所。为适应留日学生人数次第激增的情势，留学日本指南之类的书相继出现，如东京崇文书局的《日本留学指掌》（1905）、东京启智书社的《留学生鉴》（1906）、东京日华堂的《东瀛游学指南》（1906）。

甲午战争结束还不到四年，这股留日热潮便构成且在一定程度上促成了中日两国的"蜜月期"。以至于一些学者认为 1898—1907 年这十年是中日关系的"黄金十年"。在军事及其他方面的改革中，袁世凯认为日本模式最适合中国国情。除此之外，请日本顾问也相对比较便宜。整个一代由日本培养出来的留学生，如著名的保定军校校长、研究文艺复兴的历史学家以及朝永三十郎的《近世"我"之自觉史》的译者蒋方震等，辛亥革命前后都在其政府中担任要职。

而对"黄祸论"的误读，更导致中国人一度陷入与日本"同文同种"的意识之中。

1873 年，无政府主义创始人之一，俄国人巴枯宁在《国家制度和无政府状态》一书中首次宣扬"黄祸论"。此后，英国殖民主义者皮尔逊在《民族生活与民族性》一书中又进一步发挥，使得"黄祸论"基本形成。甲午战争后，西方帝国主义者们最大的梦魇就是庞大的中国龙即将在已经西化的日本的带领下崛起。以德国皇帝威廉二世为代表，西方掀起了第一波"黄祸论"（Yellow Peril，德文为 Gelbe Gefahr）。从 1895 年起，德国皇帝威廉二世和沙皇尼古拉二世就所谓的"黄祸"问题不断通信交流。

1898 年，欧洲作家马修·希尔（Matthew Phipps Shiel）在一系

列短篇小说中使用了"黄祸"这个名词，后编集《黄祸》（The Yellow Peril）出版，一举成名。小说的背景是 1897 年两个德国传教士在胶州被杀，当时德国便是以此为借口获得了其在山东的殖民地，希尔借小说强烈地表达了对中国的反感。

1899 年，义和团运动使得"黄祸"一词在欧洲广泛传播。以致 1905 年当日俄两国以中国东北为战场大打出手使"中立国"中国的东北千疮百孔时，中国人出于"同种"之谊，在情感上站在日本一边，竟把这场战争当作黄白种族之战，十分高兴看到日本取胜，认为这是黄种人的光荣，忘了日本也是入侵者，且胃口更大、手段更劣。中日联合对抗西方的论调也得到了广泛的认可，不但宣布中立的清朝官方在日俄战争中暗助日军，留日学生更是组织多支抗俄敢死队直接为日本效力。有鉴于此，1909 年清驻意公使钱恂向朝廷奏报："此图（《黄祸图》）震动一时，而黄祸之说遂遍于欧美。适日俄交战，又黄种胜而白败，而东方更为所深忌。同种不同种之严如此，臣愿我国亦于同种上再三加意，勿以阋墙而致忘御侮。"[1]

另一面，明治后期的日本盛行极为狂热的思想和政治生活，强烈地影响着成千上万的中国留日学人。在明治维新中，守旧派担心日本"全盘西化"，改革派谴责儒学"空谈虚理"，而当权者主张以德意志国家主义来对抗激进派的资产阶级的自由民权主义。为了对抗日益兴盛的欧化主义，强调日本书化传统的价值，日本知识分子将西方现代民族主义观念发展到极端，日语将 nationalism 一词解释为"国家主义、国粹主义；爱国心，国家意识；爱国主义（运动）、民族（独立）主义"。1891 年，政教社重要人物三宅雪岭出版《真善美日本人》，该书封面上题有"为本国尽力，即为世界尽力；发扬种族的

---

[1] 钱恂：《金盖樵话》，辽宁教育出版社 2001 年版，第 19 页。

特色，即为裨补人类的化育"①，其后，《武士道》《东方的理想》《茶书》等书相继问世，宣告现代民族主义从西方思潮演变为日本社会心理。同时，日本民众仍处于"沉默的"客体地位，他们与国家之间的结合，依靠的不是英、美、法式的自由民主权利，而是"前近代的"宗教和道德因素，以及"近代的"爱国心和对外扩张所能产生的实际利益。

中国近代经受的历史创伤，以及现代化过程中的社会动荡与结构变迁，社会达尔文主义"适者生存"的思潮鼓荡，使身在日本的中国留学生极易接受民族主义话语，并将其播散到中国。1901 年，在日本留学的激进革命青年秦力山、沈翔云等办起《国民报》，其名称即已显示出民族国家的色彩。1903 年 9 月，《游学译编》曾"据日本高材世雄所论而增益之"，撰成《民族主义之教育》，从该文内容看既有政治民族主义，也有文化民族主义。拒俄运动之前，留日学生中的激进分子秦毓鎏等人组织了一个名为"青年会"的小团体，即"以民族主义为宗旨，以破坏主义为目的"②。1903 年，盘踞东北的沙俄军队拒绝按期撤退，并提出七项无理要求。留日学生尤为激昂，召开了有 500 余人参加的抗俄大会，通过组织"拒俄义勇队"（后定名"学生军"），提出宁死"不为亡国人"的口号，每日操演不懈，并派代表回国活动，要求出兵抗俄，学生愿做先锋，表示要"为火炮之引线，唤起国民铁血之气节"③，奔赴前敌，与沙俄进行血战。在《学生军缘起》中，他们沉痛地指出，东北三省的存亡，关系到祖国前途和民族命运，决不可等闲视之；高呼"头可断，血可流，躯壳可糜烂，此一点爱国心，虽经千尊炮、万支枪之子弹炸破粉碎之，终不可以

①　徐静波：《近代以来日本的民族主义思潮》，《日本学论坛》2007 年第 1 期，第 64 页。
②　冯自由：《革命逸史》（初集），中华书局 1982 年版，第 102 页。
③　田野桔次：《最近支那革命运动》，新智社 1903 年版，第 179 页。

灭"，"宁为亡国鬼，不为亡国人"[1]。

借此，1904 年年底的《外交报》以一篇题为《论近代日派遣留学生之利害》的文章指出了甲午战争前后之留学生在政治诉求上的显著差异："我国自道光二十三年、咸丰八年两次败于欧人，于是惊心动魄于西洋之文明，而谋有以输入之，乃有派西洋留学生之事。然此后二三十年间，派往之人，为数甚少，而其人归国，亦无影响于国家。其上等者，闭户读书，不与世事，彼无所干于社会，社会亦不知其人。此等人与向来之读书人无异，世未之奇也。其下等者，持所学之语言文字以为羔雁，营营于利禄之途，除此则皆所不计。此等人与向来只流俗人无异，世亦未之奇也。故留学生遂与社会相忘，社会不蒙留学之利，亦不蒙留学之害，遂若无此留学生者然。……自光绪十七年大败于日本，于是惊心动魄于东洋之文明，而谋所以输入之，乃有派东洋留学生之事。论者犹以为与前之派西洋留学生等耳，而岂知其后之效，乃与昔大异。昔之留学生，绝无所表现于社会，而今之留学生，则崭然现其头角，为通国中之一种新人物。"[2]

在这样的语境下，民族主义逐渐成为一种有力的叙事，它就像《圣经》中约瑟的那件色彩斑斓的外套，它不是由一块布缝制的，不可以作简单理解，它是"爱国者"的政治召唤、汉民族认同以及民族文化意识。《新中国未来记》的第三回，作者就以黄克强之口清晰地提出了"民族主义"一词 ——"那拿破仑当十八、十九两世纪交界，正是民族主义极盛的时代，他却逆着这个风潮，要把许多不同种族、不同宗教、不同言语的国民扭结做一团，这是做得到的事业吗？"不仅是渐具国民民族主义的梁启超，与此几乎同时的 1903 年，

① 佚名：《留学纪录》，《湖北学生界》1903 年第 3 期，第 52 页。
② 佚名：《论近代日派遣留学生之利害》，《外交报》1904 年 12 月 21 日（第 99 期）。

留学日本的鲁迅亦与友人讨论改造国民性的问题。在中国，要在竞争时代发动国民，就要建构一个特殊的历史主体，而这样的主体在当时的世界秩序中只能是民族国家。陈天华在《猛回头》中以亡国之危机激励"国民"："中国人士不欲为亡国之民者，群起以呼啸叫号，发鼓击征，声撼大地。或主张变法自强之议，或吹煽开智之说，或立危词以警国民之心，或故自尊大以鼓舞国民之志，未几而薄海内外，风靡响应。"[1] 李叔同则写下了《祖国歌》："上下数千年，一脉延，文明莫与肩。纵横数万里，膏腴地，独享天然利。国是世界最古国，民是亚洲大国民。乌乎，大国民！乌乎，唯我大国民！幸福珍世界，琳琅十倍增声价。我将骑狮越昆仑，驾鹤飞渡太平洋，谁与我仗剑挥刀？乌乎，谁与我鼓吹庆升平！"[2] 其时，出洋局学生总监夏偕复则明确指出，教育的宗旨在"陶铸通国之民"，使全体中国人"皆自知为中国之民，皆有戴奉皇朝、扶翼主权、恢复国土、保卫同胞之思想，皆有人可尽死、国体不可稍缺之精神"。他指出"十九世纪各国皆用国民主义以排斥异族"，"我今日之学校，不可不用此为教育也"。[3] 民族成为适于生存竞争、文明的主要价值源泉，迎合了政治的需要和历史的传承，"民族利益"被提升为最高价值，各阶层、各阶级都能在"民族"的旗帜下站在一起，为之牺牲。

基于此，《支那革命外史》的作者北一辉（1883—1937）指出："日本人对中国革命之贡献，非在于直接之物质援助，或妓楼置酒而争功者之个人交游；实际乃在于因日本国势兴盛及其思想所促发之中国国家民族主义。兹以不侫于上海亲见之事实说明之。当时出入

---

[1]　陈天华：《猛回头》，载中南地区辛亥革命研究会、武昌辛亥革命研究中心编：《辛亥革命》（二），中华书局 1991 年版，第 18 页。

[2]　郑逸梅：《清末民初文坛轶事》，中华书局 2005 年版，第 63 页。

[3]　夏偕复：《学校刍言》，载陈元晖主编：《中国近代教育史资料汇编·学制演变》，上海教育出版社 2007 年版，第 173 页。

于秘密机关者几乎全为留日学生，而参加袭击机器局之大军，其服式俱为结襟金扣。当听闻武汉突变之消息，即马上各自奔赴本省与同志汇合，率先打破各省革命之障碍者，彼于昨日仍未寄宿东京神田公寓而未经告假之士官学校学生。留日学生之制服甚至被称为革命服。"[1] 尽管北一辉是日本最著名的法西斯主义理论家，但这一番论见恰好揭示了留日生如何以革命话语来传播并实践国家民族主义，在民族主义"自西徂东"的传播过程中，日本毋庸置疑地起了中间站的作用。

经过留日生等知识分子的广泛传播，来自西方的现代民族主义从思想上为强调"全民族"主权和强大的国家来代表民族的意识形态奠定了基础。渐渐，民族主义话语也渗透了留学欧美者的政治表达。1914 年，林和民发表于《留美学生季报》的《敬告我国学界之青年》一文即指出："诸君者实为中国前途一线之明星，而国家所赖以与外族争存者也。……而救亡图存之责，实在号为先觉之学生……是故欲御外患，吾人必先有一坚固之政府。欲造如此之政府，非具有强大组织之能力之俾斯麦不可。读者之中，有愿立志为中国之俾斯麦者乎？四万万苍生之所引领所望者，乃能为之出之水火、登之衽席之政治家，而非争名夺利野心家也。……读者之中有愿立志预备为中国之加富尔乎？愿诸君之治法政者皆志在为中国之俾斯麦、加富尔。"[2]

由此，列文森继而指出，在 20 世纪初期才传到中国知识分子中的民族身份认同与此前中国的身份认同之间发生了严重的断裂。西方民族主义将"中国"从一个地理名词转换成一个依赖于话语叙述组织

---

[1]　实藤惠秀：《中国人留学日本史》，谭汝谦、林启彦译，生活・读书・新知三联书店 1983 年版，第 350 页。

[2]　林和民：《敬告我国学界之青年》，《留美学生季报》1914 年第 2 期，第 67—71 页。

起来的现代民族国家；在"世界——国家——民族"的链条上，国家利益与自由平等的普世利益构成了紧张关系，此是后话。

民族主义不仅是一个国家的自我认同，它往往还是一国对他国关系的反射。日本一面对古代中国和中国文化抱有憧憬，一面以建立独立自主的文明国家为目标，将同时代的中国视为非文明国家而予以否定，这两种感情同时存在于日本人的中国观中，也深刻地影响了中国人对日本的态度。在留日学生中间，第一件表现民族意识和爱国心的事，莫过于清国留学生会馆的设立，其干事负责照顾和帮助从中国各地新到的留日同学。在此，乡党观念逐渐消失，留日学生超越了省别的观念，结成一个整体，以行动来对抗日本，如抵制日本船只，改乘欧美轮船返国等。

当 1915 年日本提出"二十一条"时，已深受民族主义话语影响的中国人涌起了民族屈辱感，对日本的态度由钦慕和感激转变为恐惧和猜疑，前所未有地强调"国耻"，掀起反日救亡运动，此次事件成为中国人心目中日本形象根本转变的一个里程碑，日本在华影响因此衰落。1915 年 1 月，教育总长汤化龙曾条呈"教育政策三十条"，主张多选取青年子弟派往日本留学。其刷新中国教育的方向，仍拟师法日本。但是在"二十一条"事件后，汤化龙再拟定的《养成师范人材条陈》即已改仿照德国制度。1918 年，国人反对《中日共同防敌军事协定》。1919 年的巴黎和会上，日本攫取了德国在山东的利益，并拒绝将之归还中国，中国人与日本"同文同种"的美梦被彻底惊醒，愤怒的北京大学学生发动了大示威，焚烧"亲日派"的交通总长曹汝霖（条约的签署人）的住宅，打伤驻日公使章宗祥，狙击币制局长陆宗舆（三人皆为留日学生），五四运动就此爆发，全国学生的排日运动风起云涌，抵制日货的浪潮也一天天地高涨起来。

1919 年 5 月 5 日，留日学生不顾日本警察干涉，决定于 5 月 20

日集体回国，引起日本朝野将"为何来日之中华民国留学生归国后，多成为排日论者，而留学美国之归国者却多为亲美论者"连年列入国会议题，检讨留日学生如何会"多抱排日思想，对曾奉为师表者而首先反对之"。1921 年，在第 44 届国会中，清水留三郎等 30 多位议员提出质询，指出日本各地的中国留学生往往受到学校冷漠的对待，公寓管理人的剥削，以及一般日本人的轻慢侮辱，种下不平愤懑的种子。又因为接触中等以上的家庭的机会甚少，难以感到家庭的温暖。于是，日本政府决定对留日学生给予学费补助，一度将对华政策改为怀柔，但效果不佳，留日学生表示一概拒绝，对拨款不予领情，中日"感情之冲突"没有任何缓解。1923 年 6 月 26 日，留日学生总会发表宣言，认为这些补助保藏日本书化侵略的祸心，故不能接受。当年 7 月刊行的小册子《中华民国留日学生关于排日问题之宣言》中这样说："这分明是日本在中国大陆上实施殖民政策的前驱或附属的事业而已。这是何等奇妙的现象！假使日本真要为中国人谋求利益，但同时在另一面却又用残忍苛酷的二十一条来迫中国人。这种做法，与在中元节赠物他人，而又夺取其家产以至宅地作为交换的情况，丝毫没有差异。象这样的恩惠或友好，我们无论如何不能接受。"及至 1937 年，日本全面侵华后，中国大批留日学生（辍学）返国，留日热潮彻底冷却，"东洋超过西洋"的留学格局最终改变。

二、留日与厌日

上述日本国会的议题并不虚妄，就广为人知的中国留学生个案而言，周氏兄弟、李大钊、陈独秀等人在五四期间都以反日著称；而留美归来的顾维钧和胡适却是政界、学界知名的亲美论者。这既意味着美国在华影响上升，也从某种角度印证了中国留学生在日本接受的民族主义思想是一种"创伤 / 雪耻型"的民族主义（刘擎语），它师从德意志军国主义，源自欧洲浪漫主义中的极端一脉[1]，它具有一种持续的内在紧张，骄傲与创伤的双重性反差会产生一种激增性的循环反馈：对雪耻的诉求越强烈，就越容易被外来的冲击所挫伤，而越发深重的屈辱感将会唤起更为迫切的复兴渴望。因此，"雪耻型民族主义宛如一个允诺已久却迟迟未临的狂欢高潮，令人焦虑不安"[2]。这也就解释了为何同样是对西方挑战的回应，民族主义既可以产生义和团式的排外，又可以产生康梁的向西方学习变法图强；更解释了《留东外史》等小说中的留日生为何以"日本是劣等民族"来回应"支那劣等民族"论。

到了《留东外史》这里，留学生的民族意识已由传统的爱国救世升格、扭结，展露出民族主义的负面意义。

如第一章提及，《留东外史》以写实的冲动起笔，以戏谑任诞的态度行文，小说中的一群留日生在留学国几乎与"学"无涉，近于狂奔乱舞，怀疑价值秩序，以执着和虔诚为耻。他们可以选择自己的行为，却无法改变中国的现状，也就无法掌握未来的命运，他们在尴尬的处境中采取玩世不恭的态度，既缺乏庄严的悲剧精神，又无自信明快的喜剧精神。时值 1915 年"二十一条"出炉，中日关系又一次降到冰点，作者不肖生毫无节制的嬉闹亵渎是对个人和民族之无力状态的嘲弄，小说里留学生的荒诞行径是一种民族主义的非理性的话语宣泄，是对"强国保种"的有心无力。

《留东外史》里，留日生与日本民众基本处于对立关系，日本人歧视中国留日生，留日生受辱后显露敌对情绪，更加影响日本人对中

---

[1]　简言之，浪漫主义的重要原则是意志的必然张扬和否认事物结构，强调一种不可言传、生生不息的无意识力量，它与启蒙思想的差异在很大程度上促成了现代民族主义的诞生。

[2]　刘擎：《伯林与自由民族主义》，《社会学研究》2006 年第 2 期。

国人品格的判断，如是因果连环。小说中，日本房东嫌中国学生不洁净，而明知这群留学生脾性的日本老鸨却因为要开门做生意，称他们"惹不得"，日本民众对中国留学生又嫌又惧的态度可见一斑。

若略加留意，《留东外史》里的留学生未必只有丑恶之相，小说也提到了"吴大銮"式的留日学生，他们关注国内局势，痛恨袁世凯倒行逆施，鄙视政治投机行为。细细品咂，数位为道德所赞许的有志之士是民族情绪的正面化身和显性表现，而那些个遭人鄙夷的留学生主角则以扭曲错乱的形式表现了家国之恨。比如，小说多次提到，那些挥霍成瘾的留学生明知国家供他们留学的款项来之不易，但他们依然怀着末世的罪感继续挥霍。主人公黄文汉即是一个深怀亡国之痛却又玩世不恭的典型矛盾人物，他与日本警察诡辩，皆口口声声称来自"世界各国公认的中华民国"；他清醒地认识到国势，"像中国现在这样社会……因新改国体，惟旧是去，惟新是求，含沙带泥"；他一方面自我批判，自嘲国是，一方面又嘉许"民族气概"，大言不惭"日本的命脉，都在中国手里"。在小说第14章中，黄文汉与日本人中村对话，他似谑实斥、一语中的的言论展现了出众的辩才和惊人的洞察力：

> 靠我们几千个留学生，纵日夜不辍的学，无论几年之间，造不出什么学问；即令造得好学问，个个都能得博士，难道有了几千个博士，敝国就强了吗？我早夜思维，还是准备做亡国民的好。只是做亡国民，却很有研究。世界各国以做哪国的亡国民为最好咧？不待说，是同文同种的贵国了。但是列国若将中国瓜分起来，不知哪省分在哪国手里，分到贵国的便好，若分到西洋各国的，那西洋人对敝国人，哪里有什么感情？还不知道有多少的苦受。我时常想：要是贵国有这力量，将敝国并

吞了，倒是我们预备当亡国民的称心如意的结果。贵国离敝国又近，敝国的情形又熟悉，实力又充足。想几年之内，必能如我们的愿。我们横竖是免不脱要做亡国民的，故和你打这商量。难得你又是陆军里的人物，知道自家的实力。你实心说十年之内，能将敝国并吞么？说了，使我们好放心。[1]

看来，留学与救国的绑定关系几乎是一种前提性的事实，而黄文汉对留学的救国功效持悲观态度，由自弃而放纵。求学不易，在异国求学更苦，留学所建的事功又甚少能立竿见影，国势带给留学生的焦虑转化为宣泄性的悖谬之举。

《留东外史》中被人斥为"嫖界指南"的色情描写，并不是简单的个人行为，作者所采用的文体，也并未赋予这部小说以道德价值，恰恰相反，一群留日生对日本女性的意淫或亵渎是一种政治性的集体行为。历史积淀使然，在日本人的语境中，性只是生活的一个构成部分，属于人的本能而已，不必因之感到羞耻，不必附加太多的价值判断而予以贬低。而小说中的留学生们误读了这种宽松的性观念，称日本为"卖淫国"，信口说日本女子除了卖淫、当下女、充艺徒、做苦工几种，别无他途，没什么教育，也谋不到高尚的生活，他们借此为自己的性放纵提供口实。

然而，小说所津津乐道的只是留日生们"吊"性对象的过程，至于对象上钩之后的性描写，全文并不属意。他们对日本女子大多只有肉欲而没有真情，如黄文汉所谓，不过是以研究"嫖"为主业，花天酒地而已，仅仅色情，连情色都算不上。小说所谓留日生"层见报端""时来耳里"的丑事恶德是他们在以肉体的快感补偿精神的创伤，

---

[1]　不肖生：《留东外史》，岳麓书社 1988 年版，第 98 页。

通过连篇累牍的对日本女子的性征服，留学生们的族群身份获得了想象中的胜利，民族的弱势反转为性别的强势。

武功是《留东外史》里留日生以身体释放族群焦虑的另一大途径。与留欧留美者相比，留日学生更加尚武，崇拜俾斯麦"铁血主义"者不在少数，虽然中国自晚清以降在世界军事史上的战绩并不骄人，但留学生终是找到了一样"国粹"——武术。在此，作者混搭上他颇为擅长的武侠文体，让留日生与日本人比武论剑。通过这种杂糅式的书写，留学生的身份发生了变异，在武术擂台上完胜日本人的那一瞬间，他们不是低头拜师的求学者，而是为中国挣得脸面的民族英雄。甚至，就武术问题，黄文汉还不满足于仅仅在身体上对抗日本人，他还要追根溯源，将日本的剑术传统上升到历史和文化层面，总结说"日本人学了人家的东西，素来是忘本的"。

值得一提的是，显露留日生心仪"尚武"精神的小说并非仅《留东外史》。早在 1903 年，《江苏》第一、二期连载了佚名的章回小说《破裂不全的小说》，这也是一篇未完的作品，作者开卷即称："我好小说，然不会作，今记其日间所遇，以学其小说，兹摘其一二以相连续。"在刊登的两回中，赴日留学的中国青年"轻骑"受日友之邀观看招魂祭，他听说招战士亡魂即招日本国魂，又痛闻畏死的中国人没有国魂，便深感中国之尚武精神不及日本，以致心痛落泪。在留学生的理解中，尚武精神与国魂联系在一起，重获尚武精神，即是召唤祖国之魂魄。而《狮子吼》则叹息"留学生空有思想，没有势力"，有文气无武力，一旦要闹起革命事业，东西洋留学生们都只能"注目"于常年在内地暗结豪杰的狄必攘。

流亡日本之后，梁启超即成为尚武和进取冒险精神的拥趸。1904 年，因感于日本人耻笑"中国之历史，不武之历史也，中国之民族，不武之民族也"，梁启超写下《中国之武士道》，回顾中国武士道精神归于瓦解湮灭的历程和原因，并指出这一精神的消失对中国民族性的戕害是中国近代积贫积弱、受人欺凌的重要原因。在《新民说·论尚武》一文中，他又说："尚武者，国民之元气，国家之所恃以成立，而文明所赖以维持者也。……立国者苟无尚武之国民，铁血之主义，则虽有文明，虽有智识，虽有众民，虽有广土，必无以自立于战争剧烈之舞台。"①

　　讨论日本民族的尚武精神，本身就是一个跨文化的复杂历史命题，一言难尽。它的生成，在于弱小民族开国时的求生意志，采于中国上至帝王、下到百姓，被文人骚客赞誉的"昔赵文王喜剑，剑士夹门而客三千余人，日夜相击于前"的武侠之风，发扬于神道教，汲取于近世德国的军国主义。但，将尚武断定为日本民族的主导精神实在有本质主义之嫌，这一点，留日的戴季陶（1891—1949）已然发现，他在《日本论》中讲述了"充满日本社会的一种平和互助的习性"，"尚武的习性、组织、制度，一定靠平和互助的习性去调和它、帮助它，才有真实的用处"，"尚武是为竞争而有的德性，平和是为互助而有的德性，两者同时是天生成的"。但为何日本的尚武精神被中国"十几万留学生，人人替日本人宣传得够了"？答案的关键正在于中国留学生心中冉冉上升的民族主义观念，长期遭受霸权欺负和压抑，自卑感浓重的后进国家，对"强大"往往有着盲目和近乎狂热的追求。

　　在叙事时间、叙事角度及叙事结构都更为"现代化"的五四文学中，留学生，尤其是留日生形象所承载的民族意识更为明显和自觉，甚至昭然刻有民族主义的烙印。尽管着意反叛传统小说叙事模式，追求叙事规格的全盘西化，但作家们仍然在想象性叙事中寄托了

①　梁启超：《新民说·论尚武》，《饮冰室合集》（四），中华书局1936年版，第108页。

"文以载道"的传统诉求[1]，抒情化、浪漫化的留学生形象成为一种叙述策略，他们代表国人去直面异国的风雨，以个体的遭遇象征民族的受难。

以创造社作家群为代表的众多五四小说以"凄冷"的情调凸显了留日生"弱国子民"的身份。如在郭沫若小说《未央》（1922）中，爱牟的三岁小儿在日本一出门"便要受到邻近的儿童们欺侮"，这令爱牟不禁略带夸张地回顾历史，追究日本遣唐使是否曾在中国受过虐待，由彼及此，天真地归纳出"忘恩负义的日本人"[2]。郑伯奇（1895—1979）就读于日本京都帝国大学时，其小说《最初之课》就从切身的异域体验出发，聚焦于留学青年"屏周"在日本学校中所受到的歧视，当遭遇日本人的侮辱与轻蔑时，炎黄子孙的民族自尊顿时翻涌，"他立刻想站起来和他争论，但是他用力把自己的气头按捺下去"。如第一章所述，这种特有的苦闷感，孤独感以及与此密切相关的感伤情调，笼罩着五四时期文学中的留日生形象。

诚然，留日生具有民族主义色彩的"受难"叙事并非无中生有。尽管日本上层对中国留学生的认识较少受制于感性的偏颇，更多是从利益的角度出发，比如日本政府希望中国海军学生归国后有助中日亲善。然而，自最初的中国官派留学生抵日以来，最令他们反感的是日本民众对中国人轻蔑的称呼 ——"Chankoro"（豚尾奴，猪尾巴），因是之故，韩筹南、李清澄、王某及赵某四人来到日本不过两三个星期即离校归国。

这个问题到了大正时期（1912—1926）变本加厉，日本人也一

---

[1] 梁实秋在哈佛学习英国文学时曾写下《现代中国文学之浪漫的趋势》，指出当时的现代中国文学到处弥漫着"抒情主义"和"人道主义"。当时所谓"浪漫主义者"，目标倒是非常实际的 —— 它要给中国人民带来幸福的生活，建立一个更完善的社会和一个强大的中国。

[2] 郭沫若：《漂泊小说》，上海文艺出版社1994年版，第2页。

再指陈。日华学堂的教师宝阁善教的日记（明治三十一年 10 月 7 日）上说："晚饭后，与学生一同游上野公园，在本乡街散步。常听儿童'豚尾奴、豚尾奴'的唤个不停"；文部省专门学务局长上田万年的《论清国留学生》中也指出："在附近散步，亦往往听见妇孺之辈'豚尾奴、豚尾奴'的叫骂声。个中感受，是可忍孰不可忍。"这种憎恶日本的情绪，激发他们渴望中国的富强和独立，民族意识和爱国心亦得以滋长。

1918 年，在第 40 届国会上，高桥本吉等五名议员在《有关中国人教育的建议案》中就承认："我以过来人的身份看到中国留日学生的遭遇，不得不对他们寄予深切同情。虽然东京到处都贴有'空房待租'的招纸，而且也有表明欢迎中国人租用的，但欢迎的方式却不敢恭维。日本的私立学校，虽也收容不少中国学生，这不过是为了增加学校的收入而已，其教育方法也不敢恭维。"

但同样不可否认的是，留日生形象对民族情结的表达是剑走偏锋的。郁达夫《沉沦》中有"自我刻画"色彩的留日生就以内心呼号的形式，愤世嫉俗地发誓，"他们都是日本人，他们都是我的仇敌，我总有一天来复仇，我总要复他们的仇"。这番表白是中国留学生的愤慨，却也在某种程度上移植了日本的民族精神。鲁思·本尼迪克特（Ruth Benedict）在其著《菊与刀》（1946）中以比较文化与比较哲学的视野归纳出日本书化的主要特征，其中之一即是"受辱必报复"。对失败及诽谤的敏感是日本书学中常见的主题，日本人每每陷入失意之境，便会怀着极端的被侮感和厌弃感，却不会消沉，而是"从消沉中站起来"，或"把别人从消沉中唤醒"①。当我们发现本尼迪克特的归纳是如此切合《沉沦》之主人公的心路历程时，不得不承认日本

---

① 鲁思·本尼迪克特：《菊与刀》，吕万和等译，商务印书馆 1996 年版，第 201 页。

激荡的民族主义深刻改变了中国留日学生的精神面貌。在"他"的心目中，学问与国家是一对孪生符码，国家的败落与学问的不济互为因果，因而怨天尤人，"我何苦要到日本来，我何苦要求学问。既然到了日本，那自然不得不被他们日本人轻侮的。中国呀中国！你怎么不富强起来。我不能再隐忍过去了。故乡岂不有明媚的山河，故乡岂不有如花的美女？我何苦要到这东海的岛国里来！"① 在此，"明媚的山河"与"如花的美女"构成了"江山—美人"这组对位关系，留学者个体的性苦闷成了国家衰弱的共生物，略含情欲色彩的告白竟也不失赤子之诚。

而实际上，郁达夫在日本的生活并不像他作品所描写的那样阴暗惨淡，即使是在写《沉沦》各篇时，他也过着比较逍遥自在的日子②。留日期间，郁达夫曾与多位日本女子发生过恋爱关系，"他在名古屋曾邂逅一位名叫后藤隆子的日本女子，'相逢道左，一往情深'，两人有较密切的交往；后来又和一位叫雪儿的日本妇女相遇于东京，两人时断时续地同居一年；此外，他对名古屋大松旅馆的侍女梅野，对京都旅舍的一侍女玉儿，也都曾献出自己的热情，并以诗相赠"③。《沉沦》中的主人公投入了大海，而在《雪夜》中，主人公从妓院出来后，冒着雪直接坐车回家，途中思绪翻腾，有一种"全身的骨肉都完全换了"的感觉，并且发出这样的慨叹："沉，索性沉到底罢！不入地狱，那见佛性，人生原是一个复杂的迷宫。"④ 在归国的途中，受尽"东洋罪"的郁达夫冒着毒辣辣的三伏太阳，在门司登岸，来到艺妓一条街，对"日本最美的春景"作最后一次"饱看"。在散文《归

---

① 郁达夫：《沉沦》，泰东图书馆1921年版，第32页。

② 参见郁达夫：《五六年来创作生活的回顾》，载王自立编：《郁达夫研究资料》，知识产权出版社2010年版，第168页。

③ 曾华鹏、范伯群：《郁达夫评传》，百花文艺出版社1983年版，第16页。

④ 郁达夫：《郁达夫文集》第4集，花城出版社1983年版，第96页。

航》中，郁达夫写道："幸町是三弦酒肉的巢窟，是红粉胭脂的堆栈，今天正好像是大扫除的日子，那些调和性欲、忠诚于她们天职的妓女，都裸了雪样的洁白、风样的柔嫩的身体，在那里打扫，啊啊，这日本最美的春景，我今天看后，怕也不能多看了！"[①]从中可见，一系列留学生主人公在日本的"沉沦"带有不言而喻的想象成分，民族意识的介入却使之具有强烈的"真实感"，乃至重构了留学生与异国的关系。

在此，发展成为一种意识形态的民族主义话语不只是一种情绪性的集体宣言，同时也正在为日常经验提供一种可能的认知框架。在这种叙事所支持的阐释图景中，所有个人的遭遇只要涉及异族外邦就不再是个孤立的、意外的和偶然的，而是与文化、政治、军事与经济的结构性压迫紧密相连。

第三节　民族主义的张扬

一、晚清留学生的排满话语

史实的吊诡之处还在于，清王朝启动留学政策是为了"取西法以自强"，但恰是深受西方民主政治话语洗礼的留学生发出了反对专制的强音。在回应东西方列强对中国的挑战时，中国民族主义不仅表现为中国人和外国人之间的矛盾，而且还表现为受西方文化和现代化过程不同影响的不同的中国人群体之间的矛盾。在许多晚清小说中，作为革命者的留学生将西方近现代民族主义话语替换为华夷之辨，高举反满大旗，以汉族本位建立民族认同。

[①]　郁达夫：《郁达夫散文》，人民文学出版社 2008 年版，第 36 页。

在《新中国未来记》第五回"奔丧阻船两睹怪相，对病论药独契微言"里，明显不为作者、小说主人公、读者所喜的留日生宗明，与黄克强、李去病二人的理智民族情绪相对。黄克强回家探病父，在宗明眼里是"奴隶气"，他满口国事为重，"匈奴未灭，何以家为？今日这个时局，不做国事，还顾甚么家么？"配以"得意"等神态描写，他的口若悬河不由惹人反感："只有革命，必要革命，不能不革命，万万不可以不革命，那满洲贼，满洲奴，总是要杀的，要杀得干干净净，半只不留的，……"① 以梁启超的小说观念和创作路径，宗明这种在民族意识上走极端的留学生形象并非单例，却是大有人在。

同在 1903 年，上海独社出版的章回小说《瓜分惨祸预言记》道出了作者"轩辕正裔"以汉族为中华正统的民族观。小说中，从美国留洋回来的商州士子"曾群誉"正是这种观念的化身。曾群誉为救国难而奔走呼号，他建立了一个自立学校，大开演说之场，并率民造反，夺了知县的大权；他与发州少年英雄"华永年"、女士"夏震欧"志同道合，呼吁众人，策划抵御外敌，建立一个排除满清政府的地方自治，他们的行动感动了漩潭乡颇有资产的老人"甄得福"。后来，华永年帅军大败洋兵，夏震欧在华兴府建立了自治实行会，赶制独立国旗，定国号为新立兴华邦共和国。宣言公布后，美国首先遣使致贺，法、德、意只得相继承认，而清政府大惊失色，忙派兵剿之。在这里，留学生是"满清"的克星。

也是在 1903 年，张肇桐的《自由结婚》问世。如第一章所述，在这部 20 回的小说中，主人公黄祸之父名叫黄人杰，"少时曾游学海外，最精陆军，官至总兵"。在母亲的回忆中，黄祸出生前三个月：

---

① 梁启超：《新中国未来记》，《新小说》1903 年（第七号）。

我国某地方起了一桩教案，外国人大怒，就要求政府屠杀那些仇教的百姓，烧毁那些仇教的村庄。政府本是异族，那来顾我国国民，自然一口应承了。当下就命汝父提兵往剿，汝父叹曰："老夫耄矣，死何足惜！仇教虽然无理，究竟也是我国民一点爱国的心，老夫情愿牺牲一己，岂肯残灭同胞献媚外人吗？"按兵不发，做一篇奏章，洋洋数千言，极言不可应许外人的要求。当时兵士百姓，都称道汝父的盛德。不料外国人知道这件事，就到那异族政府面前说汝父是仇教的罪魁祸首，定须处以死刑，政府也一口应承，就把汝父定了死罪。……从从容容地去了，至死神色不变。①

于是，代表正义的黄人杰在小说里只是匆匆过客，转瞬即逝，但他的悲剧浓缩了留学生对异族的仇恨，这个"异族"既是外国人，按照小说的语境却更是清政府，他应清政府的留学政策漂洋过海，最终却被清政府和洋人联合绞杀。所以，母亲教导黄祸，报父仇有三大仇人该杀，第一是异族政府，第二是外国人，第三是同族奴隶。

"异种""异族"之语并非臆造，它们几乎是清末革命派留学生特别是留日生的流行词。尤其是"义和团"之后，他们觉悟到期待清廷改革是愚不可及的事，"灭满兴汉"的思想遂成为汉族留学生思想的主流。在20世纪最初的十年里，西学里的民族主义急遽地呼应着中国传统的夷夏观，两者的关联和分野用梁启超的说法即为"小民族主义"和"大民族主义"之辩，他在《政治学大家伯伦知理学说》一文中提到："吾中国言民族者，当于小民族之外，更提倡大民族主义。

---

① 张肇桐：《自由结婚》，载章培恒等编：《中国近代小说大系》（第16册），江西人民出版社1991年版，第108页。

小民族主义者何？汉族对于国内他族是也，大民族主义者何？合国内本部属部之诸族，以对于国外之诸族是也。"

　　1903 年以官费游学师范生的名义留学日本，入东京弘文学院师范科的陈天华，曾以血书抗议俄侵东三省，参加拒俄义务队，任本部办事员，他自荐为"归国革命运动员"，一度回国策动武装起义。在《警世钟》（1903）中，陈天华大声疾呼，"今民族主义，既发达弥盛，而吾四百兆同胞犹无民族的国家，受治于异种人之下，耻莫甚焉"①，"汉种是一个大姓，黄帝是一个大始祖，凡不同汉种，不是黄帝的子孙的，统统都是外姓，断不可帮他的；若帮了他，是不要祖宗了。你不要祖宗的人，就是畜生！"近乎呵斥的言论直指清廷，将满族划为外姓人，强调汉族应在国家政权中占据主导地位。

　　与陈天华身份相似的邹容（1885—1905）则说："近有人曰：'欲御外侮，先清内患。'如是！如是！则贼满人为我同胞之公敌，为我同胞之公仇，二百六十余年之奴隶犹能脱，数十年之奴隶勿论已！吾今与同胞曰：张九世复仇之义，作十年血战之期，磨吾刀，建吾旗，各出其九死一生之魄力，以驱逐凌辱我之贼满人，压制我之贼满人，屠杀我之贼满人，奸淫我之贼满人，以恢复我声明文物之祖国，以收回我天赋之权利，以挽回我有生以来之自由，以购取人人平等之幸福……'忍令上国衣冠，沦于夷狄；相率中原豪杰，还我河山。'我同胞其有是志也夫！"②他调动出"华夏中心主义"历史叙事，唤起了心中对往昔的强盛、骄傲与尊严的深切缅怀。相应的是，邹容以"野蛮人"指代满族统治者，在《革命军》（1903）中质疑："英法等国之能亡吾国也，实其文明程度高于吾也。吾不解吾同胞，不为文明

---

①　陈天华：《警世钟》，载王忍之编：《辛亥革命前十年间时论选集》第 1 卷（下册），生活·读书·新知三联书店 1977 年版，第 592 页。

②　邹容：《革命军》，大同书局 1903 年版，第 31—32 页。

人之奴隶，而偏爱为此野蛮人之奴隶。呜呼！"①

当留学东京的中国学生以"拒俄"起风波时，留日学生张继（1882—1947）发表言论说："吾愿人自今之后，莫言排外矣。非因不去，良果不结，小丑不除，大敌难御。如以主权归异族为亡国，则中国之亡，已二百六十年矣。满洲游牧，有何高出于白人者？不愿白人之来分割我、支配我，而甘为满族之奴隶，其汉人恃以不亡之道乎？"他也是把满洲人和外国人一同归入"异族"，则东西洋的侵逼与"二百六十年"的"亡国"历史相比而成了轻重不能相称之物，因此排满比排外更迫切。

这些留学生反对的是君主专制，打击的靶子却集中在清政府的少数民族身份，这种民族话语锋芒所指的"异族"，并不是一个无辜的受害者。清末新政的失效彻底暴露了专制制度的积弊，让相当一部分人从失望走向绝望，朝廷顽固派"宁赠友邦，不与家奴"的做法更是加剧了民众与政府的敌对、汉族与满族的隔阂。无怪乎陈天华以生命为代价，自尽时决绝地说："去岁（1904）以前，亦尝渴望满洲变法，融合种界，以御外侮，然近则主张民族者，以满汉终不并立……欲使中国不亡，惟有一刀两断。"②而先留日后留法的吴稚晖更是粗鲁地谩骂清朝统治者"西婊子那拉，小龟头载湉"③。1905 年 2 月，《国粹学报》月刊在上海创刊，留日人士章炳麟、刘师培、邓实、黄节、陈去病、黄侃、马叙伦担任主要撰稿人，标志着国粹主义思潮的出现。国粹派认为，"国粹"就是"我们汉种的历史"，包括"语言文学""典章制度""人物事迹"。④至于为什么要提倡"国粹"，这

① 邹容：《革命军》，大同书局 1903 年版，第 12 页。
② 陈天华：《绝命书》，载王忍之编：《辛亥革命前十年间时论选集》第二卷（上册），生活·读书·新知三联书店 1977 年版，第 155 页。
③ 吴稚晖：《妖魔已终人心大快》，《新世纪》1908 年第 74 期，第 12—13 页。
④ 章太炎：《演说录》，《民报》1906 年第 6 期，第 15 页。

些留学生们回答说，主要目的有二，其中之一即是"用国粹激动种性，增进爱国的热肠"，鼓吹"排满光复"。

某些留学生甚至采取"非常策略"鼓动中国青年对清廷的仇恨。《苏报》曾登载清廷的《严拿留学生密谕》，又由张继作《读〈严拿留学生密谕〉有愤》，令无数读者怒火中烧。但事后，章士钊却承认这个上谕是伪造的，说当时"清廷知之，曾谴责《苏报》捏造上谕，《苏报》却坚称密谕是真，从江督署借抄得来。要之，当日凡可以挑拨满汉感情，不择手段，无所不用其极"[1]。

而顾维钧亦如此回忆自己留美期间的政治思想状态："我这一代的学生对革新政治思想深感兴趣。和其他许多中国青年一样，我觉得中国的苦难是西方列强的剥削造成的，同时我们也觉得这又是出于清朝的软弱无能和腐败所致。中国青年普遍认为，不推翻满族贵族的统治，中国就不能强大。"[2]

华夷之辨借尸还魂，这些留学生回归为"正统的"汉民族主义者，像"反清复明"的先驱义士一样发出了激昂的"排满"诉求。对于一个"正统的汉民族主义者"来说，千百万"汉人"曾在长达250年的时间里沦为满人的"亡国奴"，这无疑是最为深重的历史创伤。明末清初黄宗羲在《明夷待访录》中对君主专制制度的猛烈批判和王夫之在《黄书》中所阐发的夷夏之大防观念，与西方政治理念一道，为留学生的民族话语提供了实质性的思想资源。他们一边研究孟德斯鸠的《法意》、卢梭的《社会契约论》，一边重读《扬州十日记》《嘉定屠城纪略》，一边萌生了民族意识。梁启超则道出了这种"排满"主张的策略性。尚在《新民丛报》上编发排满议论之时，梁就曾对其

[1] 章士钊：《章士钊全集》（第5册），文汇出版社2000年版，第206页。
[2] 顾维钧：《顾维钧回忆录》（第1册），中华书局1983年版，第49页。

师康有为说："今日民族主义最发达之时代，非有此精神，决不能立
国，弟子誓焦舌秃笔以倡之，决不能弃去者也。而所以唤起民族精神
者，势不得不攻满洲。日本以讨幕为最适宜之主义，中国以讨满为最
适宜之主义。"[1] "今日欧洲之世界，一草一石，何莫非食民族主义之
赐"[2]，民族主义形塑了欧西历史，也应用来形塑现代中国，"欧风美
潮卷地东下，万马齐驱，有一日千里之势，而吾之所重者，又在彼而
不在此，时尚所趋，久且视为固然"[3]，在此，被借用的不仅是西方的
学理，还有西方话语的权威。

陈天华的小说《狮子吼》便想象了以留学生和会党为代表的革
命者如何以汉民族主义为本位，促成现代民族国家的国家认同。故事
发生在庚子年之后，"亡家败国君休问，终日笙歌入耳来"之时，"中
国的国民，经此几番风潮，痴梦也惊醒了一些，出洋留学的，日见其
多，东南海中一个小岛，产生几位豪杰，后日竟把中国光复转来，变
成第一等强国"。小说中，留美学政治的念祖、留德学军事的肖祖出
生在名唤"民权"的村子里，村民一致"仇满排外"，在作者看来，
这便形同"世外桃源"。小说中，清政府对汉族留学生的防范，满族
留学生的告密行径，成了"革命革命，排满排满"的导火索：

　　满洲末年，朝中分了几派，守旧党主张联俄，求新党主张
联日。留学生知道日俄都不可联，反对联俄的更多。俄国向满
洲政府要求永占东三省之权，在日本的留学生闻知，愤不可言，
立了一个拒俄会，不料满洲政府大惊小怪，便轻轻的加以革命

---

[1]　丁文江、赵丰田：《梁启超年谱长编》，上海人民出版社 1983 年版，第 826 页。

[2]　梁启超：《国家思想变迁异同论》，载张枬、王忍之编：《辛亥革命前十年间时论选集》
　　（第一卷上册），生活・读书・新知三联书店 1960 年版，第 32 页。

[3]　佚名：《论保存国粹宜自礼俗言文始》，《东方杂志》第 5 年（1908）第 4 期，第 100 页。

的徽号。其实当时留学生的程度，十分参差，经满洲政府几番严拿重办以后，和平的怕祸要退出会去，激烈的索性把"拒俄"二字改称"革命"，两相冲突，那会便解散了。因此满洲防留学生防得更严，处处用满学生监察汉学生。又有许多无耻的汉学生做他的耳目，侦探各人的动静去报告。那时满洲有两个学生，一个名叫梁璧，一个名叫常福，专打听消息，报知满洲政府。留学生在日本，有一个会馆，每年开大会两次，彼时恃着人众，鼓掌致意，忘却有满人在座。梁常二人归寓以后，即夜写了几封密信。通知满洲的重要人物，说有缓急二策。急策是把凡言排满革命的人，一概杀了，永远禁止汉人留学。缓策是分几项办法：一、不准汉人习陆军督察，专派满人去学；二、不准一般汉人习政治法律，只准由每省指派数人去学；三、凡汉人留学，必先在地方官领了文书，没有毕业，不准回国；四、不准学生著书出报；五、不准学生集会演说。①

哪知压力愈大，抗力愈大，每每闹得全班退学，书报越禁越多，导致上海"破迷报馆"登载《革命论》，称"野蛮满洲之政府，而非我汉人公共之政府也"，满族留学生与汉族留学生也就分隔开来，因为"不共戴天之仇"。终于，以念祖为领袖的留美生，以肖祖为领袖的留欧生，以宗孟、祖黄为领袖的留日生，与主人公狄必攘（这一名字即具有显而易见的排满色彩）建立的"强中会"联为一体，声势日大一日，汉民族主义生逢其时地为他们提供了认同与意义的资源。

留学生与反清革命者的渊源在《留东外史》中也有写照。小说数次提及留日生如何接待知名的反清志士，如第二十章中，前去欢迎

① 陈天华：《狮子吼》，《民报》1906 年第 2 期。

孙中山的留日男女学生达到几千人之多，"来欢迎的、来凑热闹的，从车站门口排起，十多层，径接到电车路上"①。

此言不虚，留日学生对孙中山的支持格外重要。1904 年，孙中山从安南出发，在环球旅行的途中，路过日本，受到廖仲恺夫妇、马君武和胡毅生等留日学生的热烈欢迎。1905 年夏，孙中山自欧洲抵日本，获留日学生极盛大的欢迎，约有一百名留日学生到横滨来迎接他。不止孙中山，随着清末政治形势的变化，几次革命的失败者都陆续逃亡日本。由于地理因素，由于日本革命人士的参与和援助，不论维新党也好，革命党也好，一旦失败，则逃亡日本，这似成为当时的公式。黄兴最初是官费留日学生，在弘文学院习师范科，1903 年回国后，创立明德学堂，鼓吹新思想。1899 年，章炳麟来日，结识孙中山，回国后，因言论过激，被通缉而逃至日本。1903 年，章因《苏报》事件入狱三年，1907 年出狱，第三度到日本，获同盟会的欢迎，主持《民报》。章炳麟的周围，集结了鲁迅等一批留日学生。此外，如同孙中山的左右手的陈天华和汪精卫，都是日本法政大学的学生。从此，革命团体的活动，急速地发展，孙中山的兴中会，章炳麟、蔡元培等的光复会，以及黄兴、宋教仁、陈天华等的华兴会，迅速展开大团结运动。据黄尊三 1905 年 10 月 2 日的《留学日记》记载，湖南某学生暗通政府，秘密报告革命党的行动。湖南学生召开全体大会，讨论"某君通敌事件"，议决即时驱逐回国。

对此，实藤惠秀如是评述："亡命客周围常有留日学生相从，有如众星拱月，为了追随亡命客而赴日本留学的人，更如铁之为磁石所吸引。严格而言，亡命客与留日学生之间往往不易加以区别，尤其是那批政治犯，他们亡命日本之后，多真正成为留日学生，他们也可

---

① 不肖生：《留东外史》，岳麓书社 1988 年版，第 119 页。

以说是追随大亡命客的小亡命客。"[①] 梁启超亦在《中国近三百年学术史》中指出："清廷政治一日一日的混乱，权威一日一日的失坠，因亡命客及留学生陡增的结果，新思想运动的中心，移到日本东京，而上海为之转输。"[②]

为了"自立于战争剧烈之舞台"，为了推翻苟延残喘的清政府，在留日生当中，鼓吹尚武精神的旗手大有人在，暴力字眼屡屡出现在他们的言论中。

吴稚晖 1908 年 12 月 19 日的一篇文章干脆以《杀人》为名，称"刺客而能存必死之心者，非但于理为顺……即于谋亦必达。因同死之志既坚，则不求匿避之路在。一切乘机俟隙，皆从容不迫矣。盖五步流血之事，固世界至吉祥之盛事；而五步流血之人，亦世界至伟大之人物也"。在他看来，这种杀戮具有无可比拟的正义性，因为"流血五步，而无形中减少流血成河之惨剧，真慈爱之至矣！"

对留日的徐锡麟（1873—1907）来说，唯有武力与流血能够激醒民众，仁人志士应该首当其冲，由此强国保种。在《越王勾践论》一文中，他以"雷""铁"等意象极言流血事件的英雄主义气质，"志不郁不奋，力不屈不伸，国不弱不强，事不败不成。土脉一动则生雷，铁石一击则生火，羞恶一击则生愤。愤则励，励则忍，忍则竞，竞则血性起。血性从一人起，则血性之感动天下者薄，而以之复仇则有余；血性为天下起，则血性之团聚天下者厚，而以之保种无不足"[③]。最终，徐锡麟将这种精神变现，愿为刺客，于 1907 年 7 月 6 日在安庆刺杀了巡抚恩铭。

①　实藤惠秀：《中国人留学日本史》，谭汝谦、林启彦译，生活·读书·新知三联书店 1983 年版，第 342 页。

②　梁启超：《中国近三百年学术史》，生活·读书·新知三联书店 2006 年版，第 21 页。

③　绍兴县政协文史资料工作委员会编：《徐锡麟史料》，绍兴县政协文史资料工作委员会 1986 年版，第 17 页。

二、留学生对归属感的呼唤

除了晚清留学生在政治革命层面上的排满诉求，留学潮中的民族主义叙事还关涉留学生对归属感的呼唤。他们脱离了家庭、亲人、朋友、母国的联系纽带，既可能获得一种前所未有的自由感和解放感，但也会感到前所未有的孤独和寂寞，如同断线风筝，处在一种轻飘的失重状态。

人在异国，是否因族群身份而受到欢迎、歧视或侮辱，与主观感受有着千丝万缕的关系，本就是一个说不清的话题。《留东外史》里的中国留学生来到日本之后，可以说骤然失去了与群体的认同感，也就丧失了实现个人价值的途径和动力，成了真正意义上的"孤魂野鬼"。正是这种复杂的"归属感"，种族、国家、民族对个人而言才富有意义。记录身在异国时的"格格不入"感几乎成为中国近现代留学生叙事的传统，就此，以下几位留美留欧者的非虚构叙事说破了《沉沦》《未央》《银灰色的死》《去国》等虚构文本中悬而未决的问题。

1847 年乘船赴美的容闳既为中国近代留学第一人，便在留学生中格外突出地承受并感触到异国的凝视。康奈尔大学前校长安德鲁·迪克森·怀特（Andrew Dickson White）记得，容闳初来乍到时，异服异俗的样子颇遭人戏笑。在容闳日后的回忆中，这段遭遇被阐发为种族歧视[①]，"中国之见轻于美人，其由来也渐矣。……美人种族之见日深，仇视华人之心亦日盛"。但这种歧视并不是铁板一块，否则很难解释容闳为何在 1852 年加入美国国籍，他在《西学东渐记》（*My Life in China and America*）中写明，"自经两次获奖，校中师生异

---

① 民族是社会现象，种族是自然现象。与民族主义不同的是，种族主义涉及人种问题，它的理念是：种族差异决定人类社会历史和文化发展，认为自己所属的种族优于其他种族。这种思想起源于 19 世纪末列强瓜分非洲的时代。

常器重，即校外人亦以青眼相向"[1]，学业的优异将揶揄扭转为青眼。追述学业告成之日，容闳更是自豪地说，"以中国人毕业于美国第一等之大学校，实自予始。以故美国人对予感情至佳"[2]。应该说，这种矛盾态度更符合情理，跨文化的视角总是处于移动之中，它对具象异质个体的注视虽受制于它对整个异质族群的注视，却又因为可感可亲的情事能时常穿越隔阂，打破成见。学成之后，个人曾背负的歧视已不再是最迫切的问题，《西学东渐记》转而将一己荣辱视为"浮云过眼，不过博得一时虚荣耳"，转奉爱国为主题：

> 予虽贫，自由所固有。他日竟学，无论何业，将择其最有益于中国者为之。纵政府不录用，不必遂有大为，要亦不难造一新时势，以竟吾素志。若限于一业，则范围甚狭，有用之身，必致无用。且传道固佳，未必即为造福中国独一无二之事业。[3]

> 予当修业期内，中国之腐败情形，时触予怀，迨末年而尤甚。每一念及，辄为之怏怏不乐，转愿不受此良教育之为愈。盖既受教育，则予心中之理想既高，而道德之范围亦广，遂觉此身负荷极重，若在毫无知识时代，转不之觉也。更念中国国民，身受无限痛苦，无限压制。此痛苦与压制，在彼未受教育之人，亦转毫无感觉，初不知其为痛苦与压制也。故予尝谓知识愈高者，痛苦亦多，而快乐益少。反之，益无知识，则痛苦愈少，而快乐乃愈多。快乐与知识，殆天然成一反比例乎。[4]

---

[1] 容闳：《西学东渐记》，岳麓书社 1981 年版，第 4 页。
[2] 容闳：《西学东渐记》，岳麓书社 1981 年版，第 8 页。
[3] 容闳：《西学东渐记》，岳麓书社 1981 年版，第 5 页。
[4] 容闳：《西学东渐记》，岳麓书社 1981 年版，第 8 页。

在此，容闳说明自己毕业后拒绝当教士的缘由是要造"新时势"，决心为中国谋福利，留学经历让他实现了身份的转换，也让他比"未受教育之人"更清醒更痛苦地看到专制制度的弊端。不能忘记，容闳这部回忆录写于晚年，在此之前，他曾是晚清幼童留美政策的推动者，是戊戌变法失败后被清政府通缉的逃亡者，因此，这一回忆也就更具有建构性。在《西学东渐记》这部自传性的非虚构文本中，容闳的真实面目不得而知，也不再重要，重要的是它呈现了一位在异国歧视下奋发图强，以出类拔萃的学业为己为国争气争光的留学生，一位将国家兴亡置于个人利益之上的留学生，为文学中的留学生形象提供了精神资源。

早期留美生是否确如容闳所写，"见轻于美人"，被美国人"仇视"，这不是一个容易回答的问题。1872 年 9 月，经过容闳等人多年的推动和运作，清朝第一批官派留学生 —— 詹天佑、蔡绍基等 30 名留美幼童 —— 到达美国西海岸的旧金山，当天就住进了旧金山当时最高的建筑 —— 九层楼高的"皇宫大饭堂"。对于他们的到来，《纽约时报》刊发了一则题为《清国留学生抵达旧金山》的消息，具体内容如下：

旧金山，9 月 13 日电：

昨天到达这里的 30 名清国学生都非常年轻。他们是很勤奋和很优秀的小姐和绅士，容貌俊美，要比任何在这之前曾到美国访问的清国人都好看得多。有 3 名身为清国官员的教师陪同着他们。

大清国政府拨出了 100 万美元用于这些学生的教育。清国政府还计划每年送出 30 名学生到美国学习。这批来此接受教育的清国女子和绅士们受到了人们的极大关注。因为先前清国学生在美国时曾受到基督教的熏染，所以这次将会在这批学生中严格传授孔子思想，让他们信仰儒教。另外"四书五经"和康熙皇帝制定的律令也将是他们常规课程的组成部分。①

　　总体来看，这篇报道的语调是欣慰而轻快的，读者能觉出美国主流媒体对清朝幼童的欢迎。但，一个敏感的中国人依然能从中读出美国人对大多数中国人的不屑，他们强调留美幼童的俊朗优秀，即意味着他们素来轻视中国人的外貌和智慧；读出美国人的文化优越感，对中国传统文化的陌生感，他们掌握着话语权，在凝视中将中国人置于客体的地位；更耐人琢磨的是，美国记者竟一不留神看走了眼，没有意识到这些留美幼童是清一色的辫子少年，压根没有一个"很优秀的小姐"，清朝人的装束顿时被赋予一种异己的怪诞感。

　　随后几年，3批共90名中国幼童纷沓来美。恰在此时 ——19世纪80年代，美国各地的种族主义者大肆制造反华排华理论。在西部加州，有专以捕杀和迫害在美华人为纲领的"沙地党"，其首领奇尼亚不断攻击中国人"是美国未来的真正威胁"，他甚至因反华得力而被选为加州参议员。1882年，美联邦议会通过了臭名昭著的《排华法》。身为中国人的早期留美生无疑深受其害，但这依然是一个多面向的问题 ——异国形象有"社会集体想象物"的意味，在同一个国家和民族之中，对待异国人的态度却受制于凝视者的个人品质和阶层、性别等多种身份所决定的政治、经济利益。

　　当清政府1881年勒令幼童归国，大清幼童留美教育事业夭折之时，以耶鲁大学校长朴德（Noah Porter）为首的众多美国知名人士

---

① 郑曦原等编译：《帝国的回忆：〈纽约时报〉晚清观察记》，生活·读书·新知三联书店2001年版，第85—86页。

联名上书清朝总理衙门（即外务部），欲挽留尚未完成学业的中国学生。他们在这封信中对中国留美诸生的表现予以了极高的评价：

> 贵国派遣之青年学生，自抵美以来，人人能善用其光阴，以研究学术。以故于各种科学之进步，成绩极佳。即文学、品行、技术以及平日与美人往来一切之交际，亦咸能令人满意，无间言。论其道德，尤无一人不优美高尚，其礼貌之周至，持躬之谦抑，尤为外人所乐道。职是之故，贵国学生，无论在校内肄业，或赴乡村游历，所至之处，咸受美人之欢迎，而引为良友。凡此诸生言行之尽善尽美，实不愧为大国国民之代表，足为贵国增荣誉也。盖诸生年虽幼稚，然已能知彼等在美国之一举一动，皆与祖国国家之名誉，极有关系，故能谨言慎行，过于成人。学生既有此良好之行为，遂亦收良好之效果，美国少数无识之人，其平日对于贵国人之偏见，至此逐渐消减，而美国国人对华之感情，已日趋于欢洽之地位。今乃忽有召令回国之举，不亦重可惜耶。[1]

尽管带有显著的目的性，尽管呈现的只是事实的一个方面，但信中的描述却也不会与事实截然相反。它既承认了美国人对中国人的"偏见"，也证明这一群中国留学生"优美高尚"，广受美国人欢迎，足为中国增荣誉。

《西学东渐记》是留学生以非虚构形式书写政治焦虑的一个范例，但不是特例，海外生活的艰辛与民族身份的紧张这对二重奏，构成了近现代留学生回忆求学生涯时的背景音乐，他们强调祖国的危

---

[1]　容闳：《西学东渐记》，岳麓书社 1981 年版，第 108 页。

难，敏感于异国的凝视，而随着清政府的彻底垮台，在新的民族国家建构过程中，帝国主义所造成的"国耻"无疑为民族主义话语提供了又一个宣泄渠道。

1923 年 4 月，在美国留学的闻一多发出了悲愤之声，"呜呼！我堂堂华胄，有五千年之政教、礼俗、文学、美术，除不娴制造机械以杀人掠财之用，我有何者多后于彼哉，而竟为彼所藐视、蹂躏，是可忍孰不可忍！士大夫久居此邦而犹不知发奋为雄者，真木石也！"[①]他对胞弟闻家骃说："我近数年来，不知何来如许愁苦？纵不思乡，岂无他愁？大而宇宙生命之谜，国家社会之忧，小而一己之身世，何莫非日夜啮吾心脏以逼我入于死之门者哉！曩者童稚，不知哭泣，近则动辄'冷泪盈眶'，吾亦不知其何自来也。"[②]这番话与其说是他内心世界的剖析，倒毋宁说是爱国情绪无处宣泄的吐诉。

不仅闻一多留美期间的家书令读者明显感到落后国家之公民在他国受到的歧视和屈辱，又譬如徐志摩，在《自剖·吊刘叔和》中提及留学岁月时，不光只有"枕上的梦痕，秋雾里的远山"[③]这等诗情画意，他屡次有感于国运内忧外患而强作凄怆奋勉之词。1918 年，徐志摩赴美留学，他在《启行赴美分致亲友文》中这样描绘自己的去国之感："垂髫之年，辄抵掌慷慨，以破浪乘风为人生至乐，今自出海以来，身之所历，目之所触，皆足悲哭呜咽，不自知涕之何从业，而何有于乐？"[④]在对亲友的陈说中，他选择留学乃出于"感怀国难，决然远迈"的迫不得已，这与他后来的欣喜之语"我的眼是康桥教我睁的"大相径庭。在《致梁启超》中，徐志摩强调了留学同窗所营造

---

① 闻一多：《闻一多书信选辑》，《新文学史料》1983 年第 4 期。
② 闻一多：《致闻家骃》，载孙党伯等编：《闻一多全集》（第 12 册），湖北人民出版社 1983 年版，第 187 页。
③ 徐志摩：《徐志摩自传》，江苏文艺出版社 1997 年版，第 18 页。
④ 徐志摩：《徐志摩自传》，江苏文艺出版社 1997 年版，第 6 页。

的爱国氛围，"入克拉克大学学习，生计国人于此不及百，学者十人而已，此间人士切心战事，上下同忾，爱国热忱，可为敬畏，其市则借给日匮，物价日昂，生活艰难，良未艾已"①。徐志摩还撰文给出了留美期间某天的作息时间表，"十月十五日起，同居四人一体遵守协定章程，大目如六时而起身，七时朝会（激耻发心）晚唱国歌，十时半归寝，日间勤学而外，运动散步阅报"，唱国歌无疑是爱国情怀的表征，清苦的生活与坚忍的意志相辅相成，为国而勤学正是国人心目中理想的留学生形象。

在民族主义话语的支配下，留学生易由自尊滑向极端的自卑，在社会心理层面造成了自我认同与价值归属的危机和紊乱。朱自清、朱湘等人的自我记录便是如此呼应了前述小说中民族主义色彩浓重的留学生形象。

1931 年 8 月至 1932 年 7 月，朱自清游学英国，因为外语水平不佳，沟通的障碍放大了文化的差异，他甚至成了自己眼中的"他者"。读过《精神分析与文艺》《艺术的心理分析》《从分析中了解你自己》等精神分析学著作的朱自清，以日记和散文剖析了外国人看待中国人的有色眼镜，也反省了自己脆弱的神经。被他视为种族歧视的事件是如此琐碎，他的界定是如此勉强，很可能只是某种自我想象：他曾用帽子在公车上占座，引来外国人侧目；甚至，回到上海，电车上某个"小西洋人"的狠狠一瞥都似在对他说"咄！黄种人，黄种的支那人，你 —— 你看吧！你配看我！"②

在诗人朱湘（1904—1933）给妻子和朋友的留美书信中，我们又看到了一位将文化差异和种族歧视无限放大，充满复仇情绪的留学

---

① 徐志摩：《徐志摩自传》，江苏文艺出版社 1997 年版，第 9 页。
② 朱自清：《上帝的骄子》，《文学周报》1925 年 7 月 5 日（第 180 期）。

生。一方面，朱湘在信中记述了自己的受辱遭遇和困顿处境，他写自己因经济拮据，如何省吃俭用，与贫穷斗争，写自己被外国教师视若无物（明明班上7个人偏说成6个），写自己被怀疑是偷书贼，写亚洲人遭到白人指桑骂槐的诅咒。另一方面，朱湘又描述了自己的各种反抗，他面对外国人的歧视并没有逆来顺受，而是采取各种策略与之对抗。他既用故意缺课或退课的方式来消极抗议，也采取积极的行动试图改变他们的偏见。他说，通过刻苦用功，他发表了诗歌和文章，使人刮目相看；他修了一门课，在"班上很出风头"，兴奋非常，"因为这是替我们中国人占面子的事情"；他还刻意改变中国人邋遢的形象，以获得外国人的尊重，"我因为同他斗智，所以衣服穿得干干净净，好教同学都对我表同情"。[①]信中的朱湘执意摆出了抗争的姿态，留学生的品行、学业、外表都被理所当然地赋予了政治性。或许，恰因无法摆脱这种敏感愤懑的心绪，朱湘终于在归国四年后投江自尽。

然而，留学生复杂多样的异域体验也表明，这种归属感的呼唤在相当程度上是由民族意识所建构的，具有特定的选择性，只有在当下的语境中重新建构之后才能构成一种有力的叙事。

譬如，李叔同1905年东渡日本时，曾填词以表达凄苦的心境。鲁迅、郁达夫、郭沫若更是屡屡将留日生活的愁苦与龃龉诉诸笔端，他们从未以日本为家。但在同时留日的周作人笔下，留学生活却是愉快的。作为辅助性的眼光，非留日生对日本的观感也是驳杂的，不尽抱着弱国子民的心态。胡适起初对日本颇为不屑，可后来却对它产生了兴趣，自觉地研究起这个国家。蒋梦麟对日本的一般印象

---

① 朱湘：《孤高的真情：朱湘书信集》，上海人民出版社2007年版，第94页。

非常良好①，认为日本人善于模仿，他同时还总结出了他们的弱点，即只懂"忠"而不懂"恕"。萧公权对日本的观感也很是不错，认为日本人懂礼貌守秩序，但这并不能减退他对这个国家的畏惧，他自称绝不亲日。

在留美生中，闻一多在《留美书简》中大叹"留学之苦"，而冰心却饱含温情地写下了《在美留学的三年》②。她记忆中的美国同学热情活泼，曾给予孤身在外的她诸多同情和关怀。在林徽因的表述中，中国留学生常被美国学生戏称为"拳匪学生"，且给美国人以刻板而死硬的印象，只有她与徐志摩除外，"在中国一个女孩子的价值完全取决于她的家庭。而在这里，有一种我所喜欢的民主精神"③。类似的陈述是可信而又主观的，它们是万花筒中的一面，譬如"容易相处"之类的措辞并不意味着人与人之间的事实平等和不发生冲突。这种异域体验的多元表述，折射出闻一多与冰心、林徽因在性格特质、国内教育背景、性别等方面的差异。

1944年考取清华第六届留美公费生的何炳棣晚年忆述求学之旅时也并未像朱自清、朱湘那样对种族歧视大加声讨，相反，他说："纽约两年半多的学生生活中最愉快的回忆之一是我从来未受到种族歧视，反而不时受到相关方面的'优待'。本人相信，时代、国际情势、个人行为和机遇都有关系，种族歧视问题不可一概而论。"④何炳棣的论断可堪说明，本土对"异域他者"的理解和想象并不是稳定而固化的，甄别留学生之身份的，不仅是族别，他的人格、学业等普适性因素亦相当重要，否则，容闳怎能凭"连获首奖"的成

---

① 蒋梦麟：《西潮与新潮——蒋梦麟回忆录》，东方出版社2006年版，第83页。

② 冰心：《冰心自传》，江苏文艺出版社1995年版，第96页。

③ 林徽因：《林徽因文存》，四川文艺出版社2005年版，第74页。

④ 何炳棣：《读史阅世六十年》，广西师范大学出版社2009年版，第208页。

绩赢得美国师生器重，朱湘又如何能以优良成绩挣得外国人的"刮目相看"？

在留学生的异域体验中，一个不可忽视的因素是，中国留学生在国外所受的待遇随着中国国力的变化、中外关系的演变而各不相同。比如，一个基本的事实是，第二次世界大战前后，中美友好关系方兴未艾，国民党当局采取"亲美"政策，美国总统罗斯福也曾签署数十亿美元的援助中国法案，废除并督促英国放弃在华的不平等条约，粉饰蒋介石政府的形象。华人在美国的政治地位有好转之势，根据何炳棣的记载，1946 年以后，美国的大学已承认中文为合法外语之一，在博士课程中，中文完全可以代替任何第二外国语了[①]。在这样的氛围中，留美生无疑是引人艳羡的幸运儿。

借由以上述文例为代表的非虚构叙事，不难读出，留学生"弱国子民"的形象在某种程度上是一种具有民族主义意味的修辞，是对"归属感"的呼唤。在国族危机这一宏大的历史语境下，作为民族知识精英的留学生无法回避民族主义的暗示，这也就导致了留学生形象广泛地与民族政治联系在一起。此时，在国力上处于弱势地位的中国及其国民并不是一个缺席的"他者"，留学生与异域的对视衍生出一套双向的、互动的集体想象物，其中的想象并不意味着虚构——当留学生的民族认同不能被达成的时候，焦虑是无可避免的。

三、学术与政治

在民族主义的氛围下，留学生的功利与求知、爱国与学术被置于紧张的对立之中。

---

① 何炳棣：《读史阅世六十年》，广西师范大学出版社 2009 年版，第 243 页。

抗日战争时期，文学中的中国留学生在民族存亡的紧要关头时常要面对绝对的道德抉择。话剧是抗战时期较为兴盛的文学样式。早期话剧问世之时，中国文学界曾热烈讨论过幽默、笑和喜剧在现代生活及文学里的角色，其间夹杂着鲁迅的声音——从道德层面对幽默展开批判。战事的爆发令这种声音越来越强大，因为两极化的战争道德观念通常不能容忍暧昧的笑，1933 年，袁牧之要求话剧的空间应从狭窄的"客厅"（salon）变为广阔的"社会"（society），话剧的风貌应由"唯美"转为"唯物"。于是，跨越不同文化，占据知识资源的留学生一旦出现在剧中，就不免被推到风口浪尖。

1919 年获得英国物理硕士学位，1920 年回到北京的丁西林（1893—1974）翻译并推演了大量的西方戏剧与西式"话剧"，后被公认为中国现代舞台喜剧先驱之一，他以机智诙谐的笔调探讨恋爱婚姻等社会风俗和伦理议题，颇具王尔德之风。但王尔德式的笑声在丁西林 1941 年初版于重庆的四幕喜剧《等太太回来的时候》中格外微弱。该剧男主角是留英归来的青年"梁治"，梁父为日本政府工作，梁治抗拒父命，不肯担任汉奸"国际无线电台"的台长，只得以家庭的分裂为代价挽救祖国于万一。[1] 这种可以预知的结局和单薄的正面形象损害了戏剧的审美维度，属于当时文坛上相当普遍的"抗战八股"，是作家在公开自己爱国的政治立场。梁治这位留学生认为自己就像中国小说中"一个潦倒的英雄"那样"有家难奔，有国难投"，但从观众的角度来看，他的"进步思想"却迎合了国人"抗战必胜"的心理期待，由此也就赢得了自我身份的合法化。

在夏衍（1900—1995）的话剧《法西斯细菌》（1942）中，留学

---

① 参见雷勤风：《从客厅到战场——论丁西林的抗战喜剧》，载王德威、季进主编：《文学行旅与世界想象》，江苏教育出版社 2007 年版，第 215 页。

生被塑造成国破家亡背景下的悲剧英雄。几位主人公留日归国后，接连目睹九一八事变、八一三事变，见证了香港的沦陷。成为科学家的"俞实夫"有着一副堂吉诃德的劲头——不晓人世艰难的理想主义，不通世故的天真，但残酷的现实——戏剧中的"现实"——日渐令他怀疑自己一向秉持的"科学与政治无关"的信念。当"赵安涛"说："国家到了这个田地，我再也不能安心住下去了。号外满街飞，我在街上走，觉得每一个日本人的眼光，都是一根刺……"时，俞实夫默默地点头。[1]留学生在剧中的活动空间由东京移至上海，又由香港西行到桂林，他们行进的路线与抗战局势相呼应，他们的一举一动都可被阐释为政治性的民族行为。

可见，一方面，民族政治本身已经成为一种热门商品，救亡图存一类民族主义的宣传口号在一定程度是赶时髦的噱头和显示"政治正确"的需要，而未必是严肃的诉求（大致从 19 世纪末 20 世纪初开始，精神市场便出现了"一份报纸越是关心政治，它的发行量也便越大"的局面[2]）。另一方面，在国家和民族遭遇危机之时，留学生的抉择确实总牵扯着"学术与政治 / 爱国"的话题。

即便是政治色彩略淡于留日、留法生的留美生，大多也绝不吝于展现他们的爱国情怀。他们数量较留日生为少，但善于联络，广组团体。他们曾向发水灾的江苏、安徽募捐；曾对张勋发表申斥。

1915 年 2 月至 5 月，在北美的中国留学生听闻日本向中国提出"二十一条"的消息，产生了极大的义愤，以空前的热情展开讨论。在中国留美学生联合会的喉舌——《中国学生月刊》（The Chinese Students Monthly）中，留美生们对日本和中国当局进行了

---

① 参见夏衍：《夏衍剧作选》，人民文学出版社 1953 年版，第 152 页。
② 参见胡缨：《翻译的传说：中国新女性的形成（1898—1918）》，龙瑜宬、彭姗姗译，江苏人民出版社 2009 年版，第 123 页。

声讨，该刊 1915 年 3 月号几乎全部用于讨论这个问题。一些学生声言，中国应当"对日宣战"，学习比利时的抵抗而不是朝鲜的屈服。另一些学生鼓动说，中国不应被"日化"。还有一些学生认为，当前的危机要求"作出巨大牺牲，彻底改变原定（学习）计划"。正如其中一篇社论所说："我们必须依照民族的最高利益去行动，如果有必要的话不惜牺牲生命。……中国需要人才比任何其他东西都更为迫切……因而我们的职责十分明确：返回祖国！"一些学生甚至想在暑假期间到美国军部主办的军事营地去受训。当时身在美国的胡适在日记中如此看待中国留美生的抗日救国运动："及外患之来，始惊扰无措，或发急电，或作长函，或痛哭而陈词，或慷慨而自杀"，他称之为"爱国癫"（patricatically），"徒乱心情，何补实际？"，"吾辈远去祖国，爱莫能助，当以镇静处之，庶不失大国国民风度耳"。此时胡适所提倡的，是来自英国人安吉尔和美国人杜威的积极和平主义，他一方面也明确反对日本控制远东，但他主张以冷静的实用主义应对此事，而不是狂热的英雄主义。胡适这种表现，一度被留美同学斥为"卖国贼"，一时间成了留学生群体中孤独的"他者"。①

以留美清华学生为核心，罗隆基、闻一多、吴泽霖、潘光旦等人在留学美国期间成立了一个政治性团体——大江学会，鼓吹国家主义，并在其会刊《大江季刊》的发刊词中，强调"我们是一个绝对信仰国家主义的一个结合"，"我们所最要提倡的一件事，便是气节。我们所谓的气节即是为主义而死，为国家而死，为正义而死的那种精

---

① 参见邵建：《瞧，这人：日记、书信、年谱中的胡适》，广西师范大学出版社 2007 年版，第 105 页。相应的是，1935 年，胡适又指出："民族主义有三个方面，最浅的是排外；其次是拥护本国固有的文化；最高又最艰难的是努力建设一个民族的国家。因为最后一步是艰难的，所以一切民族主义运动往往最容易先走上前面的两步。"（胡适：《个人自由与社会进步：再谈五四》，《独立评论》1935 年［第 150 号］）

神"。① 为了国家主义这一信仰，闻一多不待留学期满便于 1925 年提前回国，全心全意投入到国家主义运动中，并致信梁实秋号召国外志同道合的同志早点回国。

"国难当头"的语境令学术与救国成为一对矛盾体，当时包括留学生在内的知识分子对此并非泯然无察，而是已有体悟，不乏辨析之声。

1931 年九一八事变发生以后，12 月便出现了一个名不见经传的小团体"九一八学术救国会"。在该组织的成立会上，在美国受过教育的社会学家余天修博士发表演讲。事后，该演讲以小册子发表，题为《学术救国》，文章指出，组织义勇军、刺杀汉奸、散发请愿、举行罢工、抵制日货、呼吁国联等活动，都有助于救国，但是这些活动不够彻底，救国最关键的方法仍是提倡学术。在西方受过教育的张君劢成立了中国社会党，以此作为国民党的反对党。在一本 1933 年发表的小册子《学术界的方向和学者的责任》里，在强调提倡学术的必要性之外，张君劢指出，中国的问题不仅在于技术落后，而更在于道德弱点。追求学术不应该只是出于抵抗外国侵略的需要；即使没有外国侵略，中国也需要科学知识，因为它对人类进步有益。因此学者的责任是始终从事学术研究。在自传《西潮与新潮 —— 蒋梦麟回忆录》中，蒋梦麟明确表示了对"学者与政治"这一话题的看法。他说知识阶层责任重大，不可将学术当作世外桃源，但参与政治不可妨害学术，忘记本职。他认为学者不必参与维持现状的政治，改革或革命的实际政治才有参与的价值。而当中国官方推行保守的党化三民主义之时，一部分无力或不愿投身政治的知识分子，则通过出国与现实的政治运动相分离。《新潮》社同人的留学

---

① 闻黎明、侯菊坤：《闻一多年谱长编》，湖北人民出版社 1994 年版，第 276 页。

动机，大都属于这一类型。

可以说，"学术与政治"的二元对立思维和实用主义态度在很大程度上源于中国传统的"经世致用"思想。而另一方面，促发留学在晚清、民国成为一种运动，促发西学大规模输入之内在动力，也正是中国学术内部的"经世致用"思潮。

嘉道以后，今文经学兴起，注重通经致用，严斥考据八股之无用，考据求是之风转而为经世致用学风替代。这种学风主要偏重于从中国传统学术资源中挖掘经世方法和对策，晚清时期兴起的"经世之学"，其内容从传统的"通经致用"及"六部学术"体系，逐渐演变为"洋务之学"体系，以西方学术作为经世法宝。在国力倾颓的背景下，朴学大师孙诒让（1848—1908）亦痛感传统学术无用，进而接受西学："近者亚洲强国竞争方烈，救灾拯溺，贵于开悟国民，讲习科学。不侫曩者所业，固愧刍狗已陈，屠龙无用，故平日在乡里未尝与少年学子论经子古义。即儿辈入学校，亦惟督以科学。"①

在讲求"实用"的氛围下，留学若不能救国，即是无用。1903年，一个湖南留日学生自问"且中国有何种学问适用于目前，而能救我四万万同胞急切之大祸也"，答案是否定的。故他断定，"惟游学外洋者，为今日救吾国唯一之方针"②。《新中国未来记》里的宗明，就因为从"几位前辈的学生"那里得知，进日本学校"总须预备些日本语言文字和那些普通学"，而"照这样做去，总要两三年才能入学校；入校之后，又要好几年才能卒业，我们支那早亡掉了，还等得我吗？因此不管许多，住下三天，便入了早稻田大学的政治科。听那讲

① 张宪文辑：《孙诒让遗文辑存》，浙江人民出版社1990年版，第142页。
② 张枏编：《辛亥革命前十年时论选编》第1卷（上），生活·读书·新知三联书店1960年版，第381—384页。

义，我虽不甚懂得，买部讲义录来看，却已是肚子里烂熟的道理。我在那里住了半个月，想起来这时候还不去运动做事，读那死书干甚么呢？因此出了学校，往神田一带的日本客栈里头，见有支那人住的，便去运动，且喜结识了许多国民"。[①]

将学术视为政治的工具，从而导致了学术依附于政治而不能独立，经世学风影响下的西学传播，"一时元气虽极旺盛，然而有两种大毛病：一是混乱，二是肤浅"。梁启超后来检讨说：其所以失败，"更有一种根源，曰不以学问为目的而以为手段"。他分析道："时主方以利禄饵诱天下，学校一变名之科举，而新学亦一变质之八股。学子之求学者，其什中八九，动机已不纯洁，用为'敲门砖'，过时则抛之而已。此其劣下者，可勿论。其高秀者，则亦以'致用'为信条，谓必出所学举而措之，乃为无负。殊不知凡学问之为物，实应离'致用'之意味而独立生存，真所谓'正其谊不谋其利，明其道不计其功'。质言之，则有'书呆子'，然后有学问也。"[②] 对于当时在"经世致用"观念下从日本输入的西学，主张"为学术而学术"的王国维也批评说："庚辛以还，各种杂志接踵而起，其执笔者，非喜事之学生，则亡命之逋臣也。此等杂志，本不知学问为何物，而但有政治上之目的，虽时有学术上之议论，不但剽窃灭裂而已。如《新民丛报》中之《汉德哲学》其纰缪十且八九也。"[③]

由此，与"实学"这种社会功能联系在一起的科学，在中国承担了过多的负载，带有了强烈的功利主义色彩。

最先输入中国的西学，即是西学中的实用部分，即所谓格致学

---

① 梁启超：《新中国未来记》，《新小说》1903 年第七号。

② 朱维铮校注：《梁启超论清学史二种》，复旦大学出版社 1985 年版，第 80 页。

③ 王国维：《论近年之学术界》，载姚淦铭等编：《王国维文集》第三卷，中国文史出版社 1997 年版，第 39 页。

和法政诸学。1895 年，严复发表名文《救亡决论》，称"求才、为学二者，皆必以有用为宗。而有用之效，征之富强；富强之基，本诸格致"①。也即是说"格致"，即"自然知识"，才是"有用的"，是能致富强的。尽管戊戌以后，随着西学传播的深化，人们开始察觉经世之学过分强调"致用"而带来的弊端，一些学者注重"无用"之学，强调"纯粹学术"，从而促使"求是"之学复苏，但西方"为知识而知识"的理念仍难以使中国留学生与现实政治绝缘。1916 年，赵元任、任鸿隽、胡明复等起草的《科学社留美同志书》郑重指出，"吾侪负笈异域，将欲取彼有用之学术，救我垂危之国命，舍图科学之发达，其道未由"。在这种思路的主宰下，屡屡出现"科学救国""实业救国"的高潮，而"文化救国"的呼声则长期不显，即便五四的大旗也以"科学"为宗。

　　一方面，分科专门性研究是现代学术的重要特征之一。在古代中国学者中间，天文、算术、医学这一类知识只当是一技一艺，他们的根本动机还是社会性的，通过考察中国的士人阶层，马克斯·韦伯就得出过相似的结论："中国历来最为突出的是将人文教育作为社会评价的标准，其程度远超过人文主义时代的欧洲或德国的情形。"② 而中国在制度层面上确立"文理分科"体系，意味着西方学制的引进，这种学制的变革反映了近代以来社会变迁及学术文化发展的基本要求，标志着中国教育已经逐步与国际接轨。但另一方面，这种由经学时代转向科学时代的文化转型，与中国士人在学术上的人文社会取向有着共同的初衷，即实用传统。由于传统"经世之学"不足以经世，人们便将目光逐渐转移到西方"富强之术"及"格致

----

① 严复：《严复集》（第 1 册），中华书局 1985 年版，第 43 页。
② 马克斯·韦伯：《儒教与道教》，洪天富译，江苏人民出版社 1993 年版，第 127 页。

之学"上。

　　相应地，近现代中国政府在制定留学规划时，注重"实学"和"科学"，难洗"重理工轻文法"的厚此薄彼之嫌，理工生的地位向来高于文法生。据周棉主编的《中国留学生大辞典》统计，1921—1925 年的留欧学生中，包括官费和自费，选读理、工、医的有 389人；选读政治、社会、经济、商学的有 304 人；选读文、史、哲的仅 41 人。1929—1946 年的出国留学生中，选读理、工、医的有346 人；选读政治、社会、经济、商学的 202 人；选读文、史、哲的仅 94 人。1930 年，南京国民政府甚至规定每次所派遣的学生名额中，理、农、工、医至少占总数的 70%。在回忆录《读史阅世六十年》中，何炳棣也曾略带不平地以数字记录过民国教育部的留学政策如何向理工科倾斜：第二次世界大战在欧洲爆发后仅两月，清华校务会接到教育部命令，着手筹办第五届清华庚款留美考试。双方一再磋商后决定，考试日期定为 1940 年 8 月下旬，考试地点定为重庆、昆明、香港；考试科目包括 22 个科门，文法方面只有工商管理和经济史。除医学（外科）、制药学、农学、纺织外，其余 16门尽属工程[1]。

　　也无怪乎小说《围城》中会有这样的反讽之语："中国是世界上最提倡科学的国家，没有旁的国家肯这样给科学家大官做的。外国科学进步，中国科学家晋爵"[2]。诚然，与西学的其他部分相比，科学更具有普世性，在很大程度上被视为西方文明的象征，近乎一种放之四海而皆准的真理，"在国内几乎做到了无上尊严的地位：无论懂与不懂的人，无论守旧维新的人，都不敢公然对他表示轻视或戏侮的态

---

① 何炳棣：《读史阅世六十年》，广西师范大学出版社 2009 年版，第 129 页。
② 钱锺书：《围城》，生活·读书·新知三联书店 2002 年版，第 202 页。

度"①。然而，一如罗志田所指出，略带讽刺意味的是，由于"科学"从西而来，真正能对科学提出质疑的恰是从西方回国的留学生。② 正因为如此，《围城》中对科学"话语权势"的诘问，经由留学生之口，反而说得理直气壮。

---

① 胡适：《科学与人生观·序言》，山东人民出版社 1997 年版，第 10 页。
② 罗志田：《从科学与人生观之争看后五四时期对五四基本观念的反思》，《历史研究》1999 年第 3 期。

第三章　留学生形象与"洋派"话语

从那次义和团失败以后，中国一般有思想的人，便知道要中国强盛，要中国能够昭雪北京城下之盟的那种大耻辱，事事便非仿效外国不可，不但是物质科学要学外国，就是一切政治社会上的事都要学外国，所以经过义和团之后，中国人的自信力便完全失去，崇拜外国的心理，便一天高过一天。[1]

——孙中山

（他们）被送到西欧学习和研究当时被认为是最先进的文明。看到欧洲社会里大都市的辉煌和逐渐升级的种族主义，这些参观者不知所措。后来他们开始根据欧洲中心主义的世界观的文明的等级体系来从人种和种族上看待自己。甚至当这种强大而复杂的文明激发他们决心发展日本使之现代化的时候，他们也不得不意识到自己是多么东方，多么非西方啊。确切地讲，这是因为他们亲身经历过西方现实的生活，敏锐地意识到他们被排除在西方之外以及他们作为日本人的人种身份。然而，当他们回到日本，人们却指望他们使当地的普通人（那些对欧洲中心主义的世界秩序知之甚少或一无所知的人）文明化、现代

---

[1] 孙中山：《孙中山选集》（下卷），人民出版社 1981 年版，第 724 页。

化，他们自己承担起把这些普通人塑造成国家主体的使命。在这个新的定位中，他们不得不扮演"西方人"的角色，在他们与这些"不开化的大众"之间重演这种等级关系。他们完全不相信能立即从西方的巨大势力中得到解脱，他们这种被排除在西方大门之外的感觉迫使他们在当地社团中重复人类学的态度，把可能使当地"原始"的现实置于现代性的人种学的框架内。①

——酒井直树评价19世纪末20世纪初被送到西欧学习的日本精英

近现代中国社会全面留学的现象，乃是建立在国人对现代化的期许之上。近代中国是一个半封建半殖民地国家，现代化的动力资源在早期主要是从外部输入，内源发生型的现代化国家成为其发展的主要参照系。在帝国主义的惩戒与建构下，"封闭"的中国逐渐放弃了天朝大国与朝贡体制的国际秩序想象，并逐渐融入了建立在主权国家基础上的西方国际法秩序；它也逐渐从公然抗拒"文明"话语走向了接受"文明"话语。

这也就部分地解释了留学生形象的负面化：西学新知的强势介入使旧式知识分子陷入身份危机之中，面对日渐"得势"的留学生，他们难以把握心态的平衡，故对留学生多"谴责"之声，表现出无力改变现状的巨大失落感。

那么，作为一种由现代化造就的新角色，文学中的留学生会与以往其他角色呈现出何种差异呢？跨文化的身份，决定了留学生在民族文学的书写中是介于"他者"与自我之间的矛盾体。他们带着母国

---

① 酒井直树：《印迹：西方的幽灵与翻译的政治人文科学的地位》，代显梅译，江苏教育出版社2002年版，第87页。

的目光"睁眼看世界"，带着异国的目光凝视母国，他们往往既被异国人视为母国文化的代言人，又被国人视为异国文化的变异符号，这是本书的题中应有之意。透过文学对留学生的刻画，我们可以看到"洋派"的生活方式和思想观念如何一步步向中国人渗透，在与本土的对抗中成为一种全球化的力量。打开国门之初，中国人往往将西方当作一个"富裕、文明、理性、科学"的笼统整体，留学生对西方理念的移译和误读，是知识分子在民族危机的语境下对现代性的探究和想象。西学教育本身也逐渐改变着中国人对西学、西人和西方社会的观念。

当西方各国的面纱逐渐揭开，当西方话语日益树立起权威之时，西方文化因子的多寡就成了衡量留学生文化身份高低的标杆，留学国的差异左右着留学生的自我界定，甚至决定着他们的历史境遇。

第一节 "洋派"文化的实践者

一、穿西装的文明人

"近代／现代"（modern）、"现代化"（modernization）、"现代性"（modernity）等概念发微于西方，要归结于全球学术共同体中的西方中心主义，中国"近现代史"的划分，正是以西方为参照系来预设一套从农业文明到工商业社会，从君主专制到民主共和的进程。

"西方"，在文化概念上，对它的诠释无疑属于一种历史范畴，大致即为经济上的资本市场经济，政治上的君主立宪或民主共和体制，宗教上的基督教地区，这一概念所囊括的国家大部分集中在欧洲和北美，因而有时也代指"欧美国家"。在中国，"西方"一开始并不是"西洋"的近义词。明朝时期的"西洋"指的乃是现在的"南洋"。自 19 世纪下半叶起，私人或官方刊印的世界地理著作、旅行见闻录、海外奇谈在中国读者中颇为盛行，为国人"想象西方"提供了丰富的资源。到了晚清时期，"西洋"渐渐特指欧美国家，成为与"南洋""东洋"相对应的概念。"洋气"则开始指代有西方色彩的器物式样、生活习俗、文化风格等，如清人采蘅子在《虫鸣漫录》中说："凡物稍饰观，人少轩昂，皆曰洋气。"[①] 这种气质和风格迥异于中国人的日常生活，因而带来了美学上的刺激。

　　然而，此处的"洋气"不仅是一种美学指向，更是一种独特的异国情调（exotic）。如巴赫金所指出："异国情调，以自我和异己的人为对立为前提，在平常和熟悉的世界隐含的背景衬托下，精心描绘出'他性'来。"[②] 在当代文化研究和后殖民理论中，"异国情调"往往产生于殖民者将被殖民者当作"他者"的想象之中，但"洋气"恰恰与之反向而行，它是东方人对西方影像的选择、建构和剪裁，是一种"当地人的凝视"（local gaze），它意味着中国人不仅是西方列强凝视下的客体，他们还勇于回望，并试图"在骚乱的世界秩序中定位自己"。

　　19 世纪六七十年代，清政府派出同文馆学生随同大臣出使西洋，他们人数不多，居留时间不长，在严格意义上来讲，还只能算是游学。在这种走马观花式的游学过程中，这些初出国门的青年学生，用好奇的眼光观察着西方社会和西方人的生活。作为中与西的中介体，留学生传递了中国人对异国的凝视。他们亲履西洋或东洋留学，打量着东西洋的异质文化；而在国人眼里，留学生自己又要承受着一种

①　采蘅子：《虫鸣漫录》（卷二），载梁绍壬等著：《笔记小说大观》（第 22 册），江苏广陵古籍刻印社 1983 年版，第 360 页。

②　Bakhtin, *The Dialogic of Imagination: Four Essays*, translated by Caryl Emerson, Dallas: University of Texas Press, 1981, p. 115.

西洋镜式的打量，在观看中被寄托以异国情调，表现出"洋派的时尚"，这种世界主义（cosmopolitanism）可谓"一面是世故的脸，一面是求索的脸，带着羞怯的天真"[①]。

在《新中国未来记》第五回中，黄克强与李去病在洋楼大门遇到一个自称"从外国读书回来的人"，这是一个年纪约莫二十来岁、"丰姿潇洒"的少年，他"西装打扮，浑身穿着一色的十字纹灰色绒的西装家常衣服，那坎肩中间，垂着一条金表链，鼻梁上头还搁着一个金丝眼镜，左手无名指上套着一个小小的金戒指，还拿着一条白丝巾"，他"一面抽烟，一面撇着那不到家的上海腔"。[②] 黄李二位角色本有留学经历，在外国应已司空见惯了这种打扮，作者梁启超更是游访诸国，对西人装扮当是见怪不怪，却不惜笔墨予以描画，这种好奇的目光将留学生的西式打扮鉴别为"异样的"，它和"不到家的上海腔"一样，在本土环境中格外突兀。

当留学生全副洋装打扮时，乍看上去竟像"洋人"。在《文明小史》里，中国妓女"张媛媛""仔仔细细端详"留学生"劳航芥"时，"心上要说他是外国人，觉得他比起弄口站街的红头似乎漂亮得许多，而且皮肤也白，身材也还俊俏。又想说他是假外国人，何以鼻子又是高的，眼睛又是抠的，心上总有些疑心，一时说不出口"[③]。

在《留东外史》第二章"逢旧友浪子说嫖经，转新居虔婆敲竹杠"中，留学日本的周撰为了约见日本女子"樱井松子"，"到天赏堂买了副十八开金的眼镜。回到风光馆内，将一身崭新的春服并外套检了出来，重新折好了"，"洗脸刷牙已毕，对镜将西洋头着意的梳

---

① 列文森：《革命与世界主义：西洋舞台和中国舞台》，转引自李欧梵：《上海摩登》，毛尖译，北京大学出版社 2001 年版，第 325 页。

② 梁启超：《新中国未来记》，《新小说》1903 年（第七号）。

③ 李伯元：《文明小史》，韩秋白点校，中华书局 2002 年版，第 306 页。

理。施好了美颜水，拣了一条流行高领。衣服穿着才完"，"穿了外套，戴了帽子，架了眼镜。……寻了条白丝汗巾，喷了许多花露水，仍下楼。穿了靴子，提了手杖，匆匆的出门"。[①] 在这样的语境中，中国男留学生的性吸引力要寻求西式服饰的包装，细节描写越入微，越凸显西方生活方式在留学生及中国读者心目中的陌生化和先进性。

当西方文明的优越性日益彰显时，洋派的外表便成为与众不同的标志，留学生也就常常被预设为"穿西装的文明人"，跻身于"时尚先锋"的行列。据《清史·西洋记》记载，清朝第一位穿西服的是严复的长子，此公子"风流偶傥，狂傲不羁"，会讲一口流利的英语，曾为一位英国外交官当过翻译。这位外交官见他常穿长袍短褂，认为如此打扮不便于行，便赠予他一套西装。而严公子也不畏人言，毅然剪掉了辫子，穿起西装打上领带走在京城街头。

衣装的改变还总伴随着礼节与气质的"洋化"，《文明小史》里，留日归来的刘齐礼"学问虽未成，样子却早已改变了，穿了一身外国衣裳，头上草帽，脚下皮靴，见了父母探去帽子拉手，却行的是外国礼信"[②]。

在对留学生进行的艺术化的陈列和展示中，"洋派"与中国本土文化的差异性成为留学生形象的焦点。"西方"是一个远在彼岸的异国，自然，在对异国生活方式的切身体验中，留学生们往往对异国风俗倍感新奇，而且这些风俗中所蕴含的与中国传统礼义颇有差异的西方社会理念，也隐隐地使他们受到触动，因而往往与中国传统观念反差越大，就越能引起他们的注意。借用吉尔特·霍夫斯塔德（Geert Hofstede）的话说："人人都从某个文化居室的窗后观看世界，人人

---

① 不肖生：《留东外史》，岳麓书社 1988 年版，第 75 页。
② 李伯元：《文明小史》，韩秋白点校，中华书局 2002 年版，第 307 页。

都倾向于视异国人为特殊，而以本国的特征为圭臬。"[1] 作为洋派生活方式的实践者，留学生形象中所谓的"奇"往往不合乎东方人的认识理性、思维方式、价值观念、审美情趣等，而在西方却是常识和习以为常之物。

最早随使游历欧美的同文馆学生张德彝（1847—1918），即在游记中记述了西方诸多与中国大为不同的生活风俗。尽管张德彝得出了类似于"人同此心，心同此理"的结论，察觉到中西人"衣服虽诡异，而喜则亦喜，忧则亦忧，情无或异；风俗虽不同，而好则皆好，恶则皆恶，性实大同"[2]。但无疑，他详细地描写了西式风俗与中国礼义的不合，除了煤气街灯的明亮、电梯登楼的便捷、火车运行的快速之外，还有"男女皆彼此接吻为礼"，"男女婚嫁，皆自主之"，以及美国总统衣着"与庶民同服"，等等。

不过，留学生的"洋派"常常令其国内亲朋一时难以接受。《文明小史》里，从日本回来的"余小琴"因为改了洋装，铰了发辫，留了八字胡，而被其父"余日本"斥骂为无法无天。其原因在于，"洋派"的奇装异服、奇风异俗在中国的语境中不仅事关审美取向，还牵连着政治意识。

西装传入中国约在清朝晚期，通商之初，华人若穿着西装，会被国人视为叛祖从洋的化外之民而不屑，在当时"有身份"的人士看来，长袍马褂才是"国粹"，中国人穿西装是冒天下之大不韪。19世纪70年代，清朝第一批官派留美幼童出国不久便开始逐渐以美国的生活方式替换原来的中国习俗。例如，有人脱掉了被美国孩子嘲笑为女孩裙子的中式袍褂，换成了与美国同伴一样的西式短装，有人剪掉

---

① 转引自乐黛云：《文化传递与文学形象》，北京大学出版社1999年版，第344页。

② 张德彝：《随使法国记》，湖南人民出版社1982年版，第56页。

了被视为女孩象征的辫子，参加男孩的体育运动，有人还随美国家庭一起到教堂作礼拜。但是，在负责监管幼童的中国官员看来，易服剪辫是违背中国法度、背叛朝廷的举动，信奉洋教是数典忘祖、背弃儒教的罪恶，而面见官长不行跪拜之礼，则更是抗逆尊上、违悖礼教的行为。[1] 幼童生活方式的西化，在国内士大夫舆论中也同样受到非议，在他们眼中，这些都是关乎人才根本的原则性问题。因此，清政府最终下令将幼童中途撤回。恰恰就是这些生活方式的改变，决定了早期官派留美生的命运，作为中国最早改行西俗的象征，他们受到彼时中国主流社会的排拒。

群体性改穿西服的肇始者即当属晚清留日学生。在日本，许多学校都规定统一校服，因此，"他们（留学生）一齐动手穿着新制的洋服，卷起辫发，戴上帽子，穿上皮鞋，判若两人，喜不自禁，在镜前照来照去，好像女孩子穿上最漂亮的衣裳一样，乐不可支"[2]。1903年，湖北留日学生在日本东京创办刊物《湖北学生界》，刊登了《剪辫易服说》一文。对外表之变更的强调实际上具有政治宣言的意味。

在此，中国人眼中的"洋派"呈现出文明与野蛮的两极性，留学生的西方背景成为一个令人爱恨交织的"他者"。留学生在外表和生活方式上的标新立异，具有叛逆的意味，形成了伦理压力，他们需要人们来分担这种伦理和美学的风险，通过群体认同来获得安全感和归属感。

恰恰，在文明和野蛮的两极取向中，西方更多地是彼时中国人心目中的现代文明所在，是一个理想的参照系，是一个值得师法的对象。故而，留学生的洋做派逐渐辐射到中国的各个阶层，被向往西方

---

[1] 参见李长莉：《近代留学生的西方生活体验和认知》，《史学月刊》2005年第8期。

[2] 实藤惠秀：《中国人留学日本史》，谭汝谦等译，生活·读书·新知三联书店1983年版，第177页。

的其他中国人所复制。归国之后，留学生将异域生活中亲践濡染的食行日用、言行交际等生活方式植入中国，其中所蕴含的"西方—近代/现代"社会类价值观念和行为规范，对国人的生活起着某种先导、象征和样板性的作用，浸润着中国近代观念变革的社会基础。

渐渐，仿效留学生的西式装扮成为民间青少年心目中的时尚之举，从口岸播散到内陆，"光绪中叶以后，出洋留学生日多，以我国衣冠之为外人所揶揄也，皆改西装，及归，亦沿用之。于是凡在都会及通商口岸之少年，以为是固学生之标识，足以夸耀乡里也，乃相率仿效"[①]。而与男性留学生相比，女留学生们更容易接受"洋派"时尚的熏陶，她们在异国亲身领悟到新风潮新时尚的美感，回国后便把东西洋的流行风带到中国。这种西式风潮成了一种政治文化符号，对那些未出国的中国人来说，"洋派"是一个无法亲历亲见的对象，指代所谓的进步、现代、摩登、繁华，他们要在模仿中向他人表述（present）自己对西方文化的憧憬，对自己身份的想象，这种表述带有无意或刻意的粉饰，而非自我情感的真实呈现（represent）[②]，是自我标签化和戏剧化的过程，从而达成一种操演性的（performative）身份塑造。

辛亥革命之后，经过废除帝制、建立共和的社会大变动，效法西方成为社会改革推崇的主流，从政治制度、社会体制到文化观念，无不向西方学习。作为西化的外在象征，穿西服、吃西餐、住洋楼，西式打扮和西式做派成为时尚，并被视为弃旧图新，跟上进步潮流的标志。由于留学生带回来的西化生活方式，是最接近西方的原汁原味，因而被公众视为西化风尚的标杆。他们对西方生活方式的输

---

① 徐珂：《清稗类钞》（第4册），中华书局1984年版，第180页。
② 参见欧文·戈夫曼：《日常生活中的自我呈现》，冯钢译，北京大学出版社2008年版，第8页。

入和先导作用日渐强烈，成为民众推崇和模仿的对象，是引领民间西化生活潮流的先导和榜样。[1] 而且，留学生中间有不少人回国后成为政、商、学各界的中坚人物，这种强势地位增强了他们的先导形象和社会影响力，他们身上附带的西化生活做派，也成为这个"领导群体"的一种社会资本，对他们在社会西化改革中的身价具有某种"增值"作用。

此外，在民国初年生活方式的西化热潮中，留洋回国的学生也是主持制定种种西化风俗制度改革政策的官方领导者。1919 年 10 月，民国政府公布了"服制"，规定以西式服装为大礼服，以男子青褂蓝袍、女子上衣下裙为常礼服。尽管由于国内当时战火连年，这个制度多停留于纸上，始终未能在民间实行，但一个不争的事实是，西服作为新文化的象征冲击传统的长袍马褂，西方服饰文化真正开始登上中国历史舞台，现代西方的基本生活形态已经深刻地改变了中国人的生活习惯。

20 世纪二三十年代，以上海、广州、天津等沿海发达城市为中心，在上流社会和学校的青年学生、教师、公司洋行及各机关的办事员中掀起穿西服、打领带的热潮。由于留学女性领风气之先，国内一些时尚女子仿而效之，也穿上蓝布大褂和新式衣裙行于街市。随着接受新时尚的女性越来越多，上海等大城市女子结婚领先仿行西洋模式，身穿白色婚纱脚蹬高跟皮鞋，与男伴进入教堂举行婚礼的屡见不鲜。有的虽不进教堂，其他亦入西式，时人称作"文明结婚"。至于身着时装、头烫卷发，使用外洋化妆品，佩戴眼镜手表，出入交际场所的女子尤有浪漫情调，不时引来羡慕的目光。

"洋派"的风行基于一种现代性的价值选择，也呈现出中国文化

---

[1]　参见李长莉：《近代留学生的西方生活体验和认知》，《史学月刊》2005 年第 8 期。

自身处境的落差。不过，随着留学运动的持久深入发展，留学生们日益正面遭遇西方，他们对"洋派"的态度，由"异国想象"时的崇拜迷恋情结趋于反思和质疑，折射出中国知识阶层在界定自己的文化立场。

春随的《留西外史》即在视角的游移中聚焦于留学生的西式格调。小说第一章"印度洋中"以"一艘从中华民国驶往欧洲的轮船"为背景，各色中国留学生被一一扫量，"只有一张靠窗的椅子，围坐了好些长长短短肥肥瘦瘦的中国女子，都一律中国装束，短衫长裙；内中独有一位是纯粹巴黎时式打扮，年纪约有三四十来岁，壮大肥胖，声音洪亮，满嘴法国话到处酬酢，却是资格最老的留学生，在外国住了几十年，他的青春岁月大半都送在那锦绣乾坤繁华世界的巴黎地方的，周美灵女士"[1]。这种叙事腔调显然无意激起读者对周美灵形象的好感，相反，不屑一顾的漫画式笔法解构了留法女子所沾染的西式风尚的光环。

在萧乾的小说《鹏程》中，主人公"王志翔"获得资助，行将赴美专攻传道学。关于王志翔出国前如何准备生活物品用于国外，小说颇费笔墨，刻求细致，西装的购置亦是整个筹备过程的核心[2]。无独有偶，梁实秋就曾质疑过，留学前为何一定要赶制西装，令人思量，显出了他们对西方生活习惯浸染中国的紧张和焦虑。

《围城》里的留学生对西式礼俗亦不乏调侃和抱怨。某日，应邀在"汪处厚"家吃完晚饭之后，对于送"范小姐"和"刘小姐"回宿舍一事，男主人公方鸿渐和赵辛楣简直是心不甘情不愿。但留学生的名头掣肘着他们，赵辛楣称，"咱们是留学生，好像这一点社交礼节

---

[1] 春随：《留西外史》，载广文编译所编：《中国近代小说史料汇编》，台湾广文书局1980年版，第362页。

[2] 萧乾：《皈依》，京华出版社2005年版，第132页。

总应该知道"。于是，两人慨叹不幸身为青年未婚留学生的麻烦。[①]

实际上，在民国时期的洋化风潮中，中西生活方式的不协调已开始暴露，某些留学生已不再盲从西方生活方式，而是在亲身体验中对西洋做派"祛魅"，如潘光旦、林语堂等人更是从学理上对西方生活方式进行理性而全面的检视，反省西方生活对人性的异化，引导时人勿要盲目模仿西方生活方式。然而，这种反拨本身就是一种西方的理路，又恰恰说明留学生曾多么广泛而深刻地向国人引介过西式生活样态，说明他们在中国现代生活方式的播植中曾起过何等作用。

二、精神资源的"洋派"

从文化的分层而言，留学生将两种形式的西方文化随身带入中国：一是在异域生活中体验的西方生活方式，是渗透着"西方—近代"社会价值观念和行为规范的生活样式，是一种隐性的非文本书化；二是在西国学校里学到的西学书本知识，是建设近代科技文化事业的专业知识，是显性的文本书化，更贴近于精神资源。两者一隐一显，以不同的形式对中国社会不同层面的变革产生了影响。

在晚清、民国的文学作品中，留学生角色的阅读书目是一个饶有意味的话题。

本书第二章已提到，在《新中国未来记》的第四回里，黄克强、李去病听人用英文唱拜伦之诗，深有感慨，这歌声来自准备游学俄罗斯的陈猛。随之，黄李二人访见了陈猛，陈的房间中悬挂着"英文的俄国经营东方地图，洋琴，英国文豪弥儿敦（Milton）的诗集，已经看得连纸张都霉烂了"。对此布置，陈猛解释说："不过从前学军的时候，听那外国军歌，觉得这音乐和民族精神大有关系，心里

---

① 钱锺书：《围城》，生活·读书·新知三联书店 2002 年版，第 268 页。

想去研究他一番。（作者眉批：为后来制军歌改良音乐伏脉。）这弥儿敦和摆伦两部诗集，是小弟最爱读的。因为弥儿敦赞助克林威尔，做英国革命的大事业；摆伦入意大利秘密党，为着希腊独立，舍身帮他。这种人格，真是值得崇拜，不单以文学见长哩。"这里，英文地图是研究天下局势的工具，英国诗人的篇章是创造伟大事业的思想武器，尽管陈猛是个留学心愿尚未落实之人，但他的追求得到了黄李二人的赞同。

在小说《东欧女豪杰》中，负笈瑞士苏黎世大学哲学系的华明卿，与几名流亡的俄罗斯女革命者交好，这些异国友人向她讲述了苏菲亚（Sophia Perovskaya，1853—1881）的英雄事迹。在这幅场景中，中国女留学生是西方话语的倾听者。其后，小说展现了华明卿的阅读书目，它包括卢梭的《民约论》、黑格尔的《法哲学》、赫尔岑的《谁之罪》以及车尔尼雪夫斯基的《怎么办》[1]，又一次表明激发留学生为革命事业而奋斗的文化偶像来自西方。

在陈天华的《狮子吼》中，为了让"猛睡狮，梦中醒，向天一吼"，小说中的留学生人物远赴海外求取新知，而这一作为篇名和叙事动力的"中国睡狮论"恰有着明显的西方文化背景。它是近代中国人对拿破仑"莫惹睡狮"之说的误读，这一谚语的实际意义是"别找麻烦"，"睡狮"也是泛指而非特指，甚至并无褒义。更有趣的事实是，按照法国拉露斯《谚语格言辞典》，"莫惹睡狮"的来源是菲利普·西德尼（Sir Philip Sidney，1554—1586）的浪漫故事《阿卡迪亚》第四卷，狮子在其中扮演的也并非正面角色。在中国，"睡狮"一词最早出现于梁启超的《饮冰室文集》，文中载"吾昔游伦敦博物院，有人制之怪物焉，状若狮子，然偃卧无生动气。或语余曰：子无

---

① 岭南羽衣女士：《东欧女豪杰》，《新小说》1903 年 1 月（第二号）。

轻视此物，其内有机焉，一拨搅之，则张牙舞爪，以搏以噬，千人之力，未之敌也。余询其名，其人曰：英语谓之佛兰金仙，昔支那公使曾侯纪泽，译其名之睡狮，又谓之先睡后醒之巨物，余试拨其机，则动力未发……既就锈蚀，而又有他物梗之者，非更易新机，则此佛兰金仙者，将长睡不醒矣。惜哉！梁启超历历备闻其言，默然以思，愀然以悲，矍然以兴，曰：呜呼！是可以为我四万万人告矣"[1]。此处，梁启超受严复的启发，将"弗兰肯斯坦"理解为状如狮子的人造机巧怪物。然而，经过急速而广泛的传播，"睡狮论"成为20世纪初中国智识阶层普遍接受的一个象征性说法[2]，从而影响了留学生的话语实践。

于是，凭借阅读等学习方式，留学生们分享着一套被高度编码的舶来语汇，这成为他们身份的重要标志。

《文明小史》里，留日归来的刘学深说："良家是人，妓女亦是人，托业虽卑，当初天地生人，却是一样。我们若小看他，便大背了平等的宗旨。所以他们虽是妓女，小弟总拿他当良家一般看待。只要被我挑选上了，两情相悦，我就同他做亲，有何不可？"妓女与良家一样，拥有享受爱情之权利，刘学深的这番宣言显然浸染着"茶花女"故事的影响。

《海滨邂逅》中，留日生"冯景山"称："一个女子和一个男子结了婚，为保持家庭的和平，为维持夫妻间的爱情，为了男女双方的洁癖，男女两方都应该守贞操，但当她未结婚的时节，偶然犯一点'原始罪'，这乃是人生的一种应有的要求，算不得什么罪恶。"显而易见，留学生这种现代爱情观的表达借助了基督教的"原罪说"。

---

① 梁启超：《饮冰室合集·专集》（第2册），中华书局1989年版，第43—44页。
② 石川祯浩：《晚清睡狮形象探源》，《中山大学学报》（社会科学版）2009年第5期。

而《围城》中的方鸿渐在恋爱受挫之后，为了求得解脱，所借助的是西方哲学的话语 —— 他引用叔本华《爱与生的苦恼》中的性爱论宽慰自己，"世界哪有恋爱，压根儿是生殖冲动"①。

不仅是理论话语的表达，耐人寻味的是，在表达留学生角色的情绪、心态时，不少文本倾向于援引西方文学的流行思潮、经典形象及理论框架。这一点，在留学生自我刻画的虚构文本中体现得尤为显著。可以说，留学生形象的异国气质，与西方文学思潮对中国现代文学之影响这样一个近乎老生常谈的论题，是同一个问题的不同侧面，它表明西化如何以情感影响（emotional effects）的形式萦绕于现代中国作品之中。

在《沉沦》中，留日生主人公的情绪特征具有欧洲浪漫主义色彩，堪称"引来的浪漫主义"②。他深感孤独，他在异国留学的体验被浓缩为一种被放逐的苦痛，他自感与世人隔绝，这种情绪被作者冠之以"生的闷脱儿"（sentimental）这一典型的浪漫主义概念，人物的"感伤"体现了浪漫主义文学最重要的特征之一 —— "善感性"。他在课堂上幻想漫游于遥远缥缈之地，他对性爱流露出放荡不羁的随意性，将自我提高到仅次于"祖国"的地位，他强烈对比大自然的美与城市生活的丑恶鄙俗，称大自然是他的避难所，无不展现出浪漫主义的修辞特征。小说还明确提到，他的阅读书目涵盖了不少西方浪漫主义名篇。"天气清朗的时候，他每捧了一本爱读的文学书，跑到人迹罕至的山腰水畔，去贪那孤寂的深味去。"当他独自从东京乘坐夜行火车去往 N 市之时，火车过了横滨，他看起海涅的诗集来，这便从英国的浪漫主义转到德国的浪漫主义。

---

① 钱锺书：《围城》，生活·读书·新知三联书店 2002 年版，第 169 页。
② 李欧梵：《引来的浪漫主义：重读郁达夫〈沉沦〉中的三篇小说》，《江苏大学学报》（社会科学版）2006 年第 1 期，第 3 页。

并且，这种浪漫主义式的情绪还将主人公导向了浪漫主义的哲思之果，他有次在山中遇着一个农夫，"便把自己当作了 Zarathustra（古代波斯的国教袄教的始祖，公元前一千年左右，为尼采著《查拉图斯特拉如是说》一书之主人公），把 Zarathustra 所说的话，也在心里对那农夫讲了"。在这种思维框架之内，"他的'megalomania'（夸大妄想症）也同他的'hypochondria'（忧郁症）成了正比例，一天一天的增加起来"，连他精神上的病症也必得用外语命名。

郭沫若《残春》中的爱牟也有着直接对应于西方精神分析学的心理征候。他竟梦见自己替裸身的"S 姑娘"体检，这时传来"白羊君"的惊叫"爱牟！你还在这儿逗留！你的夫人把你两个孩儿杀了！"[1]，爱牟才惊醒转来。在此，母亲手刃无辜稚子的情节让人不禁联想到古希腊文学中的美狄亚，而人物的心理失衡和精神崩溃也是借助弗洛伊德的心理学框架来表达的，性本能等平日被压抑的无意识出现在梦中，"本我"（ego）同道德化的"自我"进行着剧烈的冲突，死亡的本能表现为一种求杀的欲望。

在苏雪林的《棘心》（1929）中，杜醒秋的生活体验和心路历程也是借由西方文化话语来言说的。在这部作品的自序中，作者不讳言它的自叙传性质，承认这是一部"将自己的身世及人生经验，搀入虚构的小说"。相应地，小说中的杜醒秋被法国文学，尤其是法国浪漫主义文学的氛围所笼罩，她自诉说喜读高乃依、拉辛、卢梭、夏多布里昂等人的著作。在小说第十五章"巴黎圣心院"中，叙述者更是代替杜醒秋议论说，"自然主义的衰败、新浪漫主义的代兴、心灵界的觉醒、神秘思想的发达，已成了今日欧洲文坛显著的事实"。于是，杜醒秋的现实生活受到这种文学语境的强烈暗示。因为恋人"叔

---

[1]　郭沫若：《漂泊小说》，上海文艺出版社 1994 年版，第 39 页。

健"的若即若离，杜醒秋多愁善感，她沉溺于病弱苍白之中，她耽于
幻想，编织出一个又一个迷醉的梦境，在苦涩的忧郁中不能自拔。她
在异国对母亲的怀念之情也呈现出浪漫主义以及现代主义的思乡病特
征，即情感对象的虚无性。她目标飘摇，因畏惧美术之难学，她改攻
文学，梦醒之后面对现实却终于发现"两年里法文没学到什么"，要
"替中国多装点门面，无奈法语程度太浅"，这真是一位浪漫主义美
学眼中的"失败者"（loser）——沉溺于各种幻想，力图改变现实，
却被现实反戈一击，生命不可避免地花在无止境的寻找之中[1]，于是，
杜醒秋的"思想行事，往往趋于极端，与在中国时已大不相同"。

除杜醒秋之外，《棘心》里有多位留学生的情绪和精神面貌也要
靠西方话语来描述。"哲学家陆芳树"对杜醒秋讲："我恐怕永远是一
个怀疑者吧，我将永远为烦恼所困吧。""文学家朋友"叹息说："我
始终是一个人生旅途上的漂泊者。"虽然这些愁思可谓全人类的普遍
情结，但"怀疑者"和"漂泊者"等名词却更对应于西方文学系统中
的经典形象——向往无限，试图逃离各种束缚，不断远走他乡，徘
徊在乐观主义和悲观主义之间。在杜醒秋的同学中，男留学生"秦
风"与她有着暧昧的情愫，他不甘平庸，喜好浪漫探险，但向往柏拉
图式的恋爱，他自称要"致力于艺术的研究"以"照彻中国"。在杜
眼中，秦风"带有危险性质""无所作为"，然而"他热烈真挚的性
格，在我们这冷漠成性的古老民族里，确算是一个少有的奇人"[2]。联
想到他们的留学所在地法国，联想到杜醒秋的阅读书目，秦风这一形
象活脱脱有着卢梭般的气质。

而徐讦小说中的一系列游学男性则可算作西方文化参照系下典

---

[1] 以赛亚·伯林：《浪漫主义的根源》，吕梁等译，译林出版社 2008 年版，第 6 页。
[2] 苏雪林：《棘心》，群众出版社 1999 年版，第 49 页。

型的现代人物。在罗恺思（Christopher Rosenmeier）的观察中，《阿拉伯海的女神》（1936）、《犹太的彗星》（1937）、《荒谬的英法海峡》（1939）、《吉卜赛的诱惑》（1940）、《精神病患者的悲歌》（1941）里的男主人公都是在国外生活的中国年轻人。他非常现代，学识渊博，喜爱哲学，经济上也很富足；他能够说当地的语言，法语或英语，善于和社会上各个层次的人打交道；他是中国人，但国籍似乎很少成为一个重要的问题；他是个老练的世界旅行者，这使得他总能在任何陌生的环境里生活得很自如。在四处游历的过程中，他对现代理性的信仰以及对哲学的热爱，都正好与他缺乏地域文化的局限相辅相成，这使得他能够参与到国外发生的种种事情中去。他的中国国籍使得读者很容易对他表示认同，但是他并不是什么英雄角色。他的中国国籍充当的是一个调和读者文化心理的角色。在这种表现惊险与戏剧的通俗避世小说中，罗曼史对于主人公来说是探险与奇遇中必须完成的一项挑战。《荒谬的英法海峡》以及《阿拉伯海的女神》中的游学男性在中国有妻子和儿女，但这些家人好像从来也没那么重要，不会对主人公的自由产生任何妨碍，他们在故事中的主要功能似乎就是安静的背景，用于强调主人公自由主义的态度，以及说明那些在旅途中偶遇的女人有着多么让人难以抗拒的诱惑。作为文雅老练的现代人，这些游学的中国男性没有被贴上任何文化地理的标签，也并不受任何常规的人或事的阻碍，他能轻松地踏上旅程并虏获世界上各种美丽女人的芳心，充满幻想和激情地用一种外在的眼光来看待发生在面前的一切。[1]

---

[1]　罗恺思：《徐訏的异国情调》，载王德威主编：《文学行旅与世界想象》，江苏教育出版社 2007 年版，第 197 页。

三、"洋派"形象的文学动因

在留学生呈现"洋派"形象，依赖西方话语的背后，深层的文学动因是作者们在运思方式、表述语言和叙述技巧上汲取了外国文学的潮流及模式，由此响应着现代时间经验。

首先还是以最早的《新中国未来记》为例。无论从作者本人的创作动机，还是其造成的效果来看，这部未能完成的小说不仅在观念上和《政治学大家伯伦知理》等政论文构成了互文性文本，还借鉴了舶来的"政治小说"。

"政治小说"一词从日本稗贩而来。这类小说撷取重大的政治历史题材，着眼于民族国家的命运，兼表现作者鲜明的政治观点。如前所述，《新中国未来记》以"幻梦倒影之法开头"，"叙述皆用史笔"，构想中国在义和团运动之后五十多年间发生之事，预设中国南方一省先独立，几年之后各省独立，合成一个联邦大共和国，然后大破俄军，推翻其专制政府，领导黄种人国家与白种人国家抗衡，以至于在中国召开万国和平会议，议定黄白两种人的平等权利，等等。其中，留学生黄克强、李去病等人成了某种政治理念的代言人，他们动辄"以其身之经历，及其胸中所怀政治"，如演讲一般，大段大段地"发表政见，商榷国计"。这种慷慨激昂的政论风格，在传统的世说、话本、演义、世情或者讽刺小说中都是绝无仅有的，"似说部非说部，似稗史非稗史，似论著非论著，不知成何种文体，自顾良自失笑"[①]。这种构思，据作者梁启超自称，源于日本人柴东海之政治小说《佳人奇遇》的启发。

至于《新中国未来记》中留学生主人公的出场镜头，学者陈平原在《中国小说叙事模式的转变》中指出，这种"一起之突兀"的开

---

① 梁启超：《新中国未来记·绪言》，《新小说》1902 年（第一号）。

场，明显得益于美国乌托邦小说《回头看》与日本政治小说《雪中梅》①。前者由李提摩太以文言节译为政治小说《百年一觉》，1894 年由上海广学会出版，小说叙述了"地窖藏身百年一觉"的"我"，生活在 20 世纪的理想社会里，可又不时回到 19 世纪的现实世界。在创作小说之前，梁启超即读到此书，这种借未来与现实的强烈对比来表达自己政见的笔法，启发了《新中国未来记》的整体构思。梁启超于1902 年年初曾从日文转译了法国小说《十五小豪杰》，因此他所读的《雪中梅》很可能是日版原著。《雪中梅》的"发端"（楔子）描写明治一百七十三年（2040）10 月 3 日东京庆祝国会 154 周年的场面，并由一则新闻、一截断碑引出小说全部情节来，似是《新中国未来记》"楔子"的直接样板。

　　模仿者并非只有梁启超一人，陈天华《狮子吼》的"楔子"也明显是从《雪中梅》脱胎而来。这些小说开篇的倒装叙述尽管幼稚，但仍体现出将不同时空之情景剪辑在一起以产生强烈反差对比的艺术效果。

　　而《文明小史》《留东外史》等小说则以写实之名对留学生进行漫画式的讽刺，某些方面，这是近世西方写实主义的变形和扭曲。其中的关系，可用愈之在《近世文学上的写实主义》一文中的一段话来揭示："西洋的一切精神产物 —— 不单是文艺 —— 初次输入我国，往往变成似是而非的东西；在真正的写实文学还未输入之先，冒牌的写实文学 —— 像黑幕小说之类 —— 却早已发现了。"②尽管突破了传统通俗小说只有"说话人"，难见作者个性的旧形态，但就中西交往行为中主体所表现出的主观意识或者从异域文化中所获得的主观感受

---

① 　陈平原：《中国小说叙事模式的转变》，北京大学出版社 2003 年版，第 22 页。

② 　愈之：《近世文学上的写实主义》，《东方杂志》1920 年 1 月。

或心理历练来看，这些小说的作者与五四知识分子作家群相差甚远，两者的知识结构和写作经验也大有差别。由于深受视角的囿限（严复等少数人除外），他们对西方优越文化的艳羡和欲望尚停留在一种寓意化的想象阶段，因此留学生形象的符号意味尤为强烈。

"五四"之后，小说中的留学生角色更具深度感，与中国小说叙事模式的转变关系匪浅。如陈平原所见，大致言之，影响中国小说叙事模式转变的，在"新小说"家是政治学知识，在五四作家则是心理学知识[1]，而这种学科话语都来自西方。五四作家并不讳言他们接受过"新小说"的影响。主流的中国现代文学自诩为道德的先锋，以建立秩序、法度，以及理性的论述，受启蒙的精英分子将小说的地位提高到中国文学文类排行的榜首，但又难掩其对风行小说的轻视，认为它们缺乏五四文学的自由精神、个性力量及反叛意识。他们既充满政治热情地破除迷信，对民风民俗的理解也无疑更深刻，更多一点同情心与审美眼光——尽管也不乏强烈的社会责任感派生出来的"哀其不幸怒其不争"。在形式技巧上，鲁迅从欧洲作家的创作中领悟到小说叙事的门径，学习了如何运用叙事者角色的技巧。而郁达夫则从散文的自由结构和第一人称的主观视角创造出一种个人的形象和视野（visions of the self），这样一种主观视野的构成，在形式上也大费周章，不仅仅是把自传改写成小说而已，而需要加进更多的文学养料。

茅盾的小说《幻灭》（1927）以西方式的分析洞察力塑造了留学女性"慧"。慧"在法国念过几年书"，她见过世面，在世途上受过挫折，她表面上满不在乎，在对求爱者"抱素"的敷衍中显得玩世不恭，其实强力掩饰着内心的焦虑和理想幻灭的痛苦。在她的内在独白中，小说显出高度的沉思性，这样一种以思索着的主体来理解世界的

---

① 陈平原：《中国小说叙事模式的转变》，北京大学出版社 2003 年版，第 24 页。

方式显然脱胎于西方文学传统。

虽宣称效仿不肖生的黑幕小说《留东外史》，但春随的《留西外史》以其冷峻的写实风格更显现出五四之后的文学趋向。作为法国文学的研究者，春随在这部小说中所展露的文风受巴尔扎克、福楼拜等批判现实主义及自然主义大家的影响更深。它旨在像《人间喜剧》那样，描绘出留法生这个群体，而不是浓缩于个别留学生，它用"虞小龙"等少数人物做线索，把他们贯串起来，揭露出这个群体在文明光彩的表面之下藏着无秽不包、人欲横流的真相。在第一章里，作者先勾勒出一幅留学生的全景图：

> 原来自从中华民国革了大清帝国的命以来，那西方的新思想，风起云涌席卷而来；加之欧战初停，正义人道的声音，一阵一阵的把那些青年学子灌得如醉如痴。国内又是年年打仗，政府官僚无恶不作，固然到处民不聊生，学堂里面也就弄得生不聊学，哪个不想离开这个惨淡黑暗的家乡，到那西方极乐世界去走一趟，人人皆抱负非凡，个个都有弥天志愿，预备将来归国，整齐刷新，各有各的一番贡献。①

接着，小说以微观人物志映照这种宏观的群像，对留法生展开精微的观察和细致的摹写，貌似客观地诉说"马大吉"等人的道德堕落，也挖掘他们的内心世界，任他们在巴黎这个大背景中表演，聚焦于他们的粗鄙和卑琐，让读者在"逼真"的现实画面中寻求意义。《留西外史》的种种特征，是如此符合佩蘅此前在《巴尔扎克底作风》

---

① 春随：《留西外史》，载汪曾培主编：《中国留学生文学大系·近现代小说卷》，上海文艺出版社 2000 年版，第 264 页。

中的归纳。根据佩里西耶（Pelliseer）之《19 世纪中的法兰西文学运动》，佩蘅指出，在巴尔扎克的小说中，"在那无数合演着人类底滑稽剧的人物中间，是有许多老实人的，不过他们总是不自觉其为老实"①，《留西外史》正是以这种略含嘲讽的温情笔调摹写了旅欧船上的"孙先生""张振英"，巴黎格侣撒克旅馆的"吴又和""张延寿"，从德国来法接朋友的"齐小敏"……他们是构成留学生群体的芸芸众生。

《围城》对留学生人物的塑造也继承了欧洲的文学及哲学遗产，甚至与西方现代文学思潮同步。小说的描写手法接近中国旧小说的"车轮战法"，但在整体立意上却更接近于西方的"流浪汉小说"以及"学人之小说"。小说通篇在美学上是反浪漫的，但这种冷凝的风格却并非一味尖刻，喋喋不休的"画外音"更像是一位俯视众生的上帝在忧世伤生，讽刺的方面藏着怜悯，"嘲笑中含着辛涩，揶揄中具有深思，快感中夹杂着痛感"。1946 年以来，一致的批评都指向它对时代主潮的游离，有学者所谓"小说人物及思想与其所处的时代氛围呈现出巨大的反差，社会历史时空与人物心理时空的矛盾组合"。但换一个角度思考，这种批评腔调本身是不是对那个时代、对留学生角色的认识失于偏狭？它所认可的时代主潮会不会只是诸多历史叙事中的一种？相反，《围城》对时代和人物的定位倒显得浑茫沉郁，具有复调多音的文学特征。作者钱锺书在创作这部小说时，正读着克尔凯郭尔的《恐怖的概念》，读着柏格森的《笑论》，欧洲哲人对普遍的人性弱点、对人类虚荣心的洞见，不可避免地影响了他笔下人物的性格走向。难怪有人认为，《围城》"与欧洲出现的以萨特、加缪、波伏娃为代表的存在主义小说以及卡夫卡的寓言体小说创作，同属于 20

---

① 佩蘅：《巴尔扎克底作风》，《小说月报》1924 年 4 月。

世纪现代主义哲理小说","其传统直接继承 18 世纪法国启蒙主义哲理小说"[1]。那么，小说中的留学生主人公方鸿渐等人呈现出西方现代主义文学的人物特征亦不足为奇。

第二节 输西学入中国

留学生对西方话语的依赖正是现代世界秩序的一部分，中国必须以西方为师，既是国族危机下的不得已而为之，也是导向更生的一大契机。中国近现代的危机不仅仅表现在军事的节节败退，地理疆域的易主，国号的改名换姓，它还具有一种空前的性质，那便是文化之危机，即中华文化不再是"夷/夏"文化之辨中的主导者，而是面向西方现代文化及世界潮流时的弱者。

在《西学东渐记》里，容闳记叙了自己在留学之后树立起输西学入中国的理想：

> 予既远涉重洋，身受文明之教育，且以辛勤刻苦，幸遂予求学之志，虽未能事事如愿以偿，然律以普通教育之资格，予固大可自命为已受教育之人矣。既自命为已受教育之人，则当日夕图维，以冀生平所学，得以见诸实用。此种观念，予无时不更耿耿于心。……予意以为，予之一身既受此文明之教育，则当使后予之人，亦享此同等之利益。以西方之学术，灌输于中国，使中国日趋于文明富强之境。予后来之事业，盖皆以此为标准，专心致志以为之。溯自一八五四年予毕业之时，以至一八七二年中

---

① 张先飞：《作为哲理小说的〈围城〉》，《江汉论坛》1996 年第 9 期，第 72 页。

国有第一批留学生之派遣，则此志愿之成熟时也。[①]

在这位留学精英的字里行间，我们看到西学新理对中国文化系统的刺激和挑战，读出留学生将母国的教育隐然放在"文明之教育"的对立面，发现西学东渐的每一个命题都浸透了启蒙的意味。

在西学东渐的过程中，西方话语日益获得权威地位，留学生在中国的地位日益提高，引致了传统知识分子的身份危机，心态的微妙性影响了他们对留学生的书写。

当留学生身为导引西学东渐的主力军时，关注他们，也就是关注近现代中国取师西法时是"谁在翻译（who translate），如何翻译；谁在建构（who construct），如何建构"的问题。

一、再难关闭的世界之窗

国人对西方，对游历或留学西洋者的态度向来是轻蔑与歆羡并存，呈现出众声喧哗之势，但趋新学西却仍是一条走势明显的主线。《外交小史》有如此记载："某君之随使泰西也，往辞祁文恪，文恪叹曰：'你好好一世家子，为何亦入洋务？甚不可解。'及随星使出都，沿途州县迎送者曰：'此算甚么钦差，直是一群汉奸耳。'处处如此，人人如此，当时颇为气短也。"[②]1876 年，郭嵩焘在奉命出使英国时也遇到了相似的讥讽，湖南有人撰联羞辱他："出乎其类，拔乎其萃，不容于尧舜之世；未能事人，焉能事鬼，何必去父母之邦。"[③]与西方人接触是一种耻辱，出使西洋堪称苦差。而在时代背景仅相隔二三十

---

① 容闳：《西学东渐记》，岳麓书社 1981 年版，第 16 页。
② 辜鸿铭、孟森等：《清代野史》（第一卷），巴蜀书社 1998 年版，第 280 页。
③ 汪荣祖：《走向世界的挫折——郭嵩焘与道咸同光时代》，岳麓书社 2000 年版，第 267 页。

年的小说《孽海花》（1903）中，人们对待洋务的态度却几乎两样：

> 却说薛淑云请雯青在一品香大餐，正在谈着，门外走过一人，顺斋见了立起身来，与他说话。说毕，即邀他进来。众人起身让坐，动问姓名，方晓得是姓云，字仁甫，单名一个宏字①，广东人，江苏候补同知，开通阔达，吐属不凡。席间，众人议论风生，都是说西国政治艺学。雯青在旁默听，茫无把握，暗暗惭愧，想道："我虽中个状元，自以为名满天下，那晓得到了此地，听着许多海外学问，真是梦想没有到哩！从今看来，那科名鼎甲是靠不住的，总要学些西学，识些洋务，派入总统衙门当一个差，才能够有出息哩！"②

自命为"政治小说""历史小说"的《孽海花》试图"尽量容纳三十年来（即同治中期至光绪后期）的历史"，作者曾朴（1872—1935）在《修改后要说的几句话》中曾云："这书主干的意义，只为我看着这三十年，是我中国由旧到新的一个大转关，一方面文化的推移，一方面政治的变动，可惊可喜的现象，都在这时期内飞也似的进行。我就想把这些现象，合拢了它的侧影或远景和相连系的一些细节事，收摄在我笔头的摄影机上，叫它自然地一幕一幕地展现，印象上不啻目击了大事的全景一般。"小说所透露的洋务之炙手可热，在《文明小史》中也俯拾皆是。究其原因，恰是鱼贯而来、一波强似一波的危难迫使清政府将西方文明当作可以救命的稻草，不得不出台政策将西学洋务与传统功名挂钩，而时人在以西为贵的功利心驱使下趋

---

① 此人物即容闳。
② 金松岑、曾朴：《孽海花》，上海古籍出版社 1991 年版，第 11 页。

新求洋。

光绪三十一年（1905）的铅印本章回小说《枯树花》，作者"山外山人"聚焦于"浪子回头"这一主题，劝惩之意甚明。小说主人公是商人"郑成德"，他嗜酒贪杯，无所事事，幸有贤妻掌家，教得子女个个才华出众。忽一日，成德被牵进一桩人命案，蒙冤下狱，逃过此磨难后，他竟德行大变，并出仕为官，励精图治，几次升迁。他的三个儿子则皆留洋出国，各任美、英、法三国钦差。原本要败落的郑家，从此兴旺发达，而郑氏晚辈的留洋行为，在家族命运的转机中起到了关键的作用。

一年之后的光绪三十二年（1906），上海小说新书社又再次出版了题为"山外山人撰"的铅印本章回小说《枯树花续编》，这部同样长达44回的作品显然是《枯树花》的续集。这次，小说集中叙述了郑成德一家堪称楷模的生活方式，郑家人做事有识有德，形同大清朝天下的顶梁柱。郑家对抵制"华工禁约"、设立女堂等有利于国的事均极赞成。其长媳巧姑学品出众，被当地县官聘为学校总教习。她传播女子立志的道理，并把品学兼优的寒门女子介绍给四弟为妻。郑家长子"郑文麟"出洋方归，即被太后召见，询问立宪事。文麟力奏立宪有益。文麟二弟、三弟身为要官，却轻车简从，乡里细民犹能道其德政。在此，作者明确地表达了维新立宪主张，而他所开出的救世药方即是国家应多一些郑氏官员。这一文本问世于清朝末年，在其所察的世情里，留学已经成了一种文化资本，是迈向政界的敲门砖，郑氏三兄弟之类的留学生已然炙手可热。

以上种种留学生的"洋化"是一个首尾缠绕的话题。留学生的涌现本就意味着一部分中国人在对西方世界和中国自身的认识上有了质的改变。从"夷务"到"洋务"再到"时务"，由贬义的"夷"到平等的"西"再到尊崇的"泰西"，西方在中国人思想中的地位逐步上升，中国再不是立于世界"中央"的"天朝之国"，也不是孤立于世界之外的"华夏之邦"，而是世界中的一员，并且是远远不如西方各国富强的一员。在洋务运动的潮流中，向西方学习科学技术不再被认为是"师事夷人"之举，而被看成是求强求富的重要手段。在中国人眼中，西方的技术制造和各种器物，"奇技淫巧"的色彩渐淡，"制造之精"的感慨日增。然而，仅仅向西方学习军事、器物制造及科学理论，是否就能让当时的中国从萎靡走向富强？[①] 不容争辩的事实告诉人们，这种观念既不可取，亦不可行。

《马氏文通》的作者马建忠赴欧洲留学前已精通法语，出国前，他觉得西方之繁盛在于技术的强大，而出国之后，他一改前见，转而认为西方富强的根源在于商会、议院制度，将"三权分立"的政治学说绍介于国内。因太平天国兵败而亡命香港的王韬，1867年随理雅各赴欧，时年39岁。此前，王韬渴望过田园式的地主知识分子生活，而留欧三年之后，他的思想发生了显著的变化，一心要用西学改造中国。从而，王韬的言论比马建忠和介绍了英国议会两党制的薛福成还要尖锐，他向国人陈说了西方国家"君主""民主""君民共主"三种

---

① 维新变法多年以后，在《五十年来中国进化概要》中，梁启超将鸦片战争至五四时期的中国历史演进大致划分为三个时期。首先是"从器物上感觉不足"——"很觉得外国的船坚炮利，确是我们所不及，对于这方面的事项，觉得有舍己从人必要"；其次是"从制度上感觉不足"——"觉得我们政治、法律等等，远不如人，恨不得把人家的组织形式，一件件搬进来，以为但能够这样，万事就有办法了"；最后，"是从文化根本上感觉不足"——五四时期"觉得社会文化是整套的，要拿旧心理运用新制度，决计不可能，渐渐要求全人格的觉悟"。这种目的论式的（teleological）历史观固然在"向后看"的归纳中损失了社会观念衍变的驳杂性，却也提供了一种历史叙事框架。而林毓生则指出，中国士人有一种从先秦即存在的传统，即"藉思想、文化以解决问题的方法"，但这恰不能解释一般所谓中国士人对西方的认识是从器物到政制，最后才到思想文化这一过程。实际上，"器物—政制—文化"这一递进关系并不符合中国传统的认识方式。这里面一个重要原因，就是西人的诱导，盖器物与政制与文化分不开正是西人的思想。参见罗志田：《西潮与近代中国思想演变再思》，《近代史研究》1995年第3期。

政治制度的利弊。

以清政府的立场而言，这自然是一种危险的信号，在外派留学生的同时，对西方价值观和政治学说的传入格外警惕。但任是严防死守，留学生也不可能全都只接受西方的科学知识，而拒斥西人的文化价值观念。在《选派幼童出洋肄业应办章程折》中，李鸿章要求给留学生"课以《孝经》、《小学》、《五经》及《国朝律例》等书"，"示以尊君亲上之义"。实际上，这是根本不可能达成的目标。1881 年，《总理各国事务奕䜣等奏折》指出留学生不愿再行拜跪礼，断言他们在国外"沾其恶习"，声明"即使竭力整顿，亦觉防范难固"。同年，经过多方力量博弈，慈禧同意将"见异思迁"的第一批留美幼童撤回，以留学生"腹少儒书，德性未坚，尚未究彼技能，先已沾其恶习"为由，命令将出洋肄业幼童全部撤回。而在启程回国的最后一刻，谭耀勋和容闳的侄儿容揆逃出船来，抗旨不归，留美幼童对清朝强制政策的抵触之心可见一斑。

留学为国人打开了一扇面朝世界的窗户，而这扇窗户一旦开启，就再难关闭。在回顾维新时期思想文化的转变时，梁启超说："'鸦片战役'以后，志士扼腕切齿，引为大辱奇戚，思所以自湔拔；经世致用观念之复活，炎炎不可抑。又海禁既开，所谓'西学'者逐渐输入，始则工艺，次则政制，学生若生息于漆室之中，不知室外更何所有，忽穴一牖外窥，则灿然者皆昔所未睹也。环顾室中，则皆沉黑积秽，于是对外求索之欲日炽，对内厌弃之情日烈。"[1] 探及晚清改良失败的原因，梁启超认为很大程度上要归咎于西洋留学生没有全体参加维新，中坚力量都是不通西洋语言之人。

在此，"西洋语言"不仅是西方文化的载体和交流工具，本身也

---

[1] 梁启超：《梁启超论清学史二种》，复旦大学出版社 1985 年版，第 59 页。

参与了中国人对西方文化的建构，甚至隐喻着西方的文明，这在留学生形象中可见一斑。

在《新中国未来记》中，黄克强除了接受家学，更是"久已立意要讲求那世界的学问，想学外国的语言文字"。只是，"香港英人所设的学堂，气习太坏，学课程度亦低，其余中国各处学堂都是一样"，黄克强因此"自己买些英文读本，文法等书自行研究"，如此"靠着字典帮助，做了几年工夫，早把所有英文书籍都能阅读了"。[①]在黄克强看来，英文显然是求取"世界学问"的重要门径。

在施蛰存的短篇小说《蝴蝶夫人》中，留美归华的主人公"李约翰"生于一个寒微的中国家庭，凭借官费出洋。"约翰"这个洋味十足的名字令读者不禁疑心这并非他的本名，猜测到他很可能在异国求学期间自我命名。回国当上教授之后，李约翰还是苦于经济的拮据，因为妻子花钱如流水。作为昆虫学博士，他收藏了"合众国蝴蝶"、加拿大蝴蝶、南美洲蝴蝶，却无法应学生的要求研究中国蝴蝶。为了履行教学职责，李约翰只得参考外国人所著述的有关中国南部和中部昆虫的书籍，将中国的蝶蛾类昆虫与他所收藏的美国蝴蝶相比较，给出类似的定名[②]。即是说，在专业领域内，面对母国研究对象，留洋博士呈现出"失语"的症状，不得不假借西方之语。

在《围城》中，"孙柔嘉"的姑妈"陆太太"，她曾经留学美国，是那种"叫人家小孩子'你的baby'、你的'Mrs'的那种女留学生"，而且，她"中文报不看的，只看英文报"。

而留英归来的剑桥才子曹元朗以"端正的宋体毛笔字"写下一首名为《拼盘姘伴》的十四行诗，自注为"Mélange abultére"（杂

---

①　梁启超：《新中国未来记》，《新小说》1903 年（第三号）。
②　参见施蛰存：《蝴蝶夫人》，京华出版社 2005 年版，第 238 页。

拌），实际上就是各门外语的大杂糅。诗后细注着字句的出处，"什么李义山、爱利恶德（T. S. Eliot）、拷背延耳（Tristan Corbiére）、来屋拜地（Leopardi）、肥儿飞儿（Franz Werfel）的诗篇都有"，被方鸿渐调侃为"新古典主义的作风"，被唐晓芙埋怨说"你对我们这种没有学问的读者太残忍了"，"诗里的外国字，我一个都不认识"。① 此处，小说作者近乎恶搞地音译了数位西方诗人之名，使得曹元朗看似文明摩登、博采众长，实则食洋不化，故弄玄虚，谈论西方经典落得一个云山雾罩。

虽然讥讽了曹元朗，但方鸿渐也不能摆脱西语的影响。为了追求唐晓芙，他恨不能用英文撰写情书，"因为文言信的语气太生分，白话信的语气容易变成讨人厌的亲热；只有英文容许他坦白地写'我的亲爱的唐小姐'，'你的极虔诚的方鸿渐'，这些西文书函的平常称呼放在中文里就刺眼肉麻，他深知自己写的英文富有英国人言论自由和美国人宣言独立的精神，不受文法拘束的，不然真想仗外国文来跟唐小姐亲爱，正像政治犯在外国租界里活动"②。这一细节既构成了美学意义上的语调反讽，也透露出：汉语竟陷入了一种尴尬的境地，它与其所指——留学生要向中国女子表达的爱慕之心相当不匹配。

语言是话语权力的一大重要表征，西方语言对留学生前途的决定性作用正是中西文化地位对比的一个缩影。列文森曾以"语言"与"词汇"为切入点描述不同文化间的影响态势，指出，要改变一种"语言"，其深刻和艰巨程度远胜于"词汇"的改变。在他看来，中国丰富了西方的词汇，而西方则改变了中国的语言。随着西学东渐在中国呈现出世俗化、大众化、实用化之趋势，西学新知不仅改变了中

① 钱锺书：《围城》，生活·读书·新知三联书店 2002 年版，第 76 页。
② 钱锺书：《围城》，生活·读书·新知三联书店 2002 年版，第 87 页。

国人的认知和政治文化，还切实成为中国人社会交往、商务活动及新社会职业的应用基础。

"西文"（外语）和"西艺"（科学）就曾是中国教育近代化追求的最切近的目的物。外语在近现代中国教育中的重要地位是毋庸置疑的，它是洋务教育与教会教育灵犀相通、产生共鸣的成分。其中，英文的地位首屈一指。

《中英庚款史料汇编》保留的成绩单和历届考试规章说明，中英庚款委员会自始即特别注重英文，并对英文最低录取标准一再慎思。自始拟定的"考试成绩计算法"是："普通科目"之中，"党义"和国文共占 15%（前者 3.75%，后者是 11.25%），而"英文英语"一项独占 25%；"专门科目"共占 50%，"著作"及"服务"占 10%。可见"英文英语"比任何科目分量都重。不久即因理工科目应试者对英语口语感到困难，中英庚款委员会才取消英语口试，只留"英文"笔试，仍占总分的四分之一。为顾全理工考生，英文录取标准（无论专门科目分数多么高）必须在 35 分以上。然而，如此低的英文录取标准后来还是不能严格执行。即此一端，已足见英文之被重视和考试难度之高。[1]

二、失意之人的书写

西学东渐的进程一旦开始，就难以逆转，留学的兴起与科举制的凋零乃至废除是并蒂而生的。在苏曼殊小说《断鸿零雁记》的第二十一章里，主人公"三郎"偶出春涼亭眺望，忽见壁上新题有《捐官竹枝词》，其中有这么一联"天丧斯文人影绝，官多捷径士心寒"，

---

[1]　参见何炳棣：《读史阅世六十年》，广西师范大学出版社 2009 年版，第 142 页。

他便心想"此时科举已废，盖指留学生而言也"①。三郎这看似不经意的联想实则透露出时人的潜意识，传统的"士"阶层在人们的心目中的社会地位已逐渐被留学生顶替，不论具体的个人际遇是否如意，后者日趋成为智识群体中的主流。1910年，即科举制被废除五年之后一位在京官员记述当年清廷考选新任官职员的情形道："今年自正月以来，考举贤，考拔贡，考优贡，考法官，考大学毕业生，游学外国毕业生以及录事、供事之类，几于无月不考，除官至五千人。"②留学生在官方的改革中占据了一席之地，教育政策和价值取向的改变势必引起社会转型。

社会转型往往伴随着社会各阶层之力量对比的改变，造成价值的紊乱和失序。中国传统知识分子的身份危机即是其中一例。

在科举大门彻底紧闭、入仕无望的情形下，晚清一批传统文人迫于生存的压力，转行当了职业小说家。"停止科举，考试无用，仕途湮塞，举子弃学，儒师失业，各奔谋生之路。别无它能者，只有就近奔赴江海口岸，卖文求活，乃不能不弃八股而著小说，因是多用笔名，不肯暴露真名。适报刊发达，相得益彰，得风气之先者，成名最速，然此名已非彼名也。……且多为举人秀才，岂是偶然而有？"③《文明小史》的作者、"晚清四大小说家"之一的李伯元虽"少擅制艺及诗赋"，曾以第一名中秀才，后来却"累举不第"，而立之年干脆抛开应试学问，携家来到上海办报纸。为了解决生活上的困难，曾朴、包天笑等人也怀抱着某种不可知的希望，一步步地走上文学的道路。在创作晚清小说的过程中，这一拨失意之人便是晚清留学生形象

① 苏曼殊：《断鸿零雁记》，载江曾培主编：《中国留学生文学大系》（近现代小说卷），上海文艺出版社2000年版，第135页。

② 恽毓鼎：《恽毓鼎澄斋日记》，浙江古籍出版社2004年版，第620页。

③ 王尔敏：《近代文化生态及其变迁》，百花洲文艺出版社2002年版，第282页。

的主要书写者，而晚清小说的主要读者也颇多"出于旧学界而输入新学说者"。

这批晚清小说家对留学生的塑造似乎响应着时代风潮，他们所标举的口号是，运用文学的通俗性和普及性特点来开发民智、针砭世事、卫道劝世、宣传爱国、唤醒民众、刷新政治，从而达到兴利除弊、富强国家的目的。从字面上看，这些目的很崇高，但实际上，这一文学活动主要是市场选择的结果，生存的需要，决定了晚清小说家要"迎合社会"，用时人狄平子（1873—约1942）的话来说，即是"欲导国民于高尚，则其小说不可以不高尚。必限士夫以外之社会，则求高尚之小说难矣"[①]。尤其，对于《绣像小说》等商业性杂志来说，盈利才是它的主要目的，晚清文士们肯向它投稿，大多也是奔稿酬而去。

于是，这些文人以小说写作为其平生志业，但是他们又是最不敬业的作家。在市场导向机制下，为了响应当时读者与出版商的要求，"卖文求活"的作家把任何具有卖点的东西都加以模仿、复制、再生、夸大以及制式化，甚至剽窃伪造，粗制滥造，造成语言粗糙、情节重复勉强、人物平板肤浅、结构松散的通病，乃至有相当一部分被鲁迅贬谪为"辞气浮露""笔无藏锋"。尽管，当时有不少文人努力追求将小说的形式、修辞、主题西化，但是就算面对这种打倒传统的企图，晚清小说仍然执着于传统的末流而少突破，荡在精英理想／大众趣味、古文／白话文、正统文类／边缘文类、外来影响／本土传统、启蒙理念／颓废欲望、暴露／伪装、革新／守成、教化／娱乐等各种矛盾之间。这正是一种弱者的宣泄姿态和颓废之风，他们的轻薄放浪最终却成为一种伪装，掩饰着他们对时代的焦虑，往往或自知或

---

① 黄霖：《中国历代文论选新编》（晚清卷），上海教育出版社2008年版，第187页。

不自知地成为"谑仿"的实践者。①

由此，这些文学创作者在塑造留学生角色时往往不是颂扬就是唾弃，不是夸大就是琐屑化，以博人眼球，甚至自暴其丑却仍不以为忤。而一般的丑角留学生形象展示了某种喜剧能力，他们以模式化的性格与机器人式的行为，表现出一种集体的自欺，表演出当时社会上那些非人的品质，有关于他们的论述就像一场狂欢，将好与坏、公与私都熔为一炉。这些作品汲汲营求所谓时代性的议题，号称深入社会的各个角落，探求写实的资料，信誓旦旦要打击社会的不平与乱象，但成果却表现为偏见与欲求，反而渲染、夸张了那些不平与乱象，所揭露的"黑幕"倒是打击了清高的理想主义。终究，被贬损、变形、放纵狂欢（carnival）的留学生角色是如此吊诡，发出暧昧的笑声，堪比巴赫金所谓"丑怪的写实主义"，作家与其嘲笑的对象难分优劣，在讥讽社会的种种荒诞时，无人能从这闹剧一般的怪现状中幸免。②

三、异域文明：无法实现的零距离

《新中国未来记》中，留日归来的宗明是一个几乎从头到脚都惹人不快的角色，在为革命方案激愤陈词时，提到中国，他满口尽是"今日的支那""支那的民意""支那人"，本要表达爱国之心，用的却是留学国对母国的歧视之称，自己还浑然不觉，一席话让同为留学生的李去病听得心中好生不悦。明确主张小说工具论的梁启超无疑是有感而发，在他目力所及的范围内，不少留学生囫囵吞下东洋或西洋

① 参见王德威：《被压抑的现代性——晚清小说新论》，宋伟杰译，北京大学出版社2005年版，第84页。
② 参见王德威：《被压抑的现代性——晚清小说新论》，宋伟杰译，北京大学出版社2005年版，第20页。

的新鲜话语，不加消化地直接用以表述中国问题，这是留学之效未能尽如人意的一大缘由。

吊诡的是，"支那"一词的民族歧视之意是一个逐渐生成的过程。从词源学上看，"支那"这一对中国的称呼始创于印度，先传到中国，再传到日本；经过漫长的岁月，在日本语言内生根，民国以前，日人称中国为清国或支那者居多，民国以后，则鲜称中国或中华民国，而往往径呼支那。起初，该词属于中性，梁启超笔名之一还曾是"支那少年"，其著作《李鸿章》封面上即用"支那之怪杰"为题签，黄兴等人所创办的杂志亦题为《二十世纪之支那》。然而，自从中日甲午战后签署《马关条约》，日本人因此对中国的态度变得轻蔑起来，"支那"很快融混了轻蔑之意，从此成为日本人与中国留学生纠纷的症结，及至民国，留日学生憎恶日本人开口"支那"、闭口"支那"的程度，已达到忍无可忍的地步。显然，宗明频频口吐"支那"，意味着他对语境的忽视，不分青红皂白地模仿留学国之文化，浓缩了作者对留学生"食洋不化"的警醒。

《新中国未来记》的这番警醒出现在20世纪初年，在其后的数十年间，留学生对留学国的了解日益清晰，但在文本中，留学生对异国文明的误读和误用却并未就此烟消云散，"异国想象"的感性成分时常纠缠着理性的判断，导致他们以本质主义色彩的修辞来描述东洋或西洋。

在《留东外史》第七十一章"叙历史燕尔新婚，扮船员浩然归国"中，"大銮"在日本见到留法归来的"大朱"，后者华丽的服饰和住宅令大銮在心底总结道："法国本是专讲虚华的国，他在法国七八年，也难怪他是这样奢侈。"一个"本"字不由分说地将法国与形容词"虚华"绑在了一起。

在郭沫若小说《圣者》中，凭借主人公爱牟的引述，"新回国的朋友"对欧洲的怀念近乎夸夸其谈，"柏林真好，简直要算是天国呀！房屋又如何华丽，女人又如何嫣妍，歌舞又如何，酒食又如何，一面说，一面闭闭眼睛，好像要忘却这眼前的尘浊，去追寻他遗失了的乐园的光景。朋友的结论是：中国人的生活完全是乞丐的生活"。这令爱牟暗自反感，"欧洲的生活想必是别有天地，但是画家 Millet[①]住在巴黎的时候，不是说如像住在沙漠里面一样吗？乞丐的生活也自有他的乐趣，天堂是在自己的心里。"虽然几次想起身告辞，但爱牟不好意思"打断友人的兴头，只好听他背出了自作的许多诗词，和在德国说是已经被诸管弦的李太白的译诗，究竟乞丐国中的诗人也值得受天国中人赞美呢"。[②]

但实际上，留学生对异国的表述是多元化的，并非尽是"崇洋媚外"之语。

女作家兼记者陈学昭（1906—1991）的长篇小说《工作着是美丽的》以自传体的形式诉说了女主人公李珊裳的留法经历。作者的起笔是温馨而热切的，"踏上法兰西的国土，第一次送到珊裳眼睛里的生动而奇特的东西，便是在那些巨大的公共建筑物上刻着这样的三个法文字：自由、平等、博爱。这三个字写出了法兰西过去光荣的历史。……法兰西人好似那么地谦恭而富有亲切的礼貌，至少对于一个以人对人愈冷愈有美德的国家如象中国的女人看来是如此"[③]。这位女留学生的眼光就是如此投射在法兰西的风物之上，使用"自由""平等""博爱"等中文词汇来翻译并囊括法国精神，并顿感法国人的亲切与母国的冷漠水火不容。

李劼人（1891—1962）写于留法期间的中篇纪实小说《同情》

---

① 米勒（J. F. Millet, 1814—1875），法国画家。

② 郭沫若：《漂泊小说》，上海文艺出版社 1994 年版，第 8 页。

③ 陈学昭：《工作着是美丽的》，浙江人民出版社 1979 年版，第 30 页。

自谓为留法主人公"我"在巴黎两个月病榻日记的择要。"我"的这些日记诉说了勤工俭学的艰辛，中国留法学生的团结互助，考察了中法生活观、感情观的差异。譬如，"我"的法文教习西门夫人得知"我"的妻子留守中国，便以法国谚语"远于眼者远于心"来陈说"照我们欧洲习惯，断没有把妇人留在家中独自走到数万里之外，还打算七八年之后才回去的"。而在"我"看来，欧洲人"不相信人是可以用高尚的正当欲望来压制情欲的"，法国女人乃至欧洲女人"心里只以为女人是为爱情而生的，男子是为供给女人的爱情而生的"。留学生热衷于中外文化比较，将人与人之间的点滴区别上升为文化的差异，这是人在身处异国时的自然之举，而个人观感之有限性与文化的混沌状态是对立的，在跨文化比较中得出的结论越简练，就越有可能漏掉无数个例外直至以偏概全。在比较中，这位留法生大致分出了族群品性的高下，一如其标题，《同情》意在以法国人对"我"的慈爱关怀对比国内众人的冷漠无情：

> "同情"，我在国内把他寻觅了好多年，完全白费了工夫，到处遇见的只是一些冷酷、残忍、麻木、阴险、仇视，何等的失望！……我到巴黎才十个月，居然就把它在一种不意的牺牲后寻得了。[1]

法语水平的不济并没有妨碍"我"在身患重症之际获得身边法国人的同情和帮助，在感激的同时，"我"也陷入了思考，得出结论：法国人是壮美尊严的，而中国人是病态的。

所引文段所言说的异国俱为法国，就小说的性质而言，篇中留

---

[1]　李劼人：《同情》，《少年中国》1923 年第 4—6 期。

学生的谈吐都透露着作者本人的声音①。

而林语堂的留德回忆则简直是观感充实的生活实录。在德国"殷内"（耶拿），他发现了德国同学的勤勉上进，"他们的功课就是皮肤上的伤留下的瘢痕，似乎是瘢痕越多，学位越高"；但这里的学习氛围是自由的，他与其妻"手拉着手去上课，一同去郊游，第一次尝到德国的大学生的生活滋味"，"我们都已成年，不再有点名和小考的麻烦。我们何时把功课准备好，就随时自动请求考试，三年、五年，甚至十年都可以。我们没有请假这件事。在春天我们可以到布拉格去，然后给教授寄一个明信片去问候即可。生活何等自由！虽然有此自由，上课的人数还是依然如常，每个人都照旧苦读，因为是出乎本心想求学"。②他遇到了形形色色的德国人，同时也尝到了形形色色的待遇，在莱比锡，他的女房东是一位"孤独寂寞的寡妇"，像"色情狂"一般"存心引诱我"。也是在莱比锡，他遇到了能读懂文言文，却读不懂现代中国报章杂志的莱比锡大学教授"Conrady"，在这位中文教授的熏染下，林语堂开始认真研究中国的音韵学。1930—1935年留德的冯至，师从雅斯贝尔斯，从事杜甫和歌德研究，推崇席勒，值国内第二次革命战争激烈时，德国也并不平静，他却过着比较纯粹的精神生活，读诗赏画听音乐，归国之后，他选择研究十四行诗。

留学生活的巨大差异，在留学者如释重负的回忆中被解读。而且，对那些游学多国的留学生而言，异域体验的差异性也是明显的。在此，留美、留法又留德的林语堂的描述仍然颇具代表性，流露出留学生作为行旅者的敏感眼光——欧洲与美国的对比是鲜明的，他觉

---

① 陈学昭在20世纪二三十年代曾几度留学法国。李劼人1919年赴法国勤工俭学，曾入巴黎大学文学院、蒙柏烈大学文学院学习法国文学史、近代文学批评等，1926年回国。

② 林语堂：《从异教徒到基督徒：林语堂自传》，谢绮霞等译，陕西师范大学出版社2007年版，第252页。

得"真是天上人间的生活","我生活的观点也改变了,我爱上了这旧大陆的风光和声音,和新大陆是那么明显的不同。在美国,不管是在纽约,或是在旧金山,看见的是同样的冷饮柜台里同样的牙刷,同样的邮局,同样的水泥街道。欧洲则变化甚多,在法国罗亚尔河流域,有旧式古城堡,狭窄的街道;有布鲁塞尔的大教堂,比利时列日城繁华的市街,St. Moritz 和 Intrlaken 的灿烂风光。我对一切古老的东西,古老的风俗、衣着、语言,都是极其爱好,极其着迷"[①]。实际上,这种对比及结论是如此眼熟,它们也屡屡出现在留美复留英的徐志摩的随笔和诗篇中。

尽管时段有异,但他们共同例证了,一国之文明如同一座多棱镜。而《新中国未来记》《留东外史》《圣者》等文本仍呈现出一个不可回避的现象,即思辨力的匮乏致使相当一部分留学生只拾取到它的片面,对西学新知"视之不见,精之不得",在沾沾自喜中照搬、误用西方文化价值,造成中外文化交流的错位和"落空",从而跌入中西文化的夹缝,踏进不中不西、不伦不类的误区。

在《文明小史》的楔子里,李伯元如此自述小说的主旨:

> 你看这几年,新政新学,早已闹得沸反盈天,也有办得好的,也有办不好的;也有学得成的,也有学不成的。现在无论他好不好,到底先有人肯办;无论他成不成,到底先有人肯学。加之人心鼓舞,上下奋兴,这个风潮,不同那太阳要出、大雨要下的风潮一样么?所以这一干人,且不管他是成是败,是废是兴,是公是私,是真是假,将来终要算是文明世界上一个功

[①] 林语堂:《从异教徒到基督徒:林语堂自传》,谢绮霞等译,陕西师范大学出版社 2007 年版,第 253 页。

臣。所以，在下特地做这一部书，将他们表扬一番，庶不负他们这一片苦心孤诣也。①

在倡办新政新学的队伍中，留学生是一大主体，自然算作"文明世界"上的功臣，但是，小说正文对留学生、洋务官员等新学人士的描写明显与这一主旨脱节甚至相背离，作者不是在表扬他们的苦心孤诣，而是在反讽所谓"文明"带给国人的困惑。他原要迎合这股风潮，写着写着却转而爆料这些文明人士的怪现状，对留学生等群体投以冷眼。小说中，他们所引介的洋派话语毫无弹性，却又与中国世风民俗中的丑恶面同流合污，使得楔子里那一串假设句的言下之意全往"办不好""学不成""失败""虚假""自私"等一路倾斜。

一位英国学者将《文明小史》译为 Modern Times，意指中国晚清心目中的文明约等于"现代"②。实际上，在甲午之前的西文翻译文献中，以"文明""文化"两词来直接对译西语 civilization 的极少，大多将其翻译成"开化""风化""教化"等。根据黄兴涛的研究，现代"文明"概念在中国的生成、发展，与晚清"夷夏"观念的变化有着密切的关系，从某种意义上说，"文明—野蛮"对立观念在中国的确立，恰恰是一个与"夷—夏"观念逐渐消失相对应的过程③。

在"取西法以自强"的大前提下，近现代留学生们往往用"中国"和"西方"这组对称词语来立论，国人理想的留学国等同于"西方"，由此而发的历史"叙述"一直在固定的意义上使用这两个词语，并且假定它们之间存在某种特定的关系。于是，"西方"便与

---

① 李伯元：《文明小史》，韩秋白点校，中华书局 2002 年版，第 1 页。
② 李欧梵：《中国现代文学与现代性十讲》，复旦大学出版社 2002 年版，第 19 页。
③ 黄兴涛：《晚清民初现代"文明"和"文化"概念的形成及其历史实践》，《近代史研究》2006 年第 6 期。

"现代"和"世界"画上了等号,被置于与"国内""东方""传统"等概念相对的等级序列中。此处,如罗志田所洞察,"西方"不再是一个地理名词而成为一个普遍的代号,"现代西方"则象征着"普遍的现代性"。而中国传统向来就对"空间"不够认真,有时更采取一种"虚拟"的态度,即庄子所谓"六合之外,存而不论"。晚清以来中国士人以"新旧"置换"中西"而模糊文化认同,体现了中国传统注重时间的历史眼光,这一努力本身也是以时间置换空间概念。

通过这样的转换,认同"西方"变成了认同"现代",这是"现代化"一词取代"西化"而普遍流行的一个主要依据。随着民族主义的引入,文化民族主义不能容忍"西化",但却会为"现代化"激动①。这样的叙述与假定,造成了人们对近代"中国"与"西方"的固化想象,不但中国在这一历史维度中被想象为一个愚昧、落后、停滞不变的帝国;西方也变成一个"处于历史探究范围之外的越来越被自然化了的实体"。

晚清时期,当民族主义尚未在中国形成气候之时,以留学生为代表的新学人士向国内输入和传播西方思想文化时广泛采用了普遍主义话语,误读和扭曲无处不在。当西洋和东洋的学理急遽进入中国之际,晚清翻译者的随意性令人瞠目结舌,改作远多于"直译"。例如,从欧西原著《进化论与伦理学》到汉译的《天演论》,从铺叙义理的《天演论》到提炼为命题的"优胜劣败,适者生存",是一个在广传远播中不断简约化的过程,这个过程一步一步滤掉了对于天演的种种道德忧思,使人种成了与物种等夷的东西。于是,作为译者的留学生在采取叙述、传播策略的同时,也束缚了自己的思考。

---

① 罗志田:《裂变中的传承——20世纪前期的中国文化与学术》,中华书局2003年版,第4页。

　　中国语文的复音化，致密和详尽，汉语词汇的丰富性，给人们在接受近代科学技术时带来了很大的便利，大批的人接受了种种舶来的名词而来不及辨识本义。例如，一般来说，严复在他的翻译文本中特别刻意避免使用外来词汇，甚至于会创造新的词汇来翻译有关政治、经济或社会科学的概念。相反，林纾在《伊索寓言》《黑奴吁天录》等早期译文中似乎无视这些"关键词汇"的来源，并且在各种各样的情况就直接使用这些词汇。甲午战争失败之后，留学生和梁启超等新人物即开始使用新名词，梁启超的文章不但采用日本词汇，而且加进了日本式的文气，故"启超体"堪称"新文体"。留日热潮出现之后，由日语转译而来的欧化词汇和复音译语在中国更是层出不穷，日语新语的造词法是依据传统汉语的构词法的，借用久已存在于中国的汉字去翻译西洋词语，又依汉语构词法径造新语，如他们将"revolution"译为"革命"，即源自中国《易经》中的"汤武革命，顺乎天而应乎人"以及《尚书》中的"革殷受命"。在由日语转译的新名词中，又以非科技性的社会性词汇居多，例如"社会"（society）、"真理"（truth）、"幸福"（happiness）等，而新学最具有吸引力的东西往往也正是这种最玄奥朦胧的东西，在吸引力和朦胧性之间便产生了一种随意诠释。

　　这种编码的效果使陌生变为熟悉，翻译者将自己熟悉和向往的东西移入新名词之中，借西来的新学脱去制束，引导受众以旧知推度新学。辛亥革命之后，新名词泛滥全国，连小学生都说起新名词来，唯恐后人，于是，音译自西语的"鸦片""芭蕾""摩登""巧克力""香槟"等词，转移自日语的"历史""哲学""积极的""消极的""具体的""抽象的""权利""义务""经济""卫生"等词，在中国语文内生存下来，从此再难被驱逐出境。

　　国人借由留学生译介的那些新词语来了解西方，而普遍主义话语的移译使得新词语与其本来的所指之间隔着鸿沟。任何翻译最终都要落实到语言文本转换的具体操作层面上，但具体译介实践中的具体策略往往超越语言因素，而与文本外的文学化规范、历史传统，甚至政治、意识形态等有紧密联系。因而，中国人对西方的想象，无论在语言或知识方面，都伴生着驳杂和混乱。1920 年，梁启超就带着自嘲的语气回忆说："壬寅、癸卯（1902—1903 年）间，译述之业特盛，定期出版之杂志不下数十种。日本每一新书出，译者动辄数家，新思之输入如火如荼矣。然皆所谓'梁启超式'的输入，无组织，无选择，本末不具，派别不明，惟以多为贵，而社会亦欢迎之。盖如久处灾区之民，草根木皮，冻雀腐鼠，罔不甘之，朵颐大嚼，其能消化与否不问，能无召病与否更不问也，而亦实无卫生良品，足以为代。"[1]

《文明小史》为这种话语实践提供了典型案例。前已叙过，在第十七回"老副贡论世发雄谈，洋学生著书夸秘本"中，写八股文章用的《文料触机》《文料大成》销量不济，留学东洋回来的董和文、辛名池劝某书店"八股不久一定要废，翻译之学一定要昌明"，"又说不要西文要东文"，书店于是成立了译书所，聘请二人担任翻译。董和文出国前一向是八股好手，辛名池改翻译的本事是"第一等明公"，将"外国书上的字眼"分门别类抄写，"等到用着的时候拿出来对付着用"。[2] 这两位留学生因独占知识资源而矜夸轻狂：

> 他二人说翻译之事，将来虽然一定可以盛行，但是目下还在萌芽时代，有学问的书翻了出来，恐怕人家不懂，反碍销路。

① 黄福庆：《清末留日学生》，《"中央"研究院近代史研究专刊》1983 年版，第 182 页。
② 李伯元：《文明小史》，韩秋白点校，中华书局 2002 年版，第 106 页。

现在所译的，乃是《男女交合大改良》、《传种新问题》两种，每种刷印三千部，出版之后，又买了两家新闻纸的告白，居然一月之间，便已销去大半。现在手里译着的，乃是《种子大成》。这三部书都是教人家养儿子的法子。①

在作者身处的语境中，这些译作的内容难被划入大雅之堂，所以这等留学生无疑是在利益的驱动下，拿新学当包装，将淫乱之声来个改头换面，这既是向大众欲望的妥协，也是在引诱大众的欲望，或许，他们本来也只是大众的一员，无法胜任精英的角色。只是，洋派话语的时髦让这种留学生有机会在异质文化的传播中暗动手脚，触发中外文明的荒诞对接。

故此，"君权"（monarchy）与"民主"（democracy）、"自由"（liberty）与"放荡"（libertinism）之类的新词，其实表明的是同一种政治与道德的障眼法。研习八股文章的指南与传授西洋技术的手册同样畅销；而这大相径庭的两种书竟可能出自于同一写手。而留学生，往往被视为这种弊端的肇事者和象征体。1903 年 4 月 17 日，《大公报》就载文指出留学生的唯洋是举："他们看着外国事，不论是非美恶，没有一样不好的，看着自己的国里，没有一点是好的，所以学外国人唯恐不像。"

民国初年，随着留学运动深入而广泛地发展，晚清流行的普遍主义话语渐趋瓦解，那种将异域"本土化"的表述模式和策略再也不能被接受了，林纾早年的翻译也遭到了无情的嘲笑。到了五四时期，各种西方思潮、学说以留学生为媒介涌入，不少留学生直接从西学的新潮来处理中国的问题，有些人渐渐习惯用西方的文化、政治标尺来

① 李伯元：《文明小史》，韩秋白点校，中华书局 2002 年版，第 108 页。

评价中国社会的是非,他们所看到的西国不啻为一种镜像。此时,中西二元对立已经成为主导的认识框架,对"中体"的强调,隐示着与之对立的"西体"的存在,以留学生为代表的新文化人更加强调本真的、异质的西方文化之于中国文化的革新意义,并伴之以对母国传统的激烈批判。

这是另一条误读西方文化的路径。就此,钱穆的激烈论见并不为过:"在西方,科学、宗教、哲学、艺术分门别类,各务专长。一到中国,却混成一大洪流,便成为推翻旧传统、推翻旧文化、创造新政治、建立新社会一呼号。如是则一切一切,全成了高谈阔论"。[①]在《西潮与新潮——蒋梦麟回忆录》中,蒋梦麟如此描述自己留美归国后所见的情景:第一次世界大战后,中国的思想界,自由风气非常浓厚,无论是研究社会问题或社会原理,总使惯于思索的人们难于安枕,使感情奔放的人们趋向行动。战后欧洲的西洋思想就是在这种气氛下介绍进来的。各式各样的"主义"都在中国活跃一时。[②]胡适的自传也有着相似的记述,从德国留学归来的中国哲人向国内介绍的是康德、黑格尔、斐斯特等思想大师,留英者则试图引介洛克、休谟、柏克立等人,留美生则最摩登,他们要鼓吹的是威廉·詹姆斯和杜威等人的哲思学说。但凡来自西方的思想学说,中国必有人信仰,甚至蔚成宗风。在文化外借的过程中,以留学生为代表的知识分子既译书办刊,亦开课演讲口头传授,甚至邀请他们在国外的导师讲学。只要有人拾取了一种外来思想,便不可能不引起另一个人对于这一思想的对立面的关注,并予以发挥,如将杜威与白璧德的学说相对立。一时间学派林立,门系俨然,各据法义。

---

① 钱穆:《国史新论》,生活·读书·新知三联书店 2005 年版,第 153 页。
② 参见蒋梦麟:《西潮与新潮——蒋梦麟回忆录》,东方出版社 2006 年版,第 151 页。

当留学生在不断骛新猎奇之时，中国自己的学统陷入喑哑，被引得摸不着北。他们中有许多人以"拿来主义"的逻辑，从西方思想中筛选一些要素，然后放在一个更高的理论抽象层次上糅合，在抽象的超验观念中打转，却弱于处理现实问题。此时的中国工商不振，市场落后，民众普遍贫穷，对西方思想的引介若不能以复杂的思辨实现去芜存菁，这些异国学说就无法找到适于生长的土壤，各种理论就会仿若空中楼阁，留学运动的初衷也就不能迅速实现。

其实，在这股引介而来的西学新潮中，某些学说本就内置了对本土传统的建构和捍卫，如学衡派所推崇的白璧德之新人文主义。吴宓就曾在 1917 年以后的某篇日记里反思所谓的"新文学"，他"一言以蔽之，曰：凡读得几本中国书者，皆不赞成。西文有深造者，亦不赞成。兼通中西学者，最不赞成。惟中西文之书，皆未多读，不明世界实情，不顾国之兴亡，而只喜自己放纵邀名者，则趋附'新文学'焉"[1]。对西方的了解愈透过皮毛深入肌理，留学生在中国播植西学时就会愈求稳当。留学德国的冯至，在 1931 年 4 月 10 日写给友人杨晦的信中，传达了对彼时文艺界西风当道的疑惑："我常常奇怪，我们有一个时代，读中国书就不算读书，宁可读一本什么巴尔干半岛的小说（自然巴尔干半岛也有好的小说）。"[2] 然而，总体来看，留学生对西学的审视和反思未成气候，与留日生鲁迅"不读中国书"的剑走偏锋相比，主张在中与西之间保持均衡的留学生反倒没有多少号召力，被挤出了文化风潮之主流。

曾自费赴东京大学攻读国史的孙毓棠，在教书之暇广事阅读欧洲社会经济史方面的著作，因为他深受蒋廷黻影响，相信西史名著可

① 吴宓：《吴宓日记》（第 2 册），生活·读书·新知三联书店 1998 年版，第 154 页。
② 孙郁：《在民国》，浙江人民出版社 2008 年版，第 200 页。

为治国史的典范。又如，徐志摩曾在《猛虎集·序》中忆起自己出国时"最高的野心是想做一个中国的 Hamilton（汉密尔顿）"，而这一词组是如此眼熟 —— 据伍启元在《中国新文化运动概观》中总结，五四后十余年间，"中国总也逃不出'模仿的工作'。例如张君劢不过想做中国的柏格森，胡适不过想做中国的杜威，陈独秀不过想做中国的马克思，郭沫若不过想做中国的恩格尔，甚至最近梁漱溟提倡中国文化的文章，也不过是'模仿'罗素的理论吧！"[①] 由此导致的社会后果，在传统文化的捍卫者钱穆看来，"近百年来，我们盲目抄袭德、日，失败了。又盲目抄袭英、美，失败了。转而又盲目抄袭苏联。这正如百年前的盲目守旧一样"，"一切新风气、新理论、新知识，正面都会合在对中国自己固有的排斥与诅咒，反面则用来作为各自私生活私奔竞的敲门砖与护身符"。[②]

不论是留学生对西方国家的感性体验，还是他们对西学新知的理论引介，当他们以西方为尊时，或多或少都忽略了"西方"本身的建构性。就此，史华兹的警告也颇为中肯 —— 当我们把注意力转回现代的西方，便会发现，那幅看起来好像很清晰的西方图像突然消失了。我们醒觉到，即使 19 和 20 世纪最聪明的人，对于应该如何掌握现代西方的发展的内涵，意见也是极为分歧的。人们毫无疑问对西方"认识"得比较多（多于人们对非西方社会的认识），但西方到底是怎样的，仍然充满疑问。

如一直以来被视为西方文明源头的"两希"文化之间就有着显著的差异：希伯来文化崇尚属灵的起源，而希腊人则认为人为法和实证法的理性构架才是国家形成之渊薮。更有甚者，即使是所谓"现代

---

① 伍启元：《中国新文化运动概观》，黄山书社 2008 年版，第 179 页。
② 钱穆：《国史新论》，中华书局 2001 年版，第 159 页。

的西方"，也是随着时空的转换而变化无常的。

又譬如，启蒙运动在法国大革命之后便衍生出自由主义、保守主义和社会主义等多种思潮，它不仅洋溢着作为主流的理性精神，亦有作为支流的浪漫主义——一种反启蒙的启蒙思潮，它反对的是法国启蒙运动中的普世理性，但继承了启蒙价值中的人的自由和个性创造，在情感和意志的基础上将之发扬光大，并进一步发展出民族历史文化的独特性和多元性。而同样作为启蒙主流的理性，就有法国的唯理主义和经验主义两种不同的理性传统，启蒙是乐观的，相信理性的确证和改造能力，理性又是怀疑的，怀疑一切现存的权威。

此外，鸦片战争时中国所面对的西方和19世纪末深远影响中国知识界和政治生活的那个西方，同属于一个"现代的西方"，但两个"西方"的差异相当大，这种差异常常被研究中国的西方历史学家所忽略。在《西方的没落》(*The Decline of the West*)中，斯宾格勒就企图证明，现代西方文明并不是其希腊祖先的继续，而是它的脱节，由于浪漫运动自身的吊诡和启蒙运动本身的多元，整个现代西方世界已经陷入了分裂。那么，中国近现代留学生所面对的西方话语更似于构成知识岛屿的环链，而非一座生来就与"现代""文明"等概念相挂钩的文化整体。

四、跨文化视野下的西方文明

一如西方人时常将中国文明概括为儒教文明，文本内外的中国留学生也往往将西方文明简化为基督教神学和民主政治学说。在想象性的叙事中，他们在具体的情境里利用、拣选、阐扬"宗教""自由"这些来自西方的概念，在这一"传播—接受"的过程中，出现了"发送者"文化的损耗和"接受者"文化的渗透，文化过滤导致了文化错位。

（一）留学生眼中的基督教

集中而细致地刻写中国近现代留学生如何以复杂心态看待西方宗教的文学作品，还要数小说《棘心》。在这部小说中，留法女性杜醒秋在自叹走投无路的情形下，将西方宗教当作最后的救命稻草，接受了洗礼，投向了天主教的怀抱。明知母亲是佛教徒，杜却要在她的病榻前宣讲天主教义。然而，杜醒秋并不笃信有上帝存在，她信教只是为了求得人生的出口和归宿，用西方宗教传统来化解精神上的困乏，一旦人生境遇有所缓和，无须仰仗超验之神的施舍，她对天主教的态度就转为质疑，重新在凡俗生活中探寻人生的意义。在宗教工具化的旨归下，天主教与新教的区分似乎都不再重要，这种宗教态度是留学生精神境界跨文化语境的关键案例。

在王统照（1897—1957）的小说《三位黑衣僧》（1939）里，作为留学生的"我"在船上遇到分别来自意大利、德国、匈牙利的三位教士，当即引发了"我"对基督教的一系列玄想和辩证：

> 宗教生活使人容易有极端的出入，说一句浅近话就是能救人亦能杀人，能使人十分冷静也能使人热情激发，因此一般常过着严肃规律的宗教生活的人，其性情、行为，必与普通人不一样。"槁木死灰"是一例；"恍惚有象"是一例；"救苦救难"又是一例；"在血中受洗"即认为与耶稣为一体，饮葡萄汁，吃面包即意味能入"圣道"；或是遁居沙漠中以祷告度日，或是用铁链自缚那样的苦修。然而在相反的一方，正是"一手持剑一手持经"的宣传；借口"三位一体"与崇拜"救世主"的标语争夺政权；滥行威暴；或为军国势力作先锋，造成自己人的特别社会层。①

---

① 王统照：《三位黑衣僧》，载江曾培主编：《中国留学生文学大系》（近现代小说卷），上海文艺出版社 2000 年版，第 734 页。

由此，"我"得出结论："许多事实不胜枚举，世间的一切事，利与害总是相对地存在。人性绝不像空想家想的那么简单，宗教在过去的历史占有最重要的地位，其关系所在不是几句话可说得清。"[①]

涉及以基督教为代表的西方宗教，许多留学生都能在杜醒秋和"我"的心路历程中找到共鸣。据"大秦景教流行中国碑"载，西方的基督教文化在唐朝时就已传播于中国[②]，而近代留学潮本就是先从教会学校中开始的。容闳、黄宽、黄胜这三位中国近代最早的留学生就是由美国传教士布朗 1847 年从澳门马礼逊学堂带到美国的。1860年之后，西方传教士开始大规模地来到中国从事宣教工作。随着传教的深入开展，一些教会学校应运而生，它们不仅向中国学生施行宗教教育，以《圣经》为原典传授创世论、赎罪论以及耶稣生平等，以基督教道德标准和西方的价值观念影响学生，实现其"德育"功能，还开设科学课程，在当时清政府尚未重视西方科学的情况下，教会学校的开设对中国的近代化具有重要的启蒙意义。此外，从 19 世纪 60 年代开始，这些教会学校渐渐开设西语课，推动了西方语言尤其是英语在中国知识阶层中的普及，如前文所论，为中西文化的沟通和西方话语在中国的立足开辟了一条渠道。同时，中国官派留学生，特别是赴美留学生的派遣，大都与传教士有千丝万缕的联系，如近代中国最早到德国留学的陈观海（1851—1920）后来便成为基督教信义宗最早的华人牧师，而中国近代最早的一批女留学生，如浙江女子金雅妹、福建女子柯金英、江西女子康爱德、湖北女子石美玉等人，也是由传教士在 19 世纪 70 年代之后携带出境并资助留学的。及至教会大学在中国建立之后，益加培养中国学生去国外留学深造，例如，上海圣约

---

① 王统照：《欧游散记》，上海开明书店 1939 年版，第 15 页。
② 胡卫清：《普遍主义的挑战：近代中国基督教教育研究（1877—1927）》，上海人民出版社 2000 年版，第 2 页。

翰大学每年均要派几十名学生赴欧美留学。

但中国留学生对待"洋教"的态度，却绝不尽是受惠后的领情之感。近代基督教和近代世界普遍主义结伴而行，基督教教育在中国并不只是一种单纯的文化传播，也不只是一种简单的西方教育模式的移植，它是要根据基督教思想从根本上改造中国社会，实是一种寓含着宗教性与现代性、神圣化与世俗化、科学与宗教、近代化与殖民化等一系列悖论性命题的复合性概念。

在《棘心》中，作者详细地摹写了杜醒秋的信教受洗如何被其他中国留学生视为叛国之举，饱受非议，"中国天主教徒"这种身份在此具有被剥夺中国国籍的意味。对此，自幼便被培养为基督徒的林语堂就深有感触，"对一个有知识的中国人来说，加入本国思想的传统主流，不做被剥夺国籍的中国人，是一种很自然的期望"[1]。

和一般国人相比，留学生与"洋教"更为亲近，但拒斥之心未必就此减弱，甚至更为敏感 —— 近代基督教在华传教事业，乃挟西方商船和炮舰而来，一开始就打上文化侵略的标记，往往与"鸦片"并置，太容易勾起中国民众的屈辱记忆和悲愤情绪（1949 年以后，西方人眼中为完成"文明"对"野蛮"的启蒙而殉道于中国人愚昧、无知、落后的传教士，却恰恰成为一般中国人对帝国主义罪恶的仇恨以及激发爱国主义动力的源泉 —— 国耻）。作为"西体"的象征，在中国人的眼中，"洋教"已经威胁到了儒学的主流地位及其伦理观念和价值标准，乃至将儒学建构成宗教性的"儒教"以与"洋教"对抗。19 世纪七八十年代，尽管清政府开展的洋务运动风头正劲，但儒学对"洋教"的排拒已由一种泛化的社会文化心理层面上升到明确的政策层面。为了避免"洋教"对中国留学生的渗透，朝廷严

---

[1] 林太乙：《林语堂传》，台北联经出版社 1989 年版，第 224 页。

旨防范。1876 年新任留美监督吴子登在给国内的信中，罗列留美幼童的重要罪状之一即是"因习耶教科学，或入星期学校，故学生已多半入耶稣教"，此类责难最终导致留美计划的夭折。1881 年清廷某御史试图搞垮福建船政局，便告发福建船政学堂留欧学生中有人信奉天主教。为此，外国传教士不得不发表诸多关于基督教与儒学关系的理论和文章，由早期的"孔子或耶稣"转向"孔子加耶稣"，以之论证儒教与基督教的相容，林乐知（1836—1907）、花之安（1839—1899）、李佳白（1857—1927）、李提摩太（1845—1919）等著名基督教传教士都曾试图将儒学与基督教加以调和。但众所周知的是，19世纪末 20 世纪初，基督教传教"事业"还是将"中西冲突"带到了沸点 —— 义和团运动 —— 一场朝廷无法控制的大规模民间反教运动爆发。

即便未有对"洋教"表现出极端的拒斥，即便与教会瓜葛不浅，生于中国这样一个高度世俗化的国家，大多数留学生实难以真正虔信神学教义。最典型的要属近代留学第一人容闳，他虽受教会资助留美，却明确拒绝毕业后当教士。据其《西学东渐记》的自述，容闳认为，签下传教志愿会"动受拘束""形格势禁"，并且他相信中国国民信仰不具备真正之宗教精神，"在信力薄弱之人"，教义"将如春冰之遇旭日，不久消灭"，"未必即为造福中国独一无二之事业"。[1]

半个世纪之后，同样留美的胡适在 1911 年 6 月 17 日的日记中还曾"盖欲借彼中宗教之力，稍杀吾悲怀耳"，但渐渐发现"他们用'感情的'手段来捉人，实是真情"，"细想"之后便"深恨其玩这种'把戏'，故起一种反动"。[2] 于是，胡适设问：首先，立国究须

---

[1] 容闳：《西学东渐记》，岳麓书社 1981 年版，第 20 页。
[2] 胡适：《胡适留学日记》（上），安徽教育出版社 1999 年版，第 82 页。

宗教否？其次，中国究须宗教否？再次，如须有宗教，则以何教为宜？他最终省悟出，"国教"一说本身就有悖于自由政体，由此回到"依法治国"的路子上。此时社会的精神氛围已不同于容闳所处之时代——达尔文的进化论早就在世界范围内冲击了上帝创世说，被标为传统的儒学已为五四反传统的大旗所打倒，"科学"呼声益高，而胡适在"宗教能否救国"这一问题上与容闳所见略同，可堪说明：以儒学为核心的主流价值观千百年来在中国建立起了难以撼动的世俗观念，加之近代西方科学精神的东传，中国很难成为一个受宗教，尤其是"洋教"话语制约的国家。

杜醒秋在法国皈依天主教后的如芒在背之感，不仅归结于国人对"洋教"的积恶，还在于西方现代理性对宗教的批判。严复所译介的《天演论》中充满了物竞天择思想；而基督教伦理观的自然哲学基础则假定自然是和谐有序的，每一物种都为另一种所服务，同时服务其他物种，环环相扣，最终导向善，体现神性的目的。显然，在近代中国震动一时的"质由物赋，人由猴变"与《圣经》的上帝造物之说是针锋相对的，"强者壮者存，而懦者老者亡"的社会达尔文主义与福音真理是大相违背的。

此外，对中国留学生，尤其是留欧留美者影响颇大的罗素早先就从个体生存和人类文化两个方面批判了宗教本身的价值，他认为宗教消解痛苦的方法，让人无法正视现实，让人屈服于自然的淫威，虽然过度张扬人类主宰的态度也是不正确的，但是由此而推回到前现代对自然灾难俯首称臣、逆来顺受的态度，这同样是一种极端的教条思维。而在鲁迅等诸多留学生阅读范围之内的克尔凯郭尔，则在《恐惧与战栗》中力图表明，要成为一个虔诚的基督徒，绝对不可能回避信仰和伦理的冲突，作为一个真正的基督教徒，绝不是将自己信仰和行动的决断交给教会，而是依据自己的体验、感悟和对人生和信仰的理解，在具体处境中独立地做出孤独而本真的选择。

留学生在承认西方文化优越的同时，却借西来的"科学"之力将基督教排斥在那优越的西方之外。1877年，谢卫楼（Devello Z. Sheffield）就指出，"经过西方科学教育的异教徒比一般异教徒更难接受福音"①。所以，《棘心》中的杜醒秋虽接受天主教的洗礼，却在潜意识里将此归为一种自欺，始终不能说服自己相信有那么一个全知全能超验物的存在。同样是宗教工具论的持有者，她与容闳、胡适的不同显然在于，前者在文学语境中聚焦于个体境遇，将整个生活寄存于基督教的伦理教育和灵性教育，而后者则依托于留学救国的宏大叙事。

林语堂则洞察到了个人信仰与民族文化的微妙关系。林父是第二代基督徒，担任牧师之职，而在林语堂看来，这种身份"绝不表示他不是一个儒家"。在林语堂的记忆中，父亲曾将大儒朱熹的一副对联张挂在新教堂的壁上，平日里还喜欢促成鳏夫寡妇婚配。留学数年之后，林语堂发现，中国是"无神论的"，具有"无神论者的快乐和满足"，中国人缺乏在基督教中占据重要地位的原罪感，而"被培养成了一个基督徒，就等于成为一个进步的、有西方心感的、对新学表示赞同的人"，这就等于是在承认，他愿意信仰基督教，并非真是为了献身于上帝，而是依然基于实用角度来做出判断，既要迎合西学，又想保持中国人的身份。对林语堂来说，"基督教"和西方文明是二而一、一而二的实体，很难说清他与其父究竟是因为对西方文明的向往而笃信基督教，还是因为接受基督教而向往西方文明②。

留学精英蒋梦麟对神学信仰的反讽，对无神论的理性辩护，则

---

① 史静寰：《谈明清之际入华耶稣会士的学术传教》，《内蒙古师范大学学报》（哲学社会科学版）1983年第3期，第30—31页。

② 李淑珍：《见山不是山，见山又是山？——论林语堂的二度改宗经验》，载黄兴涛主编：《新史学》第三辑，中华书局2009年版，第222页。

更映衬得杜醒秋的信教行为是浪漫主义失败者的非理性选择。在《西潮与新潮 —— 蒋梦麟回忆录》中，蒋梦麟将幼时对学校宗教活动的抗拒申发为中国人根深蒂固的现世精神："在这所教会学校里，学生们每天早晨必须参加做礼拜。我们唱的是中文赞美诗，有些顽皮的学生就把赞美诗改编为打油诗，结果在学校里传诵一时。虽然我也参加主日学校和每天早晨的礼拜，我心灵却似紧闭双扉的河蚌，严拒一切精神上的舶来品。我既然已经摆脱了神仙鬼怪这一套，自然不愿再接受类似的东西。而且从那时起，我在宗教方面一直是个'不可知'论者。我认为与其求死后灵魂的永恒，不如在今世奠立不朽的根基，这与儒家的基本观念刚好相符合。"① 蒋梦麟进而认为，中国人无法真正信仰上帝，因为他们太讲究实用，即使他们相信有神存在，"在中国人看起来，神只是大自然的一部分，在基督教看起来，大自然却是上帝所创造的"。在蒋梦麟看来，"欧洲文化的发展过程就是基督教的道德宇宙与希腊的理智宇宙之间的一部斗争史"，"科学与中国的道德观念之间的矛盾却比较缓和"，是儒学而不是基督教的宇宙观更接近西方的哲学和科学观。他认识到宗教精神不是西方文化的全部，看到了宗教与科学的竞争脉络。②

在全然不同的时空语境中的中国留学生有关信仰与理性的辩驳，所谓"信仰的佯谬"（paradox），仍都是对西方话语的解码、过滤与重建，意味着中国始终坚持科学是西方强大的原因，作为世俗普遍主义形态的理性主义尤其是科学成为反对基督教教育的利器。尽管，自启蒙运动以来，理性主义逐渐地在思想界占据主导地位，而上帝的存在越来越成为一个可疑的问题，当尼采喊出"上帝死了"时，整个欧

① 蒋梦麟：《西潮与新潮 —— 蒋梦麟回忆录》，东方出版社 2006 年版，第 63 页。
② 蒋梦麟：《西潮与新潮 —— 蒋梦麟回忆录》，东方出版社 2006 年版，第 283 页。

洲思想界都感受到了强烈的震撼。但不可否认的是，近代理性主义与中世纪的经院哲学和唯理主义存在着明显的渊源关系。理性主义使得传教士们在进行宗教色彩最浓厚的道德教育时也悄悄地或间接地传播了近代的价值观念。同时，近代西方文明也不仅仅只有科学与理性主义，经过宗教改革以后的基督教同样是近代文明的重要组成部分，甚至可以说是近代文明的本质内核或根本精神之所在。在西方从中古时期逐渐转移到现代的资本主义社会的过程中，如果没有基督教精神从中弥缝，他们的社会很可能会陷入纯功利观点的深潭。

在陈寅恪看来，这种实用态度是中国传统的"积习"，它密切关系到中国在留学大潮中的得失：

中国之哲学、美术，远不如希腊，不特科学为逊泰西也。但中国古人，素擅长政治及实践伦理学，与罗马人最相似。其言道德，惟重实用，不究虚理，其长处短处均在此。长处，即修齐治平之旨。短处，即实事之利害得失，观察过明，而乏精深远大之思。故昔则士子群习八股，以得功名富贵；而学德之士，终属极少数。今则凡留学生，皆学工程、实业，其希慕富贵、不肯用力学问之意则一。而不知实业以科学为根本。不揣其本，而治其末，充其极，只成下等之工匠。境遇学理，略有变迁，则其技不复能用，所谓最实用者，乃适成为最不实用。至若天理人事之学，精深博奥者，亘万古，横九垓而不变。凡时凡地，均可用之。而救国经世，尤必以精神之学问（谓形而上之学）为根基。而吾国留学生不知研究，且鄙弃之，不自伤其愚陋，皆由偏重实用积习未改之故。此后若中国之实业发达，生计优裕，财源浚辟，则中国人经商营业之长技，可得其用；而中国人，当可为世界之富商。然若冀中国人以学问、美术等之造诣胜人，则决难必也。夫国家如个人然，苟其性专重实事，则处世一切必周备，而研究人群中关系之学必发达。故中国孔孟之教，悉人事之学。而佛教则未能大行于中国。尤有说者，专趋实用者，则乏远虑，利己营私，而难以团结，谋长久之公益。即人事一方，亦有不足。今人误谓中国过重虚理，专谋以功利机械之事输入，而不图精神之救药，势必至人欲横流、道义沦丧，即求其输诚爱国，且不能得。西国前史，陈迹昭著，可为比鉴也。[①]

　　陈寅恪向吴宓的这番倾诉无疑迸发出了相当程度的洞见，甚至隐隐从他的视角应答了近现代文学对留学生形象的种种指陈和塑造——"吾国留学生"的面貌未有完全胜任"取西法以自强"的宏伟历史意图，因为他们专趋实用，不甘穷究学问的本原，即便竭力鼓吹"爱国"的民族主义话语，也难以求到西方真知以"谋长久之公益"，甚至衍生出种种偏差与扭曲。

　　然而，我们又清楚地看到，杜醒秋对自身信仰的拷问也好，容闳、胡适对"宗教能否造福国家"的思辨也好，林语堂、蒋梦麟对中国人之实用传统的挖掘也好，都仍然是基于西方认知框架。近代以前中国人心目中的理想社会，其维度都指向悠久的远古；但在现代化浪潮的不断猛烈冲击下，以留学生为首的国人逐渐将乌托邦设置到遥远的未来，人们努力的方向发生了决然的变化，这代表着精神上的一个巨大转折，将历史设想为一个不断进化的进程的观念，本身就是一种出自基督教神学的历史哲学。

（二）留学生眼中的自由

　　在近现代中国知识界以留学生为中坚力量译介西方及日本之学

① 吴宓：《吴宓日记》（第2册），生活·读书·新知三联书店1998年版，第100页。

的过程中，既有新造的语词踊跃而出，也不乏中国传统词汇被赋予全新内涵。在文学作品，尤其是晚清小说中，留学生角色最为津津乐道的一个词堪数"自由"，与此相伴的，往往还有"平等""民主""革命"等一系列得自西方政治文化的语词。此类言说的背后，矗立着中国近代思想史上的重大命题，而笔者仅意在从文学视角考察"自由"及"自由主义"等西方话语如何参与了留学生形象的塑造。

作为西方理念本体的"自由"，最早起源于拉丁文"liber"，17世纪，经过英国人洛克的阐发，自由主义从西班牙语"liberales"中脱胎而出，并在19世纪初首次被用作西班牙自由党的名称，表示该党在政治上既不激进也不保守的态度。其后，自由主义在欧洲和北美得到广泛流行和使用，成为近代西方一种社会政治思潮或流派，与激进主义、保守主义分庭抗礼，它的核心价值和思想内涵强调以理性为基础的个人自由，主张维护个性的发展，反对一切形式的专制主义，认为保障个人自由和个人权利是国家存在的根本目的。

以汉语"自由"或"自主"对译"liberty"始自19世纪上半叶，由马礼逊、郭实腊、卫三畏等西方传教士奠定了基本的阐释框架。但直到中日甲午战后，"自由"一词才真正被当作核心概念而得以展开论述，其中，黄遵宪和严复有关"自由"的论述备受重视，并在中国知识界中流传和风行[①]。1900年《万国公报》从第136册起连载了"斯宾塞尔"（斯宾塞）的《自由篇》，1903年严复翻译出版了约翰·穆勒（John S. Mill）的 *On Liberty*，定中译名为《群己权界论》，同年，留日生马君武又将此书译为《自由之理》出版，从而把西方的自由思想比较完整地引入中国。

---

① 胡其柱：《晚清"自由"语词的生成考略：1820—1900年代》，载郑大华、邹小站主编：《中国近代史上的自由主义》，社会科学文献出版社2008年版，第127页。

1903 年恰值梁启超小说《新中国未来记》问世不久。在 1898 年 8 月东渡日本之前，梁启超几乎没有操持过"自由"一词，而是一直以"自主"来言说。直到变法失败，他在船上翻译日人小说《佳人奇遇记》时才开始大量使用"自由"。而撰写《新中国未来记》时，他已让其笔下的留学生黄克强、李去病在一场激烈的辩论中对"自由"进行了反思。

黄李二人的这场辩论出现在第三回"求新学三大洲环游，论时局两名士舌战"中，他俩洋洋洒洒 44 个来回的辩驳依托于《天演论》所渲染的社会氛围，"物竞天择的公理，必要顺应着那时势的，才能够生存"，围绕着如何援引西方政治学说救治中国这一核心话题，他们口若悬河地争论了革命在中国有无必要，革命之后果，是直接拿西方政治制度为中国所用，还是结合中国实情实行政体平缓过渡等问题。

在作者的角色设置中，留法归来、倾向革命的李去病明显有着更为激进的政治观，他说专制政体是一件悖逆的罪恶，中国自古便是"一个革命的国体"，法国革命党人"要把普天下民贼的血染红这个地球"，拿破仑将"自由种子"播散到所征服之地，"要把全欧洲弄成一个大大的民政国"，《拿破仑法典》具有全属民权的精神，"将法国自由、平等的精神推行到万国"。在李去病眼中，彼时中国的时势与 18 世纪末 19 世纪初的欧洲别无二致，所以"卢梭、边沁他们的议论，在现在欧洲自然是变成了摆设的古董，在今日中国却是最合用的"，他引用西人之说"文明者购之以血"，人群进化之理是"要牺牲现在的利益以为将来"，他坚称革命不是以暴易暴，而是以仁易暴。

相比之下，留德归来、主张立宪的黄克强对中国国情和西方历史有着更为全面通达的了解。他认为中国人要做"中国事"，看到了西方政治口号与革命实践的歧义，指出法国大革命之时"罗拔士比、丹顿一流人，当初岂不是都打着这自由、平等、亲爱三面大旗号"，后来却"弄到互相残杀，尸横遍野，血流成渠"，将整个法国变作"恐怖时代"，"当十八世纪的末叶，法国人岂不是提起君主两个字便像喉中刺、眼中钉一般"，"怎么过了不到十几年，大家却打着伙把那皇帝的宝冠往拿破仑第一的头上奉送呢"。他说，法国大革命为19世纪欧洲的原动力，而大革命的原动力在于"干涉政策"，这是"强国的第一手段"，经过干涉政策才能进阶为自由政策是"群学"的一大定例，英法等国的富强之路堪为榜样。基于这样的认识，黄克强认为中国应跳过"人民主义的时代"，闯入"国家主义的时代"，如此一来，"过了十年、廿年，民智既开，民力既充，还怕不变成个多数政治吗？成了多数政治，还怕甚么外种人喧宾夺主？我说的平和的自由、秩序的平等，就是这么着"。当李去病建议道"地球上革命的戏本，不是只有一个法兰西演过"，不必"整要拿着法国的故事来做比例"，"苦苦说法国来吓人"，"何不想想美国的事情，高兴一高兴"，黄克强展开了第22次驳论：

> 你讲美国，这和我中国的问题更远得很了。美国本是条顿种人，向来自治性质是最发达的，他们的祖宗本是最爱自由的清教徒，因受不得本国压制，故此移殖新地。到了美洲以后，又是各州与各州自己有议事堂、市公会等，那政治上的事情本来是操练惯的，所以他们一日脱了英国的羁绊，更像顺风张帆一般，立刻造起个新国来。（眉批：美国所以能立国，并不自华盛顿以后，读者宜着眼此处。）你想现在我们的中国是和他比得么？中国人向来无自治制度，无政治思想，全国总是乱糟糟的毫无一点儿条理秩序，这种人格，你想是可以给他完全的民权

吗？我听说日本东京的留学生和内地的少年子弟，有许多听着自由平等几个字，他却不读书，不上讲堂，日日去嫖去饮，有人规劝他，他便说，这是我自由权。还有问他老子要钱去花费，老子不给，他便嚷骂起来，老子责备他，他便说我和你是平等的。（眉批：天下事差之毫厘，谬以千里。将来这种风气若接续下去，那起讲自由平等的人不能不负其责任。）照这样胡闹下去，将自由平等四个字不是变成罪大恶极的名词吗？所以我想国民自治力未充实的，便连民权也讲不得。（一叹。）若是中国今日便破坏起来，只怕比法国大革命时代的惨状倒要过数倍哩，还敢望美国吗？[1]

极具反讽意味的是，后来被视为中国早期自由主义代表人物的梁启超却借黄克强之口透露出对"自由"的质疑，指出西人鼓吹的自由难以在中国的土壤上生根发芽，中国的政治传统和国民品性只会放大民主政体的弊端。而在黄李二位留学生的对话中，他们所强调的自由更偏向于民族的自由，而非个人的自由，竞争只是中华民族与其他民族之间的竞争，他们希望中国这个"群"能够获得自由，但并不想看到民众脱离此"群"而自由。可以说，黄克强与李去病的对话是梁启超思想的自我辩驳，他在革命与立宪、激进与保守、自由与干涉之中看到了国家命运的多种可能性，他让两位以救国为己任的留欧生演绎这一场思维的体操。

无独有偶，在《狮子吼》中，陈天华笔下以正面形象示人，为求救国之道赴美学政治的念祖亦认为"自由"是有界限的，否则便是罪恶。小说第三回"孙念祖提倡自治，狄必攘比试体操"以念祖和留

---

[1]　梁启超：《新中国未来记》，《新小说》1903 年（第七号）。

德生肖祖等人的视角贬斥了从村外来民权村学堂的十余名新生，因为他们以自由为名，穿戴不整，违反章程，肆意追求女生，还不许干涉，直至学堂总理申斥追究才终于退学，于是众人明白了自由的真意。然而，在西方自由主义的语境里，这些新生所行使的正是表达的自由与行为的自由，他们的过错在于：没有生活在一个"公民社会"之中。

在"岭南羽衣女士"的小说《东欧女豪杰》中，女留学生华明卿乐于倾听俄国虚无党人"义弥"对"自由"的向往和追求："妹妹向闻法国自福禄特尔从英国携得自由之种而归，当时再有孟德斯鸠、卢梭诸子闻声倡导，至今那流风余韵，尚且浸淫民间，所以妹妹决意和几个同志一游巴黎，访那先哲的遗踪，搜那天民的口说，更欲一上那罗兰夫人的坟墓，凭吊一番，以表我们景仰的真心。"[1]在这一想象性的叙事中，经过孟德斯鸠与卢梭学说的灌溉，英国的"自由之种"在法国开花结果，缔造了一个自由的国度。但实际上，且不说英法两国在"自由"理念及实践上的分野，仅就孟德斯鸠与卢梭而论，他俩在自由与平等、法律与自由以及保障自由的政制等方面，就因完全不同的立场而得出相去甚远的主张。

在秋瑾的弹词《精卫石》（1906）中，留日女学生"黄鞠瑞"宣告："近日得观欧美国，许多书说自由权，并言男女皆平等，天赋无偏利与权"[2]，用"天赋人权"思想倡导男女平等。相似的是，对小说《女狱花》的第二女主人公、留学日本的许平权来说，"自由"凝固在绝对的"平等"之中，她的名字正是这种观点的显著体现。

在女性作者王妙如的笔下，许平权学养深厚，渴望通过教育实

①　岭南羽衣女士：《东欧女豪杰》，《新小说》1903 年第二号。
②　郭长海、郭君兮：《秋瑾全集笺注》，吉林文史出版社 2003 年版，第 472 页。

现男女平等，她不仅留日，还游历法国，由此在异国与老同学"黄宗湘"坠入情网。可是，因为担心婚姻有害于女性的自由平等，许平权刻意延缓婚期，直至后来才终于醒悟：为女性而战，并不意味着同时抛弃男性，一味独身只能导致人种的灭绝，这才举行婚礼。在许平权这里，西来的自由信条变成了压迫性的权威，她所固守的自由意志的无限张扬更接近于伯林所谓的积极自由（positive liberty），她希望摆脱自我前进道路上的羁绊——"低等的"自我的干扰和奴役，由此获得"最好/理想的自我"。当许平权将"自由""平等"当作统一的、具有固定本质的概念时，她忽视了西方思想自我反思、自我更新的内在能力，她所援引的这些口号来自西方启蒙运动，而错综复杂的启蒙运动原本就内在地包容着不同的，乃至互相冲突的思想资源。

留学生角色如此热衷于言说"自由"，映现了严复所译西方古典自由主义学说在甲午战后的风行，它与"物竞天择，适者生存"一同成为知识阶层最响亮的口号，"自由花"堪称当时最热门的笔名之一。在严复的考量中，西方文化之命脉正在"学术则黜伪而崇真，于刑政则屈私以为公"，"斯二者为中国理道初无异也。顾彼行之而常道，吾行之而常病者，则自由不自由异耳。"[①] 于是，在中国"国族"复兴的诉求下，经由包括留学生在内的集体想象，西方的"自由"话语发生了移位。

与虚构的文学人物黄克强、李去病、念祖相比，曾经留英的严复在译介西方古典自由主义时的过滤及裁剪行为更引人关注。他在《〈民约〉平议》中宣布："今之所急者，非自由也，而在人人减损自

---

① 严复：《严复集》（第 1 册），中华书局 1986 年版，第 2 页。

由，而以利国善群为职志"①；他在《遗嘱》中重申，当"事遇群己对待之时"，"须念己轻群重"②；在后人的追述中，他还曾判定"两害相权：己轻，群重"③。对此，贺麟在其著《当代中国哲学》（1945）中即已指出，严复把自由视为国家通向富强的工具理性，而忽略了自由内在的价值理性，这一观点后来得到了史华兹、李泽厚等多位学者的附议或考察，成为思想史上屡争不衰的话题。当严复提出"以自由为体，以民主为用"④时，当邹容在《革命军》中呼告"中华共和国四万万同胞的自由万岁"时，近代留学生在个人自由与国群自由之间权衡彷徨的思想状态呼之欲出，表明西方的自由主义在第三世界国家总不免陷入与民族主义的辩证关系。

尽管不可避免地误读了舶来理论，超越西方自由主义的现代叙述，搁置西方自由主义者所主张的放任、容忍、注重社会福利，试图将自由主义与儒家传统及救亡的理想结合在一起，但《新中国未来记》《狮子吼》《女狱花》等小说中的留学生仍是在严肃地阐释或体认着"自由""革命""平等"等西方政治话语，秉持着梁启超"新小说"的主张。与此相比，《文明小史》《留东外史》等作品则更多地借助世俗眼光，以嘲讽口吻描述留学生对自由平等的鼓吹，放大了《新中国未来记》中以剪影形式出现的，借"自由"之名懈怠堕落的留学生，他们玩弄西方政治的核心概念以为放纵堕落的挡箭牌，完全于救国无补。

《文明小史》中，家道殷富的聂慕政在留日之前先游学于上海，却"不三不四合上了好些朋友，发了些海阔天空的议论，什么民权、公德，闹得烟雾腾天，人家都不敢亲近他"；在这些"不三不四"的

① 严复：《严复集》（第 2 册），中华书局 1986 年版，第 337 页。
② 严复：《严复集》（第 2 册），中华书局 1986 年版，第 360 页。
③ 严璩：《侯官严先生年谱》，载严复：《严复集》（第 5 册），中华书局 1986 年版，第 1552 页。
④ 严复：《严复集》（第 1 册），中华书局 1986 年版，第 11 页。

朋友中，彭仲翔、施效全二人要撺聂慕政出资，好一同去东洋留学，其由头是那里"文明"，"人人都有自由的权利"，"那里留学生也多，有公会处，我们多结识些同志，做点大事业出来，像俄罗斯的大彼得，不是全靠游学学成本事勃兴的么？"在出洋的船上，彭仲翔掩饰不住庆幸感，向众留学生指出国内官办学堂禁忌太多，"言论不得自由"，"学业不得自由"，"举动不得自由"，"我们到了外洋，这些野蛮的禁令，谅该少些"，严复的"自由不自由异耳"在他口中具象化为"专制国的不二法门……弄得百姓四分五裂，……人心散了，国家有点儿兵事也没人替他出力"。[1] 有趣的是，同船留学生"陈公是"在对话中将外洋"野蛮的自由"与"法律自治"分而视之，代表着作者对彭仲翔激烈言论的匡正。

在这部小说里，留学生所强调的"自由"主要体现于家庭关系上。留日归来的刘齐礼、"冲天炮"和余小琴都急于向自己的父辈展现"民主""自由""革命"。余小琴对父亲说："论起名分来，我和你是父子；论起权限来，我和你是平等。你知道英国的风俗么？人家儿子，只要过了二十一岁，父母就得听他自己做主了。我现在已经二十四岁了，你还能够把强硬手段压制我吗？""家庭之间，总要实行革命主义才好。"还乡后的刘齐礼嫌家中的衣食住行样样不及外国，被父亲回以"我家里只有这个样子，你住得不惯，你就回到外国去，我是中国人，本不敢要你这外国人做儿子"，他竟马上收拾行囊离家出走，称"我才晓得家庭之间，却有如此利害的压力，可知我是不怕的，如今要革命，应该先从家庭革起"。

在第十九回"婚姻进化桑濮成风，女界改良须眉失色"中，"从东洋回来，非但在学界上大有进步，就是所做的事，无不改良"的刘

---

[1] 李伯元：《文明小史》，韩秋白点校，中华书局2002年版，第225页。

学深，认为"一切变法，都要先从家庭变起，天下断无家不变而能变国者"，宣称"治病者急则治标，乃是一定不易之法，治国同治病一样，到了危难的时候，应得如何，便当如何，断不可存一点拘泥；不存拘泥，方好讲到自由；等到一切自由之后，那时不言变法，而变法自在其中；天下断没有受人束缚，受人压制，而可以谈变法的"。他27岁仍未婚，因为要效仿外国的"婚姻自由"，其父母双亲"屡次三番写信前来，叫他回去娶亲，他执定主意不去，一定要在上海自己挑选。他说中国四万万同胞，内中二万万女同胞，只有上海的女人，可以算得上极文明，极有教化，为他深合乎平等自由的道理，见了人大大方方，并无一点羞涩的样子。"而在"贾葛民"看来，符合刘学深"自由"之念的这些女人都是妓女。

在署名"刍狗"的小说《地方自治》中，清末举人"魏自治"到东洋混了半年之后，学会了满口的"经济法律""立宪自治"，归国后被县官派充"自治公所"总办。可是，魏自治随即借地方自治营私，最后自治公所树倒猢狲散，"完全变成一场无聊的闹剧"。闹剧以自治始，又以自治结，是以作者谓之"自治"也。

在题为"杭州戊公演义，谢亭亭长评论"，由新小说社光绪三十二年（1906）刊行的10回本社会小说《立宪镜》中，主人公"金人"曾游学英、法、比、德诸国，一心立宪，雄心勃勃，预备一展宏图。回国一入境，金人便察觉到现状与理想的天壤之别，一帮伪维新人物相会，谁知这些人只热衷于叫局狎妓、纵酒打牌，更可气的是，官府督查办理自治的大员们根本说话不算话；文明戒烟会的会长竟躺在烟榻上大吃其烟。他到上海考察国民程度，不巧"走错路头，误入自由村"，"见主人几上之《民约论》，心中揣度系何等人物，夜间梦遇革命党造反，立宪立不成了"。在对立宪派怒其不争的同时，作者给予"自由"的不是希望，而是讽刺。

对《留东外史》里的留日生黄文汉来说,"自由"就是无拘无束,"我们在国内受老袁(袁世凯)种种束缚,不得自由,于今到此地来了,没人拘束,心里无挂无碍,和散人一般,就取名散人家吧"。他的这种自由观与西方政治哲学中的自由完全是两码事,倒是表明:中国人的自我概念正是通过层层的人际关系由近及远地表现出来的,这种文化心理人格是一种典型的他律性人格,即外在的道德律令剥夺了道德的自主权利。

"自由""民权"等概念的误用给留学生的道德蒙上了阴影,这既证明了西方自由主义在西化人士(包括小说作者本人)间的流行,也透露出,在大众 / 普通读者眼中,留学生对"自由"等西方语词的言说总带有精英主义色彩,堪称非主流。若借用德国社会学家滕尼斯(Ferdinad Töenies)的社会转型两分法来看,近代中国尚处于"礼俗社会"(Gemeinschaft),而留学生所引介的西方政治学说原本就只能在"法理社会"(Gesellschaft)中正常运转。在近代中国的语境中,留学生角色及其背后的创造者提及"自由"时往往是在响应激进主义的召唤,当他们以"自由"格 liberty 之义时,几乎不曾明白:在中国的传统伦常中,由夫妇得子女成血统,君臣为政统,朋友当属道统,自由主义作为一种现代的价值系统,是西方人的"法统",可从中国传统中寻求与其对接的思想资源,但其核心理念只能源自西方现代性。

而当严复、梁启超等人在译介自由主义之时,就力图在中国的传统思想中挖掘出能与西方 liberalism 相会通的内容,以证明它在中国古已有之。严复指出,中国古代早由庄子的《逍遥游》等篇为"自由"奠定了思想理论基础,他在其著《老子点评》《庄子点评》等书中拣选了部分老庄思想,将此发掘为"自由主义",他将《老子》三十五章中的"往而不害,安平太"阐释为"安,自由。平,平等也。太，合群也"，他一再强调："挽近欧西平等自由之旨，庄生往往发之。详玩其说，皆可见也。"① 这种刻意的误读掩盖了"自由"在中国传统语境中的贬义色彩，它是人之内心生活的某种状态，偏于一种脱离正统、脱离主流的非常态现象。

从词源学角度而观，汉语"自由"一词在《汉书·五行志》中就已出现，汉人郑玄注《周礼》时就有"去止不敢自由"之说。至魏晋南北朝之后，"自由"已成为流行俗语，意为自己做主，不受限制和拘束。《玉台新咏·古诗〈为焦仲卿妻作〉》便有名句"吾意久怀忿，汝岂得自由"。晋人袁宏在《后汉纪·灵帝纪中》中也说"今方权宦群居，同恶如市，上不自由，政出左右"。而《北史·尒朱世隆传》称："既总朝政，生杀自由，公行淫泆，信任群小，随情与夺。"唐人刘商的《胡笳十八拍之七》则道："寸步东西岂自由，偷生乞死非情愿。"蒲松龄在《聊斋志异·巩仙》里写道："野人之性，视宫殿如藩笼，不如秀才家得自由也。"京剧《失街亭》中，"诸葛亮"叮嘱"马谡"说："赏罚公平，莫要自由。"在这无数例子中，"自由"中的"自"含有"自我"（self）的成分，它在字面上指向某种类似"自我主导"（self-direction）的意思，暗示着自私和放纵。

这种"自由"不直接对应于"自由主义"（liberalism），它兼具英语的 freedom、liberty、latitude 等诸种义项，这种对译中的错位正源于西方话语的强势，正如"民主"一词本出自"君为民主"，与现代西方的民主概念截然相反。英语的 freedom 一词早在 12 世纪之前就已形成，包含着不受拘束、自然生活和获得解放之意；而 liberty 出现于 14 世纪，它源自拉丁文的 liberta，意为"从束缚中解放出来"，与"解放"同义，意味着人身依附关系的解除和人格上的

---

① 严复：《〈庄子〉评语》，载《严复集》（第 4 册），中华书局 1986 年版，第 1147 页。

独立,指向具有近代政治色彩的自主、自立和摆脱强制,这种语境中的"自由"是指权利免于受强制的那种状态,是个人的一切不被任何人占有和控制,是免于恐惧、免于奴役、免于伤害,它既指实现自我价值的权利,也包含不损害他人的义务。因此,当以汉语的"自由"来对译西方的自由观时,便携带着负面内涵,它的言说者也难免遭人反感。

20世纪初,严复所引介与阐发的以洛克、亚当·斯密和约翰·穆勒为代表的西方古典(或传统)自由主义很快衰微,梁启超即已明显感受到从主张放任的古典自由主义到主张干预的新自由主义的调整趋势。到了五四前后,胡适、张君劢等人接受的主要是以杜威、拉斯基为代表的西方现代(或新)自由主义。在这一时段的文学作品中,随着清朝的终结,随着西学的普及,随着五四运动的兴起,留学生角色对"自由""平等"的关怀渐从显性的口号转为潜在的认知,"革命""民主"等语词更频繁地成为他们政治话语中的关键词。当留美归来的胡适要向中国青年宣扬自由主义时,也必须以"救国"为旨归:要想救国就必先救自己;要想争国家的自由和权利,就要先争个人的自由和权利。在危机感日益深重的近代中国,实质正义很难落实到程序正义,西来的政治概念屡屡仅变成可被利用的口号和目的,没有秩序保障、生活缺乏安全感的国人很难去考虑抽象的自由和权利,摆在他们面前最急迫和最首要的任务是谋求中华民族的解放和国家的独立。此时,文本中的留学生若再强调个人自由和个人权利,便会显得与民族救亡的时代主题有所隔膜,难以得到绝大多数读者的认同,甚至形同与风车作战的堂·吉诃德。

第三节 "洋派"话语的光环之下

一、洋文凭：一种文化资本

如前所述，在西学东渐的过程中，西方话语逐渐占据主导性，作为中与西的中介之一，留学生形象便常与优越感联系在一起。

在顾明道的《奈何天》里，在主人公"小叶"的叙述中，从海外镀金回来的"美术学院的院长"整天"开口外国，闭口外国"，散发出"一种睥睨不凡的神气，令人怪难受的"。叙述者微妙心绪背后的复杂动因是难以言传的。

而许地山的《三博士》则从头至尾充斥着对洋派留学生及其崇拜者的讥讽。作者着墨的并不是留美归来者的"西化"，而是人物对洋学历的刻意趋附。小说中，留洋回来的青年才俊们照例要互换名片，那上面印有他们本人的"铜版造像"，而头戴"外国博士帽"是不可少的。由此，留学生的圈子形同一个半封闭的学术贵族阶层。在"留美同学化装跳舞会"这类移植而来的西式活动中，小说里的几位中国女性要解决择偶等现实性的问题，而留学与否成为衡量男性价值的核心尺度。"留学生回国，有些是先找事情后找太太的，有些是先找太太后谋差事的"，在何小姐的算盘中，留学生一回国来，假如倒霉也可以当一个大学教授，"若不是他出洋留学，我也没有爱他的可能……这会回来，自然是格外不同了"。如此，"甄辅仁"只得假装获得美国博士学位。留学生形象在此所涉及的"西化"并不是单纯的、中性意义的，而是一种崇拜权势、讲究表面的"租界心理"，是西洋文明表象下的小市民心态。

而在《围城》的语境中，留学生的洋文凭不啻一种近乎万能的全球流通物。本身曾留过学的方鸿渐，如此向唐晓芙解释某些留学生为什么会趾高气扬：

> 现在的留学跟前清的科举功名一样，我父亲常说，从前人不中进士，随你官做得多么大，总抱着终身遗憾。留了学也可以解脱这种自卑心理，并非为高深学问。出洋好比出痘子，出痧子，非出不可。小孩子出过痧痘，就可以安全长大，以后碰见这两种毛病，不怕传染。我们出过洋，也算了了一桩心愿，灵魂健全，见了博士硕士们这些微生虫，有抵抗力来自卫。痘出过了，我们就把出痘这一回事忘了；留过学的人也应说把留学这事忘了。像曹元朗那种人念念不忘是留学生，到处挂着牛津剑桥的幌子，就像甘心出天花变麻子，还得意自己的脸像好文章加了密圈呢。[1]

至于方鸿渐去异国深造中国文学，小说更是提供了一段极具"权威性"的著名解释，"学国文的人出洋'深造'，听来有些滑稽。事实上，唯有学中国文学的人非到外国留学不可。因为一切其他科目像数学、物理、哲学、心理、经济、法律等都是从外国灌输进来的，早已洋气扑鼻；只有国文是国货土产，还需要外国招牌"[2]。

外国招牌就是那张洋文凭，"仿佛有亚当、夏娃下身那片树叶的功用，可以遮羞包丑；小小一方纸能把一个人的空疏、寡陋、愚笨都掩盖起来。自己没有文凭，好像精神上赤条条的，没有包裹"[3]。无怪乎鲍小姐为了获取留洋机会，宁可跟比自己年龄长十二岁的李先生订婚，而褚慎明费尽心思与世界大哲学家通信，得到三四十封回信后四

[1]　钱锺书：《围城》，生活·读书·新知三联书店 2002 年版，第 83—84 页。
[2]　钱锺书：《围城》，生活·读书·新知三联书店 2002 年版，第 67 页。
[3]　钱锺书：《围城》，生活·读书·新知三联书店 2002 年版，第 10 页。

处炫耀，终于才被"爱才的阔官僚"送出洋。在"汪处厚"的太太眼中，方鸿渐与赵辛楣这种留学归来的人，"随身本领就是用不完的财产"[1]。故而，有过留美经历的赵辛楣在三闾大学成为校长的红人，赢得许多同事造访。

而就大众传媒来说，它记录了种种留学现象，在参与建构留学生之社会地位时甚至不吝于运用炒作、俗套、夸张等手法，但无论它对留学生的评述是褒是贬，是发表偏激之论还是追求公正客观，其实展现的是同一个话题的正反两面，都恰恰说明留学现象的总体时髦和留学生地位的提升。正因为留学生日渐炙手可热，对他们的斥责和讽刺才会取得抓人眼球的效果。

这种情形在《围城》中得到了写照。获得洋学位的留学生在归国之际照例要登上报刊信息栏的新闻，个人履历与照片须一应俱全，方鸿渐就在"七月初的《沪报》"上读到了自己和苏文纨的新闻：

> 前面一张照的新闻说，政务院参事苏鸿业女公子文纨在里昂大学得博士回国。后面那张照的新闻字数要多一倍，说本埠商界闻人点金银行总经理周厚卿快婿方鸿渐，由周君资送出洋深造，留学英国伦敦、法国巴黎、德国柏林各大学，精研政治、经济、历史、社会等科，莫不成绩优良，名列前茅，顷由德国克莱登大学荣授哲学博士，将赴各国游历考察，秋凉回国，闻各大机关正争相礼聘云。[2]

这种宣扬不仅事关留学生及家人的体面，更展现了报业传媒对

---

① 钱锺书：《围城》，生活·读书·新知三联书店 2002 年版，第 248 页。
② 钱锺书：《围城》，生活·读书·新知三联书店 2002 年版，第 31 页。

留学生的热捧。当方鸿渐走下还乡的火车时,"前簇后拥",迎面而闻的是"照相机咯嗒声",原来是两家地方日报的记者。

此外,留学生在海外获得的洋文凭是对社会权力的参股,它替代了科举的功名,将象征性的文化资本(cultural capital)转化为权力,授予留学者,成为通向政治、文化和社会各种精英身份的规范途径。

综观近现代知识分子的背景变迁:最早是传统的士绅,接着是士绅掺和留日学生,最后加入了留美留法的学生,士绅退到不重要的地位。到了民国初年,总体来看,留学生的社会地位已非同凡响,被看作是未来中国的领导人物和救星,人称"强国之元素也"[1],"国民抱有无穷之希望,社会上不胜其尊重者然"[2]。到了1920—1930年间,社会上逐渐形成了一些非制度性的共识,将海外留学生和国内名牌大学毕业生视为上流精英。为了获得更多的文化资本,青年学生和知识分子纷纷争取出国留学的机会,以获得显贵的教育出身。

根据赵毅衡的估算,20世纪初,绝大部分中国留学生并未写博士论文。首先是因为他们无须写,许多人留洋归来就已镀金,读完本科肯定成才,国内等着大用了。清末民初著名外交家施肇基1901年在康奈尔文学院取得学士,准备归国服务,但是教授特别勉励,说中国学生都取得学士就结束学业,施肇基才大,停下可惜,于是他才多留一年,读毕硕士。当时大部分人认为写博士论文浪费时间,学位没有什么用处,不如多听一些课。有的人留学志向完全不在学位,例如侯外庐,留学法国的目的就是翻译《资本论》,边学边译;陈寅恪留学十年也没有写博士论文。留学归国成为名教授的,如文科的梅光

---

① 任夫:《敬告有志留学者》,《青年进步》1917年第2期,第16页。
② 余籍传:《敬告留美同学》,《留美学生季报》1922年第1期,第3页。

迪、陈衡哲、吴宓、闻一多，理科的梅贻琦、任鸿隽，都没有拿博士学位。

在为《中国留学生文学大系》（近现代散文纪实文学卷）撰写序言时，萧乾通过回忆指出，"在中国各个历史时期，留学生的命运与处境很不相同"，不过，"从我懂事的二十年代到一九四九年，留学生有时被说成是镀过金的，头上仿佛有道光环，在社会上特别吃香。看病找大夫，要找有柏林大学学位的；教书当系主任（除了中文系）得有哥伦比亚大学的文凭。北京南河沿岸有个欧美同学会，当时走过那红漆大门仿佛都让人肃然起敬"。①

于是，留学生形成了以高学历和名校为身份徽记的新宰制阶级。在中国近现代的社会转型中，留学生不仅有可能掌控国家的政治机器、财政实权，更具文化意义的是，他们所构成的文化权力网络足以垄断一时之文脉。

留学生归国后的就业领域呈现出集中性，他们一旦回国，不入政界则从事教育，两者的机会都以大城市为方便。加之，留学生入教育界的比例最大，而学校更是集中在大城市，尤其是北京和上海两地，因而，归国留学生大多分布在这两大城市。

归国后走向高位者在留学生中占有相当比例。1917年，《东方杂志》就曾载文指出："有志留学者，须知今日之中国，正属需要留学生之时代。……凡吾学生之爱国者，不可以不留学。"此文不仅点出留学之于国家时代的意义，更意在以留学生们的远大前程激励读者，"试观今日政界，最高级之阁员，其中四人，留学生也。次之，凡各部各机关，据调查所得，仅京师一地而论，留学生之占重要位置者，

---

① 萧乾：《序》，载江曾培主编：《中国留学生文学大系》（近现代散文纪实文学卷），上海文艺出版社 2000 年版，第 1 页。

计九百三十人。此外，各官立学校之校长，泰半亦皆留学生"[1]。归国留学生们大多倾向于从事高屋建瓴的社会性工作，据汪一驹估计，1925年将近三分之一留美回国学生在各种学院或大学任教，15%在中央或地方政府任职，另外15%投身于现代经济部门，做了银行家、商人或实业家，只有3%多一点的人是"专业人员"，主要是医生和律师。[2]

　　整个民国时期，教育界、学术界的领衔人物，大多具有留学背景，他们所构成的文化权力网络以国立大学和教会大学为中心。至抗战时期，据统计，在西南联大的179位教授中，绝大多数都是留学欧美博士，其中有97位留美，56位留欧，3位留日；5位院长全为留美博士；在26位系主任中，有20位留美，5位留欧，只1位未留学。[3]何炳棣的回忆录即透露出相关细节，1941年年初，当他留学初试失败之时，其师雷海宗劝他放弃在西南联大任教的想法，希望他愿意"去旁的学校做讲师或副教授"，因为"不幸的是联大教西洋史的教授相当多，你虽有教西洋通史的能力，因未曾留学，轮不上你教"。[4]

二、权力网络中的等级关系

　　有意思的是，相似于中国传统之察举制度、九品中正制和科举制度中的佼佼者，留学生们构成了一个"文人的人际网络（literati networks）"，在以现代学统为中心的同时，这种等级性精英网络不仅

① 任夫：《敬告有志留学者》，《青年进步》1917年第2期，第16页。
② 参见汪一驹：《中国知识分子与西方1872—1949》，梅寅生译，台北久大文化股份有限公司1991年版，第189页。
③ 参见西南联大除夕副刊主编：《联大八年》，西南联大学生出版社1946年版，第160—161页。
④ 何炳棣：《读史阅世六十年》，广西师范大学出版社2009年版，第115页。

内在地镶嵌着传统的血缘和地缘关系，还涉及留学国之间的差异性。

（一）留学版图的国家秩序

在《新中国未来记》中，黄克强与李去病在辩论中展露出截然不同的政治主张，前者力求平稳的立宪，后者坚持激进的革命，按作者之意图，有如此分歧在于他俩留学国不同——同在英国伦敦"恶弗斯大学"求学三年卒业之后，前者继续留学于德国柏林大学，受德人深邃沉思之性的影响，后者深造于法国巴黎大学，得到了法国人的浪漫革命气质。写到这里，梁启超眉批道："凡人在某国留学的，往往感受某国人的性质。故择地不可不慎。"除此例明示之外，综观近现代文学对留学生的书写，虽各具特殊性，虽有切身体会与道听途说的参差不齐，虽总有例外，无法完全按国别来定位，但仍大致设定了留学生角色的国别特征。

这既是异国想象的延伸，也是现实的摹写。在普及版的历史教科书中，近代中国与世界各国互动的过程往往被简化为"中与西"之间僵硬的抵抗、接受与宰制，从而掩盖了各自阵营的内部差异与分歧。在集体想象之中，国人留学的目标地更似于一个含混的虚拟空间——先进的"西方"或"东洋"，而非某个具体的国家，于是习以为常地大而化之了异质文化的播迁和碰撞。但实质上，对于留学者的个人境遇和集体气质，对于中国汲取、筛选外洋文明之后的文化走向，留学国别都是至关重要的因素。譬如，晚清出洋的官方人物对法兰西革命并无特殊兴趣，感兴趣的新政当然是存君主贵族的新政，如英、俄二国。此外，美利坚摆脱被殖民命运的自强之路亦为晚清留美人士所关注。

不同留学（游学）国的文化氛围、学术背景和政治环境给置身其间的留学生提供的是不同的理论资源和学术训练，他们的政治观念、文学思想也因之表现出不同的特征。例如，出生于湖南长沙阀阅之家的张西曼（1895—1949）于 1911 年和 1918 年两度赴俄国留学。受到俄国文化的熏陶之后，他发起组织中苏文化协会，创办《中苏文化》杂志，更主张"接受苏俄伟大十月革命的组织方法和经验以促进中国国民革命的成功"。在友与敌的眼中，异常亲苏的张西曼简直与俄国人无异，人称"西曼诺夫""西曼斯基"①。

不少研究者甚至认为，近现代中国知识分子之所以选择自由主义或者文化激进主义，其教育背景尤其是留学国别发挥着莫大的影响。夏志清在撰写《中国现代小说史》时就直言："我们即使是把自由派与激进派的纷争看作留美、留英学生与留日学生的纷争也不为过。"②尽管存有周作人这个显著的例外③，但概而观之，从维新变法到五四时期，信奉自由主义的，确实大多是留学英美的知识分子；而文化激进主义分子，的确大多有留学或游学日本、法国的知识背景。当人们试图粗略比较留日的鲁迅和留美的胡适时，即可见一斑：鲁迅留学期间从希望渐行到了绝望，胡适带着母国的悲观气氛初登美国，逐步被美国人的天真乐观和朝气所感染，于 1914 年春撰下论文《论英诗人卜朗吟之乐观主义》，1940 年被外国记者称为"不可救药的乐观主义者"（the incurable optimist）；鲁迅留日时期弃医从文，自述为立意高远的大叙事，胡适留美之后弃农从文，声称是从个人志趣出发，一反科举时代受教育者一定要出人头地的旧观念，主张择业时"个人标准"应优先于"社会标准"④；比较中虽不无渲染，但反观五四小说

---

① 张小曼编：《张西曼纪念文集》，中国文史出版社 1995 年版，第 257 页。

② 夏志清：《中国现代小说史》，刘绍铭等译，复旦大学出版社 2005 年版，第 17 页。

③ 周作人是留日生，但他对若干西方思想主流的反应之敏锐，不亚于留学欧美者。他写的有关宗教、民俗学和性道德的文章，可见受到詹姆斯·弗雷泽、弗洛伊德和霭理士（Havelock Ellis）的影响。

④ 邵建：《20 世纪的两个知识分子：胡适与鲁迅》，光明日报出版社 2008 年版，第 67 页。

中的留日留美生，似乎又恰能与此对应。

在笔者所考察的一百多部文学作品中，对留日生、留美生形象的塑造占了大多数，留法生次之，留英、留德、留俄（苏）生则相对较少，凑巧的是，周策纵的《五四运动》一书就发现，五四运动的领袖和中坚分子大都曾留学于日本、美国和法国，留日、留美、留法者是促成五四运动的三股重大力量。这或许可以理解为，当日本、美国、法国尤为关键地参与了留学生形象的建构时，也意味着这三个国家的文化逐渐为近现代中国人的趋西求新提供了主导话语。19世纪后半叶，严复的著名译作全都移译自英国人的论著，林纾三分之二的译著都源自英国文学，当时最强盛的英国一度成为中国政治、社会改革的榜样。但是到了19世纪与20世纪之交，大部分中国留学生求学于日本、美国和以法国为代表的欧洲大陆，这三个国家渐渐对中国产生了更大的影响，它们以其各自的文化差异，促成了留学生的思想差异：留美学生大抵重视文化教育问题，留日和留法的学生则更多地关注军事和政治问题。在政治方面，留日学生容易接受社会主义和民主主义的影响；留法学生和受法国社会思潮影响的知识分子，基本倾向于民主、乌托邦社会主义和无政府主义，他们的主张甚至明显带有法国浪漫主义风味；至于留美学生，则比较一致地接受美国式的个人主义和自由主义。[①] 这三个国家不同的文化模式、政治理念和社会信仰为留学生回国后处理中国问题提供了各具特色，甚至相互矛盾的解决方案，彼此争夺话语的制高点，尤为深刻地在中国文化中烙下了它们的印记。

下面，笔者试以留日、留美、留法这三大时空交织的留学热潮为坐标廓清留学版图，依据纪实性的叙事梳理留学生的域外经验，勾

---

① 参见林贤治：《自制的海图》，大象出版社2000年版，第18页。

勒出他们在异国的文化场，从而勘测出其中的文化秩序如何影响着文学目光对留学生形象的打量和生产，留学国如何被织入留学生身份的表意系统。

1. 留日

在《新中国未来记》中，黄克强留英复留德，李去病留英复留法，留日的宗明等人不过是负面人物或无关紧要的配角；在《狮子吼》中，念祖赴美学政治，肖祖到德国学军事。让人生疑的是，这两篇小说的作者梁启超和陈天华分别流亡、留学于日本，为何他们心目中的理想留学生角色却是留欧留美生？如果这不仅仅是偶然，那么应部分地归结为时人的留学等级观——"西洋一等，东洋二等"，"留西镀金，留东镀银"，留日学生声誉及整体质量不如留欧留美生。一个显而易见的例子是，据陶希圣回忆，在商务印书馆的编译所中，国内学者月薪为 80 元，留学欧美者薪水最高，月薪可至 200 元，留日者次之，为 150 元，其余如书桌大小、板凳抑或藤椅、书架型式、墨水花样等都有差别待遇。[①] 难怪不少人先留日复留欧美，正所谓"留学日本，不过为留学欧美之阶梯而已"，"君如力能留学欧美也，则吾劝君等速往欧美"。

对许多人来说，留学日本是权宜之策。如第二章所述，中日甲午战争后，留日成一时之风潮。1898 年的维新变法就主张"远法德国，近采日本"（令人玩味的是，德国文化对近现代日本的影响本就是一个意义重大的问题）。1905 年，日本战胜俄国之后，中国人的留日风气更甚。据估计，1904 年去日本者有 1300 余人，1905 年 2400 余人，1906 年 8000 余人，总数已超过 15000 人。[②] 留日成为国策，

---

① 陶希圣：《潮流与点滴》，台北传记文学出版社 1964 年版，第 74—75 页。

② Y. C. Wang, *Chinese Intellectual and the West, 1892-1949*, Chapel Hill : University of North Carolina Press, 1966, p. 66.

并非因为国人对日本书化的崇拜远在欧美之上，却是多基于实际的经济和政治考虑。其一，以张之洞《劝学篇》中的话来说，是"路近，费省"，故"可以多遣"，为了节约财政，清政府甚至倡导富绅自费游学，为此不得不鼓励有留学志向的国人就近呼吸文明空气。比起西洋，日本的学费和生活费便宜得多。尤其是当汇兑率有利于中国的时候，留学日本的费用甚至还低于在中国国内学校就读所需的花销，既然留学门槛如此之低，留日生的人数自然也就与日俱增。其二，当时不少朝臣认为，日本书化已经去粗取精，中国国情与日本相似，学习日本的政治、法律会事半功倍不说，还能防范和减免西人民主政体的威胁，"法、美等国皆以共和民主为政体，中国断不能仿效；而日本立国之基础遵守夫中国先圣之道"。

清政府的第二点考虑却落得一个适得其反，清末留日生群体正是以激进的革命者形象被载入史册。清末立宪派中有百余人为留日归国的学生，同盟会中的领导者绝大多数为留日学生。1911 年广州起义中，"黄花岗七十二烈士"里即有八人是在学中的留日学生[①]；同年10 月 30 日，在云南起义的干部（以昆明之陆军高级干部为中心）40人之中，考其学历，留日学生竟达 31 名。中华民国诞生后，对革命有功人士的子弟，很多亦被派到日本留学，光是黄兴部下的留日学生一度就有 600 名之多。"二次革命"失败后，反袁起义的领导人相率逃亡到日本或美国，孙中山先逃到台湾，其后抵日本，1914 年组织起中华革命党，大批亡命客和留学生亦追随而至，群集东京。堪为比照的是，中国留英学生主办的汉文杂志在 1927 年才出版第一期，而其发行的两大理由之一是"供留英学生练习中文写作"之用[②]，但距

---

① 曹亚伯：《武昌革命真史》，上海中华书局 1930 年版，第 359—360 页。
② 实藤惠秀：《中国人留学日本史》，谭汝谦、林启彦译，生活·读书·新知三联书店 1983 年版，第 346 页。

此二十多年前的留日学生出版物，已经不是无关宏旨的"练习"，他们在辛亥革命前后创立的《清议报》《新小说》《湖北学生界》《浙江潮》《江苏》《汉声》等刊物全负载着大是大非、掷地有声的内容，留日学生在日本刊行的杂志，发行数量亦较国内的杂志为多。

　　清末提倡留日，在很大方面是为了培养翻译人才。据载，中国最早翻译日本书籍的人是未曾在日本留过学的樊炳清，他的日文是从居留中国的日本人藤田丰八处学来。而甲午战争之后，曾颇受中国读书界欢迎的广学会之出版物已不再能震动知识界，广学会退居为仅出版教会书刊的机关，中国读书界渐把他们的注意力转移到蕴藏着新文化的日本系读物之上。1900 年——留日热潮掀起的第五年，留日的中国学生已具备翻译日本书籍的能力，译书汇编社、教科书译辑社、湖南编译社、闽学会等留日学生的翻译团体纷纷涌现。1903 年，汉译的日本书有 187 种之多，数量可谓空前。到了留学生最盛期，日本甚至出现了很多专为出版中国人用书的出版社，如神田的奎文馆书局、诚之堂书店等。不少留日生将译本送回国内出版，或自办印刷厂，大大改变了戊戌变法前以译欧美书刊为主的局面。从留日学生的翻译书目来看，他们最感兴趣的是欧美、日本的政治制度、法律、教育、历史、经济、哲学流派、"资生学"（经济学），大力编译了《美国独立史》《法国革命史》《意大利独立史》《苏格兰独立志》《荷兰独立史》《希腊独立史》等政治、历史著作，其中，《法国革命史》的影响最巨。

　　借由翻译，留日生为中国现代文化提供了话语资源，此时，翻译不仅是文字的传译，更是语义谱系、文化符号、物质和身体资源，乃至政治权利的诠释转圜。通过"和文汉读""顾名思义"等转译方式，"帝国主义""群学""人道""人权""人格"等 800 多个日文语词融入了现代汉语词汇，"民主""科学""独裁"等语词的汉语译法也得以修订。不过，日本与中国文化的亲缘关系既使留日生的翻译事业获得事半功倍之效，也更易埋下文化误读的陷阱，尤其是当他们在翻译中一味求新贪多时，译本的质量就很难保证。

在革命志士、文化先锋这类光辉形象的背后，留日生的整体学术成就相对留欧留美生却并不喜人，学业上获得突出成就者较少。据统计①，参与创建民国的留学欧美人士大多拥有较长的从政经历和较高的学历，在担任政府总长、国会议长（包括秘书长）以上职务的留美人员中，大学以上学历者超过85%，留欧人员的这一指标则达到了67%，而在这一范围内的留日学生却仅有一半人获得过大学学历。从留学科目的选择来看，留日生中，修习文科者占了大多数，法政、军事格外热门。从学制上看，留日生大体可分为六类：一是速成生，1907年被取消；二是普通生，数目不多；三是海军生，人数较少；四是陆军生，人数众多；五是特约生，级别颇高；六是预备生，在留日风潮的晚期才出现。由于中日政府疏于留日资格的管理，留日生群体的学识修养良莠不齐，日文水平参差不等，自费生几乎占一半，甚至大量出现了全家、全族男女老少相携留日的现象。故而，90%的留日生只能进入日本中等学校，仅相当于初中或高中。日本对中国留学生的教育也大体采用速成的方式。当时，日本学校为招揽中国生源，更快更多地谋利，显露出激烈的竞争倾向，如甲校用一年教授完毕，乙校减为八个月，而丙校更缩成半年，尤有甚者，竟有数月以至数日的速成科。再算上某些官费留日生的"挟功名利禄之见而来，……一知半解而去"，这一群体委实对不起"留学生"名号中的"学"字。1906年，在清政府举行的归国留学生考试中，留日生的成绩远远逊色于留美生，令中日人士共同嗟叹。

---

① 姜新：《留学欧美人士与中华民国的建立》，《民国档案》2002年第4期。

中国留日人数的庞大，给日本带来了一系列社会问题。即便留日生能从个体上适应清淡量少的日本饭食，能遵循日本人"不扬声呼唤""不穿着拖鞋进入屋内""不在电车内抽烟"等文明礼俗的条条框框，能克服经济的拮据，但作为一个人数众多的群体，其对住宿空间的刚性需求无疑意味着生存的压力，并衍生出一系列政治、经济、道德伦理纠纷。尽管学业繁重，但重压之下的生活放浪者并不罕见，如果他们没有进入规章严格的日本官办学校，而是选择来去自由、约束甚少的私立学校，其逸乐之风则更盛。对这些人而言，身着日本学校统一的校服不过是夸耀的资本，聊以在人前神气一时。当个体经验赋形于文学形式时，这些留日的生活细节就附着在小说中的留学生形象之上。

五四前后，尤其是日本提出"二十一条"的 1915 年，许多留学欧美者陆续返国，知识界对西洋东洋各国文化的认识和比较因而更为直观深刻，中国人向世界学习的选择进一步加强，种种因素的交织使留日风潮渐露颓势。继小说《留东外史》之后，平江不肖生又写作了《留东外史补》，据此篇所载，1919 年的留日学生数目较二三年前减少了八至九成；归国的学生中，十分之三四是为了表示排日；十分之五六是因军阀的私斗而丧失留学公费，不得不弃学。

2. 留美

1910 年，中国留美学生所办的《留美学生年报》登载了朱庭祺的文章《留美学生界》，文中说："日本之留学界，国人类能道之，美洲之留学界，国人知之者少"，考其缘由，"中国似醒未醒，又似初醒之时，人其从新欤？从旧欤？未定耶。因日本留学生之书报，日本留学生之骂詈，日本留学生之电争，而通国之人大醒。开明者，因明而醒；顽固者，因骂而醒；不进者，因驱而进；退后者，因鞭策而前。在此醒悟时代，日本留学界，大大影响中国"。[①]此文带着留美生的精英心态，对留日生褒中有贬，实是不甘心留美生在对国人的影响上输于留日生，直接说明了留日的大众化和留日生的激进姿态在社会影响方面更占优势。而占据了更丰沛之文化资源的留美生，之所以在 20 世纪初年令"国人知之者少"，或可归结为其身份认同，所修学科目的性质，以及美国主流文化的熏陶。

19 世纪晚期，清廷留美幼童政策夭折之后，19 世纪末 20 世纪初，由于美国政府"移民律"的限制，留美生在中国留学生中仅为少数，直至庚款留学的兴起。

1906 年年初，美国伊利诺伊大学校长爱德蒙·詹姆士送呈总统西奥多·罗斯福一份备忘录，要求美国政府加速吸引中国留学生赴美。同年 3 月 6 日，美国传教士明恩溥到白宫进谒罗斯福总统，建议将清政府的庚子赔款退还一部分，专用于开办和津贴中国教育。1907 年，明恩溥发表《今日的中国和美国》一书，在书中指出，应该多让一些中国知识分子来美留学。在此推动及鼓吹下，1907 年 12 月 3 日，罗斯福给国会提呈年度咨文，指出："我国宜实力帮助中国厉行教育，使此巨数之国民能以渐融洽于近世之境地。援助之法，宜招导学生来美，入我国大学及其它高等学社。"[②]1908 年 5 月 25 日，美国国会通过此咨文，同年 7 月 11 日，美国驻华公使柔克义向中国政府正式发表声明，表示将美国从庚子赔款中所得的半数，共计 1160 余万美元，退还给中国，作为留学生赴美之用，每年派 100 名学生赴美留学，直到赔款退清为止。1909 年，庚款留美计划开始执行，即便清政府遭遇辛亥革命、清朝告终也未尝中断，持续三十余年，第二次世界大战

---

① 朱庭祺：《留美学生界》，《留美学生年报》1910 年第 1 册。
② 胡适：《美国退还庚子赔款记》，载胡寄尘主编：《清季野史》，岳麓书社 1985 年版，第 183—185 页。

结束时，在美中国学生人数已相当可观。

1910 年，借助庚款留学的中国学生即达到六百人之多。1912 年，留美高潮出现。待五四之后，中国知识分子不再以学习东洋的"转手货"为满足，留日生急剧减少，留欧留美生与日俱增。自 20 世纪 20 年代开始，留美教育飞速发展，留美人数远超留欧者。据统计，从 1911 年至 1929 年，中国共派出 1279 名庚款留美生。比起留日生，这一数字委实嫌少，但这也正意味着留美门槛之高。欲获庚款留美的学生首先必须通过难度颇高的留学选拔考试（即使自费生和华侨子弟赴美学习也要经过严格的入学考试），所考科目且不论繁难的自然科学，仅语言文史一类，就包括拉丁文、希腊史、罗马史、德文、法文等。通过这等选拔，获得留美资格的学生无疑都有着出类拔萃的知识储备和学习能力。故而，与胡适同船赴美的赵元任略带骄傲和怨念追忆道，北京政府选送的第一批清华学生大多被送到美国高中读书，可他们只觉得高中课程太过浅显。

居留美国的生活体验和心灵感受自是因人而异，但留美生对美国高等教育水准的评价几乎有口皆碑，他们的留美记忆萦绕着现代文化的气息。1908 年赴美留学，日后成为中国教育家的蒋梦麟感触说，美国的高等教育制度是英国学院和德国大学的混合体。在他所就读的这所美国大学（哥伦比亚大学）里，男女学生皆能友好相处，人人享有交际的自由，人与人的关系似经由学生团体的自由接触而学到；知识不受严格的管制，自由研究的基础已经奠定，凡是有兴趣的人都可以接受一种普遍文化的陶冶；在大学部和研究院里，美国学生普遍接受研究方法的训练，德国学者的彻底精神普受赞许与提倡；……总之，英国民主与德国精神在美国大学"携手并进，相得益彰"。[①] 蒋

---

① 参见蒋梦麟：《西潮与新潮——蒋梦麟回忆录》，东方出版社 2006 年版，第 297 页。

梦麟可谓一语中的，美国 19 世纪末 20 世纪初的大学建设正是以德国大学的"教育自由"与"学习自由"为蓝本，同时在教育理念上植根于马修·阿诺德的新人文主义。

论业余文体活动的丰富性，中国留美生与美国一般大学生无甚区别。但留美期间的林语堂却一头钻进了哈佛大学的卫德诺图书馆，"卫德诺图书馆就是哈佛，哈佛就是卫德诺图书馆"。这更让他深感出国前所受教育的缺失何在，哈佛正是他心中的理想大学 —— 如同一座丛林，"猴子应当在里头自由活动"，"教授夫妇们惯于照顾外国学生"。林语堂自陈求学哈佛时期是自己社交上的极幼稚时期，连西餐礼仪都笨拙无知，还因留美学生施秉元事件而失去了全额奖学金，穷得没钱看哈佛对耶鲁的足球赛，经济支绌以致最后不得不赴法投入青年会为华工服务，但这并不妨碍他日后判定"我与我妻在海外游学那几年是我最大的知识活动时期"[①]。在如此忆述的铺陈下，一位各科成绩俱拿 A、目光里透出"年轻就是勇气"的留美青年恍在眼前。

在中国近现代留学史上，庚款留美生，最具精英意识，学业成绩最佳，大多得以进入美国名牌大学，涌现众多有名望的教授和有影响力的科学家。虽然在我们今天耳熟能详的文史大家中不乏留美生的身影，但这一群体中的大多数人的确不像留日生那样偏重法政文科，而是主攻应用理工类专业。留美生对国内政治的关怀多表现于"科学救国"的旗帜和建设政治制度的实践，即便他们对社会政治理论感兴趣，亟欲表达对衰朽专制政权的反感，对民主自由的向往，也很少如留日生那般激进。

---

① 林语堂：《从异教徒到基督徒：林语堂自传》，谢绮霞等译，陕西师范大学出版社 2007 年版，第 202 页。

3. 留法

1915 年 9 月 15 日,陈独秀在第 1 卷第 1 号的《青年杂志》上发表了《法兰西人与近世文明》一文,极力鼓吹法国文化的号召力:"近代文明之特征,最足以变古之道。而使人心社会划然一新者,厥有三事:一曰人权说,一曰生物进化论,一曰社会主义是也。……此近世三大文明,皆法兰西人之赐。"这一论断的背景,正是日渐高涨的留法热潮。

中国近现代留法热潮的关键词是"勤工俭学",其所谓的核心是欧阳钦在《社会改造观》中标称的"人人劳动、人人读书、人人平等、互敬互爱"。让留法勤工俭学之倡导者引以为豪的是,他们"最少做到了三件事":其一,没有钱的穷学生也能出洋;其二,仅有中学甚至小学学历者也能出洋;其三,尽管生在素来崇奉"万般皆下品,唯有读书高"的中国社会,一旦赴法,留学生,确切地说是半工半读者,也能脱去长衫,亲自下马,进入工厂与农场为工。

1909 年,李石曾在巴黎开办豆腐厂,旨在向华工提供生计,初具勤工俭学之雏形。南京临时政府成立之后,国内多有青年视法国为自由、平等、博爱的摇篮,心向往之,吴稚晖、李石曾、吴玉章等人在北京成立留法俭学会,齐如山主持留法预备学堂,并获蔡元培的全力支持。虽遭袁世凯的打击,但形同"远征探险队"的留法俭学运动却日益蓬勃,一战与十月革命的相继爆发更为之起到了助推器的作用。

1916 年,留法勤工俭学会建立,其最初宗旨并非是促进留学,而是教育华工。1917 年,蔡元培、吴玉章发布北京华法教育会公启,树立留法俭学之目标,一曰扩张国民教育,二曰输入世界文明,三曰阐扬儒先哲理,四曰发达国民经济。为了最大限度地劝导国人赴法,他们将代表法国精神的平等、自由、博爱扭变为中国文化符码——

把"自由"类比于中国的"富贵不能淫、贫贱不能移、威武不能屈"；称"平等"相通于中国的"己所不欲，勿施于人"；称"博爱"和中国的"四海之内皆兄弟"如出一辙。

1919 年 3 月，第一批留法俭学生离沪启程，上海由此成为留法生赴法的大本营，每隔一月或数周，就有远航客轮从此处驶向彼岸法兰西，还少不了热情洋溢的欢送会。据统计，有 1600 余名中国人经留法俭学运动而迈出国门，而在这股热潮的后期，一些法国学校专门为中国学生编班，合办里昂中法大学也随之诞生。

留法俭学生大多出身寒微，许多人在国内尚未接受过正规教育。在出国前的学历构成中，以普通中学生为最，其次是各种法文预备学校的毕业生，还有师范生、大专生、工农商各类职业专门学校的毕业生，亦有留日归国生。他们身份各异，包括中小学教职员工、商店职员、新闻记者、医生、军官、行政官员、小商业者。他们的年龄多在 21—25 岁之间，少数人在 15 岁以下或 30 岁以上，至于以高龄赴法的徐特立与蔡和森的母亲葛健豪，当然是传为一时佳话的特例。

尽管，现代世界所依持的个人自由、议会、自由市场等具体政治法则和经济制度并非首建于法国，但这个国家却形成并传播了人人平等、公民自由、科学和自由验证、革命和进步、国家独立、历史乐观主义等原创性的意识形态。法国与自由、平等、浪漫等语词之间的象征关联，令留法生多在踏上法国之初就心生好感，在凝视法国社会习俗以及景观风物的过程中，他们多持肯定态度，一反前人（例如《留东外史》）言法国必称"淫""奢""坏"的评断。由于经济拮据、学习艰辛、生活清苦，俭学生更深层次地触碰法国之后，逐渐对那种印象式的断语有所摆脱，感受到博爱的背后也有不爱，认识到平等的背后亦有不平等，继而去探索社会不平等的根源，共鸣于卢梭。马克思、恩格斯、克鲁泡特金、达尔文、斯宾塞、托尔斯泰等人的著作成为留法俭学生最常见的阅读书目和最时髦的话题。他们中的有志之人更是乐于探讨建立平等的新社会的方法，譬如提出"温和的革命——以教育为工具的革命"的李维汉等人。

在法勤工俭学的同时，留学生直接组织和参与的社团有二十多个，其性质主要为学术文化型、生活型、联谊型、政治型等四种。为了传播中国文化，他们积极采取多种形式，如开办中华印书局，组织中华文化讲习班，成立游艺会，公开表演中国戏剧及武术，组织临时讲演团，协助华侨、商人开展商业文化交流等。在这一留学群体的思潮中，占主导地位的是"工读主义"，即在实践中获得"劳工神圣"的体验。对信奉工读主义的留法生来说，"工"意味着"体力"和"实行"，"学"意味着"脑力"和"理想"，故勤工俭学可达成人生目的的知行合一；"工"维系着个人的物质生活，"学"缔造着个人的精神世界，故勤工俭学关切到人生问题；群体的"工"关系到经济的解放，群体的"学"关系到教育的解放，故勤工俭学涉及社会前景。为了操作这一套理念，他们希望组织消费合作社，组织新村，提供"正当生活"，意在通过"一切平等"而趋"世界大同"。工读主义可谓是走向共产主义的一途，回顾起来，共有250多名留法勤工俭学者追随共产主义，充实了中国共产党领导层的中坚力量。

由于国际国内时势的变化，中国政治、文化界对法国的评价渐呈低落之势，李大钊后来甚至有"堕落的法兰西文明"之说，指出"十八世纪以来世界上很受了法兰西文明的赐，……如今那去了！"[①]竟翻转了陈独秀当初对法国文明的褒扬。在如此语境下，留法勤工俭学热走向了沉寂。

---

① 李大钊：《堕落的法兰西文明》，载中国李大钊研究会编注：《李大钊文集》（下册），人民出版社1999年版，第440页。

（二）留学生的人际网络

留学国别无处不在地界定着留学者的社会身份，养成于异国的共同生活习惯、相近的思想气质、相似的身份认同，使得求学于相同国家的留学生在精神诉求上更具亲缘关系，更易气味相投、抱团类聚。留学生之间往往会据此形成种种半封闭的交往共同体，构成了一个"社会公共空间"，具有社会学意义。

显然，"社会公共空间"这一概念来自西方，它是随着近代社会交往的发达，逐渐形成起来的。在政治学的意义上，其意指政府与私人领域之外的社会空间，在文化学的意义上，其意指社会上形成的文化传播、交流、汇聚与创新的空间。社会公共文化空间的形成，见证了文化的近现代转型——在以时间为脉络的传统社会中，个人的自我认同是在寻找血缘、地缘等历史的脉络感中实现的；相比之下，现代社会则更多地是一个以空间为核心的社会。对现代知识分子来说，在群体网络的建构中，学缘的因素往往比地缘因素更为重要。在知识分子的都市公共关系网络中，学校出身构成了第一层空间关系，它不仅仅是种名分，更重要的是名分之中的内涵，它包括了价值观念及其来源、知识构成、思维方式以及生活习性、历史记忆等多项内容。而对具有留学背景的知识分子而言，同一个留学国，相同的学校，一样的师承，类似的知识背景，共同的社会交往，常常成为他们相互认同的基础之一。

大体而言，同一个留学国往往赋予留学生相似的气质。譬如，徐志摩在 1923 年 10 月 12 日的日记中就似有不解地说，有人疑心陈西滢就是徐志摩，因为他俩笔调酷似，且同样厌恶上海。他暂且将此归结为留英生的共同特质，"难道我们英国留学生的腔调的确有与人各别的地方，否则何以有许多人把我们俩混作一个？"①

---

① 徐志摩：《徐志摩自传》，江苏文艺出版社 1997 年版，第 98 页。

在留学生的人际网络中，校友关系是一个重要的因素。在留美生中间，哈佛大学当然造就出不少学者和专才，但哥伦比亚大学替20世纪中国造就出了更多的"领袖人物"，哥大校友身份在中国近现代高知中尤具显赫地位。外交界有顾维钧、蒋廷黻；哲学方面有胡适之、冯友兰、金岳霖三巨头；教育界有蒋梦麟、张伯苓（哥大访问研究生）、张彭春等；政治学方面有张奚若、陈之迈等；经济及财商方面人才甚多，要以马寅初为最杰出；地质方面，有"中国—瑞典"新疆考察团的中方领队袁复礼等人；在化工界，国内唯一享誉国际，以苏尔维（Solvay）方法炼碱成功，领导塘沽永利碱厂打进世界市场的侯德榜，也是哥大博士。在国外毕业于同一所学校，深刻地影响着留学生的身份认同。

在留学生的社交途径中，他们在异国组织或参与的各种团体是尤其不可忽视的。1926年，身在美国的潘光旦就有感触："有的（留学生）合群性较强，则团结成若干会社，以自得排遣之法；近年来留学界自由组织之多，有秘密的有半秘密的，其为留学生活之一种调剂力，不可否认也。"[1] 相关地，留学生在国外通过各种学术活动、社会活动而建立起来的密切交往，为他们归国后的打拼奠定了基础。如胡适、任鸿隽与陈衡哲在留美期间因为文学而结缘，他们一同筹划"科学社"，从此建立起密切关系。在进入官僚系统的留学生之间，共同的留学经历也为他们提供了相互沟通的契机，如胡适与宋子文，他俩曾共同编辑过《留美学生季刊》，为二人归国后的政治交往提供了重要铺垫。

留学生以学统为中心的人际关系网络，替代了传统的以科举和书院为核心的同年、同门关系网络，渗透到行政官僚、商业金融、知

---

[1]　潘光旦：《今后之季报与留美学生》，《留美学生季报》第 11 卷第 1 号。

识生产和公共传媒各个系统之中，在近现代中国具有不可替代的文化权力。其中，留学生的留学国别是一个独特的标志，它是编织各种人际、文化关系网的关键因素。甚至，在求学于相同国家的留学生中，利益和声望等资源可以被共享，并且凭借连带关系形成群体精神，留学者的人际网络结构由此表现出全然"中国化"的特点。

譬如，毕业于日本京都大学的沈尹默属于北大第一批近代职业教育家，在他进入北大两年之后的1914年，沈留学日本时的好友钱玄同亦被聘用，而在沈和钱的共同推荐下，从日本回来的革命同人陈独秀同样进入了北大。[①] 此外，沈尹默与李石曾、顾孟余等人同属北大"法国文化派"要员。

又如，毕业于耶鲁大学的柳无忌刚回到上海家中，就已经有南开大学的聘书在等他了，因为他有好几个学长 —— 亦从耶鲁毕业的博士如杨石先、张纯明、何廉、方显庭 —— 在那里任教，且在教学行政部门担任领导职务。[②] 而在武汉大学的校长中，从王世杰到王星拱，再到周鲠生，都是留英派人士，这一时期的武大因之也就成为具有留英教育背景的自由知识分子聚集的一个基地。

在20世纪20年代，北京学界即有英美派和法日派的说法，前者包括胡适、陶孟和等人，后者以李石曾为首，主要成员包括"三沈"（沈兼士、沈士远、沈尹默三兄弟）和"二马"（马裕藻、马衡两兄弟）。以交游广泛的胡适为例，他在北大所交的朋友即以留美生或留英生为主，如陈源、徐志摩和陈衡哲等，素与他来往的留学生更是以留美者居多，如和他关系颇为密切的张慰慈、任鸿隽、陈衡哲、朱

---

① 沈尹默：《我和北大》，载中国社会科学院近代史研究所主编：《五四运动回忆录》（续），中华书局1959年版，第158页。

② 参见柳光辽等编：《教授·学者·诗人 —— 柳无忌》，社会科学文献出版社2004年版，第35页。

经农、赵元任、杨杏佛、张奚若以及蒋梦麟等人。如果说结社组团是显性的群聚方式，那么生活习性的异同则是一道隐性的留学群体分界线。例如，在北平的知识社群中，生活习性的"分层"作用往往落脚于齿间肚腹 —— 对从欧美留学归国的学者来说，吃西餐、喝咖啡、茶会等西式餐饮习惯，既是日常生活中必不可少的元素，更是酬酢交游的重要形式。

在留学生的公共交往中，留学国别涉及他们话语权的轻重，也在很大程度上决定了他们人际关系网络中的等级关系。位于这个等级体系上层的往往是那些留学欧美的学者，他们确立了在高等学府或研究机构中的职业身份；其声名之显赫，往往表现在对为数不多的学术基金会的掌控上。除相聚于学术重镇，他们还通过创办刊物的形式聚集起来，表达对公共事务的见解。在此过程中，一些人由于种种机缘还直接参与实际政治。

在《围城》中，因为握有美国名牌大学的文凭，赵辛楣能进入外交署任处长，不久由于身体原因没随机关进内地，便在"华美新闻社"当政治编辑，后来进入"三闾大学"更是成为校方红人，每天疲于应酬，即便后来从三闾大学不光彩地出走，他也能很快地翻身，复在重庆步入政界。互为映照的是，在《西潮与新潮 —— 蒋梦麟回忆录》中，蒋梦麟在留学之前就已笃定，要直接向西方学习，而不经过日本这个中介，"渴望找个更理想、更西化的学校"[1]。这其实也是中国众多留学生的心声，要言之，径直留学欧美，固然是中国人求取西法的极致，但在知识与权力之暧昧关系的前提下，留学国的国际地位却也决定了留学生的发展前景。蒋梦麟的留学目标地，当然直指美国，因为论"现代"和"西方"，全球无出其右，留美人士的优越感

---

[1] 蒋梦麟：《西潮与新潮 —— 蒋梦麟回忆录》，东方出版社 2006 年版，第 34 页。

也因之显而易见。又如胡先骕，虽与胡适属不同的文化阵营，但一念到两人共同的留美经历，便也生出青梅煮酒论英雄的自豪，曰"今日中国社会之领袖，舍吾欧美留学生莫属"。

在具有浓厚西方色彩的清华大学更是如此，其校园建设、治学风格、课程设置等校园文化的各方面都向欧美教育看齐，如同中国看西方的窗口，自然而然，这所学校的学生 —— 留美的预备梯队在出国之前即已深受欧美文化的熏染，尤为关键的是，任教于此的教师大多是从欧美留学归国，欧美大学之文凭近乎一种默认的资格证明。

尽管，作为"新派"知识分子的留学生，更强调自身的学理性，以甄别于"旧式"学者的"家派"之争[1]，但是，在等级性的文凭社会中，欧美留学生处于金字塔尖，留日学生其次，他们之间往往因留学背景而存在着实际的派系之争。

前文所述的英美派和法日派即是一例。胡适进入北大主要靠陈独秀援引，校内当时主要由章太炎门下弟子把持，陈去势孤。胡适则逐步培植自己人脉，即后来鲁迅所谓的"现代评论派"。1919—1920年，在短期代理北京大学教务长期间，胡适就吸纳了赵元任、朱经农、颜任光、张奚若等留美归来者到北大任教。渐渐，在北大校政中，胡适等留学欧美人士处于中心位置，仅有留日学历的周氏兄弟则在颇为边缘的地位。[2]与此同时，在《新青年》知识群体中极为活跃的钱玄同和刘半农还尚未获得留学欧美的机会，基本上并不太与闻校政，刘还因没有学历而遭胡适等英美派歧视。吴虞就注意到这一现象，因而评论说，"李石曾辈很有势力，北大教职员会，李派与胡适

---

① 罗志田：《裂变中的传承》，中华书局 2003 年版，第 92 页。

② 参见钱理群：《北京大学教授的不同选择 —— 以鲁迅和胡适为中心》，《文艺争鸣》2003年第 5 期。

之派人数平均"①。

1926年下半年，鲁迅南下厦门、广州，他在厦大、中山大学均因顾颉刚而卷入复杂的人事纠葛，甚至闹到有你无我、你来我走的地步，报上就有"胡适之派和鲁迅派相排挤"的说法。②在《写在〈坟〉后面》一文中，鲁迅写道："中国大概很有些青年的'前辈'和'导师'罢，但那不是我，我也不相信他们。"在《关于知识阶级》中，鲁迅又说："有一班从外国留学回来，自称知识阶级，以为中国没有他们就要灭亡的，……以致变成了平民的敌人。"③他所指斥的对象，正是以胡适为代表的，位于文化圈中心的欧美派学者；而鲁迅本人，除了于光绪二十八年（1902）到宣统元年（1909）在日本有过一次未满八年的留学经历外，未曾再赴异国求学。

再如，当商务印书馆邀请胡适筹划时，朱经农、唐钺等人在他的力荐下进入商务。而傅斯年执掌中央研究院历史语言研究所时，最初吸纳的全为留学欧美的新派学者，包括出身哈佛大学的赵元任和李济，巴黎大学毕业的刘复，以及游学哈佛大学与柏林大学的陈寅恪。与此同时，欧美同学会等组织还提供了这些学者聚集一堂的场所。

在国内，由于种种原因，留英派知识分子相对于留美人士要少很多，但联系比较密切。王世杰、杭立武、张道藩等留英学界的前辈为了掌握留英学生的相关信息，发起了两个留英学生组织。一为1933年10月成立的"中英文化协会"，主要的任务是延聘英国学者来华讲学，推荐、介绍中国学者赴英讲学，以及指导国内学生赴英留学或考察。因此，中英文化协会在社会上乃至在自由知识分子当中有

---

① 吴虞：《吴虞日记》（下册），四川人民出版社1986年版，第154、295页。
② 参见顾颉刚：《致胡适》，载中国社会科学院近代史研究所中华民国史研究室编：《胡适来往书信选》（上），中华书局1979年版，第422—430页。
③ 鲁迅：《集外集拾遗》，人民文学出版社1976年版，第237—244页。

着较高的地位。另一个组织是 1939 年成立的"留英同学会"，宗旨为"研讨学术、联络感情"，会址设在重庆。

在社会公共空间中，除了留学生群体所代表的近现代教育体系之外，传媒系统也是一个核心环节。知识分子的各种社团和同人刊物，堪称文化权力网络的网结点。留学生群体内部的派系之别不仅体现在学院的知识权力网络中，还与媒介的话语权力网络结合在一起。

比如，在《新青年》第 1—2 卷的主要撰稿人中，除了胡适曾留美，马君武、杨昌济、陶履恭留日复留欧，其他拥有留学经历者皆为留日生。以至于郭沫若 1928 年在《桌子的跳舞》中说："中国文坛大半是留日学生建筑成的。创造社的主要作家是留学生，语丝派的也是一样。"

中国现代史上最后一份同人刊物，也是发行量最大、影响最大的刊物《观察》周刊，有着庞大的撰稿人阵容，但构成其主体的却是那些具有留英背景的自由知识分子，如储安平、伍启元、吴恩裕、楼邦彦、钱清廉、鲍觉民、费孝通等都毕业于伦敦政治经济学院，杨人楩、钱锺书等毕业于牛津大学，戴文赛、叶公超等毕业于剑桥大学。

抗战爆发后，各高校进行大迁徙，留洋知识分子原有的关系网络随着人员的流动被打散了。如在抗战初期的昆明，随着北平、天津、武汉、广州等大城市的沦陷，许多学者名流、教授以及文化界人士、作家随着一些重要大学、学术机关、文化团体而流亡到云南。一时间，昆明聚集了形形色色的知识分子，他们都脱离了原来的空间关系网络，需要建立新的关系网络，以实现自身的认同。但是，"不少人都还保持着一种旧时代或畛域的偏见和优越感；曾出过留学的'洋教授'看不起'土教授'；学术界的人看不起搞政治活动的"[1]。

---

[1] 许纪霖：《近代中国知识分子的公共交往（1895—1949）》，上海人民出版社 2008 年版，第 95 页。

可见，通过学校出身和公共舆论这些现代社会公认的建制化力量，留学生们已构建了一张等级性的、遍布全国的文化权力网络。这个网络看似没有中心，其中的人脉也各有交叉，同时又相互对抗、平衡和互相抵消。但无论如何，它的存在表明了留学生的崛起，以空间的形态勾勒出他们之于中国近现代社会的巨大影响。同时，这种权力网络足以调动起巨大的社会能量，导致社会底层普遍地以一种抽象的道德眼光来看待留学生，由此来逆转他们在社会分层领域的不利地位。

第四章　留学生形象与"传统"

　　人们自己创造自己的历史，但是他们并不是随心所欲地创造，并不是在他们自己选定的条件下创造，而是在直接碰到的、既定的、从过去承继下来的条件下创造。一切已死的先辈们的传统，像梦魇一样纠缠着活人的头脑。当人们好像只是在忙于改造自己和周围事物并创造前所未闻的事物时，恰好在这种革命危机的时代，他们战战兢兢地请出亡灵。

——卡尔·马克思（Karl Marx）[①]

　　愈是成熟，愈是有韧性的文化，面临另一个强势文化的冲激时，要克服的矛盾，要经历的痛苦愈多。……中国的文化发展一直是"容入"的。……但是，现代化的西方文化的入侵，却与古不同，它太不同质，而且，也许是历史上第一次，它可能是一个更强势的文化。……清末的志士一直的想运用我们祖宗对付外来文化的老诀窍："溶入"，来化解这千古未有之变局和危局，此即"中学为体，西学为用"之说。但是，这个老药方，对于这新的变局似乎缓不济急，而且也许根本不管用，于

---

① 马克思：《路易·波拿巴的雾月十八日》，载中共中央马克思恩格斯列宁斯大林著作编译局编译：《马克思恩格斯选集》（第一卷），人民出版社 1972 年版，第 603 页。

是，民国以来，又有人力倡全盘西化，要把技术以外涉及价值
体系的东西也一股脑儿搬过来。一百年来，中国的改革，就在
这两个极端间摇摆，一直到今天，这条路还没有走完。

——沈君山[1]

在叙写留学生之"洋派"特质的同时，大量近现代文学作品并
未抹去中国旧有的表述模式和思维习惯。当地域、族裔、社会、文化
等各种层面随着留学生而移动与转化时，当中国经验与中国想象制造
出无数非中非西、亦中亦西的奇异景观时，文学中的留学生承载了这
些经验与想象，验证了所谓"传统"的包容力和适应性，象征着中国
与世界的对话。

　　然而，笔者不得不说，这种"中国与西洋/东洋""传统与现代"
的二维话语虽提供了讨论的方便，却仍是陷于一元思维定式中裹足不
前。它们是互生互存的存在，其并存、整合、衍变极其错综复杂。因
此，本章与第三章堪称西学东渐的一体两面——借用费正清的话来
说，在西学东渐以前，中国的发展基本上是遵循了一种"在传统中变
的模式"（change within the tradition）；而在西学东渐之风渐盛之后，
中国的发展却是"在传统之外变"（change beyond the tradition）[2]。

　　这便从一个方面回答了本书第一章提出的疑问：在"中外之间"
这个悬而未决（up in the air）的空间里，留学生的域外体验与归国之
感交织，身在异国思乡与回归故国却水土不服并置。在古老中国迈入
现代世界的时间转折点上，留学生骤然接触到商业经济性的现代西洋

---

①　蒋梦麟：《西潮与新潮——蒋梦麟回忆录》，东方出版社 2006 年版，第 395—396 页。

②　费正清指出，尽管此时的西方自身也充满变化，有时甚至是剧烈的变化，但对西方来
　　说，即使是与传统决裂，仍可以是在传统中变。（参见罗志田：《再造文明之梦——胡
　　适传》，社会科学文献出版社 1995 年版，第 10 页）

社会，但中国却还长期徘徊于农业社会，他们对待中国传统的保守或激进态度都隐含着身份的焦虑，在某种程度上代表着人们对于现代性的进退迎拒的复杂态度。

第一节　传统元素在留学生叙事中的表现

许纪霖认为，现代意义上的知识分子，其身份内蕴着紧张感，须履行学术关怀、政治关怀和文化关怀。[1] 这与中国传统中对士大夫的期望有所交集：知识分子的学术追求需要留学生坐于书斋，在知识的积累中实现理性的自明，但知识分子的公共关怀又要求他们对社会公共生活有一定程度的介入，而且有时候是身心近距离的介入；理想的中国士大夫必须有开拓并延续民族文化的使命，所谓"为往圣继绝学，为万世开太平"，有担负国家政治的责任和过问政治的兴趣，所谓"学而优则仕"，有谋致全民幸福乐利的抱负，所谓"穷则独善其身，达则兼济天下"，有悲天悯人之情怀，淑世之热肠，所谓"先天下之忧而忧，后天下之乐而乐"。

而晚清、民国的留学生恰恰处于中国传统士大夫与现代知识分子的临界点，需要满足多元的期待视野。

一、留学生的"旧"面貌

"留学生"这一身份在中国的语境中意味着洋派话语的受体、植入者和阐释者，放在"近三千年未有之大变局"的近现代尤其如此，"留洋"在语义学上的潜台词即"除旧布新"。不过，洋派身份的符

---

① 许纪霖：《20世纪中国知识分子史论》，新星出版社2005年版，第95页。

号性往往掩盖了留学生所携带的母国文化基因，仿佛留学经历理所当然使人脱胎换骨。拨开抽象的时代洪流，作为文学形象的留学生恰恰以个体经验诉说着积习与新风、旧学与新知、传统与现代如何呈现为暧昧混沌的过渡，而非泾渭分明的决裂。

《新中国未来记》早已在轰轰烈烈的留学潮中窥出沉渣泛起。第五回里，"从国外读书回来"的少年自称"生成是看勿起那满洲政府的功名"，其实却欲参加河南的乡试，还要与"南京制台派来的陈大人商量要紧的事体"，尽管口袋里揣着洋式名片，但他的话语和做派却仍昭显着旧式的社会风尚和权力体系，远未被洋派理念所改造。于是，黄克强有感而发道："通中国便是一个大炉子，他的同化力强到不可思议，不但比他野蛮的，他化得了去，就是比他文明的，他也化得了去。"[①] 当作者梁启超运用此语发表贬斥之声时，他显然忽略了自己的写作实践也透露着中国之"同化力"。在《新中国未来记》中，革命与改良、留日与留欧、从官与为民、国与家等几对二元关系若隐若现，而"国与家"这对关系尤能体现作者以传统文化平衡西方话语的意图。黄克强为了救国济世而游学海外，但在出国之前，他的父亲"琼山先生"别无嘱咐，单给他一部《长兴学记》，说道："这是我老友南海康君发挥先师的微言大义，来训练后学的，内中所讲，便和我自己讲的一样，你就拿去当作将来立身治事的模范罢。"康有为所阐的孔子学说竟得成为黄克强留学西方时的精神信仰。如果说前文所述的留学归国"少年"洋溢着中国文人之积弊，那么作者正面刻写的黄克强、李去病、孔弘道等几位留学生主角却是理想的儒家士人形象，他们生在书香门第，家学渊源深厚，孔弘道甚至是孔子后代，可谓是在西学的外衣之下，涌动着儒者的心，表现着中国自战国以来的传统

---

① 梁启超：《新中国未来记》，《新小说》1903 年（第七号）。

意识 —— 由代表学术理想的知识分子来主持政治，再由政治来领导社会。[1]

毋庸赘言，留学生趋西求新形如"叶公好龙"的虚假性在《文明小史》《留东外史》等被划入"谴责小说""黑幕小说"范畴的文学作品中比比皆是。

例如，《文明小史》里留学日本的"冲天炮"乃是"维新到极处，却也守旧到极处"，他"维新的是表面，守旧的是内容"。[2]他在日本有钱有势，受公使照应，便无所不为，上馆子，逛窑子。他对同门同学的奉承久而久之信以为真，经不起撮哄四处捐钱。回到中国南京之后，"冲天炮"日渐羡慕起父亲"食前方丈侍妾数百人的行径"，后悔"当初放着福不享，倒去作社会的奴隶，为国家的牺牲"。他的本心被幕府和家丁看破，一经声色货利的引诱便乖乖上钩，于是狎妓、抽鸦片无所不为。对此，小说轻描淡写地解释为"文明的事做够了，自然要想到野蛮的事了，维新的事做够了，自然要想到守旧的事了"，文明与野蛮、维新与守旧在留学生身上逆转得如此容易。

已有学者指出，《留东外史》中以周撰、黄文汉为代表的留日生之所以"招摇撞骗""胡作非为"，盖出于中国传统中的痞子文化[3]。根据章太炎在《新方言·释言》中的考证，意味着顽皮、诡巧甚至欺诈的"痞子"一词是元曲中"调皮""吊皮"的语音转喻。中国民间戏曲所折射的"草民心态"便从这种"痞子"形象中衍生而出，而《留东外史》中堕落放纵的留学生正是怀着"草民心态"的变体：在困窘的境遇中，自卑、自嘲却又自负，无意反思自己的责任，却是一

---

① 钱穆：《国史新论》，生活·读书·新知三联书店 2005 年版，第 27 页。
② 李伯元：《文明小史》，韩秋白点校，中华书局 2002 年版，第 363 页。
③ 沈庆利：《道德优越感中的堕落 ——〈留东外史〉与中国传统道德文化》，《中国现代文学丛刊》2001 年第 4 期，第 125 页。

味对外界充满怨念。

对留学生羼有"旧式"面貌、品格及传统旨趣的描写并不仅限于晚清民初时节的通俗文学作品，迟至 20 世纪 40 年代的《围城》，依然可见留学生散发出"旧时代"的气息。求学于西，曾任中国驻捷克公使馆军事参赞的董斜川可谓英年洋派，但他不仅善做旧诗，而且平素说话口吻活像遗少，在方鸿渐面前摇头慨叹："老辈一天少似一天，人才好像每况愈下，'不须上溯康乾世，回首同光已惘然'！"①其气质与他热衷的晚清同光体诗如出一辙，对旧时代的留恋一览无余。"三闾大学"的校长，在国外学过生物学的高松年将"适者生存"的要义充分发挥到人际关系之中，他自负最能适应环境，可游刃有余地周旋在不同的人之间，"对什么人，在什么场合，说什么话"，其得体的官腔能令下属深感平易近人，深藏陷阱而滴水不漏。高松年的八面玲珑表明他深谙中国人凡事以人脉为依托的"关系本位"，身体力行着"关系""面子""人情"等中国式人际交往模式的几个关键词。

显然，洋派话语给这些留学生带来的只是相对意义上的"新"，而非绝对的思想改造，皮相的西化比彻底的西化更合乎生活常态。在近现代史上，留学生自觉或不自觉地保有"传统情结"的著名个案更是不胜枚举。

譬如严复。在梁启超看来，"西洋留学生与本国思想发生影响者，复其首也"；在蔡元培看来，"五十年来介绍西洋哲学的，要推侯官严复为第一"；在胡适看来，"严复是介绍近世思想的第一人"。严复所研究的英国社会迥异于近代中国，而首先引起他强烈反响的更是代表西方文明的浮士德式性格，即普罗米修斯的气质。他对西方

---

① 钱锺书：《围城》，生活·读书·新知三联书店 2002 年版，第 94 页。

的了解自不停留于浮光掠影，据郭嵩焘《使英日记》（1878—1879）载，严复此时已深感"西洋学术之精深，而苦穷年莫能殚其业"。但西方文化显然并未"化"去严复骨髓中的传统，诚如史华兹所论，不管严复对一般政治、社会问题的看法偏离传统有多远，从个人生活上来看，他仍然是一个传统的士大夫，他的个人及家庭生活，并未太偏离儒家的行为规范。尽管未能融入主流政治集团，但他所呼吁的对象仍是士大夫阶层，他并不在意民众是否能直接阅读他的译著，而是力图用最典雅的中文表达西方思想来影响讲究文体的文人学士，以古汉语为媒介来表达完全属于异己文化范畴的 18、19 世纪的欧洲思想。严复反感基督教神学，推崇孝道，认为孝道是一种无所不包的、内在的社会戒律，在中国社会所起的作用，相当于基督教在西方社会所起的作用。他所译介的穆勒学说也并非拔除他对老子之道、佛家之涅槃、新儒学的终极虔信。

又如 1907 年赴美的陈焕章，他以中国翰林身份就读哥伦比亚大学经济学系。留学期间，他积极联系康有为、梁启超等人，创办孔教义学，博士论文即以"孔门理财学"为题。回国之后，值中国政府清除孔教之时，陈焕章还四处宣传创办全国孔教会。

相反，亦为留美生的胡适反感孔学为尊。1914 年年底，袁世凯政府发布《尊孔令》，身在美国的胡适大加批驳，指出此法令有七大谬误，为之掷笔一叹。但胡适在此针对的是被权力用作政教工具的孔教，而非以儒学为代表的中国传统文化，正因为对中国文化之脉络不乏体认，他与《尊孔令》针锋相对时才没有脱离传统话语，称其"不知孔子之前之文教，孔子之后之学说（老、佛、杨、墨），皆有关于吾国政俗者也"[①]。新文化运动从其直接的历史起因来看，也正是为了

---

① 胡适：《胡适留学日记》（上），安徽教育出版社 1999 年版，第 441 页。

批判袁世凯在文化领域发动的这一场"尊孔复古"运动。而众所周知的是，胡适这位新文化运动的领导者在个人形象、生活态度上与人们预设的"全盘西化"尤其相去甚远。仅借"进步青年"程天放的视角来看，"1919 年夏，杜威在上海讲演，胡适充任他的翻译：（胡适）那时正在《新青年》上著文鼓吹文学革命，批判旧的传统习惯，因而上海的年青知识分子们一提到他的大名都激动不已，尽管我们谁也没见过他。甚至连他的像片也未看见过。在去听讲演的路上，我们竭力去想象胡适应该是怎样一个样子。我们都认为他应该是个典型的归国学者，笔挺地穿着西式服装，大概有 10 英尺高。但当他伴着杜威走上讲坛时，他竟是穿着中国长袍，举止谦和恭敬，与大多数的归国学者完全两样，完全像个传统的中国学者"①。

程天放的记叙恰恰告诉我们，在时人的所见所想中，"典型的归国学者"应是西装革履、高傲轩昂，而胡适因是反例而引人注目。但若体察社会心理，不难理解，作为集体形象物的"形象"往往趋于偏颇，"大多数"可能遮蔽着"异数"的声音，"异数"也有可能被夸大为"大多数"。实际上，彻底的西化者与守旧复古者（辜鸿铭本是一个显著的个案，但他并非生于中国，不全然属于本书的考察对象）都只是留学生中的少数，中国传统文化的因子，与洋派话语一样，终究或多或少地存在于他们的言行、思想以及意识之中。

二、形象制作者的传统意识

实际上，当本书第三章在论述留学生的洋做派时，那些被援引的例子亦能表明：留学生之"洋派"在引领风尚的同时，也不免引人

---

① 程天放：《我所亲炙的胡适之先生》，载冯爱群主编：《胡适之先生纪念集》，台北学生书局 1962 年版，第 17 页。

侧目，在文本内外承受着异样目光的打量，其书写者的讥讽之意难以掩饰。

在《新中国未来记》第五回中，黄李二人初次见到留日学生宗明时，"只见那宗明辫子是剪去了，头上披着四五寸长的头发，前面连额盖住，两边差不多垂到肩膀。身上穿的却是件蓝竹布长衫，脚下登的是一双洋式半截的皮靴，洋纱黑袜，茶几上还放着一顶东洋制的草帽。去病见了这个打扮，不免吃了一惊。（这是上海时髦妆束，足下何少见多怪耶？）彼此见面，拉过手"。在此，虽然讶异宗明中式、西洋以及东洋混搭的装束，但黄李二人依然以代表西方礼仪的"拉手"与之行了见面礼。没多久，他俩在洋楼里遭逢包括多名留学生在内的革命者论坛，两人更是"闷闷的等"，"仔细看"：

> 这等人也有穿中国衣服的；也有穿外国衣服的；有把辫子剪去，却穿着长衫马褂的；有浑身西装，却把辫子垂下来的；也有许多和昨天见的那宗明一样打扮的。内中还有好些年轻女人，身上都是上海家常穿的淡素妆束，脚下却个个都登着一对洋式皮鞋，眼上还个个挂着一副金丝眼镜，额前的短发，约有两寸来长，几乎盖到眉毛。克强、去病两人，虽然这地球差不多走了一大半，到这时候，见了这些光怪陆离气象，倒变了一个初进大观园的刘老老了。

> 再看时，只见这些人，也有拿着水烟袋的，也有衔着雪茄烟的，也有衔着纸烟卷儿的。那穿西装的人，还有许多戴着帽子的，却都下二两两高谈雄辩，弄得满屋里都是烟气氤氲，人声嘈杂。[1]

---

[1] 梁启超：《新中国未来记》，《新小说》1903 年（第七号）。

惹人思考的是，梁启超一再对黄李二人眼中的留学生群像进行详尽的外表描写，但却罕有提及黄李这两位留学生究竟是何装束，他俩是纯粹的凝视者，极少被人凝视。这可以被解释为，黄李二人是作者树立的范导性人物，精神意义远胜于外表观感，具有被作者所默认的"正常"形象，而他俩眼中数位留学生的怪异打扮则象征了难以被作者精神结构所同化的东西洋异质风情。

在《文明小史》第十八回"一灯呼吸竞说维新，半价招徕谬称知己"中，姚老夫子与徒弟等一行人"刚刚走出大门，只见一个人戴了一顶外国草帽，着了一双皮靴，身上却穿着一件黑布棉袍，连腰带都没有扎，背后仍旧梳了一条辫子，一摇一摆的摇了过来。……一见这边人多，面上忽然露出一副羞惭之色，把头一别，急忙忙的走进栈中去了"[1]。原来，这正是那位"昨天引诱姚世兄出门，后来又独自去打野鸡的"留日归来的先生。在众人眼里，外国草帽、皮靴与黑布棉袍、辫子的搭配具有极大的视觉冲击力，亦中亦西的装束很有些混乱无稽之感，既象征着这个时代的驳杂性，又宛然说明中与西之间的裂缝难以弥合。

文学作品中对留学生的这种书写，与中国对外洋的想象是同源和同构的。表现出西方在传统中国人眼中的两极性，一极是高度文明的，而另一极是稀奇任诞的洋夷化外之俗。例如，1905 年以后，从海外归国的留学生日益增多，时人有作竹枝词讽刺留学生改装归来，数典忘祖，妄效西人，如颐安主人的《沪江商业市景词》（1906）就唱诵说"出洋子弟改洋装，辫发无存祖制忘。航海归来人不识，惊传某里到西商"。相似地，文学作品对留学生"洋派"装扮和生活方式的猎奇式描写，意味着书写者采取了一种本土化的姿态，疑虑和抗拒

---

[1]　李伯元：《文明小史》，韩秋白点校，中华书局 2002 年版，第 114 页。

着西方文明的长驱直入。

换言之，在相当层面上，某些留学生形象的守旧性与传统感在于作者本人挥之不去的传统观念。置疑于西化、倚赖于传统的态度，更是普遍地存在于晚清民初的通俗文学作者中，影响着他们对留学生角色的塑造。

在《新中国未来记》中，提及那些任意妄为的留学生，作者梁启超显然是借黄克强之口表达自己的态度："树大有枯枝，这也是不能免的。但看见一两个败类，便将一齐骂倒，却也不对。我想这些自由平等的体面话，原是最便私图的。小孩子家脾气，在家里头，在书房里头，受那父兄师长的督责约束，无论甚么人，总觉得有点不自在。但是迫于名分，不敢怎么样。忽然听见有许多新道理，就字面上看来，很可以方便自己，哪一个不喜欢呢？脱掉了笼头的马，自然狂恣起来。要是根性还厚，真有爱国心的人，等他再长一两年，自然归到稳重的一路。"① 这一评价看似宽容，实则暴露出旧式家长的语气，可见作者的视野仍处于传统伦理的参照系中。

对于留学生传入的西洋生活方式，《文明小史》则极尽挖苦之能，栩栩如生地描写了它如何令仿效者苦不堪言，在彼时的中国并不具有普适性。在十六回"妖姬纤竖婚姻自由，草帽皮靴装束殊异"里，"洋装朋友""原是中国人改变的"，"为什么改的洋装？只因中国衣裳实在穿不起"。他"自从改了洋装，一切饮食起居，通统仿照外国人的法子，一天到晚，只吃两顿饭，每日正午一顿饭，黑天七点钟一顿饭，平时是不吃东西的"；"但是一件，外国人的事情可学，只有一件，是天天洗澡换新衣裳"，他"一心要学他们外国人，拿冷水洗澡"，结果"第二天就重伤风"，正好遇到外国人来

① 梁启超：《新中国未来记》，《新小说》1903 年（第七号）。

拜会，却不敢吐痰，“你几时见过外国人吐过痰？……有了痰，只有往肚里咽”。[①]

光绪三十四年（1908）陈啸庐所撰章回小说《新镜花缘》中，休归故里的老者“黄粹存”与留学而归的子女间发生了新旧观念的冲突。小说正文之前，陈啸庐在“作者述略”里道出其创作初衷，即欲借书中人物之口，宣扬自己对国粹、对欧化的种种看法，因为目前的“小说家言多驳而不纯”，欲“矫正之”，以“唤醒痴人，唤醒抛荒国粹，醉心欧化的人”。在作者扬“国粹”抑“欧化”的观念预设下，留学生角色不得不向传统价值低头。

1917 年，不肖生的小说《留东女学生黑幕》问世，该篇与《留东外史》一脉相承，继续揭露留学界的“黑幕”。小说以“陈畹生”与“吴淑英”、“郑时道”与“三姐”两对青年男女的故事为线索：第一对恋人在日本留学期间依然能恪守礼教，归国后结为夫妻，陈畹生赴宁波任教；第二对则在国外纵情于犬马声色，回到中国后，郑时道因投机革命而锒铛入狱，三姐与人私奔。这种情节模式遵循着中国传统文学“善恶有报”的因果观，而衡量是非善恶的准绳是囿于时代色彩的民俗伦理和社会秩序。两对留学生的不同际遇凸显出作者的理念，“必本道德而言自由乃得自由之真诠。若舍道德而言自由，反致祸端百出”。这种对“道德”与“自由”之关系的讨论显然是对西学的误读，整个阐释框架都还依存于中国传统价值观的语境。

这些传统观念或可解释留学生形象的负面性：面对强势的西方文明，面对传统文化的危机，中国社会在总体上产生了自卑又自负的心理，在挫折感和矛盾感中，他们对异质的西学新知展开抵制；作为西学东渐的重要实践者，留学生往往承受着这种抵制。

---

① 李伯元：《文明小史》，韩秋白点校，中华书局 2002 年版，第 102 页。

前章所述的晚清小说家的复杂心态在其他边缘知识分子中间具有普遍性。在追逐西潮的同时，他们对西化精英的观感颇为微妙，既羡慕又怨恨。清末的汪康年就记载了北京社交场上发生的一件事："某君由外洋归国，其衣饰总不免略有洋货。某京卿年老盛气，高踞席首，席间多诋诮语，……忽言于众曰：'……吾不解，一样好好中国人，出洋归来，人不像人，鬼不像鬼，讨厌万状'。"[1]

在清末的新政中，陆宗舆、曹汝霖、章宗祥、金邦平一类以留学添身价的人物遂纷纷乘时而起，这些"东西文明"造出来的新学中人依附投靠于世人目中中国社会里最颟顸的亲贵，堪称一大醒目奇观。在时人看来，此等"归国留学生之为朝官者"是由破格进身的人物，与出身旧格的官僚相比，他们可谓等而下之，既没有新知识，也没有旧道德。[2] 在《世载堂杂忆》中，刘成禺就追述道，他当日站在排满革命一边，而事后论史，则多见"新进"不如"旧人"，不禁感慨道："清末朝士，风气卑劣，既非顽固，又非革新，不过是走旗门混官职而已。故辛亥革命，为清室死节者，文臣如陆春江等，武臣如黄忠浩等，皆旧人耳，新进朝士无有与焉。向之助清杀党人者，既入民国，摇身一变，皆称元勋。朝有官而无士，何以为朝？清之亡，亦历史上教训耳。"[3] 而杨绛之父，有过留学经历的杨萌杭，干脆否定了留学生的实际价值："行步顾影之留学生，有如花鸟，仅可以供观赏家之陈设。"

这种乱象有着深刻的政治性，即晚清时人谓之"中国泥于古，则闭关自守，外界之风潮不一省觉。中国炫于新，则崇拜强权，务

---

[1] 汪康年：《汪穰卿笔记》，中华书局 2007 年版，第 210 页。

[2] 参见杨国强：《晚清的士人与世相》，生活·读书·新知三联书店 2008 年版，第 69 页。

[3] 刘成禺：《世载堂杂忆》，辽宁教育出版社 1997 年版，第 164—165 页。

饰表面，廉耻道丧，惟以功利攘窃为能。"[①] 另外，这种言说还在于
"新"与"旧"的矛盾，与中国传统文化具有明显差异的新学系统以
西学为中心，以处于强势的西方近代文化为资源，还以在中国具有强
势地位的西人势力为社会背景，这就造成了它与中国传统文化体系的
冲突；作为西学新知的引介者兼代言人，留学生也因而在象征意义上
或实际层面中遭受传统势力的诘问。

在这种语境中，中国一般民众尤其不满留学生"言必称西方"。
甚至，本身即曾留过学的蔡元培亦反感留学归来者鼓吹留学国之文
化。根据蒋梦麟的回忆，他刚刚留学归来，就因宣扬西方哲思而被若
干上海小报讥讽为"满口柏拉图、亚里士多德的人"[②]。1920 年 3 月，
毛泽东更是从政治的角度明确指出："似应先研究过吾国古今学说的
大要，再到西洋留学，才有可资比较的东西。"[③]

三、传统元素的文学动因

这些作者在布设留学生角色时杂有传统观念，这并非偶然。尽
管提出"小说为文学之最上乘"这一口号，表面上与传统思想背道
而驰，但晚清民初的"新小说"在深层结构上却与传统思想十分吻
合，从而在体式、文风、叙述结构、叙事情境等方面遗有传统文学
的渊薮。

《新中国未来记》在文章体式上被晚清小说史家认为是杂糅古今
中外"展望体""讲演体""论辩体""游历体""现形体""近事体"[④]

---

① 张枬、王忍之：《辛亥革命前十年间时论选集》（第三卷），生活·读书·新知三联书店
　　1960 年版，第 419 页。
② 蒋梦麟：《西潮与新潮——蒋梦麟回忆录》，东方出版社 2006 年版，第 187 页。
③ 毛泽东：《致周世钊信（1920 年 3 月 14 日）》，载《毛泽东早期文稿》编辑组主编：《毛
　　泽东早期文稿》，湖南出版社 1990 年版，第 474 页。
④ 欧阳健：《晚清小说简史》，山西人民出版社 2005 年版，第 25—29 页。

于一身，而其最核心的情节——黄克强、李去病在小说第三回里的长篇辩论却采用了汉代以来的策论形式，即采用主客相诘辩的形式，分条析理，并不表明作者意图的矛盾，而是主意早定，一问一答，引人入彀，令人信服地表达自己的观点。甚至，具体而言，王德威指出，这一段效仿的正是汉代桓宽最著名的政治论文《盐铁论》。[1]

笑话、轶事、类型人物和粗俗笑剧等传统文学也为"留学生之怪现象"的呈现提供了资源，尤其是晚清小说，在留学生形象的塑造中，对传统小说的叙事形式进行了匪夷所思的取措，展列其中的成规，展开幻想式的谐仿（parody）。诞生于18世纪中期的《儒林外史》便是一个显眼的取法对象。正是因为身份的亲缘关系，在"谴责小说"对留学生的揭露性的"写实"中，留学生之人格的委琐和奴化堪比明清文人，社会的现代进程、时髦的洋派话语时常沦为无关痛痒的装饰品或卖点。李伯元、不肖生等人在刻画留学生形象时也在"楔子"中展露出秉持公心、指摘时弊的动机，在创作中刻意营造悲喜交融、悲而能谐的美学风格。在结构上，《文明小史》《留东外史》等长篇小说与《儒林外史》的肖似则更为明显，与其叙事特点高度吻合，挪用鲁迅在《中国小说史略》中对《儒林外史》的概括则是"全书无主干，仅驱使各种人物，行列而来，事与其来俱起，亦与其去俱讫，虽云长篇，颇同短制"[2]，这种叙事模式将叙及的人物与事件按照逻辑意义做连缀展览，通常是由前一个人物"遇"着了后一个人物，前一件事情"连"到了后一件事情；而后一个人物与后一件事情一旦进入叙事过程，则前一个人物与前一件事情便不再理会了。

光绪三十二年（1906），吴趼人（1866—1910）主编的《月月小

---

① 参见王德威：《被压抑的现代性——晚清小说新论》，宋伟杰译，北京大学出版社 2005年版，第 72 页。

② 鲁迅：《中国小说史略》，上海古籍出版社 2001 年版，第 155 页。

说》连载了署名"大陆"的章回小说《新封神传》,其编辑按语宣称此作为"近世中国文学第一部滑稽小说"。小说共 20 回,笔调诙谐地叙述了罗刹国的平妖故事:本是极乐国的罗刹国因三妖闹事,沦为地狱,元始天尊派姜尚前去肃清,再次封神。此时,从取经路上中途告退的猪八戒正留学日本,他知晓姜子牙平妖一事后便休学为之保驾效力,一路上将混世的本领悉数教以子牙。到了上海,他俩在一位道貌岸然的坐轿官员脸上认出了三妖的痕迹,但两人已见惯罗刹国的腐败,发现他并未动容惊恐,竟就让他扬长而去。他俩转而忙于营私,在香港青楼惹出一身性病,却也受聘当起现代学堂的教习来。尽管对学务一窍不通,八戒的老于世故、招摇撞骗却依然奏效,受到许多无耻之徒的竞相恭维。后来,他俩又重返日本,为姜购得假文凭。故事结尾处,两人与日本妓女协商,应允她们在新学校中担当教授职位。小说情节看似荒谬,实是作者意图写照当时社会,在嬉笑怒骂中透露出玩世不恭,吸引读者眼球。为了达到这种修辞效果,他令"留学生"这一身份与中国神魔文化的原型人物杂交,时新与神秘的元素都被制造成阅读的噱头,书拟古章而演新篇,此时,"留学生"只是一个沾染时代色彩的外壳,为小说叙事注入动力的仍是传统文学之框架。

与此相似的还有南野武蛮的《新石头记》。仅看题目,这部小说显然就是在改写《石头记》(《红楼梦》)。在它的安排下,值贾宝玉与薛宝钗完婚之日,黛玉远赴美国留学,并获得哲学及英文博士学位,后到日本"大同"学校任教。待宝玉追踪到东京时,黛玉已成无意于爱情的女学究。为了重获黛玉芳心,宝玉便注册入学,也成了一名留学生。小说为戏仿而袭旧,主人公"留学生"身份中的"学"是一个"缺席"的因素,求学于外只是为人物进行空间转移提供了一个时髦的由头,西学新知于小说的内核无关紧要,就像一出摩登爱情剧一样，人物在其源文本《红楼梦》中的情感纠葛才是叙事的焦点。

尽管如本书第三章所论，描写了"何梦霞""秦石痴"等留日者的徐枕亚的小说《玉梨魂》在形式与内容上俱不乏西方文学因子，但仍脱不去传统哀情小说的格调。小说采用四六骈俪的文言叙事，营造出绮丽哀婉、迷离怅惘的情境与氛围，明显有所借鉴于《红楼梦》，甚至第一章就题为"葬花"。男主角何梦霞之留学生身份的新锐感被模糊化处理，他倒是更接近传统理想中的"才子"与"英雄"形象的结合体，出国之前形如落魄书生，博学多识、外柔内刚、超凡脱俗、疾恶如仇，留日之后精神空间有所拓展，但仍对心爱的异性发乎情而止乎礼，沉浸于只有思念之意而无肌肤之亲的精神恋爱。

不可否认，同为文言小说的《断鸿零雁记》是一个跨越性的文本，吸收了外国文学的一些表现技巧，改变了中国小说传统的叙述常规，对于五四白话小说的发展也起了一定的先导作用，但同时也继承了唐代传奇和明清笔记小说的诸多特质。主人公三郎是作者苏曼殊构想的另一个自我，他拥有日本血统，在中国传统文化的熏陶和浸染下长大成人，后又去往日本，他清高、孤独、感伤，他追求的"无我""牺牲"等佛教品格，也暗合于中国传统文化的主流道德观。这个缠绵悱恻的爱情故事在表面上既呈现为传统的"才子佳人"模式，又表现出一种超脱世俗、返本归真的佛教出世意蕴，全篇笼罩在末世的凄凉、压抑甚至窒息之感中。

这些弥漫着"旧文学"气息，甚至以文言书写的留学生形象在较底层、稍有阅读能力的大众中流传开来，以至于鲁迅发现，五四之后仍有许多人渴望"旧文化小说"。进而，一个极具诡论意味的社会现象出现了，当现实中的胡适等留学生宣传"白话可以做中国文学的一切门类的唯一工具"时，更易为大众阅读群体所接受的文学中之留学生却塑造于文言或半文半白之中。市场倾向背后是深刻的社会心理，林培瑞（Perry Link）对鸳蝶派小说的分析在这里亦可成立——植入传统文学的框架，能削弱西化过程带来的威胁，抚慰读者对于自身社会地位的忧虑以及引介读者进入现代化过程，实现试验新观念以及娱乐这两大功能。

再来看“新文学”对留学生的塑造，尽管这一时期的大量文学作品更为自觉地追求西化/欧化，但传统文学的因子显然也并未绝迹。其实，这本身就是一个毋庸论证的命题，且不说新文学继承了传统的文以载道观念，且不说普实克将五四作家视为传统文学两种倾向——他所谓的“抒情性”倾向和“史诗性”倾向——的继承者，就本体而言，“新文学”仍是处于中国从传统向现代转化的大背景中。“现代文学的外来影响是自觉追求的，而民族传统则是自然形成的”[①]，王瑶此语虽平易，却一语中的地消解了许多无谓的传统文学与现代/西方话语的二元辨析。一方面，个体的文学创作实践未必能完全抵达启蒙精英的思想关怀，另一方面，留学生虽有着西洋话语的符号性，但当汉语作为书写他们的语言载体时，中与外、旧与新的碰撞就已经注定。

四、女性解放的反面：留学生的性别观

在《文明小史》中，留学归来的劳航芥本以假洋人自居，可一到上海，他很快迷恋上“爱国倌人”张媛媛，她声称永不接待外国模样的客人。为了洗脱西化外表的嫌疑，讨得张媛媛的欢喜，劳航芥轻易放下了平素所有的洋玩意儿，急忙强调自己“头发果然是乌黑的”，并装上假辫子，叫裁缝做两套中国衣服，以求一亲芳泽，尽管

---

① 王瑶：《中国现代文学与古典文学的历史联系》，《北京大学学报》（哲学社会科学版）1986 年第 5 期，第 1 页。

明知"礼查客店的外国人见了要诧异"。如果说清政府1911年出台的禁止中国留学生与外国女子结婚之令是出自国家政治的焦虑，那么此时，旧式的、具有"落后"色彩的性爱关系竟是使洋派留学生自发回归母国身份的动因。

这一富于启迪性的情节说明，最能暴露留学生潜意识的恰恰是隶属私人领域的女性观和情爱话语。在个人的生活领域中，中与西、旧与新、传统与现代的对话多是在婚恋、情感、伦理等日常层面展开的。对性别问题、女性地位的关注本身就是现代性的产物，男尊女卑的性别格局在西人的历史中也长期处于常态，中国近现代由留学生等趋新人士所倡导的女性解放，其实在很大程度上是作为男人摆脱传统桎梏而寻求解放的一个不可缺少的环节，女性往往作为受难者而成为男性控诉封建礼教的道具。但，即便是对接受西学熏染的留学生而言，曾经为人们提供行为是非准则的性别视角和伦理秩序在政治动乱和传统文化遭否定的总形势下并未完全丧失影响力。譬如，极端如辜鸿铭者就曾劝西方人，如果他们想研究真正的中国文化，最好去逛八大胡同，"因为那些歌女，像日本的艺妓一样，还会脸红，而近代的大学女生已经不会了"。此语意味着，传统所想象和建构的柔弱、无用、温顺的女性将现代女权逼向负面，男人仍主宰着公众社群，而女人只属于家庭等私人空间。

男性留学生对女权的敌意在《留东外史》中屡屡出现，几可随手拈来。例如，在第九章"莽巡查欺人逢辣手，小淫卖无意遇瘟生"中，"郑绍畋"接到父亲来信，闻其妹妹也要来日留学，"张怀"认为此事可喜，因为"中国女界这样黑暗，正愁有常识的女子少了"，却随之引出郑绍畋对女权的滔滔痛斥，"不知女权发达到了极点，于我们男子有什么好处"：

中国两万万女子若都能和男子一样，那还了得吗？我不信中国不强，是男子少了，要女子出来帮忙。我只怕今日人人都想女权发达，将来女权发达到了极点，我们男子倒在黑暗世界了。到那时候，再想有女子和今日的男人一样出来，提倡伸张男权，就可不容易呢。并且我说句不怕犯众的话，到日本来留学的女子，想归国去伸张女权，那就是一句笑话。姑不论那已归国未归国有名女学生的品行如何，只就日本国说，日本不是世界上公认的卖淫国吗？日本女子除卖淫而外，有什么教育？你到日本这多年，你见日本女子除了卖淫、当下女、充艺徒、做苦工几种，有几个能谋高尚的生活的？日本男子的专制，是世界上没有的。你看他们女学校订的功课，多粗浅呢。从女子大学毕业出来，程度还赶不上一个中学堂毕业的男子。岂是女子蠢些吗？皆因他们男子不愿女子有独立的能力，故只订这样的课程，使她们有点普通知识，可以当家理事，教教自己的小儿女就够了。有丈夫的女子，在家何尝敢高声说句话、咳声嗽？连路也不敢乱走一步呢？这样的社会教育，这样的普通科学，难道我们中国也没有，定要劳神费力的跑到日本来？学了这点子东西回去，就说伸张女权，要与男子平等，不是笑话吗？并且这几年来，我看那些已归国未归国的女学生，只怕连这点子东西都没有弄到手。你住在早稻田小石川不知道，这神田是中国女学生聚居之所。我哪一日不见十几个，撅着屁股在街上扭来扭去，哪一个月不听得几回醋坛子响？这都是有起宴会来，逢着男子就讲平等自由的。将来回到中国，欺那些不知道日本情形的，还不知道有多凶呢。[1]

---

[1] 不肖生：《留东外史》，岳麓书社 1988 年版，第 92 页。

异国的见闻不仅没能帮助留学生展开对现代女性的想象和向往，倒是强化了他们的传统性别观。有趣的是，胡适于 1913 年 1 月 4 日写下的留学日记与此形成了互文关系，他认为："吾国女子所处地位，实高于西方女子。吾国顾全女子之廉耻名节，不令以婚姻之事自累，皆由父母主之。男子生而为之室，女子生而为之家。女子无须以婚姻之故，自献其身于社会交际之中。……西方则不然，女子长成即以求偶为事，父母乃令习音乐，娴舞蹈，然后令出而与男子周旋。其能取悦于男子，或能以术驱男子入其彀中者乃先得偶。其木强朴讷，或不甘自辱以魅人者，乃终其身不字为老女。是故，堕女子之人格，驱之使自献其身以钓取男子之欢心者，西方婚姻自由之罪也。"[1] 显然，这番堂而皇之的辩解忽略了近世西人倡导的"选择之自由"，将"父母之命"改装成中国女子传统境遇的优越性。的确，留学经历并不一定意味着留学生的性别、婚恋观会发生质的突破，作家白薇（黄彰，1893—1987）之父黄晦也是一个例证，他曾留学日本，加入同盟会，参加过辛亥革命，但后来照旧反对女儿的婚姻教育自主，欲强制包办其婚姻，故白薇才于民国七年只身逃往日本。

在郭沫若的小说《落叶》（1925）中，对传统情爱伦理的迷恋甚至伤及留学生自身。这篇书信体情书小说由青年女子"菊子"写给留日生"洪师武"的 41 封信组成。洪师武与叙述人"我"重逢是故事的起因，他在日本学医满两年之后隐藏起来，在南洋足足住了五六年之久，与"我"在上海见面时，却是肺结核第三期的患者，病在垂危，于是向"我"追忆此生：他 18 岁来到日本，因为婚姻的失意，曾自暴自弃，与一些"魔性的女人发生过不少次数的丑恶的关系"。后来，他自己因为行检不修，便深自疑虑起来，医生便乘机诈骗他，

---

[1] 胡适：《胡适留学日记》（上），安徽教育出版社 1999 年版，第 129 页。

说他是梅毒，这使他的精神受了莫大的伤痍，他痛恨自己的血液永远不会澄清，"他的一生之中永远没有再受纯洁的爱情的资格了，他有时决心自杀，但又回过念头来想把自己的残躯永远为社会服务。他因此才决心学医，他因此才献身地看护过一位病友，他因此才构成了另外的一场悲剧"。为了赎罪，"他视学医为献身的手段，所以他对于医学也非常热心，他在学校里的成绩是出类拔萃的"，然而，"他以为自己的血液受了污染不能再受人的纯洁的爱情。他终因为有那种嫌疑，便把那女子的爱情拒绝了，不怕他也是十分爱她，就是牺牲了他自己的生命也不想离开她的"。[①] 所以，他永远不能偿还菊子姑娘的爱，至死悔恨。洪师武从一个极端走向另一个极端，由纵欲直接滑向绝对的"纯洁"，由肉体的堕落直接迈入精神化的绝恋，道德话语窒息了菊子的幸福，她不过是一个指向"纯洁"的符号。对"纯洁"的强调看似成全了一场凄美的爱情，实际上却是宗教禁欲主义与传统礼教的杂糅，一丁点的过错和游离都要被看成是无耻下流的不道德，这种过分圣洁化的自我确认终沦为一种美学暴力。

张资平的长篇小说《爱力圈外》（1929）以"洋场小说"的叙述模式刻画了两位条件出众的男性留学生。一位是"梁卓民"，他是一个高瘦的美男子，出生于优裕的旧式家庭，从美国获得硕士学位后回国，在交通部当参事，前程远大。一位是"柯名鸿"，他具有阳刚的男性魅力，家境贫寒，苦学出身，曾为留学德国而变卖一切家产，归国后任职外交部，个性率真，受当局重视。在这个通俗婚恋故事中，叙述人"我"与梁结为夫妇，"我"的姐姐则与柯结婚。婚后，梁对"我"无微不至，甚至向"我"坦白在美国的嫖娼经历，只因他认为

[①]　郭沫若：《落叶》，《东方杂志》1925 年 9 月，第 384 页。

男人在出轨方面"比不得女人"①。而柯将家事全委于姐姐，迫使她找娘家借钱，家庭矛盾导致二人分手后，柯一言不发，去往德国汉堡当领事。在此，留学生的身份与旧式的大男子主义并行不悖，在男权的集体无意识中，女性自身的生命逻辑依然被压抑。

　　丁玲 1930 年 1 月至 3 月连载于《小说月报》的中篇小说《韦护》，以作者好友瞿秋白与王剑虹的爱情故事为原型，叙写了"韦护"与"丽嘉"这对青年知识男女的恋爱纠葛。在这部遵循"革命＋恋爱"公式的小说中，男主人公韦护游学法、俄归来，他"懂得艺术，懂得人生"，准备投身于时代洪流，而丽嘉以率真与热烈赢得了他的爱情。这里有一个微妙的前提，丽嘉虽然活泼主动，但她的性别观却是传统的主流 —— 她崇拜俄国的妇女，却痛斥"中国今日之所谓新兴的、有知识的妇女"。虽然情投意合，但两人的分手却是一开始便注定了的，丽嘉愿意永远与韦护一起"日以继夜、夜以继日，栖在小房子里"，韦护却常常陷入自责，"不禁懊恼他的回国"，暗暗埋怨女人消磨了自己投身革命的意志。尽管韦护只有在与丽嘉的爱情之中才能真正意识到自己平时生活的世故与虚伪，尽管他也曾在醉酒时表示愿与她一起像鲁滨孙那样去一个无人的世界相依为命，但最终他清理了自己"一方面站在不可动摇的工作上，一方面站在生命的自然需要上"后，经过一番并不激烈的争斗，"那一些美的、爱情的、温柔的梦幻与希望、享受，均破灭了。而那曾有过的一种意志的刻苦和前进，又在他全身汹涌着。他看见前途比血还耀目灿烂"。在革命大叙事与爱情小故事的对抗间，这位留学生不可避免地选择了前者，而女性被处理成甜蜜的枷锁。

---

① 张资平：《爱力圈外》，上海乐华图书公司 1929 年版，第 24 页。

《围城》则以男性留学生的视角将女性“对象化”。在方鸿渐看来，是“女人先来引诱他”。鲍小姐被予以沉默化的处理，苏文纨印证了“女人是祸水”，唐晓芙亦伤害过方鸿渐，方妻孙柔嘉则直接是小说创设“围城”式生存境遇的障碍物，主体性被忽略殆尽。经典的道德话语被寓于留学生对女性、情感的叙述中，从西移来的现代理念并未根除男女两性的主从、内外、尊卑的宗法伦理秩序，两性主体性平等的文化观念常常突兀于语境。这种书写具有象征意义。即，留学生的性别、情爱观恰如福柯所谓的“屏蔽性的话语”，是“一种离散性的回避”。

在张爱玲的笔下，留学男性在女性观上的守旧来自一个驳杂的社会体系，留学经历未有从根本上令其情感趣味趋于“西化”。《金锁记》（1943）里，39岁的“童世舫”曾在德国度过八年寂寞的留学生活，谈过几次恋爱都不顺利，“得以冷眼看清故国透明化了的种种面目”，“现在回转头来，反而不喜欢新式女子，长安那种旧式家庭的淑女，倒很对他的劲”。《白玫瑰与红玫瑰》中，留学英国的佟振保嫌内地来的两个女同学“过于矜持做作”，久寻理想异性而不得，后来开始宿嫖。作者将这些男性留学生推上审判席，在她的渲染下，他们心目中的完美中国女性不过是无言的他者、在场的缺席者，是男性的一种文化构想物。

五、女留学生形象的建构

女留学生是中国家庭生活新观念的重要引入者，她们将现代性赋予了中国城市的日常范畴。在隐喻的层面上，留学生的女性观可与女留学生形象进行符号转换，两者之间存在着互文关系。诚如叶维丽所分析，女留学生所面临的问题不只是“如何成为一个现代的中国人"，更重要的，她们要学会"如何成为一个现代的中国女人"。^① 在近现代，知识群体日渐熟知的西方话语，尤其是民族主义，对女性留学生而言，传达着一种含混的性别意味，成为塑造女性形象的关键因素。聚焦文学作品中的女留学生，我们会发现，传统的性别观在这种现代女性形象建构中扮演了一个暧昧的角色。

19 世纪 80 年代初，在美国传教士的资助下，个别中国女子踏上留学征途，赴西方学医，这可谓一种民间的，而非官方性质的文化交往。除此之外，某些富裕且开明的上层家庭也主动将女儿送到国外，比如中国最早的女学士曾宝荪就是曾国藩的曾孙女。及至 20 世纪初年，"女学"成为"新学"的关键词，不少新学人士把女学的兴衰作为衡量一国强弱的重要标志。漫游欧洲的王韬看到英法妇女"与男子同，幼而习诵"实学，就不禁感慨"中土须眉，有愧此裙钗者多矣"^②。清末最早走出国门的大家闺秀钱单士厘（1858—1945）则通过自己对日本的考察指出："日本之所以立于今日世界，由免亡而跻于列强者，惟有教育故"，"国所由立在人，人所由立在教育"，而"论教育根本，女尤倍重于男"。^③1903 年，《江苏》月刊第 3 期发表了陈彦安的《劝女子留学说》，称"不登山者，不知泰岱之高；不赴海者，不知沧溟之深。我中国女子，日居深闺，耳无所闻，目无所见，故外国之如何强盛，中国之如何衰弱，女学之如何不振，皆毫不相关"^④。在这种情形下，又为了避免西方传教士控制中国的女子教育权，清朝统治者决定发展女学，近取日本，女留学生外出"取经"者不再停留于个案阶段。

①　Ye Weili, "Nü Liuxuesheng: The Story of American-Educated Chinese Women, 1880s-1920s", *Modern China*, vol. 20, 1994.
②　王韬：《漫游随录》，山东画报出版社 2004 年版，第 29 页。
③　钱单士厘：《癸卯旅行记·归潜记》，湖南人民出版社 1981 年版，第 24 页。
④　陈彦安：《劝女子留学说》，《江苏》1903 年第 3 期。

女子留学与国家强盛的密切关联在晚清小说中可见一斑。如本书第一章所述，《女举人》中的如如女史，《女狱花》中的许平权，《女娲石》中的金瑶瑟等几位女性留学生均洋溢出风风火火的革新气质，留洋经历几乎等同于其言行的标新立异，意味女性命运的新气象。

但这并不是女留学生形象的全部。光绪三十一年（1905）问世的长篇章回小说《宦海钟》曾编写了这样一则坊间闲谈，"自由花，是个新学朋友的寡弟媳，同着大伯子到东洋留学，住了两个月。回到上海，那鹣奔之行自不待言，后来也弄得妙手空空，讲明了把她包在堂子里的"①。"自由花"是那个时代带有新学色彩的时髦笔名，冠以一位留日女性之上本是贴切合理，但实际上，她与留学女性敞开胸怀拥抱大千世界的新气象沾不上边，倒是因乱伦、沦落风尘这些负面的卖点而沦为人们的谈资。固然，对于一部主张"不淫无以申其情"的小说来说，这是一种有意为之的虚构窠臼，但也透露出了彼时女子留学的复杂面貌，叙写着时人看待女留学生的多重眼光。

确实，最初的女留日生不是只身出国的，而是跟随其父兄或夫婿一齐留学、伴读。她们往往没有明确的学习目的，当父兄夫婿学成回国时，便也辍学同归，真正完成学业者并不多。

而且，新学的初衷并未包含"女学"。规划新式学制的《奏定学堂章程》（《癸卯学制》，1903）并没有将女子教育包括在内，仅在有关蒙养院（幼稚园）教育的《蒙养家教合一》的一章中，有"以家庭教育来包括女学"一语。换言之，女子要负起家庭教育的责任，即是要把从丈夫处接受而来的《孝经》《四书》《列女传》《女诫》《女训》等学识转教其子女。当时一般认为，女子一旦接受了新式教育，染了西洋风习，便有害于教化。后来，清政府愿意派女子出国，

---

① 诞叟：《宦海钟》，百花文艺出版社1989年版，第178页。

主要为了求得女校师资，其背景是女学与民族前途的关联。其中，梁启超著名的"胎教说"为发展女子教育提供了合法性，即"胎教之理主要在于女子教育"，中国要想保国保种"非提倡女学讲求胎教不可"。

张仲山以相同的逻辑鼓吹女学，他说"自东瀛游学回国，慨念内地女学未振，首先倡率，自筹款项，在本村设女学堂，以治家为本，并无诗词歌赋之学，一洗旧习，力效东西，开通妇德，造就国民之母"[①]。这种女性教育观在当时几为具有普遍性的垄断话语，在专门为中国留学生设立的日本实践女子学校里，校长在其制订的速成科规则中也称："女子之天职在内助之实务与家庭之教育……今我等欲使彼邦女子以短少之时日能尽其天职之技能，故为特设速成师范及工艺科……期以一年毕业，使得为慈母与教师之教养概要。"[②] 在主流价值观期许中，女留学生的理想角色应该是"慈母"与"教师"。

可是，女子留学的发展依然超出了其预设者的预设，19世纪末20世纪初，前往各国留学的中国女性日渐增多，留日女子人数更是次第增加，只身赴日本留学的女子不断涌现。1904年6月，目睹国事日非的秋瑾，毅然卖掉簪珂作学费，赴日留学。同年8月，杭州的楼文耀在务本女学师范班毕业后，决定自费赴日。也在这一年，湖南女子唐群英只身东渡日本。在留学之风蓬勃的大环境下，各省先后取消了对女子官费出国留学的限制，打破了只有男子才能官费留学的成规旧例。1905年，取得官费留学资格的女性有湖南人20名，其中最小的14岁，最大的48岁。其后有江西10名，云南13名。奉天（辽宁）省特派专人到日本实践女子学校商定每年派15人到该校修读师

---

① 张仲山：《倡立女学》，《教育杂志》1905年12月，第55页。

② 陈学恂、田正平：《中国近代教育史资料汇编·留学教育》，上海教育出版社1991年版，第335页。

范专业。1907 年两江总督选派 3 名江苏女生赴美国威尔士利女子学院读书，是为官费女生远学西方的开端。这势必刺激了女性自费出国的热情，且她们不一定再跟从父兄或丈夫，而是开始从自己的志趣和意愿出发，有目的地、自发地接受留学教育，如 1905 年就有 19 名女学生先后自费入读美国中等学校。其中，结伴同行者居多，如 1905 年 3 月，奉天省旗女静婉自备费用，率女伴 7 人前往日本学习；同年 5 月，云南有 13 名女子结伴赴日；湖南王恒之偕其女弟赴日游学，有 20 余名女学生同行。

在日本杂志《大陆》第 1 号上，一篇名为《中国女学生留学于日本之声价》的文章撷取了当时某位日本人士对这批中国女留学生的印象："中国女子数人，航海来日，在日本教育大家、华族女学校校监下田歌子先生监督之下学习。中国女子留学海外者，自此发轫。可知中国人求学之心渐热也。……此等留学生，举止娴雅，志趣高尚，对日本人亦不畏惧，彬彬有礼，为日本妇女所不能及。"[1] 我们不能断定，如此褒扬是否就代表着当时日本人对中国留日女性的大多数评价，但相映成趣的是，1876 年清朝驻日副使张斯桂（1816—1888）在其诗《使东诗录》中亦对日本女子教育大加称颂，其中有一首曰："满庭桃李不胜春，都是罗敷未嫁身；西邸簪花多妙格，东邻咏絮有佳人，薛媛画笔添毫细，蔡女琴弦按拍新（画理琴歌，考尚西法）；戏罢秋千无个事，绿纱窗下度神针。"[2] 在相隔三十年的对视中，中日文人赞赏的异国"新式"女子竟都是传统才女形象的翻版。当《北京女报》批判传统中国女子无所事事，依赖男性，只知吟风弄月时，所

---

① 实藤惠秀：《中国人留学日本史》，谭汝谦、林启彦译，生活·读书·新知三联书店 1983 年版，第 89 页。

② 张斯桂：《使东诗录》，载钟叔河主编：《走向世界丛书》（第 1 辑），岳麓书社 2008 年版，第 147 页。

比照的西方女性形象恰也是经济自主、人格独立、崇尚简朴，具有博爱精神，道德之完美堪称人伦典范。

但女留学生自己却不时反抗这种角色定位。她们耳濡目染着异域的生活方式和舶来的流行思潮，成为中国妇女解放运动的先行者。秋瑾写于 1906 年前后的弹词《精卫石》就描写了中国内地一群不堪忍受旧式家庭、包办婚姻的青年妇女，她们经过千辛万苦，终于冲决权威的罗网，结伴赴日本留学。其中，女主人公"黄鞠瑞"在日本经受了资本主义自由民主思想的启蒙和洗礼，觉悟不断提高，后来参加了中国资产阶级革命派在日本组织的革命团体和活动，积极投身于民主民族革命的洪流，她豪迈地说，"余日顶香拜祝女子之脱奴隶之范围，作自由舞台之女杰，女英雄，女豪杰，其速继罗兰、马尼他、苏菲亚、批茶、如安而兴起焉"。她如此歌颂欧美国家女权的发达，并批判中国女权不张的现状：

> 强国强种全靠女，家庭教育尽娘传。女子并且能自立，人人盛唱女之权。女英女杰知多少，男子犹且不及焉。学校皆同男子等，各般科学尽完全。不同我国但学经和史，彼国分门各有专；普通先学诸科目，再进高等学校间。大学专门诸学备，哲学理化学并然。工艺更加美术画，师范工科农业完。般般学业非常盛，男和女竞胜求精日究研。所以人人能自活，独立精神似火燃。……我国女子相比并，一居地狱一天门。相去何只千百丈，难道是我辈先来不是人？无非自己甘卑贱，愿为奴隶牛马群。受他压制甘如饴，但将那梳妆衣饰讲时新。身作幽囚无怨恨，沉沦地狱不翻身。不思自己求学业，不思自立免求人；不思脱此奴隶纲，不思作个女中英；不思名誉扬中外，不思勋业染丹青；不思烈烈轰轰做，使千载人俱慕姓名；不思身受千

般苦，不思跳出陷人坑。[1]

借由黄鞠瑞这位留日女学生，秋瑾塑造了一种近代新型女性人格，无疑，她自己就是黄鞠瑞的原型。小而言之，秋瑾赴日留学是为个人取得办好女学堂的资历，因为"未经身亲文明教育"，不敢冒昧担任女学堂教习，"故极意游东瀛，以觇学务"[2]；大而言之，研究日本女子教育，为中国女学取法也在秋瑾意中。在日本，秋瑾就读于实践女子师范学校，主张男女平权，妇女经济自立，组织共爱会，出版《白话报》，她的离婚更曾在社会上引起轰动。这样的留学女性已经涉足了男性的领域，"冒犯"了男性的权威。然而，秋瑾所谓的"男女平权"却是以男性化为标准，要求女性向男性看齐，"自恨身非作男子"，"叫人恨煞女儿身"[3]，她在日常生活方式方面的惊世骇俗之举，就是公然着男装，把外形扮作男子，"女士平日乘马驰骤，且作男子洋装，或送以目，或称为奇事也"[4]。这里的悖论是，在以男性为中心的话语世界中，女权也要依靠男性来鼓吹。

在 20 世纪初年的女留学生群体中，具有性别反抗意识的何止秋瑾一人。1903 年，留日的曹汝锦、何香凝（1878—1972），以及先后留学日本、法国的方君瑛（1884—1923）等人都发表了以女权、爱国为主体的文章，呼吁同胞姐妹起来抗争，尽享妇女应得的平等自由权利。女性报刊随之涌现，陈撷芬（1883—1923）1903 年创办了《女学报》，潘朴 1904 年创办了《女子魂》，燕斌 1907 年 2 月创办了《中国新女界杂志》[5]。

---

[1] 郭长海、郭君兮：《秋瑾全集笺注》，吉林文史出版社 2003 年版，第 508—509 页。
[2] 秋瑾：《女士壮志》，《大公报》1904 年 3 月 1 日。
[3] 郭长海、郭君兮：《秋瑾全集笺注》，吉林文史出版社 2003 年版，第 497、501 页。
[4] 佚名：《越郡党祸纪实》，《南方报》1907 年 8 月 2 日。
[5] 这一年还有何震创办的《天义报》、田桐创办的《二十世纪之中国女子》。

将女权与民族话语联系起来的留日女子学界尤为热闹。1903年，胡彬夏（1888—1931）[①]在东京成立女子第一个小团体"共爱会"时就宣称"拯救我二万万同胞于涂炭之中"是其宗旨。在爱国旗帜的号召下，留日女学生表现出鲜明的团体组织性，初步形成了小型群体。继共爱会之后，她们又先后成立了3个社团。1905年，"中国留日女学生会"在东京成立，两年后即有成员约100人，1909年达到149人；1907年"女子复权会"建立；1911年，"留日女学会"建立。在推翻清朝帝制的革命中，这群留日女学生与留日男子一样功不可没。献出生命的秋瑾自然不在话下，此外，何香凝留日时曾与廖仲恺、朱执信等写联名信，向美洲等地的海外华侨宣传推翻帝制的必要，并在孙中山的指导下缝绣革命旗帜。辛亥革命前后，大批留日女生回国，她们带头建立女子军事团体，掀起了从军热。1910年，留日的陈璧君参与了谋炸清末摄政王载沣的行动；在这年的新军之役中，由日回国的李自平、陈淑子在香港为新军缝制军衣。民国建立后，留日归国女子又主动参政，多次向南京临时政府请求给予妇女参政权，甚至在请愿未遂的情况下演出了"大闹参议院"、砸玻璃、打卫士、掌掴宋教仁的激烈一幕。故此，可以说《精卫石》叙说了一种现实，女留学生是操着启蒙话语的革命志士，并作为先锋者开始思考男女地位的差异。

与《精卫石》几乎同一时期，同叙女权话题、作者署名"思绮斋"（生平不详）的两部章回小说则以另一种的视角来注视晚清女留学生。

其一是光绪三十三年（1907）作新社刊行的《女子权》。这部标

---

① 胡彬夏后又留学美国，毕业于卫斯理女子学院，回国后担任多所女校教职，参与编辑《妇女杂志》。

为"国民小说"的作品共有 12 回，叙"袁贞娘"为争取妇女解放而积极参政的历程。小说中，贞娘美丽聪颖，考上了省城启化女中学堂，在毕业前的秋运会上，她与风采轩然的天津海军学堂学生"邓述禹"相遇，二人互生情愫，以心许之。重阳日，贞娘于黄鹤楼园亭内拾到邓遗失的名片、照片与诗笺，爱慕益深，不期诗笺遗落家中，为袁父所见，致遭詈骂。贞娘羞愤之下投江自杀，幸被开往天津的巡洋舰救起，救她的人恰是在该舰实习的邓述禹。两人水路相处，两情弥笃，但当时中国没有婚姻自主的国律，以致良缘难结。后贞娘投入《中国民报》馆，并担任主编，成为轰动遐迩的办报人。她撰写《女权论》，走上为妇女争取权利的斗争之路，一时间成为女界旗帜。不料报纸被封，贞娘始知妇女解放仅靠办报不成，旋赴美国参加万国女工会，取得了海外华侨的支持。归国后，她任宫廷女翻译官，力争朝廷开放女子政权，广办女工传习所，一一成功，全国妇女为她立铜像。在她的推动下，政府终拟出六条女权试行章程，按章程第一款，太后遂许其与邓述禹完婚。作者的议论掺杂在小说的叙事中，他认为架空喊"男女平权"无用，因学术不讲、工艺不兴就没有自治精神、自养能力，不得不仰仗男子。美国之行孕育了贞娘的人生转机，但她参政理想的实现却最终要靠太后的恩准，婚姻还是要由皇命玉成，非此则不敢越雷池一步，女权的革命意义被消解成一出大团圆的爱情喜剧，这位留美女性的强者形象也因而打上了问号。

其二是《中国新女豪》，这部分为 16 回的小说亦面世于光绪三十三年（1907）。这个故事与《女子权》有着惊人的相似，只是男女主人公都有着更为明确的官派留学生身份：女学生"黄英娘"与男学生"任自立"在京津地区高等学堂的运动会上分别获得优等奖。两人由此互相鼓励，彼此倾慕，后分别被清政府派遣，分赴日、德留学。起初，英娘被日本早稻田大学留学生推选为女权会顾问，但因不赞成用暗杀等极端手段行事，被留学生认为临事畏祸、有始无终，直到误会终于化解后被举为会长。她率众上书政府，请用开放政策，获得上议院议准。当皇上大婚吉期，比利时钦差小姐极赞英娘，并告皇后，已将其《妇人自治会规则》送《泰晤士报》发表。皇后为之感怀，力劝皇上，准许创办女工传习所，英娘遂被任命为京城女工学堂监督，并受皇命与任自立结婚，迎来读者意料之中的幸福结局。此外，在英娘留日期间，"辛纪元"与"华其兴"这两位留日女学生的悲剧为小说的情节提供了一段重要的插曲。华其兴，自然是中华之振兴，而辛纪元者，"新纪元"也，她蕴含着作者"新纪元始，女子翻身"的本意，她俩为了振兴女权而携手奋斗，华被选为恢复女权会会长，辛为副会长。中国驻使"李伯琢"得知后欲重办这两人，辛不堪解差凌辱，蹈海而死，华愤激之余，仿俄国革命党暗杀之法，与李同归于尽。女权运动的形式决定了这些女留学生与君权的关系，也注定了她们的不同遭遇，站在立宪立场上的作者在书末云："皇上圣谕：过去一切男女不平等的法律一律废除"，但"政治、军役两端不许妇女干涉"[1]。与《女子权》一样，所谓成功的女权斗士既要争民权，又须顾君权，主人公争取女权运动的胜利十分具有偶然性，全部维系在外国使节的推荐和外国报纸的舆论之上，起决定作用的则是开明政治，这一想象性的叙事再次将舶来的性别权利斗争与传统的国家兴亡话语联系在一起。

实际上，关于清末女留学生的女权斗争，若将主张革命的《精卫石》与主张立宪的《女子权》《中国女英豪》叠加起来，或可得出更为丰实的面貌。当纷拥而至的西方文明加速了中国社会的动荡及变迁，在缺乏系统理论训练的前提下，急于求成的女留学生们只能博采

---

[1] 思绮斋藕隐：《中国新女豪》，上海集成图书公司1907年版，第8页。

杂收，在囫囵吞枣中，以中西杂糅的形式化解西方权利学说，例如将孔子思想与男女平权画等号。斗争性质的含混还使她们往往用激烈的言行取代理智的指导，譬如在报刊上称"参议员悖灭公理，蹂躏女权便是不以人类对女子，我女界当视为公敌，一个个用手枪炸药对待他"[①]。这也就决定了此一时期女留学生形象的浮躁感。她们的本意是炫耀新知以区别于流俗妇女的旧态，但这种特有的排场却是从传统中借来的，它在外观上更容易使人想到童生进学和举子中式之后惯见的喧闹，她们的盛气被描绘成"一条辫子直长拖，不着绫绸不着罗，双脚革靴双眼镜，原来中国主人婆"。

自民国初年，女子出国留学的环境颇有改善，主要表现在留学欧美者的比例上升。与此相反，因受到中日两国留学政策及其他因素的干扰，留日生总人数比清亡前有所下降，女生人数也相应减少，然而在1912—1921年这20年间仍超过留美女生人数，女子留日继续呈现主流趋势。由于勤工俭学运动的发动与持续开展，留法女生人数渐有上升。民初考取美国大学的中国女生大约增加到488人，若包括美国各级学校在内，则应有800余人。而从1914年起，庚款留美计划隔年招10个中国女生（但有时未必能招满），培养了一批高素质的留学女性。经过数十年的观念刷新，女留学生注视世界的眼光渐能影响中国女性的人生观和世界观，且渐在社会事业中占据一席之地。民国前后留学、成就斐然的著名女性颇有例子可举，如社会活动家蔡畅、郑毓秀（1891—1959）、教育家张默君（1883—1965）、建筑学家林徽因（1904—1955）、翻译家陈鸿璧（1884—1966）、画家潘玉良（1895—1977）、医学家林巧稚（1901—1983），等等。

有别于晚清女留学生的是，因为君权的消亡，因为社会角色的

---

① 唐群英：《女子参政同盟始末记》，《女子白话旬报》1912年第1期，第6—8页。

转变，当她们呼喊女权话语时，在世人的心目中是以反抗夫权、质疑婚姻的形象出现的，常见于第一代女留学生中的浮嚣意态日渐褪去。这种形象首先是由女留学生的自我刻画奠定的。1929 年，上海真善美书店出版了陈学昭创作于 1928 年的中长篇小说《南风的梦》，故事主要以法国为背景，兼以 1926 年的中国革命为远景，描写了女主人公"陈克明"留学法国的经历。克明是一个大胆挑战传统的"时代女性"，她倔强、清高而孤独，追求人格独立，以自由撰稿和特约记者的稿费为生，尽管艰辛却决不依赖他人，并冲破层层阻碍赴法留学。不论在思想观念上，还是在精神、道德领域与言谈举止上，克明已全然不同于传统女性。她具有鲜明的性别意识，声称"宁可做一个跌倒在十字路口的饿殍，受人们，受大众的无情的冷酷讥笑及践踏，也不要匍伏在某一个男权的威势与玩弄下而吃一口安稳饭"[①]。她曾与男友"慕欧"同居，当慕欧认为得到了她的身体就征服了她整个人时，她却对传统的贞操观不屑一顾。这位叛逆精神十足的中国留法女性彻底粉碎了男权中心主义的婚恋神话，尖刻地揭露了男性自私、狭隘、贪婪、专横、暴虐的性别劣根。

《南风的梦》具有明显的自传性，陈克明正是作者陈学昭的镜中自我。1927 年 5 月 22 日，凭借自己两本散文集《寸草心》《烟霞伴侣》的版税，陈学昭决然地登上了去法国留学的邮船。留法期间，她一边学习法文，一边写稿，克服了经济上的种种困难，经历了婚恋的坎坷，最终于 1934 年 11 月获得法国克莱蒙大学文学博士学位，成为当时凤毛麟角的留法女博士之一。但，陈克明所对应的现实人物又仅非个案。酷似这位小说人物的还有陈衡哲，这位被司马长风认为是"新文学运动的第一个女作家"于 1914 年考取清华庚款留美，回国后

---

① 陈学昭：《陈学昭文集》（第一卷），浙江文艺出版社 1998 年版，第 150 页。

担任西洋史教授，笔名"莎菲"。与陈学昭相比，陈衡哲的求学之路更为顺畅，感情经历也较为美满，但在决定嫁给任鸿隽之前，她也是争强好胜的不婚主义者。

实际上，彼时女留学生爱上男同学的事例很平常，有人还嫁给外国青年，甘当家庭主妇者不乏其人，对许多女留学生来说，出国以后的首要大事即破除包办婚姻，已经由家庭订婚的便设法解除婚约，没有订婚的要自己做主选择中意的对象。而以陈克明为代表的留学女性形象浓缩了中国女子对传统的极端反叛，将婚姻自主扩展为不婚，将对包办婚姻的抵触发展为对性爱关系的疑虑，且与西方女性不同的是，浪漫的爱情与性关系并未在她们性别意识的发展中扮演正面角色，甚至被她们视为影响男女教育、事业平等的障碍物。五四时期，"新女性"概念的崛起显然参与了这些女留学生形象的塑造。一位署名 Miss N. U. Mao 的女子就曾写信告诉胡适，她所理解的"新女子"，"乃要合着二十世纪新潮流的趋势；除去四千余年玩物的名字；及免终身做男子的婢女，享国家平等的幸福"。接着，她又列举出"新女子"的几个"要素"："一、学她们西洋女子的志趣高尚，学识充足，以至能够自立（我的自立并非一定要独身主义，乃能以相当的才力，对于社会上有效用的意义）；二、要明白世界上的大势；三、对于我们自己的国家有何等责任。"①

但这只是现代留学女性的面向之一，旧的权力关系并未完全退场。如前章所叙，在自叙传色彩亦浓的小说《棘心》中，留学法国的女主人公杜醒秋根本未以强者形象示人，而她的悲剧正是以其创造者苏雪林的留学遭遇为模板。1921 年，苏雪林考入吴稚晖、李石曾在里昂创办的海外中法学院，可她留学期间水土不服，精神上也饱受种

---

① 耿云志编：《胡适遗稿及秘藏书信》（第 24 卷），黄山书社 1994 年版，第 648—649 页。

种困扰，在煎熬之中皈依了天主教，1925 年便提前回国。

留学处境并不乐观的还有黄彰，即女作家白薇，按她自己的话说，"白薇"这个名字是"空寂又奇穷的薇草"，"含尽了女子无穷无尽的悲凉"。她 1918 年留日，当过佣工，教过中文，也曾在东京街头流浪，寻找饭店门口招聘女佣的广告，长期衣食无着。在她眼中，东京的中国人不但不同情和帮助她，反而向她投以藐视与非议，她曾为之服务的英国传教士则是个刻薄残忍的主人。在考取日本女子最高学府 —— 御茶水东京女子高等师范学校之后，白薇仍兼职当女佣，偶尔摆摊营生。她的课业以生物为主、数理为副，课余读些美学、哲学、佛学。她仰慕法国罗兰夫人，在出席某伯爵夫人招待东方各国妇女的宴会上被称为"茶花女式的女人"。公费留日生杨骚当了她的恋人，两人的感情却充满了龃龉和悔恨。她曾与父亲决裂，从此转向文学，师从田汉，归国之初也并不被家人接纳。她积极参加政治，但第一次国内革命战争的失败给她带来深重的幻灭感。

女作家袁昌英（1894—1973）的留学经历也未被女留学生自我塑造的强者形象所淹没。一战期间，袁昌英自费留英，数载苦读后，获得爱丁堡大学文学硕士学位。1926 年，她又赴巴黎大学，希望毁灭"弱肉强食、优胜劣败"的物质文化，代之以"新的合理的以互助以同情为基础的真正文化"，她的理想是一种中西合璧的"扩拓自由而纯正"的趣味。

相比之下，男性作家对这一时期女留学生的书写则流露出十分驳杂的社会心态，意味着作为现代知识女性的女留学生被人们赋予了多重想象。

崔万秋的小说《海滨邂逅》便有对当时留日女学生的集中刻画。凸现于中国留日女生群体之中的是"浪女"形象，"浪女"的虚荣和堕落依附在"阔少"的淫逸放纵之上：

　　有钱而且有闲的公子哥儿们，总是聚在青年会的。大家把崭新的洋服穿得整整齐齐，把鲜红的领带结得漂漂亮亮，把分头梳得光光，在青年会的过厅，礼堂，阅报室，贩卖部摇来摆去，两只眼睛不住地朝着大门望，见有几分像人的女留学生来了，大家都争先恐后地钉上去。这些公子哥儿，老子不是督军，便是省长，或什么部长，荷包里有的是从百姓们刮地皮得来的冤枉钱，所以十之八九是挥金如土，在饮食男女上，异常大方。年逾花信，犹待字闺中的小姐们来到了东京，只要有机会，和这些哥儿们讲讲恋爱，玩玩花头，作兴可以荣任某某少爷的少奶奶，所以表面上尽管矜持，而内心则拼命在追求。——这虽然不能一概而论，但这类人确不在少。①

　　这样的女留学生既不是号召女性独立的女强人，也不是柔弱苦读的乖女孩，留学女性这一特殊的文化、性别身份是她们谋求人生捷径的砝码，毕业文凭充作嫁妆。小说中，作为女配角的"林婉华"本是"那样聪明"，但感情受挫后不惜糟蹋自己的身体委身于人。她花枝招展地在"青年会"上露面，甘心与她素日看不起的"追求公子哥儿们的小姐"为伍。作者直露地指出，"女学生在舞场内跳舞，是贪求官能的享乐，想受一受男性的拥抱，至于打高尔夫，则完全是想在大庭广众之中出出风头，让哥儿少爷们赏识赏识。上海的摩登姑娘之遨游于维也纳，圣爱娜，用意如此，而东京的洋装女学生用意亦如此。……因为一个女子，两个以上的男子相砍相杀，闹出种种悲剧，而大家并不责难这位酿祸的女主角，反而艳羡她的

①　崔万秋：《海滨邂逅》，载江曾培主编：《中国留学生文学大系》（近现代小说卷），上海文艺出版社 2000 年版，第 775 页。

风流，她的有魅力。于是这位女主角，不惟不为社会所葬，反为社会所捧，捧之为女名流，捧之为交际花，多少急色儿，都愿一亲玉人颜色。堕落以后的林婉华，便因为人类社会这种弱点，而艳名大噪"①。作者抛开高高在上的女权学说，制造出一种坊间碎语式的故事氛围，将男性视女性为玩物的潜在心理埋藏在"有伤风化"之类的道德谴责中。

然而，不经意间，林婉华的人生态度及两性观却与小说叙述者的道德观展开了有力的争辩，她的"不独立"——并不全赖传统女性的积习：

> 我们女子的生活态度，我以为应该是放浪不羁的，人生不过五十年而女子的生命尤其短。女子的魅力，全靠青春与美丽，女子失去了青春，失去了美貌，随你多么有才有德，社会上的人会把你忘记的，你想青春能有几多日子？那好让它轻轻过去？我为宝贵我的青春，我为不使青春空过，所以需要男性，尤其需要满足我物质要求的男性——精神的满足，没有甚么人配给我——想满足物质的要求，除了交游你所卑弃的纨绔公子们以外还有甚么好的方法？贪求物质生活的满足，你一定鄙为堕落罢？那也只有随你，天下事无非儿戏，管他堕落不堕落呢？②

当作者对女留学生的刻画落脚于传统的性别哲学时，林婉华挣脱了小说的控制，她以"及时行乐"的方式表现了又一种女性意识的

---

① 崔万秋：《海滨邂逅》，载江曾培主编：《中国留学生文学大系》（近现代小说卷），上海文艺出版社 2000 年版，第 779—780 页。

② 崔万秋：《海滨邂逅》，载江曾培主编：《中国留学生文学大系》（近现代小说卷），上海文艺出版社 2000 年版，第 778 页。

觉醒，流露出男权话语对女性崛起的焦虑。

女主角"金秀兰"是《海滨邂逅》隐然肯定的留日女学生形象。她与那些放浪的女学生在性格和生活方式上有着根本的差异，她是典型的中国闺秀，"小心翼翼，不轻言动，莫说叫她积极地追求男性，就是男性追求她，她也好像一座金城，很不容易打破"。这位笃定"择一而终"的女性从未想过要同时和几个男性交游，不过，"京都帝大的学生陈震东"在她的心田中"确实占有一个地位"，他们仅有通信之谊，但当"异样的寂寞"来袭时，她会思念此人不已。金秀兰含蓄温婉的气质自觉地与传统的主流性别观保持着认同，映射出男性作者本人的欲望。据统计，近现代中国留日女子总人数仅有留日男子人数的百分之一，在人数对比如此悬殊的情形下，留日女学生自己所发出的声音难免被压抑为潜流。

《围城》也以反讽之态看待高喊"男女平等"的女留学生。当留法归来的"沈太太"道"我敢说，在不久的将来，男女两性的分别要成为历史上的名词"①时，作者的调侃之心跃然纸上，抖落出这位留法女性书卷气的幼稚。

实际上，民国报刊中的征婚启事类多将新知识与旧道德并举，以之为理想女性的必要条件，即使趋新之士，也很少有人愿意择偶于身上带有龙虎气派的女子。或许，时人，尤其是男性知识分子心目中最完美的留学女性应是林徽因那般，"没有从前旧家庭虚伪的神容，又没有新时髦的洋气"。这种女性气质仍接近梁启超在 20 世纪初时的构想 ——"上可相夫，下可教子。近可宜家，远可善种"②。当效法西学、求取新知的妇女比男子更多一些标新立异的自觉性时，她们张

---

① 钱锺书：《围城》，生活·读书·新知三联书店 2002 年版，第 66 页。
② 梁启超：《倡女学堂启》，《时务报》1897 年第 45 期，第 3—4 页。

扬的个性在世人眼中往往失于肤浅轻躁，她们所宣扬的颠覆性的平等更是不无悍气。在传统的期待中，女留学生应当扮演双重角色，除了事业与家庭的冲突之外，她们还必须仍旧与家庭生活、女性特质这些令人困惑的话题相搏斗。

第二节　传统元素的地位

由此，在留学生形象的塑造中，尽管承受着巨大的外力作用，本土文化的稳定性和历史惯性仍然时隐时现。当本土文化价值主要受到西方现代性的外部压力而不是传统自我变革的内在挑战时，这种价值变革的驱动力往往是有限的，强势的西方文化可以冲击传统文化的表层价值规范，却难以触动其深层价值原则。于是，我们不妨聚焦于留学生身份转型的艰难性，以考察传统价值取向在留学生叙事中的地位。

一、思乡·乘船

对于"独在异乡为异客"的留学生来说，思乡之愁无疑是难过的一关，在叙事中，这种对故土的依恋又往往与民族意识形态联系在一起。在塑造留学生形象的近现代文学作品中，郁达夫、郭沫若、冰心等一批五四时期作家所渲染的思乡之情尤为浓重，在某种程度上堪称他们留学时代羁旅生涯的内心写照，这种自我刻画时常将个人的感怀赋形于想象中的祖国河山之中。

这种思乡之情的书写，具有相当的写实性。在纪实性的留学生叙事中，胡适的留学日记就多次抒发了对祖国故土的怀念。1911年3月16日，异国乍暖还寒的雪景让他感慨，他在日记中写道："回首故国新柳纤桃之景，令人益念吾祖国不已也。"[1] 同年 4 月 17 日，他读到勃朗宁（Browning）的诗"oh，to be in England now that April's there"，译之为"啊，英格兰已是四月，该回去了"，便又说"读之令人思吾故国不已"。[2] 由此观之，时令景物尤令人伤怀。

留学法国的陈学昭有着浓重的巴黎情结，1928 年她在国内写下《忆巴黎》，巴黎在她的回忆中染上一圈光晕，"它那闪耀在恶劣中的一尘不染的奇妙之美颤动着我的心。没有再象巴黎的天气，那样地使我爱好的了。从先贤祠的冷落处走过，我已俨然成为巴黎人之一份了"。但陈学昭显然未将全部的归属感赋予巴黎，她也写下了《印象》，声称"我是不愿意长住在法国的，……我想念那故乡可爱的山水和那纯朴的人情"。"可爱"和"纯朴"这两个抽象的字眼构成她的故乡印象，并在她的内心盖过了具有"奇妙之美"的巴黎。

思乡，是人类共有的情结，是中外文学的一大恒久主题，它在《诗经》中即有迹可循，它是《奥德赛》对家园的顾盼。留学生身处异域，时空情境大不相同于中国古代的思乡氛围，却以相似的意象表达思乡之情。在交通、通讯极不发达的古代，一旦离乡，便是前路漫漫，关山重重，乡书谁人传递，何日是归年，思乡之情往往触景而生，化为文人墨客笔下的逆旅夜雨、明月高悬、夕阳西下、塞外芦笛等，无不令人魂牵梦萦。这种思念具象化为故乡的山水、土地、风物、人情，以至一草一木上，是具有传统意味的乡土情结和地域观念。在物质文化急剧变革的近现代，中国留学生继续使用这些意象表达思乡之情，则翻新了一个美学空间，这种情感在文学中的生成和拓展，本身就是一个现代性的问题，是"时间导向"的悖论，现代性作

---

[1] 胡适：《胡适留学日记》（上），安徽教育出版社 1999 年版，第 23 页。

[2] 胡适：《胡适留学日记》（上），安徽教育出版社 1999 年版，第 29 页。

为一个"未来导向的时间意识"，而传统作为一种"过去导向的时间流程"，埋伏着隐隐的"无家可归"感。

当胡适从康奈尔大学毕业，继续赴纽约哥伦比亚大学就读时，他又对生活了五载的美国城市"绮色佳"依依不舍。在 1915 年 9 月 21 日的日记中，他说："吾尝谓绮色佳为'第二故乡'，今当别离，乃知绮之于我，虽第一故乡又何以过之？吾去家十一年余，今心中之故乡，但有模糊之溪山，依稀之人面而已。老母，诸姊，一师，一友，此外别无所恋。"①据此看来，留学这种"越界"行为既带来了广阔的视野和全新的生活体验，又没有隔断与旧日生活的联系，历史与现实在这种"恋旧"式的思乡情绪中进行着前所未有的奇怪融合。留学生没有放弃对于原有文化的认同，没有斩断对故土文化的怀旧情结，但祖国渐渐不再是一个实在之物，而是一种文化失落。在这种情形下，思乡变成了永远无法完成的文化清理。

在郁达夫、郭沫若、庐隐、苏雪林等人的小说中，对那些自怨自艾、消沉颓废的留学生角色来说，思乡情结更是具有普遍性，他们所饱受的精神折磨与此息息相关。譬如，《棘心》中的杜醒秋总在挣扎，离开法国时，将法国认作第二故乡，"虽然曾给我许多眼泪洗面的岁月，也给我许多永不能忘的欢乐"，与叔健完婚后，却又转而认为出国过程中"学业毫无成就，空使自己精神痛苦"，对留法生涯很是后悔。在这部小说诞生之前的 1926 年，潘光旦就从切身的异域体验出发，分析了留学生这种颇有代表性的痛苦心态，他说："留学生去中土数万里，语言风俗习惯到处不同，有时有一种'投荒'的感想是免不了的。所以留学期间内最不易对付的，不在功课，不在得学位，却在日常生活里种种琐碎的顺应工夫。顺应得法，已煞费苦心；

---

① 胡适：《胡适留学日记》（下），安徽教育出版社 1999 年版，第 218 页。

不得法则有病的，有死的，更有成狂的。……近年来留学生，患癫狂者之多，其原因未必在遗传之不佳，而在境遇之剧变。西方城市生活极其复杂，神经比较脆弱的，左支右绌，终至于无法应付。……其他顺应比较得法，不出毛病者，与此但有程度上的差别而已。"① 或许，这一番话可以从深层的心理机制上解释某些留学生的错乱举止和异常人格。

在人类情感思维、心灵状态的历时变迁之中，通讯手段和交通条件等技术型因素发挥着深刻的影响。毋庸说长途交通工具尚在改进之中的晚清时期，即便到了第二次世界大战结束时的 1945 年，留学的路途仍是一个漫长的旅程。——在何炳棣的回忆录中，我们可以读到，他那一批清华庚款留美生 1945 年 8 月 28 日从昆明出发，一行人经缅甸，停留印度加尔各答，10 月 26 日搭乘美国邮船，同年 11 月 24 日才抵达纽约，耗时三个月之久②。这段时间差令人好奇：在从母国去往异国的途中，留学生的心态会发生怎样具体而微的波动甚至激荡，抑或平静如水？船，这一近现代留学生由中国去往异国的重要交通工具，以其空间的特殊性为他们的情感打开了一扇窗口。

乘船，意味着人在旅途，所见多异乡风物，更易触发无限的思绪。在文学叙事中，"船"是表现漂泊之感的最为常见的意象之一，中国人所谓的"舟马劳顿""水陆兼程"，在天水茫茫间比照出人的渺小。船又往往被看成大千世界的浓缩，隐喻着人类穿越时空的旅程。在近现代留学生叙事中，可以发现，作为交通工具和故事空间的船，出现频率远远高于飞机（当然，由于技术发展所限，此时民用飞机也尚未在全球普及）、火车和汽车，成为一个蔚为壮观的空间谱

① 潘光旦：《今后之季报与留美学生》，《留美学生季报》1926 年第 11 卷第 1 号。
② 何炳棣：《读史阅世六十年》，广西师范大学出版社 2009 年版，第 202 页。

系。它是中与外的中介，是传统与现代的引渡，通过解读留学生乘船去国还乡时的所见所闻所感，我们或许会对洋派因子、传统元素的话语地位产生更为具象而丰富的认知。

船是留学生迈向异域的起点，是异国想象与切身体会之间的缓冲地带，为他们的越界之旅提供了一个开放的意义空间。

中国近现代留学生去往日本的水路主要有两条，一是从天津搭船，二是从上海起航。在《文明小史》中，追随留日潮的聂慕政、彭仲翔、施效全三位赴日游学者在上海"搭了公司船出口"，一路山水极好，又值风平浪静，他们在船沿上看看海景，"不觉动了豪情"，席地而坐，取出从上海带来的白兰地酒，"一气饮尽"。其后，船停长崎，他们觉得日本"山水佳丽，街道整洁，胜中国十倍"，于是"叹赏不绝"。[①] 在此，船指向一个美妙的异域和光明的将来，在故土的往日生活成为留学生眼中的远景，暂时被忘却。

在冰心的短篇小说《去国》中，故事的开头是主人公英士乘船归国。英士留美八载学习土木工程，一朝归来，前途可期，不免意气风发，船上所见之物都洋溢着明快感，"一轮明月，照着太平洋浩浩无边的水。一片晶莹朗澈，船不住的往前走着，船头的浪花，溅卷如雪"，无不渲染着"他心中都被快乐和希望充满了"。在这船上，他频频回忆出国时的远大抱负，"他脑中的幻象，顷刻万变，直到明月走到天中，舱面上玩月的旅客，都散尽了。他也觉得海风锐厉，不可少留，才慢慢的下来，回到自己房里，去做那'祖国庄严'的梦"。[②] 船把英士带回母国，是西学新知与故土旧地的接壤处，是雄心壮志的悬置，西与中的碰撞将发生而未发生，充满了多种可能性。

① 李伯元：《文明小史》，韩秋白点校，中华书局 2002 年版，第 224—226 页。

② 冰心：《去国》，载江曾培主编：《中国留学生文学大系》（近现代小说卷），上海文艺出版社 2000 年版，第 344 页。

在有些文本中，行船却又承载着逆旅的苦愁，在空间的胶着中凸显留学生的身份不适感。

1906 年随父母东渡日本，1919 年入读日本九州帝国大学的陶晶孙（1897—1952）在 1927 年写下了短篇小说《水葬》，故事梗概即为"宋部成"母子二人一起乘船东渡的遭遇。船上的环境是糟糕的，是具有等级性的空间，他俩"一走进三等舱口，那儿冲出来一道臭气"，中国人在这里是要遭歧视的，"中国人归中国人，要作一堆"，"三等船客是不得出气的"，"一个个中国人好像都是病人，没有一个是有一些清凉脸子"。宋部成不禁"气极"，对其母表示"我将来，我要寻头等，适适意意回中国了"。① 行船中，母子二人生活困苦，且为前程忧虑，可谓贫病交加，宋母竟腹痛至猝死。小说也就由此扣题，人们在船上为宋母举行了简单潦草的水葬，对她来说，日本是永未到达的彼岸，独留宋部成去异国咀嚼沧桑。在这里，船通向一个并不友善的未知之域，船下的茫茫大海是旧日温情的葬身之处。

1924 年，曾经留学日本、游历美国的张闻天在《小说月报》当年第十五卷上发表了中篇小说《旅途》，其中一段即细致刻画了主人公"钧凯"乘船赴美时的心路历程。船的封闭性，让挥别友人的他顿感抑郁，"船上音乐团奏着悲哀的、别离的曲调，同船的留学生唱着国歌"，寂寞与病痛在这里显得格外深重，"海水激荡的声音从小小的圆窗中传达到房内，告诉他说：'你以后是一个孤独的人了'"。船的敞开性，又召唤着背井离乡的放逐感，"白天他还是到甲板上吹海风，他的眼睛每每茫然地望着无尽的天际，慨叹着命运之不济与人世之无常。"于是，对西方的向往让位于留学生个体的情感挣扎。

① 陶晶孙：《水葬》，载江曾培主编：《中国留学生文学大系》（近现代小说卷），上海文艺出版社 2000 年版，第 557 页。

有意思的是，载着游学者的船上，异域之声与本土之音、新风与旧俗，往往能够安然地共处一地。

譬如，《文明小史》里的道台"饶遇顺（鸿生）"乘船出洋考察，途经横滨时遭遇风暴，他的第一反应便召集妻妾合掌朗诵《高王观世音经》①，一种时光交错的怪诞感油然而生。

《留西外史》的第一章即名"印度洋中"，留法学生的故事便在一艘"从中华民国驶往欧洲的船上"拉开序幕。留学生们在这艘船上忙于社交，资深留学者向"初次放洋的青年学生"传授异域生存之道，一群人依然沉浸在本土化的人际圈子中。

小说《围城》的开篇，亦是以方鸿渐等留学生的归国之船为空间背景。这艘开往中国的邮轮是法国船"白拉日隆子爵号"（Vicomte de Bragelonne），它驶过红海，开入印度洋，船上汇集了法国人、从德国流亡出来的犹太人、印度人、安南人，俨然一个国际小舞台。当然，作者意在刻画中国留学生的出场：

> 照例每年夏天有一批中国留学生学成回国。这船上也有十来个人。大多数是职业尚无着落的青年，赶在暑假初回中国，可以从容找事。那些不愁没事的学生，要到秋凉才慢慢地肯动身回国。船上这几位，有在法国留学的，有在英国、德国、比国等读书，到巴黎去增长夜生活经验，因此也坐法国船的。他们天涯相遇，一见如故，谈起外患内乱的祖国，都恨不得立刻就回去为它服务。船走得这样慢，大家一片乡心，正愁无处寄托，不知哪里忽来了两副麻将牌。麻将当然是国技，又听说在美国风行；打牌不但有故乡风味，并且适合世界潮流。妙得很，

---

① 李伯元：《文明小史》，韩秋白点校，中华书局 2002 年版，第 128 页。

人数可凑成两桌面有余，所以除掉吃饭睡觉以外，他们成天赌钱消遣。早餐刚过，下面餐室里已忙着打第一圈牌。[1]

这是乘船留学生们的一次集体亮相，在这"无情、无尽、无际的大海"上，正值燠热的三伏天，海风里含着燥热，恰似兵戈之象。不可忽略的是，在写作这部小说之前，钱锺书本人从法国归来时也曾以船为交通工具。而在这风雨欲来的民国二十六年（1937），这一船归国的留学生尽显萎靡之态，自我隔绝在他们的小世界中，心安理得地以麻将消遣光阴，在美国的风行令这种有传统色彩的"国技"倍添荣光，好似以镀金为目的的留学生，有了洋派话语加身，就算内里没变，回国来便也不可与往时同日而语。

有时，留学生在船上却又似乎挣脱了岸上的身份归属和人际网络，处在虚悬之地，他们不禁操持起普世性的话语，时代和民族因素仿佛被抽空。

《留西外史》中，初次去往法国的留学生何瑛是位孤僻落寞的女性，在她眼里，船这一空间的妙处在于能让人同时逃离此岸和彼岸，"我们这一部分在船上的人，好像与世界脱离了关系一般。在岸上的时候，种种可以令人留恋的，一到了这浩无边际一点情感也没有的海里，不知怎样就会使人觉得人生是一无可恋的。假使这一只船立刻就会沉掉，倒是一件很痛快的事"[2]。母国和异域都无法令人期许，留学行为的热切性荡然无存。

在王统照的短篇小说《三位黑衣僧》里，"我"在船上获得一段跨文化、跨语际的交往。在这艘船的同等舱中，"我"遇到了分别来

---

[1]　钱锺书：《围城》，生活·读书·新知三联书店2002年版，第2页。
[2]　春随：《留西外史》，载江曾培主编：《中国留学生文学大系》（近现代小说卷），上海文艺出版社2000年版，第271页。

自意大利、德国、匈牙利的三位教士，于是和他们展开热切的交谈，向他们求索宗教的意义。形成有趣对照的是："意大利神父完全中装，白布的小衫裤，与白布大褂，白袜，青鞋，真是道地乡下人的打扮。他曾笑着对我说：'你看，你们穿西洋人的衣服，我是西洋人却穿中国衣服。'"① 具有符号意义的服装在此与人物的真实身份构成一种颠倒的关系。"我"还在这艘船上领悟到科学与信仰、物质与精神、现代化与传统性的复杂纠葛，开始质疑以前的一元思维，"在二十世纪，两万吨通行欧亚的大邮船上居然有燃两支白烛作祈祷时的点缀品"。于是，"我"在思索中明白"人间的多面向"，原来，"人间自原始以来便是充满了矛盾的现象"。

以上文例都以"船"为空间载体，或直接或间接地揭示出留学生在母国与异域、传统与现代、情感与理性之间的暧昧不明。一方面，船具有超越、获救、漂泊、自由等多重含义；另一方面，船又意味着"此岸的风景，要到对岸才能发现"，似可引申为西学新知既形塑了传统的轮廓，又混乱了"传统"的界限。也许，福柯对船的阐释最为晦涩，又与留学生所处之船的深味最为贴切。1966 年，福柯在《词与物》中提出了"异托邦"（heterotopias）这一概念，并以失语症（aphasia）和失所症（atopia）来描绘异托邦经验。在 1967 年一个题为"论异度空间"（Des espaces autres）的演讲中，他把船作为异托邦的极致表现，它在隔离空间的同时也把时间隔离开来，成为"异托时"（heterochronies）。而《疯癫与文明》的第一章就出现了"愚人船"这一隐喻，"每一次出航都可能是最后一次。疯人乘上愚人船是为了到另一个世界去。当他下船时，他是另一个世界来的

---

① 王统照：《三位黑衣僧》，载江曾培主编：《中国留学生文学大系》（近现代小说卷），上海文艺出版社 2000 年版，第 734 页。

人"。在船这一浮动的空间碎片中，时代的发展、停顿、进步被置换为并列、相反、彼此包含的关系，它既自我封闭又被赋予了大海的无限性，是不羁的想象最伟大的储藏所，是与旅行有关的无地之地（placeless place）。可以说，搭乘去国还乡之船的留学生"处于同时性（simultane）、并列性（juxtaposition）、靠得近与靠得远、并排、被分散的时代"，多元文化的情形就是"异托邦"，这种视角当然是结构主义的，"在这里与其说人们体验的是在穿越时间过程中自我展开的伟大生命，不如说是一个网状物，这个网状物重新连接某些点，使各条线交错复杂"。[1]

二、中西之间的矛盾体

如果说服饰作为一种符号，表征了留学生的洋派身份，那么它有时也象征着他们中外杂陈的文化品格。亦中亦洋、似洋实中、新旧杂糅的外表，意味着留学生时常是中西之间的矛盾体。

（一）洋派话语与传统语境的冲突

在母国的传统语境中，留学生操持的洋派话语常有突兀之感，屡屡呈现出对植入的异国文化的消化不良，这种格格不入的错位被文学文本浓缩之后，便产生出一种令人哭笑不得、悲喜交加的效果。

被奉为民族道德之载体的家庭伦理，是留学生集中西方话语之火力所讨伐的对象。在《新中国未来记》里，宗明得知黄克强、李去病急于返乡探望病重的黄父，便斥之为"有点子奴隶气"，称"今日革命，便要从家庭革命做起"，说留学生圈子里通行一句"尧舜禹汤文武周公孔子王八蛋"，"因为他们造出甚么三纲五伦，束缚我支那

---

[1]　Michel Foucault, *Dits et ecrlts 1954-1988*, Paris: Groupe Gallimard, 1994, p. 752.

几千年，这四万万奴隶，都是他们造出来的。今日我们不跳出这圈套，还干得事吗？就是兄弟去留学，也是家庭革命出来"。在反对传统伦理价值时，宗明的言论被刻画为一种惹人反感的强词夺理，并且，在作者的安排下，李去病即刻予以回击，他引用《大学》中的"其所厚者薄，而其所薄者厚，未之有也"来说明"自己的父母都不爱，倒说是爱四万万同胞，这是哄谁来"。一席话让宗明"红着脸无言可答"。①

《文明小史》也多次叙说了留学生在洋派理念与传统伦理之间的失衡。在第四十二回"阻新学警察闹书坊，惩异服书生下牢狱"中，留日归来的刘齐礼嫌家里住房和饮食卫生条件不及外国，更因其父一句"我是中国人，本不敢要你这外国人做儿子"而恼怒，声称"如今要革命，应该先从家庭革起"，遂收拾行囊离家出走。他在书店、夫子庙、秦淮河一带消遣时，挑逗警察局黄知府的相好"小喜子"，并在众人面前装强，称"黄太尊"是"民贼"，却被黄太尊搜出两本堪为私通反叛凭据的《自由新报》，于是被捆入局中。在发审局中，刘齐礼站着不跪，因为他"是外国学堂的学生，进了外国学堂，就得依学堂里的规矩，外国是不作兴跪的"。但是，发审官却说："这是中国法堂，你又是中国人，怎么好说不跪？不跪就要打！"刘齐礼怕打，只得跪下了。经过判定，他被处以六年监禁以收其"野性"，前来探监的刘父痛哭不已："这都是你自己天天闹革命，闹得如今几乎把你自己的命先革掉，真正不该叫你到东洋去，如今倒害了你一辈子了！"②作者极力说明，留学经历导致的话语错位铸成了这位留学生的终生大错。

---

① 梁启超：《新中国未来记》，《新小说》1903 年（第七号）。
② 李伯元：《文明小史》，韩秋白点校，中华书局 2002 年版，第 108 页。

在塑造留日女学生"胡蕴玉"这一形象时，《留东外史》借助了多种视角，既从侧面肯定了她的特立独行，也毫不保留地渲染了她在大多数人眼中的激进浅薄。在四十七章"上门卖盐专心打杠子，乱伦蔑理奇论破天荒"中，她以长篇大论驳斥了"苏仲武"所提倡的传统孝道，在她看来，留学生理应与忠孝之念势不两立，"你出洋这多年，怎的脑筋还这般腐败！忠孝的话，是老学究当口头禅"，"中国弄到这么样弱，国民这么没生计，就是几千年来家庭关系太重的原故"。作者有意让胡蕴玉的洋派话语显露出一种片面的深刻，她如此说理：

> 中国之不进化，就是一般国民头脑太旧的原故。我本也不必定要主张兄妹结婚的这句话，只因为国民的思想太旧了，不能不择国民心理中最反对的，提出来开导，换一换他们的脑海。就是不要父母，也是为增长国民的新思潮，使国民都有那一往无前之概，冲破家庭网罗，冲破社会网罗，冲破国家网罗，冲破世界网罗，冲破几千年来的历史网罗。人人有了这种强悍不挠的精神，什么旧道德，都不能羁绊他，怕不能做出一番震古铄今的事业来吗？①

在留学生的洋派话语中，"家族""宗族"以及士绅阶层等都是应该首先被扫除的对象。这种狂飙突进的话语方式影响了五四时期社会革命的修辞策略，传统家庭关系被列为妨害中国实现现代化的最大障碍，"社会革命"一度成为"家庭革命"的同义词。显然，胡蕴玉的言谈与整部小说的语境格格不入，作者难以驯服这种反传统的留学生形象，这种不协调感凸显了留学生的浮露矜嚣。

---

① 不肖生：《留东外史》，岳麓书社 1988 年版，第 336—337 页。

可见，在这些文学文本中，留学生以洋派话语之"新"针锋相对于传统伦理之"旧"，观念浮凸于人物所处的社会氛围。另外，面对母国社会的症结，留学生从异国携来的西学新知时常表现出无能为力之态。张爱玲笔下几可算作《金锁记》之姊妹篇的《花凋》是一篇节奏短促的小说，主人公"章云藩"从奥地利维也纳留学归来，成为一位名医，可当妻子"郑川娥"罹患肺病时，他的医术却无力回春，这一情节可被理解为一个隐喻，即强势的西方文明像凝视女性身体一般打量中国社会的症结，欲疗救其痼疾，却无效而返。又如，在包天笑的小说《爱神之模型》中，一位方姓画师留学归来后四处碰壁，他在外国习得的艺术理念横遭阻碍，在母国的文化环境下，他想描绘裸体画无异于大逆不道的痴人说梦。

对于留学者与母国文化的隔阂，徐志摩提供了一种解释思路。他在《天目山中笔记》中说："我们承受西洋人生观洗礼的，容易把做人看得太积极，入世的要求太猛烈，太不肯退让。"[1] 这一说法流露出他对传统"中庸之道"的排斥，为中西文化人格贴上了标签，但实情远非如此简单，身处中外、新旧文化的冲撞中，留学生们往往会自觉或不自觉地改变着为人处世的态度和言说知识的方式。

实际上，容闳当年归国时即已遭遇过母国传统文化氛围的非议和改造。由于留美之前所习汉文极为有限，"学期实为至短，根基之浅，自不待言"[2]，以至日后他留美归国时，竟不能作中国语。但就是这样一个运用汉语尚不顺畅的留学生，回国之后竟迅速依从于传统的社会环境。1855 年，重返故乡的容闳见母亲时，因一时无从易中国衣，才仍着西装，其母亲见容闳已蓄须，而家中有一兄尚未蓄须，故

---

[1]　徐志摩：《徐志摩自传》，江苏文艺出版社 1997 年版，第 322 页。
[2]　容闳：《西学东渐记》，岳麓书社 1981 年版，第 29 页。

而意欲令容闳去须为佳。他并未搬出自己耳濡目染多年的西方风俗予以抗拒,而是"予闻言,即如命趋出,召匠立剃之。母见予状,乐乃益甚。察其意以为吾子虽受外国教育,固未失中国固有之道德,仍能尽孝于亲也"①。为了能发挥自己留学所获,容闳不得不尝试以母国的文化符码来阐释美国的知识体系,他全力补习汉文,当介绍美国的学制时,他说"美国之学士,盖与中国之秀才相仿"。更引人深思的是,回国没多久,本已在美国剪掉辫子的容闳又重新留起了发辫。

及至蒋梦麟归国时,中国虽已迈入民国,众人对他所传播的西学话语却仍存有芥蒂。他向国人演讲亚里士多德和苏格拉底的学说,屡被讥讽,后来被迫改为强调中国的富强之道,依据传统语境来变形地阐发西学,这才有所缓和。他还发现,自己留学九年归来,虽面对着一个今非昔比的中国,但仍见一些人还留着辫子,不久之后,他竟"也像大家一样穿起长衫来了"。故蒋梦麟感慨道:"两个互相矛盾的势力正在拉着。一个把我往旧世界拖,一个把我往新世界拖。"② 正是在西学话语的参照系下,留学生能实在地感受到"传统"的力量,在语境与话语的错位中遭遇夹缝体验。

(二)学位论文选题的中外之惑

一个惹人关注的现象是,不少中国留学生在国外的学位论文聚焦于"中国话题"。在许地山的短篇小说《三博士》中,一方面是留洋主人公自陈"凡是博士论文都是很高深很专门的",但另一方面,追求何小姐的某位留洋博士却说"外国博士到底是不难得",且看几位留美博士分别以《麻雀牌与中国文化》《油炸脍与烧饼的成

---

① 容闳:《西学东渐记》,岳麓书社 1981 年版,第 27—29 页。
② 蒋梦麟:《西潮与新潮——蒋梦麟回忆录》,东方出版社 2006 年版,第 135 页。

分》《北京松花的成分》等论文一举拿下"洋学位"，因为"近年来关于中国文化的论文很时兴，西方厌弃他们的文化，想得些中国文化去调和调和"，作者的揶揄之意溢于言表。又如，《围城》里的女才子苏文纨，在法国里昂大学"做了一篇中国十八家白话诗人的论文"，而成为"新授博士"，字里行间就是一出不伦不类的异质文化嫁接。

显然，留学生书写学位论文时如此选题易为人所不屑。金岳霖在其回忆录中就语含讥讽地指出："中国留学生博士论文写中国题目是从胡适开的头。"[1] 1918 年，胡适在哥伦比亚大学的博士论文以"中国逻辑思想的演变"为题，在洋人看来，这简直是一部不知所云的中国哲学教科书（poorly written textbook），而在中国学界看来，该论文的质量也颇引人诟病。其实，金岳霖的说法并不准确，胡适并非以中国题目写洋学位论文的首位留学生。1912 年，顾维钧以论文《外国人在中国的地位》获得哥伦比亚大学政治系博士学位。1917年，蒋梦麟在哥伦比亚大学教授杜威的指导下完成博士论文《中国教育原理之研究》，该文 1924 年发表于中国。1918 年，李四光在英国伯明翰大学的硕士论文题为《中国之地质学》，写的是"沧海桑田"等中国文献中类似地质学的种种提法，文学色彩浓厚，颇有当今跨学科研究之意。1920 年，求学于哈佛大学的李济以"中国人的基础：人类学探索"为题撰写学位论文。相似的案例不胜枚举。

这套路数被人目为留学生获得洋学位的"终南捷径"，其中的讨巧成分背离了出国求取西学新知的使命感，自然招来物议和针砭。鲁迅视此为当时诸多欧美派洋博士的软肋而予以攻击，他说："有的中国学生在国外用老子与庄子谋得了博士头衔，令洋人大吃一惊；然而回

---

① 赵毅衡：《对岸的诱惑：中西文化交流记》，四川文艺出版社 2013 年版，第 237 页。

国后讲的却是康德、黑格尔。"[1]

以中国题目换取外国学位的做法亦遭到了欧美留学生群体内部的反感和抗拒,在其文学作品中发出讽刺之声的许地山、钱锺书不也拥有西方学位吗?此外,1915年,马寅初在哥伦比亚大学以"纽约市财政"为论文题目而获得博士学位,在该论文的附录中,编撰者加了一大段话,以强调"当时在美国学文法、经济的学生,有一个获取学位的'窍门',就是论文最好选写有关中国的题目……马寅初鄙视这种做法"[2]。求学于异国,坚持以异国为研究对象,俨然是一种值得称道的治学风骨,与学位论文写中国题目者的追求高下判然立见。萧公权留学时也拒绝以中国为题写学位论文,坚决研究西洋哲学,他的论文也得偿所愿地成为国际名著,传为学界佳话。

不难发现,以中国话题书写学位论文者多为留美留欧生,罕为留日生,这大抵是因为日本同属汉文化圈,许多日本学人对中国文化的谙熟程度不输于中国留学生,但对西方人来说,中国的神秘感无疑使论文获致了学问之外的意义。与此相似的是在留美生中极为普遍的演讲,最受美国人欢迎的演讲题目恰也是中国文化之类,陈定谟在哥伦比亚大学就曾多次讲述"孔教、道教及佛教",盘祁珠在威斯康星大学演说孔教时即获得强烈反响。这映射出留学生身份的暧昧,演绎着文化对抗和文化自恋的复杂互动。在以中国为题撰写学位论文的过程中,留学生顺从西方的逻辑将中国传统制作为具有异国情调的文化符号,以"中国性"迎合西方人的殖民视野,满足他们的猎奇心态,在兜售自己的母国身份时也就完成了"自我东方主义化",通过自我边缘化换取西方权力系统的认可。

---

[1] 赵毅衡:《对岸的诱惑:中西文化交流记》,四川文艺出版社2013年版,第236页。
[2] 赵毅衡:《对岸的诱惑:中西文化交流记》,四川文艺出版社2013年版,第238页。

对留学生的个人前途而言，赵毅衡在《中国留学生与中国研究》一文中为他们如何选择学位论文题目提供了这样一套公式："如果你决心留在西方，就不能选西方课题；如果你决心回国，才有资格考虑选西方课题。如果你决心留在西方，应当主攻西语；如果你决心回国工作，不妨攻读中文。"①实质上，问题的症结正在于西人与国人不同的"期待视野"，同是探讨中国问题，言说对象的差异决定了言说的性质和方式。1945年秋，丁则良就曾对何炳棣说："我们不要学林语堂，搞学问专以美国人为对象；我们应该学胡适之，搞学问要以自己中国人为对象。"②在丁则良和何炳棣看来，胡适的目的是以美国学理研究中国问题，而林语堂对中国文化优劣的"真实袒露"在一定程度上是根据美国社会对中国的总体想象"定做"出来的，他采用投合西方人口味的幽默轻松笔法，巧妙地以中国形象为当时的美国人开了一剂生活补药。

然而，换个角度看，不论其目的如何，留学生以学位论文探讨中国问题不啻一种中外文化交流之途，况且，《三博士》中洋博士论文之选题的荒诞性显然有夸张成分，而《围城》中苏文纨的博士论文其实还颇具创新意义。当留学生在外国以西方话语言说母国，以西方学术规范和现代知识体系阐释中国传统时，既证明了中国传统的魅力，也是在有意识地创化传统，促成了中国文化的传播和更生，在跨文化的意义上，可谓是西学新知在中国的学以致用。

（三）去国与还乡

留学生所持洋派话语难以贴合母国语境，却又时常在洋论文的

---

① 赵毅衡：《对岸的诱惑：中西文化交流记》，四川文艺出版社2013年版，第239页。
② 何炳棣：《读史阅世六十年》，广西师范大学出版社2009年版，第188页。

选题中归附母国传统，这都点染出他们身份的漂移性，落脚为一群在母国与异国、传统与现代间徘徊的形象。在语境的变化中，在多重身份的转换中，迷失方向是一种常态，在这个意义上，留学生是文化与行动上的行游者，挪用郭少棠在《旅行：跨文化想象》中的话说，行游者的眼光和心态总是复杂的，"在行游的时空转移中，行游者总是处在一种不断的文化认证之中……既是对他者文化的陌生，也是对自己文化的陌生。一方面，行游者总是面对着自己不熟悉的文化，要求自己作出判断、作出选择；另一方面，他者的文化又总是牵引他们回到自己的文化，要求他们对自己的文化作出比较、作出判断。在此双重的面对之中，行游者的文化认证往往畸变成为一种古怪的组合，既非纯粹的足迹，也非纯粹的他者。当其获得优势认证时，他们会膨胀自己原有的文化身份；而当其获得劣势认证时，他们则会否定自己原有的文化身份。在不知不觉的时空转移中，他们原有的文化身份已经发生了改变"[1]。

复以《文明小史》中的劳航芥为例。留学生涯令他自以为全盘西化，回国后，他的洋装却遮盖不住骨子里的国人面目，他困在自己国家一个落后的省份中，进退两难，日渐怀念那个并不友善的异域。虽在典型的喜剧境遇里，但劳航芥并未被刻意塑造成一个小丑式的人物，作者的态度是暧昧不明的，他对留学生抱有道德的要求，却从未澄清国人究竟需要留学生带回什么样的西方文明。

在去国与还乡之间苦苦徘徊的留学生形象更是构成了郭沫若笔下的人物谱系。他们像极了屠格涅夫许多小说中的主人公，"去国八年前此夕，犹自凄惶海外身"[2]，《圣者》的爱牟很想在现实世界做一

---

① 郭少棠：《旅行：跨文化想象》，北京大学出版社 2005 年版，第 135 页。

② 郭沫若：《漂泊小说》，上海文艺出版社 1994 年版，第 8 页。

番牺牲，但又时常怀疑，结局终被引入虚无里去。

在小说《喀尔美萝姑娘》里，留学生主人公近乎迷幻地陷入对异国女子的爱慕中，竟日无心读书，疏于实在的生活，因懊悔而企图自杀，后颓废以致沦落，他深切地省悟到自己的错失，却无力挽回，对故国和异国的生活都不堪回首。

在小说《漂流三部曲》之《歧路》中，留学日本的主人公爱牟回到上海，却"把十年所学的医学早抛到太平洋以外"，认为"医学有甚么用"，转而淫浸文学。"但是在文学是不值一钱的中国，他的物质上的生涯也就如一粒种子落在石田，完全没有生根苗叶的希望了"。他的妻儿跟着受累，于是妻子——一位日本牧师的女儿，带着三个儿子回到日本。他幻想"文学救国"，自比但丁，声称要为妻创作出一部《神曲》，却愈来愈自怨自艾，烦躁不堪，表现出自毁、献身等倾向，过着炼狱（purgatory）一般的生活，深觉不自由，质疑存在的必要，通过"悲多汶"、歌德而寻求心灵回响。一如去与留的徘徊，爱牟对待爱情和家庭的态度也是犹疑不决的，出国时他"抱着旧式婚姻的痛苦"跑到东洋，但从未与中国的旧妻离婚，在给父母的信中，仍称这位少年时代的妻子"晓芙"为"妾"，唤先前的孩子为"庶子"。[①] 他还永远地疏离于父母，与《棘心》中的杜醒秋相仿，他也有一个不甘让孩子出国的母亲。但他即便穷困潦倒，也不愿回家乡附近的 C 城当医生，宁愿再去日本当生理学教室助手。对这位留学生来说，家是一个从来不曾抵达过的地方，中国与日本都只是人生旅途的一站，永不是目的地。

在小说《行路难》中，主人公爱牟曾痛切地说"我恨死了这福冈"，可他回到祖国后却也并未如意。当身在日本时，他厌恶此地，

---

① 郭沫若：《漂泊小说》，上海文艺出版社 1994 年版，第 53 页。

想念中国；待回归中国后，他又痛恨祖国，怀念日本；国内"W 地方的 S 大学"①有意聘他，不料三番两次陡生变故，于是他干脆辞聘，重赴日本；……他一直在母国与异国间徘徊，到此恨此，离彼恋彼。可以说，此时的爱牟已经或多或少地具有了全球化时代的体验，出身于一地，却又向往着彼岸的一地，而一旦奔赴另外的国度，则终究又眷顾着故国，如是往复。

　　这种隐喻式的徘徊成了文本内外留学生的普遍姿态。对此，蒋梦麟的感受具象而条分缕析："在美国时，我喜欢用中国的尺度来衡量美国的东西。现在回国以后，我把办法刚刚颠倒过来，喜欢用美国的尺度来衡量中国的东西，有时更可能用一种混合的尺度，一种不中不西、亦中亦西的尺度，或者游移于两者之间。"②广而言之，留学生的游移意味着过渡时代人们的通病皆是"旧的忘不了，新的学不会"，"左也不是，右也不是，中也不是"成为当时人们的痛苦之一。像每个普通人一样，留学生深切地需要属于世界上的某一个地方，要与此地的人们拥有共同的过去、共同的感受和语言、共同的设想以及进行亲密交流的可能性，简言之，归属感不仅是踏上某块土地，属于某个政权，它还需要被人理解，与人们具有共同的生活方式。不论是"融入"异国还是回归母国，都意味着留学生要改变自我，抛弃过去，意味着按照某国主流社会的标准重新塑造自己的文化身份，此间与他们相伴随的往往是拔根（uprootedness）、无根（rootlessness）、无家可归（homelessness）、失所（dislocation）、移置（displacement）、漂泊离散（diaspora）、流离失所（dispossession）、排除（exclusion）、边缘化（marginalization）。

①　郭沫若：《漂泊小说》，上海文艺出版社 1994 年版，第 98 页。

②　蒋梦麟：《西潮与新潮——蒋梦麟回忆录》，东方出版社 2006 年版，第 212 页。

在中国近现代史上，不少曾负笈海外的学人在学术上是西学，道德行为上是中学，抑或早年以西学为主，晚年以西学为辅。对此类现象，陈平原有过相似的论见："赛珍珠可以终生热爱中国文化而毫无烦恼，而同时代的中国知识分子则常常在中西两种文化之间徘徊；理智上倾向于西方文化，而感情上却偏向于中国文化，公开场合宣扬西方文化，而私下里却沉湎于中国文化。"① 其实，留学生终要在两种文化间徘徊的原因是显而易见的，在世界格局中处于劣势的中国国力使他们无法拥有那种浑然不觉的开放心态，毫无差异地看待此岸与彼岸间的沟壑。所以，他们中的大多数人很难将中国文化置于与西方文化的共时性状态，把文化理解成某种历史精神的进化的产物，信奉文化的普遍性和超越性，试图通过对中西文化传统的人文诠释，建构融汇中西的普世文化价值。

但结论不尽是悲观的。在有意无意对洋派话语与传统元素进行处理、排序的过程中，留学生既有可能面临文化身份危机，也酝酿着其文化认同意识的自觉。夹在内外、前后两种文化氛围间的他们，既不完全倒向新的话语系统，也未彻底摆脱旧的文化体系，既对故土抱着怀旧和感伤，又趋于模仿西学新知，由此，徘徊游移中的失落感与左右逢源的契机是同一个问题的两个面向。

第三节　传统元素的变异

钱穆曾断定，"任何一个民族，任何一个国家，必然有它的传

---

① 陈平原：《林语堂与东西方文化》，《中国现代文学研究丛刊》1985 年第 3 期。

统","并没有平地拔起，凭空产生，来一个无传统的民族与国家"①。抛开这一论见的立场和旨归，我们也不得不承认，传统是实在的。但，传统又是被建构的，实际上，恰是西人对文化传统的重视，启发了留学生对母国传统的再思考，汉语的"传统主义"乃是于19世纪译自西方词汇 traditionalism。而在对自身传统的反思和创造中，他们看待西方文明的目光更为深邃而多元。五四前后十数年间，以留学生为主要战将的激进主义知识分子、保守主义知识分子、自由主义知识分子即为辨清物质文明与精神文明、"科学"与"玄学"、"全盘西化"与"中华文化本位"之间的关系而展开派别之论争。而在留学生叙事中，传统元素时常以异动展现其功能，能指与所指之间的历史对等性因而被拆解。

一、作为传统标签的"辫子"

在传统的表述（presentation）和呈现（representation）中，存有某些奇怪的、来历无从辨认的东西，在中国近代这一特定的时空维度中，"辫子"就构成了这样一种独特的身体表达。就晚清留学生形象而言，剪辫子是一项极具争议甚至危险性的时髦，围绕着它的是与非往往取决于语境，一方面，继续拥有它，意味着停滞在旧时光中，与衰朽破败为伍，不合时宜，另一方面，舍弃它，又很可能是大逆不道。

在《文明小史》里，辫子的剪与留直接意味着留学生是离经叛道还是循规蹈矩，在这一群体之上，它的标签意义不容置疑。自命对西洋文化，无论衣食住行或者革命思想，都已培养出一套品位的留学生劳航芥即让辫子充当中国衰败的隐喻，"我们中国，生生就坏在这

---

① 钱穆：《国史新论》，生活·读书·新知三联书店2005年版，第117页。

条辫子上。如果没有这条辫子，早已强盛起来，同人家一样了"[1]。割掉辫子，就是与腐败的传统决裂，具有浓厚的仪式色彩。

但整部小说中，留学生剪掉辫子的坚定性不断因种种缘由而瓦解。不消说，为了迎合中国妓女张媛媛的芳心，劳航芥迅速换上中国传统衣装，戴上假辫子。此外，拜谒"万帅"、希求获得官派出国机会的黎定辉本已"剪过头发，一身外国衣裤"，但这样的打扮在万帅看来是去不得京城的。于是，为了实现志愿，得到万帅"栽培"，黎定辉"情愿改了打扮，拜在门下，听凭保送入都"，他又改回了清人打扮。这种回复是如此便捷 —— 为了便于时人在维新与守旧间转换，剃头铺特地"出了一种假辫子，只要拿短头发编上一些儿，就看不出是假的了。戴维新帽子的人，专靠他才敢剪辫子"[2]。黎定辉就这样顶着辫子陪万帅之子"万华甫"赴京考"仕学馆"，为了留洋求新知，他归附代表着旧势力的官权，靠拢传统之路，人生轨迹绕了一个大弯。

上文提到的刘齐礼因在日本剪掉了辫子，令父母心痛，"好好一个儿子，坏在外洋"。面子上，他称割辫是为了"将来革命容易些"，可后来据他从东洋回来的朋友说，他这条辫子是有天睡觉时被旁人拿剪刀铰了去。本来，革命的由头还能强作理直气壮，而无端失去辫子，则是极不光彩的事。

在作者李伯元的言外之意中，剪掉辫子的晚清留学生总沾染着"法外之徒"的意味。在第五十二回"闻禁约半途破胆，出捐款五字惊心"里，当饶鸿生在日本街头踯躅时，遇到两个学生打扮，已剪去发辫的中国人，他们自称是"淬志会"的成员，该协会"非官立，非

---

[1] 李伯元：《文明小史》，韩秋白点校，中华书局 2002 年版，第 304 页。

[2] 李伯元：《文明小史》，韩秋白点校，中华书局 2002 年版，第 144 页。

民立，而是几个同志的赞成"，由于缺乏经费，他们强迫饶鸿生捐一笔"辫子保险费"，否则以剪掉其辫子相威胁。

这不仅是闹剧，在辫子问题上，《文明小史》写出了身体政治的复杂样态。当年留美幼童盘起或剪掉辫子，让"猪尾巴"（pigtail）这一蔑称的本体处于缺席之地，这是一种遭遇尴尬后的入乡随俗。戊戌变法期间，康有为则是温和地从国家富强之道出发，向光绪帝进呈奏折，以辫子不利于打仗、不便用于机器、不利于卫生，且为外人耻笑，主张剪辫断发。而革命党人，将辫子视为满清留在汉族人身上的耻辱标记，必须去之而后快，尽管，留学生是推翻清朝政府的重要革命力量，在"拒俄运动"中，不少留日的青年学生纷纷剪掉辫子以示与清廷决裂，但在晚清留学生的主流群体中，剪辫子之举并未理所当然地立即获得大多数人的认同，诸多留学生只是把辫子盘起来，胆大如陈独秀、邹容者才敢把辫子给剪掉。留学生中的激进者往往强迫有辫子的同学剪去辫子。在《剪辫子的故事》中，杨绛回忆其父的言谈，指出：约在 1903 年春，第二次赴日的陈独秀认为陆军学生监督姚昱恶气扰人，遂与友人伺机报复，在某夜与邹容等偷袭姚昱的住所，把对方抱住，拿出剪刀，将姚昱的辫子剪了下来。[①] 此举在留学生中传出，赢得一片喝彩，鲁迅的同学许寿裳当时就曾跑到留学生会馆看过热闹，而陈独秀却因为惹怒官方而被日本当局遣返回国。这一故事后来成为留学生中久传的段子，恰说明它属于一种引人注目的过激之举，是小概率的恶作剧，而非留学生皆可为之的普通事。

1903 年 10 月 16 日的《大公报》刊载文章称："江南之新学国民及留学生多剪去辫发，以为不如此则形式上有缺点也。"1904 年，《大公报》复又提出，中国出洋留学生应该"改装去辫"，以"便与西人

---

① 杨绛：《剪辫子的故事》，《当代》2009 年第 3 期。

来往"。必须留心的是，媒体的报道往往介乎真相与有意的导向之间，尽管提出者小心翼翼，把剪辫的范围限制在去洋留学生之内，但此种议论在当时仍然有"易服改元，革命排满"之嫌，没有更多的人敢于去冒这个风险，包括留学生群体。那时的留学生大多还留着辫子，凡被剪辫子者，或被疑为偷了人家女人，是奸夫，或被看作"里通外国"，被视为"汉奸"，剪掉他们的辫子显然是一种情节严重、具有惩戒性质的戏弄。即便陈独秀，返回清国时也未必公然以发辫标新立异，据其子陈松年回忆，"在满清时代，他是革命党人，在日本剪辫子，回来戴假辫子"[①]。由此观之，《文明小史》的相关情节十分具有写实性。

在此，不论出于实用目的抑或象征意义，辫子的去与留都是一种强制性的风潮。作为个人，此时的留学生甚至失去了自由选择发型的权利，因为如有不慎，就可能招来身份危机。当辫子成为晚清民初留学生不敢轻易抛弃的传统符号时，我们不得不思索这种传统的历史性。稍有历史常识，便不会遗忘，剃发留辫原本只是满人的风俗，在清初"留头不留发，留发不留头"的政治高压下，清朝统治下的汉人不得不听命于"剃发令"，以示对满人的臣服，即使许多人曾经发誓"宁为束发鬼，不作剃头人"。在清朝统治的两百多年中，作为一种象征性的仪式，汉人剪掉发辫始终具有抗拒满族政权的意味。19世纪五六十年代，波及十余省，持续十余年的太平天国战争，即以蓄发为标志。20世纪初，当章太炎以中华国民军政府名义起草《讨满洲檄》，历数清廷罪恶时，其中第十四条就提到："往时以蓄发者，遍于天下，至今受其维系，使我衣冠礼乐，夷为牛马。"他还在《解辫发》中称："支那总发之俗，四千年亡变更。满洲入，……其后习夷

---

① 安庆市历史学会：《陈独秀研究参考资料汇编》（一），安庆市图书馆1980年版，第78页。

俗久，……以为当然，……日本人至，始大笑悼之。欧罗巴诸国来互市者，复蚩鄙百端，……旧耻复振。"[1]

但总体来看，经过两百多年的艰难调适，"辫子"这种政治化的发型渐具民俗意味，融入了传统的脉络，扩大为中国人的整体象征物。鲁迅在《病后杂谈之余》中即明确指出：

> 对我最初提醒了满汉的界限的不是书，是辫子。这辫子，是砍了我们古人的许多头，这才种定了的。到得我有知识的时候，大家早忘却了血史，反以为全留乃是长毛，全剃好像和尚，必须剃一点，留一点，才可以算是一个正经人了。而且还要从辫子上玩出花样来：小丑挽一个结，插上一朵纸花打诨；开口跳将小辫子挂在铁杆上，慢慢的吸烟献本领；变把戏的不必动手，只消将头一摇，劈拍一声，辫子便自会跳起来盘在头顶上，他于是要起关王刀来了。而且还切于实用：打架的时候可以拔住，挣脱极难；捉人的时候可以拉着，省得绳索，要是被捉的人多呢，只要捏住辫梢头，一个人就可以牵一大串。吴友如画的《申江胜景图》里，有一幅会审公堂，就有一个巡捕拉着犯人的辫子的形象，但是，这是已经算作"胜景"了。[2]

故而，对晚清民初普通留学生以及他们的书写者而言，剪掉辫子既是恢复清朝以前的传统，但更是破坏积累了"既定"的风俗，意味着向西人的外表看齐，有打扮成"假洋鬼子"的嫌疑。

任何时候，民族的"自我"都是相对于"他者"而定义的，对

---

[1] 章太炎：《訄书》，古典文学出版社 1958 年版，第 90 页。

[2] 鲁迅：《鲁迅选集》（第六卷），中国文史出版社 2002 年版，第 118 页。

母国传统衣冠的固守和瓦解是一种文化的俗套，留学生与此有关的态度折射出一个古老帝国的文化自尊、自负与自卑。19 世纪中叶以来，一面是取西法以自强的洋务运动占据话语权，一面是"西学中源"说的盛行。出使欧洲的薛福成就断定："所谓西学者，无非中国数千年来所创，彼袭而精究之。分门别类，愈推愈广。所以蒸蒸日上，青出于蓝也。"[①] 在普遍主义话语的背后，这种说法已经渐露文化民族主义的先声。

对于中国这一后发展国家来说，民族主义与现代化的关系并不像西欧、北美那样呈现一种简单的正相关关系，从包括留学生在内的出洋人士身上即可看出，这二者之间的关系是如此复杂。在近现代中国的语境中，现代化往往被等同于西化，而东西方列强的侵略又是催生中国近代民族主义情感的主要刺激源，于是，对中国人来说，西洋和东洋兼具敌人和老师的双重身份，这便使得现代化与民族主义在中国的关系愈加扑朔迷离，以罗志田的话来解释，即是在参与世界文明的渴望与在同一过程中失去独特"我们"的忧虑之间存在着相当的紧张，对特别强调"国家"存在意义的国粹学派来说，若弃国粹而欧化，结果可能是虽富强而文明却已非"中国"。在许多情形下，尤其是民族危机感深重之时，在文化民族主义心理的驱使下，西化与传统往往分庭抗礼、势不两立。[②]

有学者指出，留学生所携带的"新"的意识是随着进化论进入中国而产生的。[③] 而将进化论与国学相勾连在当时是一套行之有效的策略，在中国思想家们的发掘下，西洋的进化论与晚清正在盛行的

---

① 薛福成：《出使日记续刻》，载郭嵩焘等著：《郭嵩焘等使西记六种》，生活·读书·新知三联书店 1998 年版，第 326 页。
② 参见安庆市历史学会：《陈独秀研究参考资料汇编》（一），安庆市图书馆 1980 年版，第 78 页。
③ 李欧梵：《知识源考：中国人的现代观》，《天涯》1996 年第 3 期。

公羊学的变易观、三世说之间产生了诸多相似点。可以说，没有公羊学的"接应"，进化论不可能在中国取得如此显赫的地位和影响。同理，来自欧洲的"摩登""时髦"等观念也与中国传统中的"新"意识相呼应，它似乎早已埋藏在原典中——《大学》里汤之盘铭曰："苟日新，日日新，又日新"；《康诰》曰："作新民"；《诗》曰："周虽旧邦，其命维新。"是故，西风为传统招魂，西方的鼓吹又需援引传统。

在理想意义上，中国士人心目中的"国学"本是开放的，对于能致"富强"的西学更须吸收包容，但是，从晚清的"保国与保教"之争，到民国的"整理国故"之举，以留学生为代表的中国知识分子无不遭受民族主义心态驱遣，而又以西方的方式反西方，希求中国传统文化与西学新知相匹敌，在表面上认同中国文化，在实质上则认同西方的主流思潮，"孔教"与"保国保教"中的"教"字即是西潮冲击的结果。在这种观念的潜移默化下，留学生，尤其是文科留学生，如果只识西学则有浮躁追随时髦的嫌疑，唯有国学打底，才能显示扎实功力，西学与国学成为一对相互竞争又相互依靠的文化资本。

值得注意的是，作为白话文倡导者的胡适，在留学期间长期坚持以文言文书写日记。在1911年6月17日的留学日记中，胡适简略记载了一堂名为"孔教之效果"的讨论会，"既终，有 Dr. Beach 言，君等今日有大患，即无人研求旧学是也"[①]。借此，他表达了对传统学术后继无人的忧虑。1915年7月22日，依据自己的视域，胡适又在日记中写道，"我所遇欧洲学生，无论其为德人，法人，俄人，巴而干诸国人，皆深知其国之历史政治，通晓其国之文学。其为学生而懵然于其祖国之文明历史政治者，独有二国之学生耳，中国与美国是

---

① 胡适：《胡适留学日记》（上），安徽教育出版社1999年版，第43页。

已。吾所遇之俄国学生，无不知托尔斯泰之全集，无不知屠格涅夫及杜思托夫斯基（Dostoieffsky）者。吾国之学子，有几人能道李杜之诗，左迁之史，韩柳欧苏之文乎？可耻也"①。

在这一段话中，胡适对传统的关注是西方式的，而他的遣词用句又是中国古式的，字里行间洋溢出"数典忘祖"之责。一以贯之的是，他总是坚信中国的大学"在世界学术上，尚无何等位置。要想能够有一种学术能与世界上学术比较一下，惟有国学"②。尽管胡适对母国传统有着如此关切，可他本人的传统文化功力显然还难以服众，还不足以被公认为留学生中的国学大师。据思想史家考察，胡适回国进入北京大学时，还是得依凭考据文字，虽然他出身美国名校，但国学功底还比不上优秀的学生，回国后所授课程恰又是中国传统学问，因而颇遭同行甚至学生的轻视。1915 年考入北京大学的冯友兰就发现"当时的北大，就文科方面来说，所讲的已绝不是应科举考试的'举业'的一套，但是大多的学生思想还是科举的一套，还是以学校毕业作为功名利禄的手段，认为学校毕业相当于科举的举人、进士等资格"③。难怪胡适的学生顾颉刚曾回忆说，假如不是有像傅斯年这样的学生领袖保驾过关，胡适在课堂上都难以立足。如果他仅以提倡白话而轰动一时，那么他的影响力最多只能停留在通俗文化的领域之内。上层文化界的人不但不可能承认他的贡献，而且还会讥笑他是"以白话藏拙"。④

1916 年，就读于清华学堂的闻一多也焦虑地指出了"新学浸盛

---

① 胡适：《胡适留学日记》（下），安徽教育出版社 1999 年版，第 141 页。

② 胡适：《再谈谈整理国故》，载许天啸辑：《国故学讨论集》（第 1 集），上海书店影印群学社 1927 年版，第 22 页。

③ 章开沅等主编：《中国近代史上的官绅商学》，湖北人民出版社 2000 年版，第 717 页。

④ 参见罗志田：《再造文明的尝试——胡适传（1891—1929）》，中华书局 2006 年版，第 146—159 页。

而古学浸衰，古学浸衰而国势浸危"的情形，"惟新学是骛者，既已习于新务，目不识丁，则振兴国学，尤非若辈之责"。但他认为，老派学人亦"已无能为矣"，他们"胜朝遗逸，友麋鹿以终岁，骨鲠耆儒，似中风而狂走"。作为留美学生的预备梯队，闻一多在《论振兴国学》中表现出一种舍我其谁的姿态，"惟吾清华以预备游美之校，似不遑注重国学者，乃能不忘其旧，刻自濯磨。故晨鸡始唱，踽埠高吟，其惟吾辈之责乎？"[①] 国学传统需要由留学精英来守护承接，这种启蒙心态即便并不代表留学生的全体，至少也是相当一部分人的宏愿。

在负笈东西洋、受过零散或系统西方化训练的留学生看来，文化价值系统是知识分子的安身立命之所，一旦遭到全盘性的否定，他们就成了无根的浮萍，无所适从。第一次世界大战爆发后，欧洲形同"鬼境"的低迷状态导致了人们对西方文明的幻灭，国人的本位文化心理更是因之强化，他们一方面痛斥当时中国学人"尊西人若帝天，视西籍如神圣"，另一方面则继续奉达尔文、斯宾塞的社会进化论为无上的真理，很少从内部对自己文化传统的价值进行令人信服的新理解与新阐发。

而仍以留学生为代表的另一派激进知识分子则对传统持否定的立场，不仅要在文化层面上摧毁传统的文化价值体系，而且希望通过激进的社会革命，达到对社会政治与文化秩序的重构，他们提倡"科学"是以反传统为代价的，这种对峙即工具理性与价值理性冲突是在特定历史情境下的表现。与袁世凯政府"尊孔令"针锋相对的是，以一批留学生为主导的南京临时政府试图用行政命令将孔子从学校中请出去，各地废除尊孔读经，孔庙改为学校。民国十八年，政府明文取缔中医，中医被视为糟粕而被丢进了垃圾堆。

---

① 闻一多：《论振兴国学》，《清华周刊》1916 年 5 月 17 日（第七十七期）。

　　在此，"现代"与"古代"根本不能兼容，一如钱玄同、鲁迅、李石曾等人所表达的"新旧不两立"，致力于从"现代"里驱除"古代"，强调传统负面的历史积淀太深厚，主张以废除或是进博物院的方式切断传统与现代的关联，以使中国人成为"二十世纪的文明人"，在思想史的意义上，列文森称此为"博物馆心态"。留学日本时，鲁迅倒还写过文言论文《文化偏至论》，倡议"取今复古，别立新宗"，"五四"时期却已劝青年们"多读外国书"，直言"要我们保存国粹，也须国粹能保存我们"。1917 年，陈独秀以《复佩剑青年》一文指出，"新旧之间绝无调和两存之余地"，孔教"根本的伦理道德适与欧化背道而驰，势难并行不悖。吾人倘以新输入之欧化为是，则不得不以旧有之孔教为非"。[1] 1918 年，他再次指出："旧文学、旧政治、旧伦理本是一家眷属，固不得去此而取彼。"[2] 罗家伦则摘译了牛津大学学生刊物中一篇名为《牛津大学的新潮》（The Renaissance of Oxford）的文章，写出"让那班死人去埋他的死尸，我们活人去做我们活人的事"。留学生中间的这种激进主义夹杂了中国文化传统本身的品格，也可以从卢梭身上找到思想的渊源，它崇尚"宏大叙事"，对"旧"的观念和文化体系极具攻击性。在它营造的话语氛围中，那些质疑彻底现代化，崇尚传统和经验，主张通过自发的演变来实现社会之转型和发展的人被称为保守，而这种保守却难以像西方的保守主义那样，捍卫个人的自由和权利，认同现代性的核心价值观，对激进主义产生制衡作用，相反，它被赋予了反现代性的色彩，由此，也就任由激进主义主导了中国的现代性转向。

　　余英时曾指出，在中国近代思想史的脉络下讨论"保守"与

---

[1]　陈独秀：《复佩剑青年》，《新青年》1917 年第 3 卷第 1 号。
[2]　陈独秀：《复易党冀》，《新青年》1918 年第 5 卷第 4 号。

"激进"，首先要看其文化意义，实际上，20世纪中国思想史上几乎找不到一个严格意义上的保守主义者，因为没有人建立一种理论，主张保守中国传统不变，并拒绝一切西方的影响。中国和西方保守派—自由派—激进派的三分局面不同，西方的三派都相对于一个存在了两三百年的社会现状立言，都已越过"传统与现代之争"，中国则不然，思想冲突的焦点正在传统与现代之间，从所谓中体西用论到中国文化本位论，到全盘西化论，再到马克思主义传播中国，基本取向都是变，所不同的仅在变多少，怎样变，以及变的速度而已。所谓的"激进"与"保守"并不在其对现状的态度，而是取决于对中国文化传统的看法，因此接近全变、速变、激变一端的是所谓"激进派"，而接近渐变，缓变一端则成"保守派"。①

在保守与激进的拉锯大潮中，亦以留学生，尤其是以欧美留学生为主力的自由主义知识分子在争取自己的话语权上走得最为艰难。在崇尚西方文明和自由主义、个人主义价值观方面，他们受到了保守主义者的非难。尤其是在战后，西方文明的弊端暴露无遗，让曾经生机勃勃的自由主义陷入了尴尬境地，他们似乎找不出有力的论据来抵御保守主义者的攻击，而他们自身也不得不从对西方文明的全面崇拜转向对其进行一定程度的反思。在主张个人解放，政治上渐进变革方面，他们又受到激进主义的抨击。无疑，这一批留学生在双重压力下蹒跚前进。

二、传统的反向虚构：以"缠足"为例

辫子牵系着近现代留学生的保守、自由与激进，就像中国古代士人把目光总指向"三代"一样，常常是一种姿态性的叙述策略。传

---

① 余英时：《钱穆与中国文化》，远东出版社1994年版，第188—222页。

统是不断被改写的能指，是不断被挪用的资源，它既以约定俗成的途径变为自然而然之物，也在陌生化（defamiliarization）中被反向虚构，它是思想史加减法的主要运算对象。

叶圣陶的小说《招魂》就叙写了一位留学生如何摇身变为巫师，这一情节意在表明科学与巫术、明智与愚昧、现代与传统之间的冲突。惊人的是，蒋梦麟的《西潮与新潮——蒋梦麟回忆录》为此提供了现实的佐证，这位留学生的事迹似乎并非完全凭空虚构。蒋记载说，曾有一位毕业于哈佛大学的中国留学生，于抗战期间任国内盐务某要职，竟在任上依靠扶乩报告来预言、推测战局，终被政府革职。显然，叶圣陶的想象和蒋梦麟的记录都是在从反面塑造留学生的启蒙意义，谴责和警醒落后传统的顽固性，因为几乎在所有人的前见中，留学生总是中外之桥，是先进理念、现代科技的代言人，当他踏上与此反差巨大的迷信之路时，染上了传统扶乩之举的负面色彩，便是颠覆了常理。

与辫子问题相似，晚清民初留学生对于女子缠足的态度也被视为其观念之新旧的表征。

《文明小史》在刻画留学生人物时，即在"缠足"上萦绕不休。最显著的个案在第十九回"婚姻进化桑濮成风，女界改良须眉失色"中，东洋回来的刘学深正与魏榜贤等人谈论新近成立的"不缠足会"，忽见"一只野鸡"走过来，于是看出了神，不知不觉打断话头，刘学深更是忘其所以，拍着手说道："妙啊！脸蛋生得标致还在其次，但是他那一双脚，只有一点点，怎么叫人瞧了不勾魂摄魄？"魏榜贤不禁想到这番言论与"不缠足会"宗旨不符，"连忙朝刘学深做眉眼，叫他不要再说了。偏偏碰着刘学深没有瞧见，还在那里满嘴的说什么只有一点点大，什么不到三寸长，也不晓得当初是怎样裹的"。刘学深对小脚女子的迷恋与其留学生身份之间的反讽不言而喻，为了强调留学生与"传统陋习"为伍的荒谬感，宣扬女子放足的先进性，小说还继续借魏榜贤之口说教道："女人不缠脚，脚下不受苦，便可腾出工夫读书写字，帮助丈夫成家立业。外国的女人，都同男人一样有用，就是这个原故。目下教导这般女人，先从不缠足入手，能够不缠足，然后可以讲到自由。人生在世，能够自由自在，无拘无束，还有再比这个快活吗？"[1] 在这里，文本的意图依然是多重的，它既要响应题目，从细微末节处建构一个"文明"的新世界，又要揭露留学生这种新身份在现代与传统之间的过渡性，而"缠足"就是一种应从留学生观念中拔除的传统陋习。

实际上，在清朝，缠足并不是一项为官方所认可的"传统"，满族妇女并无缠足风俗。清初顺治、康熙两朝都下过禁缠足的上谕，只是这些禁令没有以"杀无赦"来强力推行，因而并未改变民间缠足之风习。清末，在维新运动期间，维新派就把戒除妇女缠足作为一项社会革新而广为宣传组织。到了光绪二十七年十二月二十三（1902年2月1日），在一道允许满汉通婚的上谕中，慈禧太后又提到放足之事："汉人妇女，率多缠足，由来已久，有伤造物之和。嗣后搢绅之家，务当婉切劝导，使之家喻户晓，以期渐除积习。"[2] 及至民国初年，尤其是20世纪20年代，通过放足运动，一种启蒙知识域（an enlightenment episteme）被推展到像山西这样的内陆省份，反缠足运动常常被颂赞为中国妇女解放运动的里程碑。然而，在高彦颐（Dorothy Ko）的研究中，现代中国国族主义和女性主义的基本前提——进步的必然性和个体的自主性——是在清室覆亡之前数十年间的反缠足论述中逐步成型的，它散播着女性的苦难叙事，其含混性

---

[1]　李伯元：《文明小史》，韩秋白点校，中华书局2002年版，第120页。

[2]　上海商务印书馆编译所：《大清新法令》（第1卷），商务印书馆2010年版，第12页。

一开始就深陷于权力的不平等。[①] 在近现代留学生叙事中，缠足与辫子的深层含义其实是大有区别的，如果说文本内外的留学生对待清式发辫尚是犹疑两可的态度，那么他们在缠足问题上却是是非分明的。留辫传统指代着异族政权的压迫，在文化上尚具有世易时移的滑动性，而缠足传统却是不容争辩的性别歧视。在将"放足"视为当务之急的国耻心态中，欣赏女性小脚之美的留学生成为了一种变异体，被划为传统的余孽，为整个群体的现代性诉求所排斥。

这种留学生形象意味着传统的负面化。从负面解读传统似乎是清末民初学人、作家的发明（一如五四时期对文言和白话的截然区分），又与马克斯·韦伯打量中国文化的眼光不谋而合。不懂中文也未到过中国的韦伯，从当时欧洲各国传教士的一些散乱记载里，整理提炼出他对中国宗教和文化的论述。在韦伯看来，中西文化的本质差别是传统与理性的对立，中国文化最本质的特征就是迷信传统或称传统主义，中国人的思维方式里有一个不言新事的定式，事必援引传统，言必称谓祖宗，在社会心理中养成了一种遇事向后者、做事墨守成规的积习。这妨碍了人们的独立思考和创造精神的发挥，客观上阻挠了中国现代化的前进步伐。[②]

然而，在西学东渐的过程中，"中"与"西"、"新"与"旧"都并非僵死的定量，中间穿插着相当宽广的过渡地带，亦新亦旧和亦中亦西其实是常态。[③] 即使在同一个时空中，不同社会阶层对"新"与"旧"也有着不同的理解。姑且将近现代中国社会划分为官贵士绅的

① 高彦颐：《缠足："金莲崇拜"盛极而衰的演变》，苗延威译，江苏人民出版社 2009 年版，第 19 页。
② 马克斯·韦伯：《儒教与道教》，洪天富译，江苏人民出版社 2003 年版，第 102—103 页。
③ 罗志田：《难以区分的新旧：民初国学派别的异与同》，《四川大学学报》（哲学社会科学版）2001 年第 6 期。

精英层、城镇市民的通俗层、乡土社会的民间层，那么，这三个阶层在接受、消化西方文化乃至现代化的过程中显然存在着难易程度的差别，因此也就对代表着洋派话语的留学生褒贬不一。官绅士人是正统主流文化的担当者，也有本位文化异体排他性的主导功能，对外来文化融会内化力与抵拒排斥力适成正比，他们偏向于哲理性的雅文化，趋于在抽象系统中将夷夏、中西的整体地位价值作为评估前提。而乡土的农工商民，代表一种经验性的、直观片面型的俗文化，对异质文化的内化力差，排斥力也弱，他们很少明确地、概念化地比较、判断中西文化的优劣短长，却能从生计需要出发，接受或排斥具体事物。也是在蒋梦麟的回忆中，他故乡的先生反对"奇技淫巧"，而他的父亲不觉得外国人的道德、生活有何可取，但也并不厌恶，还有过自造轮船的失败经历。

在《西潮与新潮——蒋梦麟回忆录》中，蒋梦麟写出了中国普通百姓如何在日常生活的层面上悠然地回应着西方文明的入侵和社会的现代化转型，他们"懵然不觉"，"乡村里的人更毫不关心，他们一向与外界隔绝，谈狐说鬼的故事比这些军国大事更能引起他们的兴趣。但是中国的国防军力的一部分却就是从这些对战争不感兴趣的乡村征募而来的"，"几百年来，不论朝代如何更换，不论是太平盛世或战祸频仍，中国乡村的道德、信仰和风俗习惯却始终不变。乡下人觉得这个世界已经很不错，不必再求进步。……火柴和煤油是火山爆发前的迹象。……一般老百姓似乎对这些东西比对福音更感兴趣。……老百姓还是照常操作，毫无紧张的样子……谁胜谁败，大家好像都不在乎"。[①] 对于西学东渐，他们不是将它当作历史来处理的，而是当作了日常生活的某个形态和阶段。

---

① 蒋梦麟：《西潮与新潮——蒋梦麟回忆录》，东方出版社 2006 年版，第 50 页。

于是，循着西方经验分析、分解的思路，当"自由""科学""民主"之类的西方概念成为现代文明的同义词时，中国传统文化中的诸多关键词也被定位为愚昧、落后、野蛮的同义词。这种比照是一种快捷且简单的理路，以对立面的分立、对决看待人类历史的演进。在1919年元月号的《新青年》上，陈独秀就喊出："要拥护那德先生，便不得不反对孔教、礼法、贞节、旧伦理、旧政治。要拥护那赛先生，便不得不反对旧艺术、旧宗教。要拥护德先生，又要拥护赛先生，便不得不反对国粹和旧文学。"仅仅一句话，便将属于不同范畴的诸多概念混在一起，西与中、现代与传统的殊异，被化约为民主自由、天赋人权与礼教的对峙。儒学一旦转换了生存的场所，就很容易变得面目全非，难以用普遍整体的观念加以把握，将传统文化进行边缘化处理之后，儒家的"道"变成了官学化的政治意识形态，异化为一种坚硬的"君尊臣卑"的纲常伦理，而儒家在本源上依附，后又日渐脱离的"天鬼神道"被指责为"封建迷信"，于是，作为知识分子的留学生，便如士绅形象一样，被高度符号化了。

三、"中体西用"的可行性

留学生角色食西不化或逆"历史潮流"而动的脸谱化现象似在嘲弄"中体西用"的失效。

在头一批留美幼童被派出前的1861年，冯桂芬（1809—1874）在被誉为"洋务运动的理论纲领"的《校邠庐抗议》一书中指出，"以中国之伦常名教为原本，辅以诸国富强之术"[①]，虽未直接用"体""用"这两个名词，但这一主张仍可以说是"中体西用"这一著

[①] 冯桂芬：《采西学议》，载舒新城主编：《中国近代教育史资料》（下册），人民教育出版社1981年版，第888页。

名公式的滥觞，堪称中国近代最早以理论形态出现的调和或折中本土
和异域文化关系的模式，成为兴办洋务的纲领。

　　其后，张之洞的《劝学篇》明确提出了"中学为体，西学为
用"。张之洞认为，世道更迭、人事兴衰的表象是政治变动，而本质
是文化变迁，"其表在政，其里在学"。对于危及国家民族生存大危
机和中西文化撞击，守旧者拒斥西方文化，革新者忘了根本。因此，
该书分为两大部分，其宗旨是："《内篇》务本，以正人心。《外篇》
务通，以开风气"，"兹《内篇》所言，皆求仁之事也，《外篇》所
言，皆求智求勇之事也"。① 从影响力及重要性来看，张之洞的《劝
学篇》开启了中国教育的近代化，堪与福泽谕吉（1835—1901）于
1872 年至 1876 年间写成的《劝学篇》相媲美，用实藤惠秀的话说，
它的重要性更是体现于它是"留学日本的宣言书"②。这个公式被张之
洞宣扬之后，成为晚清知识界的主导观念，甚至，在这种思路的熏染
下，康有为也曾提出以西方基督教的形式建立"孔教"。简言之，在
"中体西用"的理念中，"西化"并不是目标，乃是一种学习西方文明
的方式和过程。

　　留美幼童蔡廷干（1861—1935）以英文撰写，1930 年由美国芝
加哥大学出版的《唐诗英韵》（*Chinese Poems in English Rhyme*），可
以说是"中体西用"的某种曲折性实践。不过，尽管张之洞《劝学
篇》声明国人求取西法的宗旨在于"一曰保国家，一曰保圣教，一曰
保华种"，实则"三事一贯而已"，盖"保种必先保教，保教必先保
国"。但时势所趋，整个新学制的主体方向仍迫切要求多数学子专力
于西学，据有关统计，愿意自学经史且有所成就者实远不足张之洞前

① 张之洞：《张之洞全集》（第 8 册），河北人民出版社 1998 年版，第 9704 页。
② 实藤惠秀：《中国人日本留学史》，谭汝谦、林启彦译，生活·读书·新知三联书店
　　1983 年版，第 42 页。

所估计的百分之三、五。[1]

第一个起来反驳"中体西用"的人就是曾经留学英国的严复。他说："体用者，即一物而言也。有牛之体，则有负重之用；有马之体，则有致远之用。未闻以牛为体，以马为用者也。中西学之异也，如其种人之面目然。不可强谓似也。故中学有中学之体用，西学有西学之体用，分之则立，合之则两亡。"[2] 他在《与〈外交报〉主人书》中，批评洋务派以此为幌子"盗西法之虚盛，而沿中土之实弊"，认为没有必要为自己心目中的新观念找一件中国外衣，极力申明"牛体安能为马同乎"，并提出"自由为体，民主为用"的主张以取而代之。[3] 这一提法显然受英国派自由主义政治思想影响，将人人自由、自由竞争等视作西方社会的本质。

其实，严复并不是一位绝对西化或固守传统的一元论者。他不仅深感"回观孔孟之道，真量同天地，泽被寰区"，还坚持最大限度地运用中国古代哲学的隐喻手法来表达西方概念（颇有讽刺意味的是，大多数由他创造的新词在与日本人所创造的新词的竞争中被逐渐淘汰了）。不过，他的"跨语际实践"并不顺畅，一个不言而喻的事实即是，在他共计 170 万余字的译作中，以按语形式的著述竟占到了其中的十分之一，似在无可奈何地表明，不同文化的不可兼容性破坏了"信""达""雅"的理想翻译状态。而根据史华兹的研究，当了解到老子关于"科学"和"民主"的最终观点与真正的科学和民主有着质的区别时，严复努力寻找老子思想和近代西方思想之间对应成分的努力便破灭了。[4] 然而，经过深思，我们会发现，这一失败实质上

---

[1] 参见罗志田：《裂变中的传承：20 世纪前期的中国文化与学术》，中华书局 2003 年版，第 141 页。

[2] 严复：《严复集》（第 3 册），中华书局 1985 年版，第 558—559 页。

[3] 严复：《严复集》（第 3 册），中华书局 1986 年版，第 560 页。

[4] 参见史华兹：《寻求富强：严复与西方》，叶凤美译，江苏人民出版社 2005 年版，第 56 页。

并不应归咎于"中体西用"本身，而在于人们对"中"与"西"的理解。如果将它们视为在"一"与"多"、本质与表象之间变动不拘的矛盾统一体，那么它们的沟通就会灵活得多，反之，如果把"中"与"西"皆视为板结的实体，丧失了鲜活感和复杂性，异质文化相通约的可能性也就沦为不可能，中学既不能在近代中西国家的实体竞争中经世保国，西学也停留于奇异单一的西洋景，留学生便可能长期在中西文化的夹缝中求生。

观察严复的中西文化对比，我们不难辨出本质主义的影子，他在《论世变之亟》中罗列了一串比较："中国最重三纲，而西人首明平等；中国亲亲，而西人尚贤；中国以孝治天下，而西人以公治天下；中国尊主，而西人隆民；中国贵一道而同风，而西人喜党居而州处；中国多忌讳，而西人重讥评。其于财用也，中国重节流，而西人重开源；中国追淳朴，而西人求欢虞。其接物也，中国美谦屈，而西人务发舒；中国尚节文，而西人乐简易。其于为学也，中国夸多识，而西人尊新知。其于祸灾也，中国委天数，而西人恃人力。若斯之伦，举有与中国之理相抗，以并存于两间，而吾实未敢遽分其优绌也。"[1]

出于实际的认知或修辞策略，陈独秀也鼓吹中西文化截然对立，非此即彼的态势。他断言："西洋的法子和中国的法子，绝对是两样，不必拿什么国粹、国情的话来捣乱。"[2] 尽管指出孔教非"一无可取"，但他解释说，自己之所以要"非难孔子"，正是考虑到"今世"的"国家"，且主要还不是"因孔子之道不适于今世"，而是"今之妄人强欲以不适今世之孔道支配今世之社会国家，将为文明进化之大阻

---

[1]　严复：《严复集》（第 3 册），中华书局 1986 年版，第 3 页。
[2]　陈独秀：《答佩剑青年》，《新青年》1917 年 3 月（第 3 卷第 1 号）。

力"，因为"惟以其根本的伦理道德适于欧化背道而驰，势难并行不悖。吾人倘以新输入之欧化为是，则不得不以旧有之孔教为非；倘以旧有之孔教为是，则不得不以新输入之欧化为非。新旧之间，绝无调和两存之余地"。①

而根据傅乐诗（Furth）的看法，由章炳麟、刘师培等国粹派思想家所代表的保守主义所关注的是保守他们视为中国历史特性的那些文化思想。因此，此派原则上并不反对现代性，而只是在质疑民族与个人生命在现代性中的可完善性。此种民族主义式的批评锋芒似乎倾向于向东西方二分法靠拢，把东方文化描绘成精神文化的渊源，把西方描绘成物质或科学文化的渊源。②

可以说，为了"现代"而反"传统"，或为了民族本位而反西方，俱是与"中体西用"背道而驰的。林语堂就曾系统地驳斥过吴稚晖的类似主张，说"我国人现在心理，凡中国古代的东西，不问是非，便加以迂腐名称，西洋学问中最迂腐的也不敢加以迂腐的罪名"③。刚留学回国之际，受西方人主张保存传统文化的影响，林语堂倾向于以"科学的国学"来落实"科学救国"，可是，回到中国时间一长，他也逐渐被国内一批学人趋新恶旧的一元思维所同化。

诚然，"世界主义"（cosmopolitanism）很可能乃一种空洞的乌托邦，以个人自由为名而否定自己从属于某一特定的民族、社群、文化、传统和语言乃是危险的谬误，族群归属感并非虚幻，传统的负面因素也并非尽是虚构，反传统者或那些希望传统中断者往往又最能看见传统的存在及其力量，他们确实感知到"传统"或"历史"的沉重

---

① 陈独秀：《本志罪案之答辩书》，《新青年》1918 年 1 月（第 6 卷第 1 号）。
② 傅乐诗：《中国近代思想人物论·保守主义》，台北时报文化出版社事业有限公司 1976 年版，第 31—32 页。
③ 林语堂：《科学与经书》，《晨报五周年纪念增刊》1923 年 12 月 1 日，第 21—23 页。

压力。但留学生形象所折射出的一元思维或曰二元对立思维却值得警醒。所谓现代西方的价值观和思考方式，在欧洲孕育了数百年，这一套话语要让中国人在数十年间接受，谈何容易？况且，人的本性总是倾向于抵制变革的：1855—1870年的英国也曾抵制文官考试制度长达15年，原因仅仅在于"这个计划是中国式的"，它骄傲地认为自己无须向别国学习；日本近代也一样曾提出"和魂洋才"，将西方文明视为对传统道德的完善而不是取代。

面对变局，"中体西用"的提出意味着传统学问观和传统学问体系表现出了一定的张力，将原先对本国学问区分体用的观念运用于处理中学与西学的关系，尽可能在维护传统学问体系框架的前提下，为吸收近代科学技术乃至西方政治中的实用性因素提供空间，并置于"用"的位置。

尽管，近现代不乏留学生在所谓"进步"与"保守"的两极之间，努力实现中国传统文化的现代性转化，对中西文化问题不持笼统之见、极端之说，尽管晚期的鲁迅也曾倡导过"拿来主义"，但"东西文化优劣"的视点始终存在，文化选择的一元化长期占据思想史的舞台。在时人的认知中，中国与外洋、传统与现代的话语权势的争夺是整体性的，彼此不能调和。如果丧失了"中学为体"，在"all or nothing"的斗争情绪下，传统与守旧可能相混淆，"取西法以自强"的目标可能被遗忘。

文本内外的留学生要挣脱一元论的窠臼，"观念的叠加"是必要的，类似的尝试其实已然留下过印记。

在五四的前一年，李大钊即以《新的！旧的！》一文论述了新旧之间的密切联系："中国今日生活现象矛盾的原因，全在新旧的性质相差太远，活动又相邻太近。换句话说，就是新旧之间，纵的距离太远，横的距离太近；时间的性质差得太多，空间的接触逼得太紧。"①

在美国留学的九年里，蒋梦麟亦深刻地体会到，"一个中国学生如果要了解西方文明，也只能根据他对本国文化的了解。他对本国文化的了解愈深，对西方文化的了解愈易"②。他比较过杜威与王阳明，认为"四书富于道德的色彩，希腊哲学家却洋溢着敏锐的智慧"，甚至发现"中国儒家的性善论曾对 18 世纪的大光明时代的法国学派（启蒙派）产生影响"。③ 在文化异同的研究中，他说，"每当发现对某些问题的中西见解非常相似，甚至完全相同时，我总有难以形容的喜悦"④。他认为"中国人只想把外国因素吸收进来充实自己的思想体系；但是他们绝不肯放弃自己的思想体系而完全向外国投降。……他们先吸收一部分，让余留的部分与本国产物和平共存。……健全的胃比它所接受的食物对健康更重要。……中国所面临的问题就是如何吸收西方文化而避免严重的副作用。此项工作有赖于实验与科学研究，因为实验和科学研究是推动心理、社会、工业各项建设的基本工具。不过这些工具仍然是西方的产物。……我们吃足了现代文化的苦头，然而我们又必须接受更多的现代文化。我们如果一次吃得太多，结果就会完全吐出来。1900 年的义和团之乱就是一个例子；如果我们吃得太少，却又不够营养"⑤。

而当胡适 1916 年 4 月在《评梁任公〈中国法理学发达史论〉》中进行中西文化比照，将歌尔德史密斯（Goldsmith）的 above all nations is humanity 译为"万国之上犹有人类在"⑥ 时，民族身份的焦

---

① 李大钊：《新的！旧的！》，《新青年》1918 年 5 月（第 4 卷第 5 号）。

② 蒋梦麟：《西潮与新潮——蒋梦麟回忆录》，东方出版社 2006 年版，第 94 页。

③ 蒋梦麟：《西潮与新潮——蒋梦麟回忆录》，东方出版社 2006 年版，第 93 页。

④ 蒋梦麟：《西潮》，天津教育出版社 2008 年版，第 56 页。

⑤ 蒋梦麟：《西潮》，天津教育出版社 2008 年版，第 233 页。

⑥ 胡适：《胡适留学日记》（上），安徽教育出版社 1999 年版，第 390 页。

虑便暂不是首要之事。

林语堂曾自述，在二十岁之前，"我知道古犹太国约书亚将军吹倒耶利哥城的故事，可是直至卅余岁才知道孟姜女哭夫直至泪冲长城的传说"①，他在国内的母校——培养出顾维钧、施肇基、颜惠庆等人的上海圣约翰大学，在民国十九年之前，学生之中文可以累年不及格而无妨害其照常毕业。由是，出国前的林语堂对汉文的兴趣完全中止，"那令我树立确信西洋生活为正当之基础，而令我觉得故乡所存留的种种传说为一种神秘"②。而当他由海外归来、任教于清华大学之后，他"转觉刚刚到了一个向所不知的新大陆从事探险，于其中每一事物皆似孩童在幻想国中所见的事事物物之新鲜、紧张和奇趣"。于是，林语堂恶补中文，去琉璃厂淘书，与书商攀谈，方获进步。在"自我反观"中，他的"头脑是西洋的产品"，"心却是中国的"，在1932 年创办《论语》杂志以前，他是"欧化论"者，1936 年出国以后，他成为"中西文化调和论"者。

以欧美留学生为主体的"学衡派"，在创办《学衡》杂志时提出其办刊方针是"论究学术，阐求真理，昌明国粹，融化新知，以中正之阳光，行批评之职事，无偏无党，不激不随"③。在《学衡》创刊号的卷首，插图是孔子和苏格拉底像，在以后的各期中，无不夹杂中西方哲人学者作家的画像，如莎士比亚、弥尔顿、狄更斯、沙雷克、耶稣、威至威斯、辜律己（柯勒律治）、托尔斯泰、彭士、哈第（代）、劳伦斯等。而学衡派的主力吴宓，在清华学堂和美国接受现代教育之后，鄙视功名利禄，抨击拜金主义，追求道德至上的人格主义，崇

---

① 林语堂：《从异教徒到基督徒：林语堂自传》，谢绮霞等译，陕西师范大学出版社 2007 年版，第 238 页。

② 林语堂：《从异教徒到基督徒：林语堂自传》，谢绮霞等译，陕西师范大学出版社 2007 年，第 197 页。

③ 吴宓等：《学衡杂志简章》，《学衡》1922 年第 1 期。

拜以儒家为核心的中国传统道德文化。在 1927 年 6 月 14 日的日记中，他写出了调和中西文化的艰苦："心爱中国旧日礼教道德之理想，而又想以西方积极活动之新方法，维持并发展此理想。遂不得不重效率，不得不计成绩，不得不谋事功。此二者常互背驰而相冲突，强欲以己之力量兼顾之，则譬如二马并驰，宓以左右二足分踏马背而絷之，又以二手紧握二马之缰于一处，强二马比肩同进。然使吾力不继，握缰不紧，二马分道而奔，则宓将受车裂之刑矣。此宓生之悲剧也。"[①]

力图摆脱一元思维的还有宗白华，他在《自德见寄书》中就曾说："中国旧文化实有伟大优美的，万不可消失。譬如中国的画，在世界中独辟蹊径，比较西洋画，其价值不易论定，到欧后才觉得。所以有许多中国人，到欧美后，反而'顽固'了，我或者也是卷在此东西对流的潮流中，受了反流的影响。但我实在极尊西洋的学术艺术，不过不复藐视中国的文化罢了。"[②]

这类留学生一方面承认西方文化确有胜于中国传统而为中国所必须吸收之处，但另一方面则认为中国文化自有其特性，外来思想也要经过改变然后始能适合中国环境而发生作用，一如陈寅恪所谓"必须一方面吸收输入外来之学说，一方面不忘本来民族之地位"[③]。他们不相信任何简单的公式可以解决文化问题，他们的基本立场与观点无法由一两句响亮的口号表达出来。显然，这种执两用中的努力难以成为中国现代化进程的主旋律。1929 年，胡适所谓的"一心一意接受"被另一位留美生陈序经发挥为"全盘西化"，自由主义的主张被转化为激进主义的态度，胡适后来不得不"充分世界化"以代替之。可

---

① 吴宓：《吴宓日记》（第 3 册），生活·读书·新知三联书店 1998 年版，第 355 页。
② 宗白华：《宗白华全集》（第 1 卷），安徽教育出版社 2008 年版，第 321 页。
③ 陈寅恪：《冯友兰中国哲学史下册审查报告》，载《金明馆丛稿二编》，生活·读书·新知三联书店 2001 年版，第 284—285 页。

见，留学生要走一条更符合常态的中间路线是如此艰难。

而从一元论的固有定势出发，文本中的留学生便注定要在中国与外洋、传统与现代的对立中奔突。人们往往选择性地忽略了精神态度的多重性，只看到感性与理性、生活与思想等共时性关系的一端，就断称留学生是传统还是西化。旧风俗习惯的深入人心，或曰传统的顽固性，恰恰说明人在感性上的变化常是滞后于理性的，为了自觉地反抗培育他的传统，奔赴异国的留学生或许容易接受某种新的哲学或人生信仰，但不可能仅凭意志去改变其感性，他们在生活中所赏玩之物与其推崇的理念很可能有着显著的区分。胡适就曾自白"吾于家庭之事，则从东方人，于社会国家政治之见解，则从西方人"[1]。而胡适1929 年 4 月 27 日的日记则记录道，傅斯年曾对他说："我们思想新信仰新；我们在思想方面完全是西洋化；但在安身之处，我们仍旧是传统的中国人。"[2] 1917 年留美的邓以蛰（1892—1973），20 世纪 20年代归国后，既鼓吹新文学，也倾心于中国字画与文物。刘半农在上海时常写鸳鸯蝴蝶式作品，但这并不妨碍他在受《新青年》影响之后漂洋过海去法国留学。30 年代中期的周作人，既保有对西方文化的些微尊崇，也是开明儒家哲学的发言人。

退而言之，即便仅就理性层面来看，异质文化、思想之间的关系也是驳杂多变的，张力是必要的，而简化是危险的。被视为顽固守旧分子的林纾在 1897 年出版的《闽中新乐府》中其实也曾大声呼吁过"兴女学"等维新主张。崇尚杜威实验主义的留美生往往出生在考据学传统鼎盛的省份。当哥伦比亚大学研究院哲学系学生胡适发表《文学改良刍议》力主白话文时，在国内立即获得巨大而热烈的反响，

---

① 胡适：《胡适留学日记》（上），安徽教育出版社 1999 年版，第 298 页。
② 胡适：《胡适日记全编》（第 5 册），安徽教育出版社 2001 年版，第 220 页。

但同时，这一主张在美国留学生圈内却几乎完全得不到支持。甚至，根据张灏的观点，激进主义色彩浓厚的五四新文化运动内部也具有理性主义与浪漫主义、"怀疑一切"与"新宗教"、个人主义与群体意识、民族主义与世界主义等四重多歧取向。

简言之，文化是个有生命的有机体，在不同文化的碰撞中，复杂和多元的程度远远超乎人们的推断和回顾，只有置身其间的人们能体验和记取，而其中激起的种种复杂心态影响了晚清、民国留学生形象的书写。

余 论

　　　　诗人的职责不在于描述已经发生的事，而在于描述可能发
生的事，即根据可然或必然的原则可能发生的事。历史学家和
诗人的区别不在于是否用格律文写作（希罗多德的作品可以被
改写成格律文，但仍然是一种历史，用不用不会改变这一点），
而在于前者记述已经发生的事，后者描述可能发生的事。所以，
诗是一种比历史更富哲学性、更严肃的艺术，因为诗倾向于表
现带普遍性的事，而历史却倾向于记载具体事件。

　　　　　　　　　　　　　　　　　　　　　　——亚里士多德[1]

　　亚里士多德对历史与文学的区分和厘清为本书提供了一个潜在
的框架。当我们将晚清、民国的留学生形象与作为宏大历史叙事的
中国近现代留学史相对读时，我们发现，普遍化的历史叙事若试图
凌驾一切，把文学等其他形式的叙事纳入自己的大框架之中，结果
只会捉襟见肘。当我们试图从文学文本中归纳出统一的留学生形象，
或试图明晰地将之分门别类时，我们发现，统一的留学生形象是不
存在的，正如世界上并不存在一个固定不变的、整体的、同质化的
所谓"西方"。

---

[1]　亚里士多德：《诗学》，陈中梅译注，商务印书馆 1996 年版，第 115 页。

而这正是形象学所揭示的意义之一。按照基亚（Marius-Françoise Cuyard）的界定，形象学力求更好地理解：在个人和集体意识中，那些主要的民族神话是怎样被制作出来，又是怎样生存下来的①。作为一种社会集体想象物，留学生形象蕴含着晚清、民国对西学东渐的认知和实践，对现代民族国家的理解，其中交织着虚构叙事与非虚构叙事的复杂关系。就此，"以诗辨史"这一说法比"以诗证史"更为恰切。

一、留学生形象之为形象

在有关留学生的晚清、民国文学作品中，小说等想象性的叙事比游记、随笔、散文等纪实性的体裁要晚上几十年，可见文学形象的酝酿要比记录耳闻目睹的"事实"更为费力，虚构文本比非虚构文本的形成机制更为复杂。

从浩如烟海的文本中浏览留学生形象时，内在的、和谐一致的视野是不存在的，所有的映像彼此重叠交错在一起，却并没有为读者勾勒出一位足够清晰的人物。诚然，界定并非毫无意义，它们标明了一些属性、倾向或理想的类型，我们对过去的了解总是要受制于某些深层的历史归类系统的符码和主题。可是，构筑留学生形象的，是多重交叠的语言论述及其意义结构。

一方面，由于各自的独特性，文学文本之间的联系从原则上讲是不确定的，因为我们的归类是一个后顾的过程，是在时过境迁中"从后往前读"，因此人为的提炼和归纳常常是徒劳的。在新文化史的视野下，文学对"现实"的再现如同拼装马赛克，"其中有些片段不见了或是无法辨识，在从事写作之时，虚构的篇幅有多少必须符合

---

① 基亚：《比较文学》，颜保译，北京大学出版社 1983 年版，第 106—107 页。

史实以及有多少可以自由想象发挥，并无规律可循”①。

另一方面，形象的这种丰富多元性可归结于留学生的跨文化意义。在异质文化的交流和碰撞中，除了事件本身的一些历史性、时代性因素之外，它们往往还存在着许多的偶然性和不确定性。毫无疑问，这些偶然性、不确定性和参与这一事件的亲历者的主体意识、潜在欲望和心理动机有着莫大的关联，一同构成了留学生们复杂多样的经验时刻。

更关键的是，文学对留学生的塑造，既可能是以他者为导向（other-directed），迎合社会风气，追求大众认同，也可能是以内在为导向（inner-directed），强调自我定位和存在的意义，亦可能是两种导向的混合。因此，留学生形象并非现实的复制品或相似物，它是一整套社会和集体的镜像，是由各种主体（subjects）与力量/权力相互激荡而成的，受制于历史想象力和政治潜意识，建立在整合功能和颠覆功能之间的张力上，即建立在意识形态（认同性）和乌托邦（相异性）两极间的张力上。

于是，和任何再现活动一样，晚清、民国的留学生形象出现了缺裂，充满了边缘化的或者遭到排斥的“他者”（other）。在此，旧历史主义的“单一逻辑的”（monological）批评无法指导本书的文学阐释。在后结构主义的语境中，有关近现代留学生的各个节点以一切可能的方式联合、扩张，形成一个不断延伸的网状结构。

二、风格化的现实：留学的另一面

故此，文学作品对晚清、民国留学生的道德关怀和弊端揭露不能尽用“史迹”作尺度来查考。然而，想象性的叙事并非存在于真空

---

① 彼得·盖伊：《历史学家的三堂小说课》，刘森尧译，北京大学出版社2006年版，第14页。

中，而是存在于给定的语言、现实与想象中，从而呈现出一种风格化的"现实"。在这个意义上，文学作品不是历史教科书，然而却道出了历史的另一面。通过对留学生出国动机、求学状态、日常行为的生活化描写，文学叙事打破了宏大历史叙事的"一言堂"，这也恰是留学生形象的社会学价值所在。

（一）留学生队伍的良莠不齐

首先，文学作品呈现出了晚清、民国留学生队伍的良莠不齐。在以《文明小史》《留东外史》《留西外史》《海滨邂逅》《围城》等为代表的小说中，不少留学生一反官方叙事中的新式精英形象，其人格修养或学术水准引人诟病，颇难实现国人"取西法以自强"的宏伟意图。

其中较为突出的是留日生形象。实际上，已有不少研究者关注到留日生的学历问题及学术水平。据桑兵统计，清末留学生归国任职者累计约万人，其中有许多人是名不副实的速成班毕业，甚至，不少人在"新学"方面的知识水准还远不如上海有些私立中学的学生。[①]而在实藤惠秀的调查中，虽然清末民初的留日高潮从数字而言足可以夸耀一时，但从它的实质程度来看，则不能说已达到留学教育的水准。为了牟利，日本出现了不少降低标准以吸引学生的文凭工厂，它们被留日学生称为"学商"和"学店"，由于心目中有手持证书愈多愈好的想法，留学生多集中于此。速成教育竞争的弊风，随着留日人数的增加而日渐滋长。到了 1905 年，当留日学生人数到达一个高峰的时候，其弊端更为明显。据《朝日新闻》1905 年 12 月 11 日报道，

---

① 参见桑兵：《1905—1912 年的国内学生群体与中国近代化》，《近代中国研究》1989 年第 5 期。

有留日学生承认："吾人亦闻学生中有不良分子。虽然有良则有莠，九千学生中，岂无多少恶劣学生厕身其中。"[①]

1905 年 7 月 17 日，青柳笃恒在《东京朝日新闻》发表了题为《中国留学生问题》的长文，说："夫清国者，清国人之清国也，清国子弟之教育早晚必由清国人自为之。惟其清国人得亲自教育其子弟，学问之独立在乎是，国民教育之大事存乎是。彼等清国留学生多以速成为主，在外积萤雪之功仅一年半载，其所得无何。弗尝学问之味，则学业已成，手持毕业证书，洋洋而就归国之途，然犹不能独当亲自教育子弟之责，依然以外国教师之力是赖。如此，则学问之独立者何存，清国国民教育将何日求之？"[②] 即使在受尊敬的嘉纳的宏文学院，在 1902—1906 年毕业的 1959 名中国学生中，速成科的 1830 人，占 93.4%，而普通科的只有 129 人，占 6.6%。1907 年，学部的奏议《奏定日本校事项章程折》统计说："查在日本游学人数虽已逾万，而习速成者居百分之六十，习普通者居百分之三十，中途退学展转无成者居百分之五六，入高等专门者居百分之三四，入大学者仅百分之一而已。"[③]

1915 年，留学日本的彭文祖，在东京饭田町的秀光社以笔名"将来小律师"出版了一本专门非难日本词汇的书《盲人瞎马之新词》，以此表达他对当时中国词汇频频出现"日本语臭"的不满。其中，对于来自日语的"文凭"一词，彭文祖从语言征候上升到留学弊端和社会问题，他并不非难该词本身，而是批判仅以证书为目的的留学，尤其愤慨那些用钱买证书或伪造证书者的行为。显然，日

---

① 实藤惠秀：《中国人留学日本史》，谭汝谦、林启彦译，生活·读书·新知三联书店 1983 年版，第 381 页。

② 实藤惠秀：《中国人留学日本史》，谭汝谦、林启彦译，生活·读书·新知三联书店 1983 年版，第 98 页。

③ 丁守和：《辛亥革命时期期刊介绍》（第一集），人民出版社 1982 年版，第 12 页。

多一日的留学生大半喜欢走捷径，但与捷径相对称的往往不是学问，而是世人眼里的"来去飘忽，作辍靡常，毕业者仅计年期，后来者又循故辙"[①]。

（二）留学生的"官本位"倾向

想象性叙事的另一层社会学指涉是留学生的"官本位"倾向，留学成了一条披着新学外衣的仕进之途。

因急于向西方求取富强之道，清政府对留学者实施政策倾斜，向他们打开了仕进之途。容闳留学时，其父母不过是希望他学到洋人的知识后能在国内谋个一官半职，"意者通商而后，所谓洋务渐趋重要，吾父母欲先着人鞭，冀儿子能出人头地，得一翻译或洋务委员之优缺乎"[②]。到了 19 世纪晚期，官方出台政策，甚至明确许诺留学者以高位厚禄，以强调西学新知的战略意义，出洋经历逐渐成为入仕的必要条件，迫使士人转向以西学为主流的新学。

1901 年，刘坤一和张之洞合奏："拟请明定章程，自今日起，三年以后，凡官阶资序、才品，可以开坊缺、送御史、升京官、放道员等，必须曾经出洋留学一次，或三年或一年均可。凡未经出洋者，不得开坊缺、送御史、升京官、放道员。"[③]清廷准奏，正式通令各省选派留学生，并承诺：学成回国，叙赏进士或举人出身。1903 年，清政府颁发了张之洞拟定的《鼓励游学毕业生章程》，规定了奖励留学生的具体办法：由日本普通中学学堂毕业，取得优等文凭者，叙给举人出身，分别录用；由日本国家大学堂三年毕业，取得学士文凭者，

---

① 故宫博物院明清档案部：《清末筹备立宪档案史料》（下册），中华书局 1979 年版，第 973 页。

② 容闳：《西学东渐记》，岳麓书社 1981 年版，第 4 页。

③ 张之洞：《张文襄公全集》（第 54 卷），中国书店 1990 年版，第 5 页。

叙给翰林出身；五年毕业，取得博士文凭者，除叙给翰林出身外，并按翰林升阶。①

1903年，《游学译编》已有《劝同乡父老遣子弟航洋游学书》："当今科举，作为三届裁完。已中式之进士，须入大学堂卒业，然后选官。向之极慕恋之科举虚荣者，今已为蕉梦矣。而出洋学成，量与出身，已见明谕。宦达之路，利禄之路，学问之路，名誉之路胥于是乎在。我父老试思：与其以家居求之也，较之航洋求学者之进取为如何？夫得一秀才，得一举人，得一进士翰林，无论今日已作为废物，即前此又有何实际？何宠荣？而或有掷千金以买秀才，掷万千以买举人者，不得则大痛焉。今出洋求学可得富贵名誉，较之一秀才、举人、进士、翰林，不能必得，得之亦为幸，而又与学问无关系者，相去远矣。"②

于是乎，"学而优则仕"演变为"留学而优则仕"之势愈演愈烈，学子对出国留洋趋之若鹜，留洋经历成了光明前程的敲门砖。从1903年开始连载的《文明小史》就几乎同步地演绎出这一幕幕"新儒林外史"。小说中，莫说城镇百姓，连村夫村妇都察觉到官方对留学生的看重，无不对出洋子弟深怀寄托。嘴上说"腐败政府的官，还有什么做头"的劳航芥，回国后却为自己能充当地方大员的幕僚而窃喜不已。

为了获得留洋资格，学子们不惜付出一定代价，被迫四处钻营，讨好负责留学事务的官僚，找靠山，拉关系，走门子，"官本位"现象在他们出国之前已开始充分预演。在这个层面上，"官派留学生"中的"官"字竟是敬官、畏官之风的表征。前已叙过，《文明小史》

① 舒新城：《中国近代教育史资料》（上册），人民教育出版社1961年版，第186页。
② 张枬、王忍之：《辛亥革命前十年间时论选集》（第1卷上册），生活·读书·新知三联书店1960年版，第386页。

中，湖南政法学堂的卒业生黎定辉一心想谋出洋留学，听说万抚台是"新学界的泰斗"，"特特的挟了张卒业文凭，前来拜恳"。他的卑躬屈膝是迫不得已的，"我所以投奔他老人家，也是为的出洋权宜之计，其实这番举动，还是倚赖人的劣性，要算毕生之玷了。如今摆脱不开，倘所事无成，更觉乏味"①。

为留学资格付出如此高昂代价，留学堪比投机，留学者难免抱有渴求回报的骑墙心态，造成人格扭曲，乃至良知丧失。《文明小史》里，为了解决百姓与洋人矿师的纠纷，湖北制台派"从前出过洋"的"金委员"陪意大利矿师沿途察勘，他是个候补知州，一向在武昌洋务局里当差。但正是这位曾经出过洋的金委员，在小说的语境中上演了一场"洋人怕百姓，百姓怕官员，官员怕洋人"的"石头剪刀布"，他卖地贪污，强拆百姓存身之处，严苛镇压村民的反抗。

由此类人物来看，留洋者并未与"以官权为纲"的意识脱钩。这并不是"如有雷同，纯属巧合"的虚构，在《世载堂杂忆》中，刘成禺在统括清季政相时曰："与其谓亲贵掌权，毋宁谓旗门掌权，满人敢于为此，实归国留学生之为朝官者有以教之耳。"他还指出，当时朝士之奔走旗门者，可分为两类，一类为海内外毕业武职学生，第二类为曾毕业的文职学生及科举旧人，"人多喜作政客，鲜为学者"，"自军咨府创立以来，涛、洵领海陆军，倚日本归国留学生为谋主，各省陆海军学堂出身者附之。虽革命健将中，亦多海陆学生，而其时居大位者，皆由奔走旗门而来也。奔竞之风，由京中遍及各省，上行下效，恬为不怪。其他文职朝士，谈新学者集于肃王、端方之门，作官者则入载洵、庆王父子之门。谈宪政者又趋于伦贝子之门。某也法律政治大家，某也财政科学大家，弹冠相庆，几不知

---

① 李伯元：《文明小史》，韩秋白点校，中华书局 2002 年版，第 145 页。

人间有羞耻事"。[①]

学子们"以为科举已废，进取仕禄之阶，惟留学为最捷"，尽管清末新政废除了科举制，但科举文化的残余却没有退出国人的话语场，这体现在许多留学生都专营"术"而忽视"学"，结果名是成了，利也获了，学问却谈不上，求富求强之声渐渺。在研究了一些来自张之洞辖下湖南和湖北的学生后，历史学家丹尼尔·贝斯发现，这些包括留学生在内的"青年激进分子"竟"有着逐渐倒退为政府服务的倾向"，或"趋向于建立政治秩序"。[②]及至20世纪20年代，一位中国作家略带夸张地说，中国"现在执军权之军人，十之七八可从日本士官学校丙午（1906）同学录与'振武学校一览'（光绪三十三年，1907）中求得其姓名。军阀如此横行，留日陆军学生自应负重大责任"[③]。这些留日学生中的一些人甚至与军阀和旧士绅一起构成了反对五四运动的核心。

如果说晚清为官的留学生依附于政府，那么到了民国时期，走上仕途的留学生直接与官方共谋。在南京临时政府中，财政总长陈锦涛、外交总长王宠惠即为留美出身。北洋政府尽管排斥革命党人，在机枢要位上安插亲信，但出于大势所趋，在对整个官僚队伍进行调整的过程中也起用了大量的留学生。在北洋政府总共48届内阁中（包括临时、代理、署理内阁），有13届为留美生组阁；在29位总理中，有6位为留美生。据1917年编订的《游美同学录》中"游美回国学生职业分类表（民国五年）"统计，留美归国学生担任职务者为340人，其中从政者为110人，除8人在省政府机构任职外，其余均在

---

① 刘成禺：《世载堂杂忆》，辽宁教育出版社1997年版，第164—165页。

② Daniel Bays, *China Enters the Twentieth Century: Chang Chih-tung and the Issues of a New Age (1895-1909),* Michigan: University of Michigan Press, 1978, p. 131.

③ 周策纵：《五四运动：现代中国的思想革命》，周子平译，江苏人民出版社2005年版，第231页。

中央一级的行政、司法、立法部门工作。[1]民国七年（1918）曾对 95 名归国留美生的职业做过调查，结果是，在政府部门任职的人数仅次于大学教员人数而位居第二。同年，赵元任在《留美学生季报》上作诗云："实业并不难，只要在乎专，回去第一样，做官。"[2] 从中可以看出留学生回国后热衷于从政为官的现象。

在张恨水小说《红粉世家》中，留学生"韩求是"的归国求职经历就颇具代表性，他留学德国研究电气工程，堪称一位"有实学"的人，可回国后"钻了许久"，却找不着一个"要电器工程师的所在"，"及至肯做官，有了一个西洋留学生的金字招牌，倒是一谋就成功了"。进入政治圈后，韩求是放下了专业和志向，转而以听戏赏女为乐。

在许地山的短篇小说《玉官》中，女主人公"玉官"的儿子从国内的教会学校毕业后，赴美国念神学，七八年后归国时，已摈弃传教志愿，直接到南京就任政府官职，娶了在美国娇纵坏了的富家小姐。

春随的《留西外史》里，关于资深留法人士周美灵当年的留学同窗，小说以快进的节奏介绍了他们如何摇身一变，成为时人心目中典型的政坛中人，"周女士从前在欧洲有几位同学，是民党中人。自民国以来，风云际会乘时崛起。在西南几省里，有的手握兵权，盘踞要地，有的身居高位，历任优差，有当议员的，有做政客的，昔年弯腰屈背在巴黎街上摇摆的黄面书生，现在却是面团团的坐着拱杠大轿（轿杠弯曲如弓形谓之拱杠大轿，西南各处如四川皆有之，乘者多达官阔人），马弁护兵，前呼后拥。……"这些个"坐拱杠大轿的老

---

① 清华学校编：《民国六年游美同学录》，《清华周刊》1917 年第 112 期，第 120 页。

② 赵元任：《十七字诗十八首》，《留美学生季报》1918 年第 4 期，第 135 页。

官", 本是"留学生出身, 又是以新人物自居的", 如今却是"焚一塌之乌烟, 叉八圈之麻雀"了。①

诚然, 小说的笔意有夸张之嫌, 但这一番文学中的世人世相却无论如何也不算超越性的虚构, 如此一来, 西学新知通过文化权力的运作, 直接换取政治资本。以罗隆基为例, 他在 20 世纪二三十年代尚且是个书生论政的大学教授, 到了四十年代, 热衷政治的他就已经转变为一个十足的政治活动家了, 曾任国民参政会第一届、第二届参政员, 1941 年皖南事变后, 参与组织中国民主政团同盟, 任中央执行委员、中央常务委员、总部宣传部长等职。固然, 热心政治未必是中国知识界、留学界之堕落与羞耻, 甚至可被归为儒家的入世理想, 不过, 留学生高唱治国平天下精神, 争取政治领导权, 却是受缚于中国"上倾"而非"下倾"的政治文化传统。蒋梦麟就曾指出, 中国人具有求学就是为了做官的传统。② 而林语堂说, "在中国, 做一个学生, 就要成为统治阶级的一员"③。在"官本位"的话语体系中, 是否为官被视作一种衡量个人地位、社会价值的核心尺度, 这种笼罩于官僚习气中的政治关怀, 不以国是和民生疾苦为重心, 却只着眼于个人利禄, 是一种政治的异化。

1917 年, 登载于《东方杂志》的文章《青年会与留学生之关系》就指出: "留学生中固不乏抱爱国爱民之心, 负改良政治社会之志者。无奈一入政界, 则心志改变, 道德学问日形退步。为自己地位计, 为自己利禄计, 则不暇顾及国家社会之安危矣。"④ 在译注《胡适口述自

① 春随:《留西外史》, 载江曾培主编:《中国留学生文学大系》(近现代小说卷), 上海文艺出版社 2000 年版, 第 266 页。

② 蒋梦麟:《西潮与新潮 —— 蒋梦麟回忆录》, 东方出版社 2006 年版, 第 93 页。

③ 林语堂:《从异教徒到基督徒: 林语堂自传》, 谢绮霞等译, 陕西师范大学出版社 2007 年版, 第 28 页。

④ 佚名:《青年会与留学生之关系》,《东方杂志》1917 年第 9 期, 第 197 页。

传》时，唐德刚如此描述昔日留学生的骑墙之态："那时公、自费留学生一旦出国，真是立地成佛。昨日还是牧牛儿，今日便可衣锦披朱，到相府招亲去了。这样一群花花公子，镀金返国之后，要做什么样的'大事'或'大官'，才能继续他们在国外当学生时代底生活水平呢？因而回国的留学生如维持不了以前的标准，则难免自叹'怀才不遇'，'食无鱼，出无车'了。维持得了的，则其享受难免还要升级。如是则中式仆妾副官；西式汽车洋房……做起了中西合璧的大贪官、大污吏而视为当然。由留学生变质的官僚，因而逐渐成为一个标准的职业官僚阶层（professional bureaucrats），他们眼中哪里还有汗滴禾下土的老百姓呢？结果弄到民不畏死，铤而走险，不是顺理成章的事吗？"①

抛开叙述者的个人因素，这番评判仍有着不低的可信度。在此，福泽谕吉在《鼓励求学》一文中对某些日本知识分子的批判也同样适用于中国留学生，他们对西方一知半解，但却对仕途孜孜以求，"只有剔除人们头脑中的旧思想后"，"文明才会得以发展"，"了解西方知识的学者们必须担负起这一职责。但是……我对他们的实际所为颇多怀疑，因为这些学者和绅士们只知道官位而不知道自我人格的存在。……他们仍然受缚于传统的教育，眼中只有政府。他们认为，除非通过政府，他们干不过任何事情。……他们根本没有想到要自主"。②

福泽谕吉所谓自主性的缺乏，致使中国无法依靠留学生而建立起适应现代社会需要的技术官僚系统。这一概念源自马克斯·韦伯对现代西方社会的观察和揭示，在这一点上，唐德刚对于留学生蜕变

---

① 胡适：《胡适口述自传》，安徽教育出版社 1999 年版，第 87 页。
② 福泽谕吉：《劝学篇》，群力译，商务印书馆 1984 年版，第 24—25 页。

为"职业官僚阶层"的不满，甚至是一种"过誉"，因为他们的表现还远远称不上韦伯的界定。在阐述现代社会的"科层制"以及"政治作为一种职业"时，韦伯指出，在现代社会的理性化过程中，"现代官员发展成为一种特别通过常年培训，在专业上训练有素的、高品质的脑力劳动者，他们为了保持其纯洁性还具有高度发展的等级的荣誉"[①]。或许，留学生在国外曾受过职业训练，学着如何当好技术型官僚，但从实际表现来看，他们依然在追逐权力，像传统知识分子那样以入仕为正途，与旧式官僚之间却并没有什么区别。

（三）留学归国者的失落感

堪为反讽的是，留学生蜂拥仕途的另一面，是大量留学归国者的郁郁不得志，文学作品对此予以了充分而热切的表露。

不仅郁达夫、郭沫若、冰心等人描绘过留学生还乡时的消沉，在茅盾小说《幻灭》中，女主人公"慧"的大哥就曾向慧提出了警醒，"多少西洋留学生 —— 学士、硕士、博士，回国后也找不到事做呢。像你那样只吃过两年外国饭的，虽然懂得几句外国话，只好到洋行里做个跑楼；然而洋行里也不用女跑楼！"[②]

崔万秋小说《海滨邂逅》里，留日女学生金秀兰的异域体验并不愉快，但她也并不愿回国，"孤独的她，几次想回国去，但回国以后是只有忙着和亲戚故旧来往，每天赚得出几身大汗，想看看书，静静地思想一些事情，是不可能的。青春能有几时，何苦这样浪费，所以她决计忍受着寂寞，留在日本自修"[③]。在此，留学却未能成为令人

---

① 马克斯·韦伯：《经济与社会》（下卷），林荣远译，商务印书馆1998年版，第747页。
② 茅盾：《茅盾经典作品选》，中国青年出版社2008年版，第89页。
③ 崔万秋：《海滨邂逅》，载江曾培主编：《中国留学生文学大系》（近现代小说卷），上海文艺出版社2000年版，第765页。

骄傲的资本。

实际上，早在严复出洋之时代，许多留学生就已在品尝这种苦涩。1877 年，作为福州船政学堂第一届毕业生，严复被派往英国学习，1879 年，他学成回国。然而，与马建忠、陈季司、魏瀚、王寿昌等人一样，严复归国很久以后才开始发挥异域所学。他先到福州船政学堂任教习，不久，沈葆桢去世，1880 年李鸿章在天津创办北洋水师学堂，物色人才，严复由郭嵩焘推荐，遂任总教习。从此，他在北洋水师学堂执教 20 年之久，不为重用，虽于 1890 年升总办，但也只是"不预机要，奉职而已"[①]。严复指责清廷政治腐败，直斥李鸿章，可少人理会，在惨淡的境遇中，他竟一度吸上了鸦片。为了改变窘况，自 1885 年始，严复一直致力于科举考试，一心想博取功名。他在《送陈彤与卣归闽》中深感"出身不由科第，所言多不见重"之苦，曾赋诗曰"当年误习旁行书，举世相视如髦蛮"[②]。但科举考试却屡试屡败，直到 1909 年 —— 他 55 岁这年才终有了结果，被清政府赐予文科进士出身。严复的全心译书始自甲午战后，在《译〈天演论〉自序》中，他的陈述无奈而凄楚："夏日如年，聊为迻译。"不止严复等少数几人，他们那一批被派往欧洲的学生，在毕业回国后有相当一部分人无人问津。在《瀛台泣血记》中，德龄的有关记忆也充满了不解："可是说也奇怪，政府虽然花了那许多钱，把一批批的青年，送到各国去研究他们的学术，而在各人回国之后，却又一点不肯重用他们，通常总是派他们在各衙门里当一名翻译的任务，好像国家所希望于这班留学生的就是'传话'而已。"[③]

如前所述，留学生地位的拐点出现在甲午战后，中日两国的对

① 严复：《严复集》（第 3 册），中华书局 1986 年版，第 731 页。
② 严复：《严复集》（第 2 册），中华书局 1986 年版，第 361 页。
③ 德龄：《瀛台泣血记》，秦瘦欧译，云南人民出版社 1980 年版，第 237—239 页。

比令清政府真正领教到西学新知的重要性，朝野上下，呐喊声四起。1895 年（光绪二十一年），张之洞在奏折中批评道："大抵向来各省所设学堂及出洋学习之学生视之皆不甚重，国家糜无数经费，教育累年，迨学成返国，更未尝予以出身，收其实用，听其去就，实为可惜。"① 1896 年，总理衙门在奏折中指出往日弊端："闻船政学生学成回国后，皆散处无事，饥寒所迫，甘为人役，上焉或被外国聘往办事，其次亦多在各国领事署及各洋行充当翻译。"② 从此，留学生的官方地位发生了显著的翻转，出现了前文所论述的炙手可热的情形。

然而，我们不得不注意到，近现代文学作品中，留学生归国后不得志的抱怨并未随着甲午战后的留学政策倾斜而断绝，甚至，可堪列举的案例日益增多。也许，这要归咎于"官本位"的顽固和现代技术官僚体制的迟迟不能建立。在留学政策启动后的相当一段时期内，科举制度仍在推动着社会各阶层的相互流通，不论是为了实行以澄清天下为己任的志向，还是为了做官光宗耀祖，甚至纯粹就是想改变生活状况，很多人归国后依然参加科举，重蹈严复覆辙者络绎不绝，他们只想走仕进之路，以及获得与此相关的教职。蒋梦麟也不例外，"为求完全，我仍旧准备参加科举考试。除了革命，科举似乎仍旧是参加政府工作的不二途径。并且我觉得革命似乎遥遥无期，而且困难重重。"③ 还有作家丁玲之父，他曾在日本学过法律，但是回国之后却没能把这些国外学得的知识派上用场，仍然被传统社会的同化力所吸，走了旧式文人的老路。

20 世纪初，旧的科举制既去，新的教育制度尚不能起大作用，传统制度的身份差别被商业化的贫富差别取代，传统身份的特权优势

---

① 张之洞：《张文襄公全集·奏议》（第 37 卷），中国书店 1990 年版，第 29 页。
② 朱寿朋编：《光绪朝东华录》，中华书局 1984 年版，第 3824 页。
③ 蒋梦麟：《西潮与新潮——蒋梦麟回忆录》，东方出版社 2006 年版，第 82 页。

观念被商业时代的能力金钱优势观念取代，留学生归国后要过上体面的生活并不容易。为了北大教职，胡适不等在美国拿到学位，答辩后匆忙回国。"这几年间，因在外国，不在国内政潮之中，故颇能读书求学问。即此一事，已足满意，学位乃是末事耳。"①20 世纪 20 年代，由于中国政局整体失序，官费留学生的补助标准呈下降之势，但即使金额一再压缩，各省留学经费亦时常拖欠，管理失效，致使海外学子，如刘半农、傅斯年之人有流离之虞。

因此，作为现代知识分子的留学生，在"自由浮动"中失去了方向。加之救亡图存的急切心理，使得政府偏重实科，忽视人文学科，"习法政、文、商各科者，虽入大学，不得给官费"。即使获得学位归来，如何在国内谋生也成了一个问题。《围城》中方鸿渐等留学生的困境自不待言，即便是现实中的梁思成夫妇，他俩的求职问题也令梁启超多方奔波，梁任公频频给儿子去信，令他做好心理准备，"现觅业之难，恐非你们意想所料"②。在全国教育熬成一锅夹生饭的情形下，现代社会之具体劳动分工对人格的限制被放大，出现了悖理的怪现象，一方面是洋文凭的吃香，一方面是留学生在国内的氛围中深感排斥诋拒，他们因异体化和超前性而不能被社会整体吸收，一度出现人才过剩的畸形现象。

难怪，我们屡屡读到留学生在国内生活的不适和他们对国外生活的向往，虽然他们中很有些人已不再是边缘知识分子，而已进入真正的"中等社会"。1920 年 5 月，罗家伦在致何思源的信中抒发了出国时的解脱感："同现在波涛不定的中国脱离，则不但可以潜心求学，而且可以潜心作文。老实说，这一年以来，我们在国内的人真是

---

① 耿云志：《胡适研究论稿》，四川人民出版社 1985 年版，第 256 页。
② 张清平：《林徽因传》，百花文艺出版社 2007 年版，第 102 页。

苦极了。无时无刻不在惊风骇浪之中，即无时无刻不有应付现状之苦。"而林徽因在给费正清夫妇的信中，也试图表明自己在国内生活需要何等坚强的心智："金秋或不如说是初冬的野餐和骑马（以及到山西的旅行）使整个世界对我来说都变了。想一想假如没有这一切，我怎么能够经得住我们频繁的民族危机所带来的所有激动、慌乱和忧郁！"也是在信中，徐志摩于 1927 年 1 月 7 日向胡适倾诉："我那一天不想往外国跑，翡冷翠与康桥最惹我的相思……中国本来是无可恋，近来更不是世界。……留在中国的话，第一种逼迫就是生活问题。……第二种急切也没有合我脾胃的事情做。"[①]

（四）脱离中国实际

留学生难以与"国情"相容的这种生硬感，通常被表述为"脱离中国实际"。在文学作品中，这种现象的症结往往可追溯到社会结构的变迁。在近现代中国，城乡二元化的生活结构逐步奠定，知识分子的话语空间发生了显著的位移，留学生们在社会人才机制上经受着前无古人的变革，他们在学院里面所受的训练写的东西往往并不是以普通读者为理想受众的，所以在语言表达方面会不自然地使用一套被学术共同体所接受的词汇和表达方式，于是在面向大众之时就会带来看不懂的问题。

在中国传统的乡土社会中，人才相对均匀地散布在地方上，成为基层建设的支撑力量。通过分析 915 个清代贡生、举人和进士的出身，费孝通和潘光旦发现，他们中有 52.5% 出自城市，41.16% 出生于乡村，另有 6.34% 来自介于城乡之间的市镇，这些数字说明科举制的运转把大部分的人才都留在了乡村。在这些人物中，其父已有功

名的和其父没有功名的比例，城乡几乎相等；城市是 68∶32，乡村是 64∶36，说明士绅即使跃登龙门后也多能返本归根，回到地方效力，再继续培养人才。所以，费孝通认为，科举实际上不仅为官僚系统提供人才，还通过循环作育的环节，为草根社会筹备人才，中国士大夫对于地方事业的负责程度比任何其他国家的中间阶级为甚。[1]

从历时角度，留学生的郁郁不得志，是中老年士人施加给新派青年知识分子的压力。从共时角度，留学生对国内生活的埋怨，源自城市与农村、工商业与农业的对立关系。即便他们中有许多人生在农村，但他们多年来积累的西学新知却以西洋化的，甚至具有殖民色彩的城市空间为中心，只有在城市才会有发展空间。留学精英们从海外归来时，谈起西方常常如数家珍，讲到中国农村，却一无所知，可以说是面向海外，背对农村，尽管他们既要面向大众，又不想追随大众，更要指导大众。对此，晏阳初批评说："一般留法留美留英的博士，没有认识到中国的问题是什么，空口讲改革，没有到实际的生活中去做工作，所以终究找不着实际问题。"[2] 通过对中国的考察，美国记者埃尔·里夫（Earl H. Leaf）也有相似的发现，他在 1936 年年底写道："一个情绪高昂的年轻人在任何一个世界大都市体验过'生活'之后，会发现无论在贵阳还是长沙的生活及其沉闷无聊。……确实，大部分归国留学生把他们在家乡村镇的生活看成是一种流放来忍受，只是在那儿等待重新返回'文明'的任何机会。"[3]

而在社会主义者和无政府主义者的意识中，留学生脱离中国实际的现象被阐释为现代官僚机构和教育体制对人性的压抑。比如毛泽东，他在五四前后就已亲自试办自修大学、夜校、新式私塾等机构进

---

① 参见费孝通：《费孝通文集》（第四卷），群言出版社 1999 年版，第 356—357 页。
② 晏阳初：《晏阳初文集》（第一卷），四川教育出版社 1990 年版，第 536 页。
③ 埃尔·里夫：《评论》，《密勒氏评论报》1936 年 11 月 28 日。

行教育试验。1949 年以后，在中国的教育改革中，学校增加了务农务工课程，直至知识青年被发动上山下乡奔赴农村。这些均是毛泽东持续打通学校与社会之隔阂的不懈尝试，他毕生都在批判现代学校与社会的隔阂，一生都想实现"社会"与"学校"相通相融的梦想，可谓是对留学生问题的校正。

（五）唯洋是举

一个早已引人瞩目的事实是，几乎同时向西方学习现代化、派遣留学生的中日两国，收获却截然相反，国力对比发生了戏剧化的反转。1862 年以后，日本开始向欧美派遣留学生，中国也自 19 世纪 60 年代初开始发起自强运动，70 年代初开始陆续向美国及英、法、德派遣留学生，然而，30 年后，日本一跃而强，而中国不仅未能自强，而且败落更加惨重。可以说，甲午战争是中日两国向西方学习之成败殊途的标志。

为了彰显维新变法的迫切性，梁启超在《论变法不知本原之害》中指出，德国首相俾斯麦早在同治初年纵论中日学习西方时就断言："三十年后日本其兴，中国其弱乎？"并认为中日差别在于："日人游欧洲者，讨论学业，讲求官制，归而行之；中人之游欧洲者，询某厂船炮之利，某厂价值之廉，购而用之，强弱之原，其在此乎？"[①] 此语或许出自俾斯麦之口，但显然表露了梁启超对留学考察之深度及广度的追求。清廷的一些洋务大僚也认识到日本致强的一个重要原因在于善用留学西洋的归国学生。1898 年，张之洞在《劝学篇》中指出："日本小国耳，何兴之暴也。伊藤、山县、榎本、陆奥诸人，皆 20 年

---

① 梁启超：《论变法不知本原之害》，载麦仲华编：《皇朝经世文新编》（第 2 卷），大同译书局 1898 年版，第 148 页。

前出洋之学生也，愤其国为西洋所胁，率其徒百余人分诣德、法、英诸国，或学政治工商，或学水路兵法，学成而归，用为将相，政事一变，雄视东方。"① 只是，当全社会就变革本身达成共识的时候，危机早已积重难返，最终往往是"改革摧毁了改革性政府"。然而，有了甲午战后如此痛彻心扉的觉醒，中国人的留学行为已成为声势浩大的运动和耐人寻味的文化现象，但迄今也未能从总体上将这种"文化输入"扭转为"输出"。

这也恰点出了本书第四章所聚焦的问题。与想象性叙事相映照的是，近现代这场留学运动在现实政治的洪流中彻底丧失了平衡，拼命地引进欧美的制度和主义，但没有文化底蕴的制度终究无法在中国生根发芽，实现建设性的国家崛起。由于缺乏自身内发的强大精神力量和生存能力，留学生们未能将一个更健康的中国完整地带入现代。

1912 年，胡适已在《非留学篇》中慨叹，国家花费巨资，留学生有知识，却不懂本国文化，只是目眩于他国物质文明，出主入奴，如此"留学者，吾国之大耻也！留学者，过渡之舟楫而非敲门之砖也；留学者，废时伤财事倍功半者也；留学者，救急之计而非久远之图也"②。

在侯德榜眼中，留美生三大缺点之首即是缺乏本国深厚的文化知识。而徐志摩在《启行赴美分致亲友文》中也有着相似的感慨，留学生"是国之宝也，而颠倒错乱若是！"在他看来，"游学生之不竞，何以故？以其内无所确持，外无所信约"。留学数年以后，他在牛津所撰的《吸烟与文化》一文以感性之语道出了彼时国内教育的夹生状态："少数有见地的人再也看不过国内高等教育的混沌现象，想跳开了蹂烂的道儿，回头另寻新路走去。向外望去，现成有牛津康桥青藤

---

① 张之洞：《张文襄公全集·奏稿》（卷二〇一），中国书店 1990 年版，第 543 页。
② 胡适：《非留学篇》，《留美学生年报》1914 年第 3 期。

缠绕的学院招着你微笑；回头望去，五老峰下飞泉声中白鹿洞一类的书院瞅着你惆怅。这浪漫的思乡病跟着现代教育丑化的程度在少数人的心中一天深似一天。"[1]

尽管时空有隔，但国内教育的种种积弊仍可视为与留学生之"内无所确持"的遥相呼应。而钱穆一再痛惜的，是中国"完全走上以外国留学为惟一的门径"，"全国最高教育托命在留学制度上，因此只在科学技术方面粗有绩效，至于传统文化与立国精神，在本国最高学府中，从未正式注意到"[2]，于是不能彻底消化外洋文化，接上中国传统文化，使其逐渐转为我有，在老根上发新葩。这也是近代中国在不断的激进化后产生的异化问题，本是为了改革现有的传统，以强化民族文化生命，才去吸收西学，最后却被异化为：为了吸收西学，必须放弃民族文化。[3]"结果使国内对国外归来者失望，国外归来者也同样对国内的失望。憎厌中国，渐渐会转变为憎厌西方。"[4]

于是，随着异质文明之新奇性的消退，自身的活力也难免衰竭，也就不能从中生长出真正的现代中国的个人和民族主体，遑论梁启超《新中国未来记》给予留学生的"大国期待"——真正的大国，不仅能够在国际政治中左右局势，更要具有广泛的观念影响力，以自己的制度典范和文化典范辐射到全世界，通过"软实力"而非强制力，使得别国追随其政策、仰慕其价值观，由此派出留学生前来学习。

三、文学与历史的话语竞争

由此，晚清、民国文学中的留学生形象不能等同于这群留学生

---

[1]　徐志摩：《徐志摩自传》，江苏文艺出版社1997年版，第35页。
[2]　钱穆：《国史新论》，生活·读书·新知三联书店2001年版，第30页。
[3]　参见龚鹏程：《近代思潮与人物》，中华书局2007年版，第302页。
[4]　钱穆：《国史新论》，生活·读书·新知三联书店2001年版，第159页。

的"真实"面貌，但又呈现了一种风格化的"现实"。抽象到理论层面来看，这种态势映射出文学叙事与历史叙事的复杂关系。

（一）历史叙事的文学性

在具有重史传统的中国，"六经皆史""文史不分家"的理念千百年来主导了史家的叙事。司马迁写《史记》明言其目的是"究天人之际，通古今之变，成一家之言"，而提出选择历史材料的标准是"总之，不离古文者近是"，"择其言尤雅者"。荀悦作《汉纪》，把道德垂训作为史学的首要功用，认为写史书的首要目的是"达道义"，称修史的目的："夫立典明五志，一曰达道义，二曰彰法式，三曰通古今，四曰著功勋，五曰表贤能。于是天人之际，事物之宜，粲然显著，无不备焉"①。

到了刘知幾这里，史学被强调为史实之反映，史家要保持高度客观的态度，排除主观好恶的影响。这大体符合西方所谓的"真理符合说"（correspondence theory of truth）。它会使人很自然地联想起德国历史学家兰克（Ranke，1795—1886）所主张的著史当符合"过去到底是什么样子"（Wie es eigentlich gewessen），以及其标榜的客观主义。这种观点将历史视为阐释的稳定基础，符合黑格尔的历史哲学，是一种逻各斯中心模式。

然而，与此针锋相对又互为补充的另一种历史观念成为常识。克罗齐（Croce，1866—1952）即宣称，一切历史都是当代史；卡尔·贝克（Carl Becker，1873—1943）1910 年故意使用挑战性的语言指出，在历史学家创造历史事实之前，历史事实对于任何历史学家而言都是不存在的；汤因比（Toynbee，1889—1975）说，"把历史学

---

① 荀悦：《汉纪·高帝纪》，中华书局 2002 年版，第 432 页。

称为科学是一种附庸风雅的行为"①。人们日渐认识到史学是今人之精神对于昔人往事的把握，历史学家不可能客观地、科学地复原过去，而只能从现在的视野中构造过去，对历史性的多元化认识已成普遍的共识。

于是，兰克对于"过去到底是什么样子"的研究被改造成对于"过去到底是如何发展"（Wie es eigentlich geworden）的研究。我们叙述和撰写的历史属于所发生事件构成的"效果历史"，历史话语本身实际是事实与意义的结合体，所有历史叙述多少都有些"文学性"。在中国近现代，梁启超就指出了相似的历史理论，认为所谓中国历代各史"不过为一代之主作谱碟"②。由此，历史学家在努力使支离破碎和不完整的历史材料产生意义时，必须要借用 R. G. 柯林伍德（Collingwood，1889—1943）所说的"建构的想象力"（constructive imagination）。一个历史学家首先是一个讲故事者，这种想象力帮助历史学家 —— 如同想象力帮助精明能干的侦探一样 —— 利用现有的事实和提出正确的问题来找出"到底发生了什么"。他们把史料整理成可提供一个故事的形式，往那些事件中充入一个综合情节结构的象征意义。而在列维-斯特劳斯看来，正是这种为了构成综合故事，而保留某些事实，同时排除其他事实的能力，使得历史学家表现出他的策略性和理解力。

而在詹姆斯·哈韦·罗宾逊（James Harvey Robinson）所发动的新历史运动下，被强调的更是历史过程而非历史产物。这场大张旗鼓的话语实践出自新左派，出自文化唯物论，出自 1968 年的危机，出自后现代主义者对这场危机的回答，出自作为这个回答的一部分的后

① 汤因比：《汤因比论汤因比 —— 汤因比与厄本对话录》，王少如、沈晓红译，上海三联书店 1997 年版，第 38 页。
② 梁启超：《史学论著四种》，岳麓书社 1998 年版，第 27 页。

结构主义，当然，主要还是出自福柯的历史编纂学[①]——对于过去的构造不可避免地暗含在现今的权力以及统治结构之中，因而绝不可能是超然的。历史虽然有其本体性，但历史本身是非再现的，历史无法还原，历史只能借助文本呈现，因此历史总是无法逃避文本（语言）的修饰、遮蔽、篡改甚至歪曲，也无法逃避在权力话语下的虚构性叙事的命运。

新历史主义者认为，历史是在如同本雅明所说的"同质的空的时间"之中展开的[②]，历史编纂学与历史哲学互为对照。历史事件首先是真正发生过的一堆"素材"，或是据信真正发生过的，但已不再可能被直接感知的事件。由于这种情况，为了将其作为思辨的对象来进行建构，它们必须被叙述，即用某种自然或技术语言来加以叙述。因此，后来对于事件所进行的分析或解释，无论这种分析或解释是思辨科学性的还是叙述性的，都总是对预先已被叙述了的事件的分析和解释。而对素材的理解和连缀就使历史本文具有了一种叙述话语结构，这一结构的深层内容是语言学的，是语言凝聚、替换、象征化和某种贯穿着文本产生过程的二次修正的产物。因此，历史和文学同属一个符号系统，历史的虚构成分和叙事方式同文学所使用的方法十分类似。如何组合一个历史境遇取决于历史学家如何把具体的情节结构和他所希望赋予某种意义的历史事件相结合。多数历史片段可以用许多不同的模式来编织故事，以便提供关于事件的不同解释和赋予事件不同的意义。

在保罗·利科看来，任何"历史"都不过是一种文本的修辞活动，是一种"修辞想象"，因为在"历史的存在"和"历史的本文"

---

① 参见张京媛主编：《新历史主义与文学批评》，北京大学出版社 1993 年版，第 25 页。
② 本雅明：《本雅明文选》，陈永国译，中国社会科学出版社 1999 年版，第 261 页。

之间，永远不存在一种真正的对应关系，更不可能是对等关系。我们所能看到的历史，实际都是作为文本的历史，而"文本"不但取决于客观的历史，更取决于写作者的修辞态度，取决于他的解释方式、解释角度与价值立场。他将史书编纂和文学虚构统称为"与时间互动的"叙事塑形的艺术，认为它们都是通过调动过去的故事记忆和当代的想象虚构等交叉融通的资源，与时间辩难，追寻意义的生成。

而海登·怀特的《话语转喻论》(*Tropics of Discourse*，1978) 则辨析出"事实再现中的种种虚构"。怀特声称，历史通过从时间顺序表里编出故事的成功正是历史阐释效用的一部分，历史的语言虚构形式同文学上的语言虚构有许多相同的地方，它们与科学领域的叙述不同。历史叙述只能用借喻、象征这些文学语言，即最早由维柯提出，后来被当代文论家，尤其是结构主义文论家们反复论述的四种语言表述形式：隐喻 (metaphor)、换喻 (metonymy)、提喻 (synecdoche) 和讽喻 (irony)。历史学家实际上正是通过比喻表达法来制定其话语的主题，在对该主题做独到的比喻描写时，他的解释只不过是对指派给主题的那些特性做一个公式化的投射。因而，与逻辑因素相比，修辞因素在理解历史话语构成的内涵时更为重要。

在《历史主义、历史与修辞想象》中，怀特指出，历史学家以及任何使用散文话语的写作者都对手中的材料进行制作。他可以使材料经制作后符合被波普认定是源于黑格尔和马克思的那类"先入之框架"，还可以使制作后的材料符合作为故事叙述者的小说家所采用的那类"预想式选择观点"。历史话语中的这一故事因素甚至存在于具有结构主义、共时、统计或横跨 (cross-sectional) 等特征的历史写作之最严格的实例中。经过编码后，按年代顺序排列的一组特定事件变成带有明显开头、中间部分和结尾的一个过程中之各个阶段，那么这组事件可被用作传奇文学、喜剧、悲剧、史诗等的内容，根据原型故事形式所需的不同事件之数量额而定。这个故事，将事件从不含意义的记述和顺序，编排转变为受内在策略编排而构成的事件发生结构，于是就可以针对这些事件提出有意义的问题（事情、地点、时间、方式和原因）。①

于是，历史叙事不"再造"（reproduce）其所形容的事件；它只告诉我们对这些事件应该朝什么方向去思考，并在我们的思想里充入不同的情感价值。历史叙事并不"想象"它所指涉的事情；它使事情的形象浮现在人们的脑海里，如同隐喻的功能一样。过去的内容——它的性质、时期和问题——取决于具体的意识形态模式的特征，当组合的事件被按照"悲剧"而施加了情节时，这只意味着历史学家为了使读者记起通常认为是"悲剧"的概念的虚构模式而有意这样描述了事件。这种象征结构、扩展了的隐喻，将其所记载的事件同我们在文学和文化中已经很熟悉的模式串联起来。无论是在过去还是在对过去的诠释中，历史都遵循一种模式或结构，按照这种模式或结构，某种事件比其他事件具有更大的意义。只要时间是现实的一个组成部分，现实就会经历连续的变化，使得历史的不断重写成为必要。

通过采用人类学的"厚描"（thick description）方法，新历史主义融汇了泛文化研究中的多种相互趋同然而又相互冲突的潮流。这种在后现代语境中兴起的历史观，强调了文学文本的历史语境，对形式主义研究是一个有益的补充。对"历史"的重新阐释，使得文学文本和文化系统之间的关系在本质上被看作是一种"互文"（intertextual）关系。

---

① Hayden White, "New Historicism: A Comment", in *The New Historicism*, edited by H. Aram Veeser, New York and London: Routledge, 1989, p. 19.

（二）文学叙事与历史叙事的差异

由上述论述观之，当海登·怀特宣称"历史作为一种虚构形式，与小说作为历史真实的再现，可以说是半斤八两，大同小异"[①]时，无疑揭示出历史叙事的文学性，然而，这句话又具有不可忽视的片面性，未能涵盖文学叙事与历史叙事的复杂关系，掩盖了文学叙事的独特价值。就此，晚清、民国文学中的留学生形象就呈现了这种话语之间的差异性。

在小说《棘心》问世近三十年，行将翻印之际，作者苏雪林在《自序》中写下了这样一段话：

> 本书的主旨在介绍一个生当中国政局蜕变时代，饱受五四思潮影响，以后毕竟皈依了天主教的女性知识青年，借她故事的进展，反映出那个时代的家庭、社会、国家及国际各方面动荡变化的情形；也反映出那个时代知识分子的烦恼、苦闷、企求、愿望的状况；更反映出那个时代知识分子对于恋爱问题的处理，立身处世行藏的标准，救国家救世界途径的选择，是采取了怎样不同的方式。这等于把时代大轮退转到廿世纪的初期，而后顺着时序，放映电影般，将那些情情色色的景况，一幕一幕在银幕上显出。[②]

此论等于是在承认，《棘心》这部以留法女学生杜醒秋为主角的小说虽非某个人的回忆录，虽不像纪实文学那般直接在"诗"与"史"之间跨越，但因浓墨重彩的"写实主义"，其"精神传记"的

---

① 海登·怀特：《作为文学虚构的历史本文》，肖明翰译，载张京媛主编：《新历史主义与文学批评》，北京大学出版社1993年版，第163页。
② 苏雪林：《棘心》，群众出版社1999年版，第3页。

性质不容忽视。

类似《棘心》，在对留学生的想象和塑造中，近现代诸多文学作品即揭示了人与时代的互动。尽管，中国近现代并非所有的知识分子都是作家，但大多数作家都关心政治的症结，往往具有社会评论家、变革阐述者、政治实践者或意识形态鼓吹者的多重身份，关键在于，他们的多重工作恰好有着强烈的时代感。因此，他们的文学创作反映了他们的历史关怀，意识形态的构想，以及他们认为自己所引起的文化变革。

在中国传统的文人学士眼里，以小说为代表的想象性叙事向来是"街谈巷语"，"君子弗为"。《四库全书总目提要》于小说别为叙述杂事、记录异闻和缀辑琐语三派，"甄录其近雅驯者"，至于宋代的平话，元明的演义，包括《三国演义》《水浒传》等，虽然盛行于民间，但被认为"猥鄙荒诞，徒乱耳目"，皆"黜不载"。及至晚清，受西学影响，人们对小说实际功用的认识已与古人对诗的认识极其相似，梁启超在《译印政治小说序》中借用康有为的话说："六经不能教，当以小说教之；正史不能入，当以小说入之；语录不能谕，当以小说谕之；律例不能治，当以小说治之"[①]，小说与"群治"的关系得以强调。在这一股持续多年的文学实用论中，胡适强调文学的"工具"与"方法"，即净化的语言、组织严谨的"情节发展"（plots）、"结构"（structures）与"角色描写"（characters）；周作人论述小说与生活间的关系；1921年，沈雁冰出任《小说月报》主编时，其宣言为"一国文艺为一国国民性之反映，亦惟能表现国民性之文艺能有真价值，能在世界的文学中占一席之地"[②]。故而，近现代中国文学往

① 梁启超：《饮冰室合集》（文集之三），中华书局1989年版，第34页。
② 沈雁冰：《改革宣言》，《小说月报》1921年1月（第12卷第1号）。

往关联着那个时代的人们，通过虚构他们的视角，展现那时的中国。它是作家们对那个时代所谓真相的理解，这种理解植根于意识形态的信仰和社会政治关怀。在这种文学中，个人存在与命运的问题与历史密不可分。

这种工具论在很大程度上来自西方现实主义文学观，而现实主义与模仿论有着内在的紧张。自18世纪以来，法国就有将文学纳入文化史研究的传统，博纳尔（Louis Bonald，1754—1840）所谓的"文学是社会的表现"就是这一传统最为集中的代表。由此，艺术典型必得向生活常态趋近，较早期的西洋传教士及晚近的西洋史学家与新闻记者，对于中国实况的记录报道，大体上都符合中国近代作家们对自己国家所下的评言。比如美国专治当代史的畅销作家西尔多·怀特（Theodore White）对20世纪40年代中国农村的浓缩描写，就与我们从鲁迅、萧红作品中所得的印象无甚差异。

而从20世纪60年代开始，在对文学与历史之关系的重新讨论中，马克思主义批评理论一直在努力使文学批评具有历史维度。马克思主义的批评策略认为需要返回历史，把历史当作重要的出发点来理解文化生产、批评概念、意识形态、政治和社会的范畴。

在这种文学观中，想象性的叙事是生活的镜子，是现实生活的横断面，是生物学或生理学上的切片。这并不意味着我们在阅读中国近现代文学时仅仅把它们当作历史或社会的文献，认为文学仅仅反映中国那个时代的社会历史情境。如果，文学不得不依赖历史的背景支持，并非自给自足的封闭文本，它的魅力何在？

在《英国文学史》的引论中，泰纳（Hippolyte Taine）强调了文学甄别于历史的意义："一首伟大的诗、一部优美的小说、一个高尚人物的忏悔录，要比许多历史学家和他的历史著作对我们更有教益。我宁愿放弃五十卷宪章和一百卷政府公文，以换取契利尼（Cellini）

的回忆录、圣保罗（Saint Paul）的书信集、路德（Luther）的席上谈或阿里斯多芬（Aristophanes）的喜剧。文学作品的重要性就在这里：它们有教育意义因为它们是美的。"[1] 文学之美恰在于它与历史的某种对立——"历史"对具体事物而不是对"可能性"感兴趣，而"可能性"则是"文学"著作所表述的对象。具体到类型学上，保罗·利科也认可历史叙事和虚构叙事的大体划分，历史着重记载既往，文学往往善于写当下，前者显然是后见之明，后者虚构新的真实。

有趣的是，文学的消遣八卦功能与伦理教化功能是可以并存的，纵使主流理论皆倡言文学载道与宣导的功能，大多数作者与读者对小说等文学作品却别有怀抱，而如果读者群的阅读习惯与作家、作者的想象不合，那么所谓民族想象社群的工作就会大打折扣。想象性的叙事存在于虚幻和现实之间的缝隙中，巨大的细节等待它去挖掘。一方面，政治想介入文学，希望小说等虚构体裁能为某种具体的政治运作或理念服务，将伦理系统混入历史。另一方面，文学又有摆脱政治控制的冲动，时不时提出自律性的要求，呼吁回到审美的、情感的、人性的、日常的、自主的纯文学状态。就文学这种"自主性"要求而言，因为有着反抗政治的宏大叙事的动机，其本身就是一种政治化的表现，可以称之为反政治的政治。文学作品是意见纷争与利益变更的地方，是正统力量与反对势力相冲撞的场合，它们对占统治地位的社会组织形式、政治支配结构，以及文化符码等规律原则表现出逃避、超脱、抵触、破坏和对立，从而以艺术的结构形式将社会记号升华、转化，教读者吸收作品的讯息，去维护、巩固、强化抑或质疑、推翻流行的意识形态。

就晚清、民国文学中的留学生形象而言，由于文学的个人化倾

---

[1] H. A. Taine, *History of English Literature*, Montana : Kessinger Publishing, 2007, p. 603.

向，共名历史遭到了解构，"正史"在作品的历史叙事中只被作为
"痕迹"（trace）镶嵌入语言组织中。历史叙事强调单个事件的分水岭
意义，而个人化的文学叙述构成了对主流意识形态（权力话语）历史
叙述的消解，留学生形象不再被用于追述集体记忆，相反，它正被用
于廓清被"史传传统"所遮蔽的个人体验。

历史叙事之崇高感的消解，日常生活的诗意呈现，尤其萦绕在
《留西外史》一个看似荒诞的情节中。某天黄昏时分，"虞小龙"在卢
森堡公园遇到一个"方头大耳白面乌须，身材魁梧仪表堂堂的人"：

> 那个人自称自光绪年间某大帅派来的一员官费生，一向在
> 外省乡间居住，不常到巴黎来，他所住的是穷乡僻壤，从无外
> 国人的足迹，中国人更不用说了。这次因为官费久久不寄，特
> 地上巴黎来打听消息的。又问虞小龙道：贵省现在的巡抚是
> 哪个？虞小龙睁开眼睛望着一语不答。那个人道：两湖自从张
> 香帅大败以后是瑞莘帅继任，听说瑞莘帅坏了事，现在又是何
> 人？虞小龙目光直射的注视着，半晌方道：现在是民国了，自
> 从武昌革命后清朝就亡了。那个人忙道：我也听说，不管他换
> 朝代不朝代，革命不革命，官员总是有的，小小的差使自然是
> 常常更换名目或裁并，至于一二品大员总是有的。虞小龙只不
> 作声。那个人指着树阴下椅上一个织绒绳的妇人道：足下请看，
> 那妇人手中不是在那里织东西吗？男耕女织中外都是一理，这
> 种风俗还是东方传来的呢？还是东方学了西方的呢？还是不约
> 而同呢？不知道那些大社会学家和考古家研究过没有？①

---

① 春随：《留西外史》，载江曾培主编：《中国留学生文学大系》（近现代小说卷），上海文
艺出版社 2000 年版，第 322 页。

　　这简直像一个耐人寻味的梦境，在时空的错落中，沧桑感扑面而来。时代的流转、人事的更替被模糊成一团，空间距离基本被抽去，曾经的争斗与荣辱都烟消云散，时间和记忆的扭曲使留学者的故乡变成了一个奇怪的、无从辨认的地方。这位形容堪称古怪的留学生，见证了随着人际关系、道德伦理、生活方式甚至是物质环境的解体和崩溃而来的故乡观念的内爆，他几乎不能理解这种变化，更遑论恢复它们的联系。于是，近现代中西文明碰撞的话题被置换为人类生活的永恒变迁，隐隐的乡愁呈现为孤独的行走、无尽的旅程。

　　在个人化的体验中，作品往往以"疏离"（alienation）或"拨用"的方式运用历史材料，作家们把过去所谓的单数的大写的历史（History）改造和化解成众多复数的小写的历史（history），拆解成一个个由叙述人讲的故事（his-story），在特定的历史时空中占优势的社会、政治、文化、心理以及其他符码被破解、修正和削弱。故而，"当历史不能满足我们诠释现实的欲望时，寓言升起"（王德威语），"欲望化"的叙事使历史的潜意识场景得以展现，"真"与"伪"的界限被欲望化或心灵化的话语方式模糊了，作为文学叙事动力的权力与利比多成为阐释之柄，与权威历史话语所宣扬的"历史理性"背道而驰，与近现代留学生相关联的宏大叙事也就成为一个背景而已。唯有承认历史神圣性的解体，文学阐释权的播散，我们才能以更谦卑的态度，面对萦绕历史周遭的迷魅，挖掘文学表象之下的记忆。

　　在考察近现代文学作品中的留学生时，我们看不到一个形象确凿无疑的人，却能清晰真切地感觉到他的存在。宏大的国家化记忆固然不可回避，但历史同样需要（甚至更加需要）带有个体温情的私人记录，有了这些带有个体生命体温、泪与笑、犹豫和决然的文学作品，我们的历史才可能是完整的。近现代留学生和每一个生活在当下的人一样，有各种各样的焦虑，面对种种遭际，他们的抉择固然会牵动历史的神经，但对他们而言，只是当下的平常。

　　在对普遍性的历史话语进行结晶之后，文学的想象性叙事能够令我们分析一种异彩纷呈的图景：它展示了愤怒、恐惧、怨尤以及其他被"事实"所遮蔽的个人情感。对这种个体经验的肯定，保持了历史阐释的模糊性和开放性，实际上是对人的历史性的肯定，是一种人的自我发现活动。正由于这种公与私之间，诗学与政治之间，性欲等潜意识领域与阶级、经济、世俗政治权力等公共世界之间的分裂，文学绝非是在"冷静"地"反映"（reflect）着"稳定与统一"的历史"事实"，它既以历史为背景，也构成了历史的一部分，是社会心理能量的积聚，规定着被我们所认为是"事实"的东西。在此意义上，文学才得以被视为人性重塑的心灵史。

参考文献

一、中文资料

（一）材料

1. 阿英（钱杏邨）：《晚清文学丛钞》，中华书局 1961 年版。

2. 阿英：《晚清小说史》，江苏文艺出版社 2009 年版。

3. 陈学昭：《南风的梦》，真善美书店 1929 年版。

4. 陈寅恪著，陈美延、陈流求编：《陈寅恪诗集》，清华大学出版社 1993 年版。

5. 陈寅恪：《陈寅恪集·书信集》，生活·读书·新知三联书店 2001 年版。

6. 陈玉申：《晚清报业史》，山东画报出版社 2003 年版。

7. 丁西林：《丁西林剧作全集》，中国戏剧出版社 1985 年版。

8. 冯友兰：《三松堂文集》，河南人民出版社 1994 年版。

9. 冯友兰：《三松堂自序》，人民出版社 1998 年版。

10. 高宗鲁译注：《中国留美幼童书信集》，台北传记文学出版社 1986 年版。

11. 顾炳权：《上海洋场竹枝词》，上海书店 1996 年版。

12. 郭嵩焘：《郭嵩焘日记》，湖南人民出版社 1981 年版。

13. 何炳棣：《读史阅世六十年》，广西师范大学出版社 2009 年版。

14. 贺培真：《留法勤工俭学日记》，湖南人民出版社 1985 年版。

15. 胡适：《胡适文存》，黄山书社 1996 年版。

16. 胡适：《胡适留学日记》（上、下），安徽教育出版社 1999 年版。

17. 胡适：《胡适日记全编》，安徽教育出版社 2001 年版。

18. 季羡林：《留德十年》，中国人民大学出版社 2004 年版。

19. 贾植芳、陈思和主编：《中外文学关系史资料汇编》，广西师范大学出版社 2004 年版。

20. 江亢虎：《新俄游记》，商务印书馆 1923 年版。

21. 蒋梦麟：《过渡时代之思想与教育》，商务印书馆 1933 年版。

22. 蒋梦麟：《新潮》，台北传记文学出版社 1967 年版。

23. 蒋梦麟：《蒋梦麟回忆录 —— 西潮与新潮》，东方出版社 2005 年版。

24. 江曾培主编：《中国留学生文学大系》，上海文艺出版社 2000 年版。

25. 老舍：《老舍文集》，人民文学出版社 1980 年版。

26. 雷颐：《历史的进退：晚近旧事与集体记忆》，广西师范大学出版社 2009 年版。

27. 李伯元：《文明小史》，韩秋白点校，中华书局 2002 年版。

28. 李尘生：《1921 年至 1946 年里昂中法大学海外部同学录》，《欧华学报》第 1 期，香港中华书局 1983 年。

29. 李叔同：《李叔同集》，天津人民出版社 2006 年版。

30. 梁启超：《新大陆游记》，湖南人民出版社 1981 年版。

31. 梁启超：《清代学术概论》，中华书局 1989 年版。

32. 梁启超：《新中国未来记》，《新小说》1902 年（第一、二号）—1903 年（第三、七号）。

33. 林太乙：《林语堂传》，台北联经出版事业公司 1989 年版。

34. 林语堂：《从异教徒到基督徒：林语堂自传》，谢绮霞等译，陕西师范大学出版社 2007 年版。

35. 林增平：《陈天华传》，载戴逸、林言椒主编：《清代人物传稿》（下编），辽宁人民出版社 1984 年第 1 卷。

36. 刘半农：《欧游回忆录》，《新文学史料》1991 年第 1 期。

37. 刘永文编：《晚清小说目录》，上海古籍出版社 2008 年版。

38. 鲁迅：《集外集拾遗》，人民文学出版社 1956 年版。

39. 鲁迅：《鲁迅全集》，人民文学出版社 1981 年版。

40. 鲁迅：《中国小说史略》，上海古籍出版社 1998 年版。

41. 钱穆：《国史新论》，生活·读书·新知三联书店 2005 年版。

42. 容闳：《西学东渐记》，岳麓书社 1981 年版。

43. 沈从文：《萧萧集》，江苏教育出版社 2005 年版。

44. 王国维：《最近二三十年中国新发现之文学》，《清华周刊》1925 年第 350 期。

45. 万明昆、汤卫城主编：《旅德追忆》，商务印书馆 2000 年版。

46. 汪康年：《汪穰卿笔记》，中华书局 2007 年版。

47. 温秉忠：《最先留美同学录》，《近代史资料》1981 年第 3 期。

48. 吴宓：《吴宓日记》，生活·读书·新知三联书店 1998 年版。

49. 吴学昭：《吴宓与陈寅恪》，清华大学出版社 1992 年版。

50. 向恺然（平江不肖生）：《留东女学生黑幕》，上海新新小说社 1917 年版。

51. 向恺然（平江不肖生）：《留东外史》，岳麓书社 1988 年版。

52. 许伏民编：《月月小说：晚清小说期刊》，上海书店 1980 年版。

53. 徐珂：《清稗类钞》（第 4 册），中华书局 1984 年版。

54. 徐志摩：《徐志摩自传》，江苏文艺出版社 1997 年版。

55. 郁达夫：《郁达夫集》，花城出版社 2003 年版。

56. 恽毓鼎：《恽毓鼎澄斋日记》，浙江古籍出版社 2004 年版。

57. 张德彝：《随使法国记》，湖南人民出版社 1982 年版。

58. 张闻天：《张闻天早年文学作品选》，人民文学出版社 1983 年版。

59. 赵毓林：《新小说：晚清小说期刊》，上海书店 1980 年版。

60. 郑伯奇：《郑伯奇文集》，陕西人民出版社 1988 年版。

61. 郑振铎：《晚清文选》，西苑出版社 2003 年版。

62. 朱光潜：《朱光潜自传》，江苏文艺出版社 1998 年版。

63. 朱寿朋编：《光绪朝东华录》，中华书局 1984 年版。

64. 邹韬奋：《萍踪寄语》，上海生活书店 1936 年版。

65. 留学丛书委员会编：《中国留学史萃》，中国友谊出版公司 1992 年版。

66. 清华大学中共党史教研组编：《赴法勤工俭学运动史料》（第 5 卷第 4 分册），北京出版社 1979—1981 年版。

67. 中国第一历史档案馆编：《清代档案史料丛编》（第 14 辑），中华书局 1990 年版。

（二）论著

1. E. 卡西尔：《启蒙哲学》，顾伟铭等译，山东人民出版社 1988 年版。

2. 埃里克·霍布斯鲍姆：《民族与民族主义》，李金梅译，上海人民出版社 2000 年版。

3. 爱德华·萨义德：《东方学》，王宇根译，生活·读书·新知三联书店 1999 年版。

4. 爱德华·萨义德：《格格不入：萨义德回忆录》，彭淮栋译，生活·读书·新知三联书店 2004 年版。

5. 爱德华·萨义德：《知识分子论》，单德兴译，生活·读书·新知三联书店 2002 年版。

6. 安东尼·吉登斯：《现代性与自我认同》，赵旭东、方文译，生活·读书·新知三联书店 1998 年版。

7. 安宇、周棉主编：《留学生与中外文化交流》，南京大学出版社 2000 年版。

8. 本尼迪克特·安德森：《想象的共同体：民族主义的起源与散布》，吴叡人译，上海人民出版社 2005 年版。

9. 彼得·盖伊：《历史学家的三堂小说课》，刘森尧译，北京大学出版社 2006 年版。

10. 勃兰兑斯：《十九世纪文学主流》，李宗杰译，人民文学出版社 1997 年版。

11. 布林顿：《西方近代思想史》，王德昭译，华东师范大学出版社 2005 年版。

12. 陈平原：《中国小说叙事模式的转变》，北京大学出版社 2003 年版。

13. 丹尼尔·贝尔：《资本主义文化矛盾》，赵一凡等译，生活·读书·新知三联书店 1989 年版。

14. 单正平：《晚清民族主义与文学转型》，人民出版社 2006 年版。

15. 丁晓禾：《中国百年留学全纪录》，珠海出版社 1998 年版。

16. 董守义：《清代留学运动史》，辽宁人民出版社 1984 年版。

17. 杜慧敏：《晚清小说期刊译作研究：1901—1911》，上海书店出版社 2007 年版。

18. 杜赞奇：《从民族国家拯救历史：民族主义话语与中国现代史研究》，王宪明等译，江苏人民出版社 2008 年版。

19. 厄内斯特·盖尔纳：《民族与民族主义》，韩红译，中央编译出版社 2002 年版。

20. 费孝通：《费孝通文集》，群言出版社 1999 年版。

21. 费正清：《美国与中国》，张理京译，世界知识出版社 2000 年版。

22. 费正清：《中国：传统与变迁》，张沛译，世界知识出版社 2002 年版。

23. 费正清主编：《剑桥中国晚清史：1800—1911 年》，中国社会科学出版社 1985 年版。

24. 费正清主编：《剑桥中华民国史：1912—1949 年》，中国社会科学出版社 1994 年版。

25. 冯克：《近代中国之种族观念》，杨立华译，江苏人民出版社 1999 年版。

26. 弗雷德里克·詹姆逊：《后现代主义与文化理论》，唐小兵译，陕西师范大学出版社 1987 年版。

27. 傅乐诗：《丁文江 —— 科学与中国新文化》，丁子霖等译，新星出版社 2006 年版。

28. 高瑞泉：《中国现代思想传统：中国的现代性观念谱系》，上海古籍出版社 2005 年版。

29. 高彦颐：《缠足："金莲崇拜"盛极而衰的演变》，苗延威译，江苏人民出版社 2009 年版。

30. 葛兆光：《思想史的写法：中国思想史导论》，复旦大学出版社 2004 年版。

31. 葛兆光：《西潮又东风：晚清民初思想、宗教与学术十讲》，上海古籍出版社 2006 年版。

32. 耿云志：《近代中国文化转型研究导论》，四川人民出版社

2008 年版。

33. 郭汉民：《晚清社会思潮研究》，中国社会科学出版社 2003 年版。

34. 郝世昌、李亚晨：《留苏教育史稿》，黑龙江教育出版社 2001 年版。

35. 侯运华：《晚清狭邪小说新论》，河南大学出版社 2005 年版。

36. 胡翠娥：《文化翻译与文化参与：晚清小说翻译的文化研究》，上海外语教育出版社 2007 年版。

37. 胡缨：《翻译的传说 —— 中国新女性的形成，1898—1918》，龙瑜宬、彭珊珊译，江苏人民出版社 2009 年版。

38. 黄锦珠：《晚清时期小说观念之转变》，台北文史哲出版社 1995 年版。

39. 黄新宪：《中国留学教育的历史反思》，四川教育出版社 1989 年版。

40. 黄兴涛主编：《新史学》（第三卷），中华书局 2009 年版。

41. 吉尔伯特·罗兹曼：《中国的现代化》，陶骅等译，江苏人民出版社 1995 年版。

42. 卡尔·曼海姆：《意识形态与乌托邦》，李书崇、黎鸣译，商务印书馆 2005 年版。

43. 乐正：《近代上海人社会心态（1860—1910）》，上海人民出版社 1991 年版。

44. 雷蒙·阿隆：《知识分子的鸦片》，吕一民、顾航译，译林出版社 2005 年版。

45. 李斌：《顿挫与嬗变：晚清社会变革研究》，四川大学出版社 2006 年版。

46. 李金铨主编：《文人论政 —— 知识分子与报刊》，广西师范大学出版社 2008 年版。

47. 李楠：《晚清民国时期上海小报》，人民文学出版社 2006 年版。

48. 李欧梵：《现代性的追求》，生活·读书·新知三联书店 2000 年版。

49. 李滔：《中华留学教育史录》，高等教育出版社 2000 年版。

50. 李喜所、刘集林：《近代中国的留美教育》，天津古籍出版社 2000 年版。

51. 李喜所：《近代留学生与中外文化》，天津人民出版社 1992 年版。

52. 李喜所：《近代中国的留学生》，人民出版社 1987 年版。

53. 李喜所：《中国留学史论稿》，中华书局 2007 年版。

54. 李喜所编：《留学生与中外文化》，南开大学出版社 2005 年版。

55. 李长莉：《中国人的生活方式：从传统到近代》，四川人民出版社 2008 年版。

56. 连燕堂：《梁启超与晚清文学革命》，漓江出版社 1991 年版。

57. 刘禾：《语际书写 —— 现代思想史写作批判纲要》，上海三联书店 1999 年版。

58. 刘杰：《超越国境的历史认识：来自日本学者及海外中国学者的视角》，社会科学文献出版社 2006 年版。

59. 刘献彪、林志广：《鲁迅与中日文化交流》，湖南人民出版社 1981 年版。

60. 刘志强、张学继：《留学史话》，社会科学文献出版社 2000 年版。

61. 罗岗：《危机时刻的文化想象》，江西教育出版社 2007 年版。

62. 罗晓静：《寻找"个人"：论晚清至"五四"个人观念的发生》，中国社会科学出版社 2007 年版。

63. 罗志田：《裂变中的传承——20世纪前期的中国文化与学术》，中华书局2003年版。

64. 洛夫乔伊：《存在巨链：对一个观念的历史的研究》，张传有、高秉江译，江西教育出版社2002年版。

65. 马克斯·韦伯：《新教伦理与资本主义精神》，于晓等译，生活·读书·新知三联书店1987年版。

66. 马勒茨克：《跨文化交流——不同文化的人与人之间的交往》，潘亚玲译，北京大学出版社2001年版。

67. 马泰·卡林内斯：《现代性的五副面孔》，顾爱彬、李瑞华译，商务印书馆2004年版。

68. 梅仪慈：《丁玲的小说：中国现代文学中的思想和叙事》，沈昭铿、严锵译，厦门大学出版社1992年版。

69. 孟华：《中国文学中的西方人形象》，安徽教育出版社2006年版。

70. 木宫泰彦：《日中文化交流史》，胡锡年译，商务印书馆1980年版。

71. 欧阳健：《晚清小说史》，浙江古籍出版社1997年版。

72. 潘光旦：《潘光旦文集》，北京大学出版社2000年版。

73. 浦嘉珉：《中国与达尔文》，钱永强译，江苏人民出版社2008年版。

74. 任达：《新政革命与日本：中国，1898—1912》，李仲贤译，江苏人民出版社2006年版。

75. 阮炜：《中国与西方：宗教、文化、文明比较》，社会科学文献出版社2002年版。

76. 尚小明：《留日学生与清末新政》，江西教育出版社2003年版。

77. 邵建：《瞧，这人：日记、书信、年谱中的胡适》，广西师范大学出版社 2007 年版。

78. 沈殿成：《中国人留学日本百年史》，辽宁教育出版社 1997年版。

79. 沈弘：《晚清映像：西方人眼中的近代中国》，中国社会科学出版社 2005 年版。

80. 沈林茂：《晚清文化史》，人民出版社 2005 年版。

81. 石霓：《观念与悲剧：晚清留美幼童命运剖析》，上海人民出版社 2000 年版。

82. 实藤惠秀：《中国人留学日本史》，谭汝谦、林启彦译，生活·读书·新知三联书店 1983 年版。

83. 史华兹：《寻求富强：严复与西方》，叶美凤译，江苏人民出版社 1996 年版。

84. 舒新城：《近代中国留学史》，上海文化出版社 1989 年版。

85. 唐韬：《西方影响与民族风格》，人民文学出版社 1989 年版。

86. 陶飞亚：《边缘的历史——基督教与近代中国》，上海古籍出版社 2005 年版。

87. 陶绪：《晚清民族主义思潮》，人民出版社 1995 年版。

88. 汪荣祖：《晚清变法思想论丛》，台北联经出版事业公司 1983年版。

89. 汪一驹：《中国知识分子与西方》，梅寅生译，台北久大文化股份有限公司 1991 年版。

90. 王德威：《被压抑的现代性——晚清小说新论》，宋伟杰译，北京大学出版社 2005 年版。

91. 王德威：《想象中国的方法》，生活·读书·新知三联书店 1998 年版。

92. 王尔敏：《晚清政治思想史论》，广西师范大学出版社 2007

年版。

93. 王济民：《晚清民初的科学思潮和文学的科学批评》，中国社会科学出版社 2004 年版。

94. 王奇生：《留学与救国：抗战时期海外学人群像》，广西师范大学出版社 1995 年版。

95. 王奇生：《中国留学生的历史轨迹，1872—1949》，湖北教育出版社 1992 年版。

96. 王晓秋：《近代中国与日本：互动与影响》，昆仑出版社 2005 年版。

97. 王兆胜：《林语堂的文化情怀》，中国社会科学出版社 1998 年版。

98. 沃尔夫冈·伊瑟尔：《虚构与想象：文学人类学疆界》，陈定家、汪正龙译，吉林人民出版社 2003 年版。

99. 吴怀祺：《中国史学思想史》，商务印书馆 2007 年版。

100. 吴民民：《中日留学生心态录》，人民文学出版社 1989 年版。

101. 夏晓虹：《晚清女性与近代中国》，北京大学出版社 2004 年版。

102. 夏志清：《中国现代小说史》，刘绍铭等译，复旦大学出版社 2005 年版。

103. 鲜于浩：《留法勤工俭学运动史稿》，巴蜀书社 1994 年版。

104. 向卿：《日本近代民族主义（1868—1895）》，社会科学文献出版社 2007 年版。

105. 小野川秀美：《晚清政治思想研究》，林民德、黄福庆译，台北时报文化出版事业有限公司 1982 年版。

106. 谢天振、查明建编：《中国现代翻译文学史》，上海外语教育出版社 2004 年版。

107. 谢长法：《留美生与抗战前的中国教育》，河北教育出版社

2001 年版。

108. 徐小群：《民国时期的国家与社会》，新星出版社 2007 年版。

109. 许纪霖主编：《20 世纪中国知识分子史论》，新星出版社 2005 年版。

110. 严昌洪：《西俗东渐记 —— 中国近代社会风俗的演变》，湖南出版社 1991 年版。

111. 颜廷亮：《晚清小说理论》，中华书局 1996 年版。

112. 杨代春：《〈万国公报〉与晚清中西文化交流》，湖南人民出版社 2002 年版。

113. 杨洪承：《废墟上的精灵：前现代中国知识分子思想文化的理路（1898—1928）》，人民出版社 2006 年版。

114. 杨联芳：《晚清至五四：中国文学现代性的发生》，北京大学出版社 2003 年版。

115. 杨寿堪、王成岳：《实用主义在中国》，首都师范大学出版社 2001 年版。

116. 杨义：《中国现代小说史》（第一卷），人民文学出版社 1986 年版。

117. 叶隽：《另一种西学：中国现代留德学人及其对德国文化的接受》，北京大学出版社 2005 年版。

118. 叶隽：《现代学术视野中的留德学人》，同济大学出版社 2004 年版。

119. 以赛亚·伯林：《自由论》，胡传胜译，译林出版社 2003 年版。

120. 于平：《明清小说外围论》，中国青年出版社 1999 年版。

121. 余英时：《现代儒学论》，上海人民出版社 1998 年版。

122. 余英时：《现代危机与思想人物》，生活·读书·新知三联书店 2005 年版。

123. 约瑟夫·列文森：《儒教中国及其现代命运》，郑大华、任菁译，中国社会科学出版社 2000 年版。

124. 泽蒙·戴维斯：《马丁·盖尔归来》，刘永华译，北京大学出版社 2009 年版。

125. 张京媛主编：《新历史主义与文学批评》，北京大学出版社 1993 年版。

126. 张允侯、殷叙彝编：《留法勤工俭学运动》，上海人民出版社 1982 年版。

127. 章清：《"胡适派学人群"与现代中国自由主义》，上海古籍出版社 2004 年版。

128. 郑大华、邹小站主编：《中国近代史上的自由主义》，社会科学文献出版社 2008 年版。

129. 郑坚：《吊诡的新人 —— 新文学中的小资产阶级形象研究》，百花洲文艺出版社 2005 年版。

130. 郑翔贵：《晚清传媒眼中的日本》，上海古籍出版社 2003 年版。

131. 周策纵：《五四运动：现代中国的思想革命》，周子平等译，江苏人民出版社 2005 年版。

132. 周蕾：《妇女与中国现代性 —— 西方与东方之间的阅读政治》，蔡青松译，上海三联书店 2008 年版。

133. 周棉：《留学生与中国的社会发展》，中国矿业大学出版社 1996 年版。

134. 周棉：《中国留学大词典》，南京大学出版社 2000 年版。

135. 周明之：《近代中国的文化危机》，山东大学出版社 2009 年版。

136. 周宁：《天朝遥远：西方的中国形象研究》，北京大学出版社 2006 年版。

137. 朱正：《辫子、小脚及其他》，花城出版社 1999 年版。

138. 竹内好:《近代的超克》,孙歌等译,生活·读书·新知三联书店 2005 年版。

（三）论文

1. 安宇:《留学生与晚清西学东渐刍议》,《徐州师范大学学报》（哲学社会科学版）2000 年第 12 期。

2. 巴斯蒂:《清末赴欧的留学生们 —— 福州船政局引进近代技术的前前后后》,《辛亥革命史丛刊》（武昌）1991 年（第 8 辑）。

3. 陈守翔:《清末留日学生的政治倾向》,《中国近代史》1992 年第 3 期。

4. 戴学稷、许如:《略论近现代中国留学生的分期和中国留学生的时代使命》,《内蒙古大学学报》（社会科学版）1997 年第 4 期。

5. 范丽萍:《论留学生与中日两国的现代化》,《广西师范大学学报》（哲学社会科学版）2001 年第 12 期。

6. 冯君:《洋务运动时期的官派留学生制度》,《广州大学学报》（综合版）2001 年第 3 期。

7. 冯开文:《论晚清的留学政策》,《近代史研究》1993 年第 2 期。

8. 贺昌盛、黄云霞:《被塑造的"他者"》,《厦门大学学报·哲学社会科学版》2008 年第 2 期。

9. 何永波:《试论〈围城〉的审丑艺术形式》,《延边大学学报》（社会科学版）2004 年第 2 期。

10. 黄国彬:《几乎笑尽天下 —— 评〈围城〉的冷嘲热讽》,《北京大学学报》（哲学社会科学版）1999 年第 2 期。

11. 黄科安:《钱锺书〈围城〉的文化想象与叙事智慧》,《理论学刊》2004 年第 6 期。

12. 季进:《论新文化激进知识分子的现代性追求》,《江苏大学学报》（社会科学版）2003 年第 1 期。

13. 姜新：《留学欧美人士与中华民国的创建》，《民国档案》2002 年第 4 期。

14. 李长莉：《近代留学生的西方生活体验和认知》，《史学月刊》2005 年第 8 期。

15. 李东芳：《〈留东外史〉的"武侠小说"叙事语法 —— 评平江不肖生武侠小说创作的转型》，《西南师范大学学报》（人文社会科学版）2006 年第 6 期。

16. 李东芳：《留学生与民族国家的想象 —— 从〈新中国未来记〉看梁启超小说观的现代性》，《浙江学刊》2007 年第 1 期。

17. 李东芳：《异国情爱叙事模式的后殖民主义解读》，《浙江社会科学》2007 年第 5 期。

18. 李兰萍：《晚清女生留日与辛亥革命》，《学术研究》1998 年第 6 期。

19. 李欧梵、季进：《现代性的中国面孔》，《文艺理论研究》2003 年第 6 期。

20. 李欧梵：《引来的浪漫主义：重读郁达夫＜沉沦＞中的三篇小说》，《江苏大学学报》（社会科学版）2006 年第 1 期。

21. 李欧梵：《身处中国话语的边缘：边缘文化意义的个人思考》，《当代作家评论》2008 年第 1 期。

22. 李喜所：《中国留日学生与拒俄运动》，《天津师范学院学报》1981 年第 2 期。

23. 李兆忠：《过客·边缘人·国际人 —— 20 世纪留学生文学的三个层面》，《中华读书报》2000 年 9 月 13 日。

24. 刘擎：《创伤记忆与雪耻型民族主义》，《书城》2004 年第 12 期。

25. 刘学照：《清末民初中国人对日观的演变》，《近代史研究》

1989 年第 6 期。

26. 陆辉：《灰色知识分子阿 Q——〈围城〉中知识分子形象的人性探究》，《河南社会科学》2005 年第 6 期。

27. 鲁萍：《"德先生"和"赛先生"之外的关怀 —— 从"穆姑娘"的提出看新文化运动时期道德革命的走向》，《中国历史学前沿》2006 年第 1 期。

28. 罗志田：《从科学与人生观之争看后五四时期对五四基本理念的反思》，《历史研究》1999 年第 3 期。

29. 罗志田：《新旧之间：近代中国的多个世界及"失语"群体》，《四川大学学报》（哲学社会科学版）1999 年第 6 期。

30. 罗志田：《清季围绕万国新语的思想论争》，《清代史研究》2001 年第 4 期。

31. 罗志田：《民初趋新学者眼中的国家之"资格"与排他性》，《福建论坛》（人文社会科学版）2001 年第 5 期。

32. 罗志田：《西学冲击下近代中国学术分科的演变》，《社会科学研究》2003 年第 1 期。

33. 乔素玲：《近代中国女学与日本》，《广东社会科学》2001 年第 1 期。

34. 邱玉敏：《在尴尬的东西方夹缝中 —— 方鸿渐生存悲剧成因探析》，《济南大学学报》2004 年第 14 卷第 1 期。

35. 任怡：《浅析现代文学中的留学生形象》，《写作》2004 年第 15 期。

36. 桑兵：《文化分层与西学东渐的开端进程》，《中山大学学报》（社会科学版）1991 年第 1 期。

37. 沈庆利：《道德优越感中的堕落 —— 〈留东外史〉与中国传统道德文化》，《中国现代文学研究丛刊》2001 年第 4 期。

38. 石坚：《九十年代国内〈围城〉研究综述》，《湖南师范大学社会科学学报》1999 年第 1 期。

39. 谭力：《论白薇及其作品的女性解放意识》，《社会科学》1999 年第 6 期。

40. 汤一原：《二十世纪中国留学生文学中价值观念和叙述方法变迁例析》，《天津师范大学学报》1997 年第 4 期。

41. 王春南：《抗战时期中国留学教育》，《南京大学学报》1993 年第 4 期。

42. 王冬凌：《中国近代科学教育的文化审视》，《大连理工大学学报》（社会科学版）2004 年第 2 期。

43. 王岗峰：《严复对"中体西用观"的批判》，《东南学术》2004 年第 3 期。

44. 王先明：《近代中国历程与西方文化的传播》，《山西大学学报》1989 年第 1 期。

45. 王烨：《〈新青年〉与新文学潮流的疏离》，《福建论坛》（人文社会科学版）2008 年第 1 期。

46. 王颖：《以学派观看待杜威中国学生：中国杜威派学人思想及其影响》，《北京理工大学学报》（社会科学版）2008 年第 1 期。

47. 王岳川：《海登·怀特的新历史主义理论》，《天津社会科学》1997 年第 3 期。

48. 吴宓：《白璧德论民治与领袖》，《学衡》1924 年第 8 期。

49. 萧功秦：《中国民族主义的历史与前景》，《战略与管理》1994 年第 4 期。

50. 许纪霖：《现代中国的自由民族主义思潮》，《社会科学》2005 年第 1 期。

51. 徐静波：《近代以来日本的民族主义思潮》，《日本学论坛》2007 年第 1 期。

52. 杨国强：《1900 年：新旧消长与人心丕变》，《史林》2001 年第 1 期。

53. 杨洪承：《论"五四"现代小说结构与传统的关系》，《江苏社会科学》2007 年第 2 期。

54. 杨齐福：《科举制度的废除与二十世纪初中国学术文化的转型》，《东方论坛》2003 年第 5 期。

55. 叶青：《"五四"以后知识分子队伍分化与嬗变原因再探讨》，《福建师范大学学报》（哲学社会科学版）2000 年第 2 期。

56. 余支鹏：《试析洋务运动中的留学问题》，《学术界》1987 年第 6 期。

57. 章清：《1920 年代：思想界的分裂与中国社会的重组 —— 对〈新青年〉同人"后五四时期"思想分化的追踪》，《近代史研究》2004 年第 6 期。

58. 张先飞：《作为哲理小说的〈围城〉》，《江汉论坛》1996 年第 9 期。

59. 张鑫、汪卫东：《新发现鲁迅〈文化偏至论〉中有关施蒂纳的材源》，《中国现代文学研究丛刊》2008 年第 5 期。

60. 张新颖：《现代意识与中国主体》，《中国比较文学》2000 年第 1 期。

61. 张学继：《论留日学生在立宪运动中的作用》，《近代史研究》1993 年第 2 期。

62. 赵燕玲：《试论中国近代留学生与西学东渐》，《求索》2002 年第 2 期。

63. 张韵婷：《试论〈围城〉中的弱质知识分子形象》，《广东社会科学》2002 年第 6 期。

64. 钟俊昆：《留学生与 20 世纪中国前期文学思潮》，《徐州师范大学学报》（哲学社会科学版）2000 年第 3 期。

65. 周一川：《清末留日学生中的女性》，《历史研究》1989 年第 6 期。

66. 朱文华：《试论近代中国的"民族反省"思潮》，《复旦大学学报》（社会科学版）1993 年第 3 期。

二、外文资料

1. Anderson, Benedict, *The Spectre of Comparisons: Nationalism, Southeast and the World*, London: Verso, 1998.

2. Ayers, William, *Chang Chih-tung and Educational Reform in China*, Cambridge. Mass.: Havard University Press, 1971.

3. Bhabha, Homi K., *Nation and Narration*, London: Routledge, 1990.

4. Bouchard, Donald, *Lanuage, Counter-Memory, Practice: Selected Essays and Interviews*, Ithaca: Cornell University Press, 1977.

5. Eber, Irene, *Voices from Afar: Modern Chinese Writers on Oppressed People and Their Literature, Center for Chinese Studies*, Ann Arbor: The University of Michigan Press, 1980.

6. Gasster, Michael, *Chinese Intellectuals and the Revolution of 1911: The Birth of Modern Chinese Radicalism*, Seattle: University of Washington Press, 1969.

7. Goldman, Merle, *Modern Chinese Literature in the May Fourth Era*, Mass.: Harvard University Press, 1977.

8. Hao Chang, *Liang Ch'i-ch'ao and Intellectual Transition in China*,

1890-1907, Mass.: Harvard University Press, 1971.

9. Jameson, Fredric, *The Political Unconscious: Narrative as a Socially Symbolic Act*, Ithaca: Cornell University Press, 1981.

10. Lafargue, Thomas, *China's First Hundred: Educational Mission Students in the United States, 1872-1881*, Washington: Washington State University Press, 1942.

11. Linton, Howard, *Columbia University Masters' and Doctoral Dissertations on Asia, 1875-1956*, New York: Columbia University Libraries, 1957.

12. Rankin, Mary B., *Early Chinese Revolutionaries: Radical Chinese Intellectuals in Shanghai Chekiang, 1902-1911*, Cambridge, MA: Council on East Asian Studies, Harvard University, 1971.

13. Ricoeur, Paul, *Time and Narrative*, vol. 1, Chicago: University of Chicago Press, 1984.

14. Veeser, H. Aram, *The New Historicism*, New York and London: Routledge, 1989.

15. Weili Ye, "Nü Liuxuesheng: The Story of American-Educated Chinese Women, 1880s-1920s," *Modern China*, vol. 20, 1994.

16. Weili Ye, *Seeking Modernity in China's Name: Chinese Students in the United States, 1900-1927*, Stanford: Stanford University Press, 2001.

17. White, Hayden, *Tropics of Discourse: Essays in Cultural Criticism*, Baltimore: The Johns Hopkins University Press, 1987.